INITIATION
Ce que veulent les âmes - T.1

DANS LA MÊME COLLECTION :

Les chroniques de Moxie, de Z.B. Heller

Femme des cavernes recherche humain, de Penny Reid

Hors de portée, de Jane Harvey-Berrick

Eclore, de Jade River

Si je t'aime prends garde à toi, de Céline Mancellon

collection-infinity.fr

Laura Collins

*Saint-Louis,
le 12 octobre 2019,*

Pour Nadine,

Bienvenue dans

l'INITIATION
Ce que veulent les âmes - t.1

*de Sarah. Bonne
lecture en compagnie de
mes souffleurs d'âme,
On a tous un petit trésor
enfoui au fond de soi, il
ne faut pas en avoir peur !*

Pour la présente édition © Collection Infinity 2018
Collection Infinity est un label appartenant aux éditions MxM Bookmark.

Copyright © 2018 Laura Collins

Ceci est une œuvre de fiction. Les noms, les personnages, les lieux et les faits décrits ne sont que le produit de l'imagination de l'auteur, ou utilisés de façon fictive. Toute ressemblance avec des personnes ayant réellement existé, vivantes ou décédées, des établissements commerciaux, des événements ou des lieux ne serait que le fruit d'une coïncidence.

Suivi éditorial © Laure-Anne Michel
Correction © Gaëlle Magnier
Maquette © Ascencio Alexandre
Illustration de la couverture : Kryseis

ISBN: 9782375744697
Existe en format numérique

Tout droit réservé. Aucune partie de ce livre ne peut être reproduite ou transférée d'aucune façon que ce soit ni par aucun moyen, électronique ou physique sans la permission écrite de l'éditeur, sauf dans les endroits où la loi le permet. Cela inclut la photocopie, les enregistrements et tout système de stockage et de retrait d'information. Pour demander une autorisation, et pour toute autre demande d'information, merci de contacter Collection Infinity, 4 rue lalo, 64000 PAU

http://collection-infinity.fr/

*« Être différent, n'est ni une bonne, ni une mauvaise chose.
Cela signifie simplement que vous êtes suffisamment courageux
pour être vous-mêmes »*

Albert Camus

Prologue

Les cris de panique mêlés aux pleurs des enfants me donnaient le tournis et l'envie de fuir, mais j'étais coincée là au milieu de ces hommes et ces femmes aux visages déformés par la peur ; j'étais prisonnière de mon propre corps et de ma propre tête. Même si je tentais de fermer les yeux et de me boucher les oreilles, les images et les bruits restaient vivaces et présents. Obsédants. Lancinants. Ils s'imposaient sans que je puisse y résister. Par intermittence, des voix déformées par des haut-parleurs s'y ajoutaient. Mon cœur était pressé dans un étau, je peinais à respirer. Mes tempes cognaient, la douleur s'étendant à tout mon crâne. C'était comme si ma tête allait exploser ! Je sentais le monde tournoyer autour de moi alors que mes tentatives pour trouver un appui restaient infructueuses. J'étais comme ballottée dans cette foule compacte, et les odeurs de sueur, d'urine et de bile faisaient enfler la nausée qui me vrillait l'estomac. Je ne visualisais pas cet enfant qui appelait sa mère de façon déchirante, mais ses appels de détresse se superposaient aux images d'hommes et femmes dont les traits étaient déformés par l'horreur. Ils formaient une litanie qui prenait toute la place dans ma tête sans que je parvienne à l'ignorer.

C'était un cauchemar ! En plein jour, en pleine rue ! Je ne voyais plus Mélanie ni ses collègues de travail avec qui je devais aller déjeuner. Ma vision brouillée par ces images se résumait à ces flashs lumineux puissants et à ces cris entêtants. Incapable de faire deux pas successifs sans avoir l'assurance que je ne tomberais pas, je m'étais arrêtée. Au milieu du trottoir. Incapable d'appeler à l'aide ou de me mettre en sécurité. Je n'avais plus la maîtrise de ma propre personne et la panique enfla davantage encore. Mon cœur s'emballa et la peur se mit à pulser dans mes veines, s'ajoutant à celle que me soufflaient les cris de cet enfant désespéré. Une douleur plus vive que *les autres aiguillonna mes tempes que je cherchais à protéger en vain et ce fut le trou noir. Je ne sentis plus rien que la chute de mon corps, brutale, et le choc de ma tête sur le bitume. Je me laissais glisser avec soulagement dans l'inconscience.*

Chapitre I

« Il n'y a pas de hasard, il n'y a que des rendez-vous »
Paul Eluard

C'était la deuxième fois que ce truc m'arrivait ! Et c'était franchement perturbant et très pénible à vivre, pendant et après. Mais là, j'avais fini à l'hôpital. Je me voyais mal raconter ce que j'avais ressenti. Qui me croirait ? Comment expliquer une chose pareille sans sembler folle à lier ? Je n'avais pas envie de me retrouver enfermée dans un service psychiatrique à 26 ans, non ! Alors, je feignais de dormir encore, je doutais que le personnel soignant soit dupe plus longtemps. J'étais bien assommée par ce qu'ils m'avaient injecté, mais bon...

La première fois, c'était il y a six mois. J'avais cru à un coup de fatigue. C'est vrai, il arrivait qu'on déraille un peu quand la pression était trop forte, quand on manquait de sommeil et qu'on ne parvenait plus à prendre du recul sur tout ce qu'on avait vécu. Et pour cause ! Même moi, j'avais encore du mal à mettre des mots dessus. Je n'avais jamais essayé à vrai dire... Cette fois-là, je m'en étais sortie avec une visite peu concluante chez mon médecin, un petit ami plus distant et le regard goguenard de mes amis présents quand c'était arrivé. J'avais presque oublié... et cessé de m'inquiéter. Quelle erreur !

J'entendis la voix de ma mère dans le couloir : agitée, c'était plutôt rare, mais possible quand on ne lui donnait pas de réponse satisfaisante. Ça promettait ! Prise de pitié pour elle, j'ouvris les yeux avant qu'elle ne pousse la porte. La tête me tourna violemment et je réprimai un gémissement, tant l'éclairage me faisait mal ! Elle s'exclama aussitôt :

— Sarah ! Mon Dieu, tu es enfin réveillée !
— La lumière, marmonnai-je, en me couvrant le visage de la main !
— Oui, oui, bredouilla-t-elle, en se hâtant de tirer les stores. Comment tu te sens ?
— Bien. C'est juste ma tête...
— Ah, tout de même, s'écria l'infirmière derrière elle.
Elle s'empressa de vérifier mes constantes et me força à ouvrir les yeux. Elle me demanda en m'entendant gémir :
— Mal à la tête ?
— Hum...
— Pas étonnant, vu la bosse que vous avez derrière le crâne ! Je vais vous donner un antalgique. Vous vous souvenez de ce qui s'est passé ?
— Non, de rien, mentis-je à nouveau.
— On a croisé Mélanie dans le couloir, elle nous a dit que c'était la deuxième fois qu'il t'arrivait un truc de ce genre-là, c'est vrai ? questionna alors ma mère, profitant du fait que l'infirmière était sortie.
— Non, oui, peut-être.
J'étais embarrassée de lui mentir. Je me massai machinalement le crâne, histoire de la persuader de ne pas insister. Comment avais-je pu me cogner ? Je ne m'en rappelais pas. Mais ce qui m'était arrivé avant, oui ! Je ne souhaitais cette expérience à personne ! Ces cris, ces images, ces odeurs qui avaient empli ma tête, d'où venaient-ils ? Je ne savais pas si je souffrais d'hallucinations, mais c'était perturbant et angoissant. Je ne maîtrisais rien du tout, comme si quelqu'un avait pris les commandes de mon esprit. Même mon corps ne m'obéissait plus.
La porte s'ouvrit presque aussitôt pour faire entrer le chef de service aux tempes grisonnantes, suivi de l'infirmière et de deux jeunes gens. Des internes sans doute... Ma mère fut priée de sortir et je soupirai de soulagement. Je me prêtai donc aux examens de routine, en confirmant que je ne me rappelais de rien. Le médecin fronça les sourcils :

— C'est ennuyeux Mademoiselle Lamarque ! Je vais vous garder 24 heures par mesure de précaution. Vos amis ont parlé de convulsions.

N'importe quoi ! Franchement de quoi je me mêlais ? Des convulsions ! Je ravalai ma rogne et hochai la tête, avec une complaisance feinte. Si c'était le prix à payer pour qu'on me laisse sortir avec mon secret, soit !

Je n'écoutai pas vraiment les prescriptions qu'il aboya à ses collègues. Ma mère allait revenir et il me fallait un plan d'action. Lui donner une version acceptable pour qu'elle ne soit pas tentée de harceler le personnel médical, ce dont elle était tout à fait capable quand elle était angoissée ! Par chance, le médecin lui ordonna dans le couloir de me laisser me reposer, et tout inquiète qu'elle était, elle se contenta de venir s'asseoir près de la fenêtre et de me laisser somnoler.

La nuit porte conseil disait-on, pas la sieste ! Quand je rouvris les yeux, lassée de mon petit manège, elle posa sur moi ce regard anxieux qui me faisait toujours culpabiliser. Un regard de mère.

— Ça va mieux ? demanda-t-elle tout doucement sans masquer son inquiétude.

— Ma tête ne cogne plus ! Et à part cette bosse, je crois que oui !

— Tu ne prends pas de… substances… enfin… tu vois ce que je veux dire ?

Misère ! Elle avait dû cogiter durant tout ce temps ! Et elle était très forte pour ça ! Je soupirai, refusant de m'emporter :

— Maman, je ne me drogue pas, je bois rarement et certainement pas en pleine journée !

— J'essaie de comprendre, c'est tout !

— Un gros coup de fatigue, voilà tout ! Ça me file parfois des vertiges, surtout quand je n'ai pas mangé grand-chose. Ces temps-ci, j'ai eu beaucoup de travail !

Je la vis tiquer. Mais, bon sang, que lui avait dit Mel ? Je me relevai et grimaçai. J'avais dû faire une sacrée chute pour me sentir, à ce point, tout endolorie !

— Ça ne ressemblait pas à des vertiges Sarah, dit ma mère, d'un ton si inquiet que j'en ai culpabilisé de lui mentir ! On ne se tient pas les tempes en criant.
— J'ai eu peur de tomber, ça tournait tellement vite...
— Mélanie a dit que tu avais l'air de souffrir.
— Mélanie n'était pas à ma place ! Quand j'ai des vertiges, j'ai la nausée, je luttais pour ne pas me donner en spectacle.
— Ben c'est raté !
— Je ne te le fais pas dire ! grimaçai-je, l'air penaud.
— Ça n'a pas un rapport avec ta rupture avec Axel par hasard ?
— Maman ! Ça fait quatre mois, c'est bon, je te rappelle que c'est moi qui ai rompu.
— Eh bien, tu aurais pu... je ne sais pas, regretter ?
Regretter ? Ah non ! Après mon premier malaise, Axel m'avait regardée autrement, avec une suspicion permanente ! Une bête curieuse. Pour un peu, j'aurais cru qu'il avait honte de moi. Et il n'avait rien vu, on lui avait seulement raconté mes drôles de malaises, les explications vaseuses que j'avais servies pour ne pas dire la vérité. Mélanie encore... Son indiscrétion m'agaçait parfois. Mais on pardonnait tout à sa meilleure amie. Bref, cet épisode m'avait ouvert les yeux sur la nature un peu bancale de notre relation. Axel et moi, on s'entendait bien, oui, mais cela s'arrêtait là.

Je la regardai avec tendresse, ennuyée de lui infliger tout ça. Pourtant, je n'avais pas le choix. Il y avait des confidences qu'on ne pouvait pas faire, et surtout pas à sa mère. Même à la mienne ! Elle avait eu son lot de soucis. Et elle gambergeait bien assez. Je rajoutai, en lui jetant le regard le plus apaisant et le plus tendre possible :

— Mais non, maman, je ne regrette rien ! Ça n'aurait pas marché, et c'est très bien que je m'en sois rendu compte à temps. Cesse de te mettre martel en tête, je vais très bien !

Tu devrais retourner travailler, Maman. Ton patron va finir par te mettre à la porte.

— Je sais. Promets-moi de prendre soin de toi ! Tu me tiens au courant ?

Je promis, même deux fois. Et elle partit l'âme en peine, après que je lui ai demandé de faire comprendre à Mélanie que j'avais besoin de repos. Elle était la dernière personne que je souhaitais voir et me bombarder de questions après m'avoir mise dans le pétrin. Personne ne vint perturber ma tranquillité dans les deux heures qui suivirent, sauf l'infirmière, qui se contentait de mon « oui » à son « tout va bien ? »

Non justement, tout n'allait pas bien ! Deux fois, c'était une de trop, et j'avais le très sombre pressentiment qu'il y aurait d'autres situations du même genre. De manière générale, je ne croyais ni au hasard ni aux coïncidences ! Mais j'avais beau repasser en boucle les dernières heures, je ne comprenais pas ce qui m'arrivait. C'était flippant et je n'osais pas imaginer ce que cela cachait. Étais-je en train de perdre la tête ? J'en avais perdu le contrôle de longues minutes, qui sait si je n'allais pas en perdre le contrôle définitivement ? Mon cœur se mit à battre la chamade à cette idée des plus angoissantes.

L'entrée de l'interne, que j'avais déjà aperçu, me tira de mes pensées les plus sombres. Cette fois, il était seul. Curieux ! Je ne me plaignis pas, il était plutôt agréable à regarder. Même très agréable à regarder avec ses cheveux bruns négligemment coiffés comme s'il sortait de la douche, ses yeux d'un bleu drôlement lumineux et ce petit sourire poli qui s'excusait de me déranger. Pour le reste, avec cette blouse informe qu'il portait, je me contenterais d'imaginer. Je n'avais que ça à faire. Enfin presque... S'il était mandaté par le chef de service pour me tirer les vers du nez, il perdait son temps. Je ne dirai rien ! Il toussota, visiblement mal à l'aise, et sortit de sa grande poche un carnet.

— Puisque vous êtes assignée à résidence, lâcha-t-il

avec un sourire navré, je vais essayer de comprendre avec vous ce qui a pu causer ce malaise.

Bingo ! Voilà que j'allais de nouveau devoir mentir. Je n'aimais pas particulièrement cet exercice. Après il fallait mémoriser la suite du mensonge et ne pas s'emmêler...

— OK, balbutiai-je, en essayant de me montrer coopérative.

Il s'installa sur mon lit. Curieux, le fauteuil à côté était libre pourtant. Un interne s'asseyait-il sur le lit des patients ? À la terrasse d'un café, je n'aurais pas dit non. C'était le genre d'homme qui aurait pu me plaire. Dans d'autres circonstances. Sans blouse blanche. C'était peut-être ce sourire avenant qui éclairait si bien son visage et ses fossettes minuscules au coin de ses lèvres. Il commença par les questions de routine. Il me semblait alors plus à l'aise et il annota mes réponses avec une espèce de nonchalance. J'aurais bien dit que ce que je lui racontais ne l'intéressait pas, mais bon, je n'aimais pas juger trop vite. Il tourna soudain la page de son calepin, fit tourner le stylo entre ses doigts puis vrilla mon regard d'une façon qui ne me trompa pas. Il avait essayé d'endormir ma vigilance, j'en étais certaine.

— Vous êtes sûre qu'il ne vous est jamais arrivé quelque chose qui ressemble de près ou de loin à ce malaise ?

— Certaine ! La seule fois où je suis tombée dans les pommes, c'est quand j'étais au lycée. J'ai forcé pour l'épreuve de course pour le BAC, pour gratter des points. Je me suis écroulée à l'arrivée.

— Ce midi, vous n'êtes pas tombée dans les pommes, assura-t-il comme s'il me prenait en défaut.

Il avait un regard redoutable sous ses airs d'interne inoffensif. Ce genre de regard qui vous donnait l'impression qu'on fouille dans votre tête. Très désagréable et difficile à soutenir ! Je ne parvins pas à m'empêcher de loucher sur son badge, troublée qu'il soit si pertinent. Nathan Rouannet, interne. Bon, il était perspicace le bougre ! Ou premier de la classe ?

— Ah bon ?
— Non, rétorqua-t-il avec une assurance tranquille patinée d'une petite moue étrange.
— Et alors, qu'est-ce que c'était ?
— C'est la question que je me pose. Votre encéphalogramme est normal, votre tension aussi, vous avez l'air tout à fait cohérente, pas de céphalée persistante, pas de troubles de la coordination ni de troubles moteurs. Pour un peu, on pourrait croire qu'il ne vous est rien arrivé. Or ce n'est pas le cas, ou alors vos amis souffrent tous d'hallucinations et c'est eux que je devrais examiner. Vous croyez que je devrais ?
— C'est vous le médecin, répliquai-je en luttant pour ne pas répondre au sourire que je voyais éclairer ses yeux.
— Ça va coûter cher à la sécu... et de toute façon, ils se sont curieusement volatilisés.
— Les amis ne sont plus ce qu'ils étaient...
Il réprima un sourire et glissa son calepin dans sa poche, semblant capituler, ce qui faillit me faire soupirer de soulagement.
— Écoutez, je me sens bien ! Je ne me rappelle pas vraiment ce qui s'est passé, je ne vais tout de même pas inventer ou broder autour de vagues sensations de vertige pour satisfaire votre curiosité médicale !
— Je ne préfère pas, non. Mais, dans le doute, vous ne sortirez pas aujourd'hui.
— Je suis fatiguée, ça tombe bien, maugréai-je en fermant les yeux, agacée par ce chantage médical...
Il ne répondit rien et se leva. Il n'avait même pas l'air contrarié. Il ouvrit la chambre et je l'entendis murmurer :
— Si vous changez d'avis, vous savez où me trouver.
Je pestai en silence, au cas où il écouterait aux portes. Il n'était pas dupe et je me demandai pourquoi. Je regrettai presque d'avoir fait chasser Mélanie du service. Au lieu de ça, j'étais clouée dans ce lit jusqu'à nouvel ordre, en priant pour qu'on ne m'y retienne pas davantage.

Chapitre II

« Le vrai tombeau des morts, c'est le cœur des vivants »
Cocteau

Je sortis le lendemain après-midi avec Mélanie, après une sale nuit entrecoupée de cauchemars qui ressemblaient fort à ce que j'avais vécu. Je n'avais revu l'interne qu'avec le chef de service venu faire sa visite de routine. Il m'avait à peine regardée, préférant dodeliner de la tête chaque fois que son mentor ouvrait la bouche. Mélanie m'attendait pour me ramener chez moi. Elle a toujours été présente dans ma vie, pour les bons et les mauvais moments. J'avais beau me sentir bien, j'appréhendais de ressortir. Prendre un bain de foule pour emprunter le bus ou le métro ne me disait rien du tout. Chaque fois qu'il m'était arrivé ce truc, j'étais très entourée. Et l'expérience était trop fraîche encore pour que je l'oublie.

Je montai dans sa voiture et, à ma mine renfrognée, Mélanie comprit vite que je boudais. Elle proposa prudemment :

— Je te ramène chez toi ou tu viens squatter un moment chez moi ?

— Chez moi ! J'en ai assez qu'on me surveille comme le lait sur le feu.

— Y avait de quoi quand même !

— C'est mon affaire ! la rembarrai-je un peu sèchement. Si je vous dis que ce n'est rien, c'est que ce n'est rien !

— Tu nous as foutu les jetons ! Et comme tu ne veux rien nous expliquer, ben on a de quoi flipper.

— Eh bien, vous avez tort !

— C'était la même chose que la première fois ?

J'avais fait la bêtise de tout lui raconter la première fois. J'avais connu Mélanie au lycée : on avait tout partagé ensemble. Quand je disais tout, c'était tout ! Nos joies, nos chagrins d'amour, nos galères financières, nos doutes, nos soirées trop arrosées, nos rencontres insolites... Je devinai à la lueur inquiète de son regard qu'elle se faisait vraiment du souci pour moi. Et une partie de ma rogne s'envola. J'avais sévèrement flippé la première fois, elle n'avait rien vu, mais m'avait retrouvée juste après. Dans un drôle d'état. Je confirmai :
— Du même genre oui.
— Tu es sûre qu'il ne s'agit pas d'hallucinations ?
— Ça ne donne pas ce type de symptômes physiques, je me suis renseignée, depuis.
— Tu aurais dû en parler au médecin...
— J'en parlerai quand je saurai ce que c'est, et à quoi m'attendre.
— Et... tu comptes faire comment ?
— Je n'en sais rien encore, prendre du recul pour essayer de comprendre pour commencer.
Elle me jeta un regard en coin.
— Je n'aime pas ça !
— Figure-toi que moi non plus !
Ce que j'aimais chez Mélanie, c'est qu'elle respectait toujours mes décisions, quoi qu'elle en pense. Elle me déposa, but un thé avec moi, pour s'assurer que j'irai bien et elle me laissa. J'avais une tonne de boulot en retard. Il avait fait beau ces jours derniers, j'en avais profité... et je l'avais payé cher.
Je ne réussis à me mettre au travail que le lendemain après-midi. La nuit suivante ne fut pas meilleure que la précédente, les images me hantaient encore au réveil, obsédantes et angoissantes. Je les chassai à coups de ménage et de repassage, un truc qui marchait toujours quand je voulais me débarrasser de pensées envahissantes. Quand je m'installai devant mon ordinateur, j'étais un peu

plus détendue et enfin capable de me concentrer sur mon travail. Traduire les textes des autres n'était pas un geste juste technique. Il fallait plonger dans l'écriture de l'auteur, saisir sa façon de raconter, ses intentions, deviner le regard qu'il portait sur ses personnages et l'ambiance qu'il voulait dégager. La cohérence de l'exercice demandait beaucoup de concentration et se glisser dans la tête de l'écrivain, un oubli presque total de soi. J'y arrivais facilement la plupart du temps. J'adorais ce métier. Il me laissait beaucoup de liberté de temps et d'écriture.

La sonnette de la porte me tira de trois heures de boulot intense et productif. Vu l'heure tardive de cette fin d'après-midi, c'était sans doute Mélanie. Quelqu'un avait dû encore laisser la porte ouverte en bas. J'ouvris sans vérifier et j'écarquillai en grand les yeux, arrachant un sourire à mon visiteur : Nathan Rouannet, l'interne, en personne ! Il lâcha avec une assurance toute tranquille :

— Je suis venu voir comment vous alliez.

— C'est une procédure courante de faire le suivi à domicile de vos patients fraîchement sortis, ou vous faites du zèle ?

— Je me suis dit que, sans la blouse, vous seriez peut-être moins impressionnée.

C'est sûr, ainsi vêtu il présentait mieux : petite chemisette, veston de cuir, lunettes de soleil sur la tête et un jean plutôt, voire franchement seyant. Une ombre de barbe lui couvrait les mâchoires, mais lui donnait un air terriblement séduisant. Tout comme ce petit sourire nonchalant. Et ses prunelles dans lesquelles je me serais bien plongée si je m'étais trouvée dans une situation différente. Je grognai sans ouvrir davantage la porte :

— C'est du harcèlement !

— Purement médical !

— Je vais bien ! Je suis restée tranquille toute la journée. J'ai même travaillé sur mon ordi. Ça prouve que je vais bien, non ?

— Seulement que vous avez vite récupéré. Je peux entrer ?

Bon sang, il ne lâcherait pas le morceau. Je le voyais dans son regard. Même s'il souriait pour tenter de m'amadouer. Mais bon, ça ne regardait pas mes voisins à l'affût de tout. Je poussai un soupir résigné et l'invitai à franchir ma porte.

— Vous savez que le harcèlement est passible d'emprisonnement ?

— Tout de suite les grands mots !

— Alors, pourquoi êtes-vous venu jusqu'ici ? Je suis sortie, non ? Que voulez-vous faire de plus ?

— Juste vous aider.

Une sensation désagréable me fit frémir. C'est comme s'il avait lu en moi et qu'il savait exactement ce que je cherchais à taire.

— Qu'est-ce qui vous fait dire que vous le pouvez ?

— Je le sais. Je sais ce qui vous arrive et je peux vous apprendre à le gérer, ajouta-t-il après une longue minute silencieuse, le temps de me scruter.

— Je ne suis pas malade !

— Non, je sais.

Je détestais les réponses laconiques. Et encore plus quand on me sondait du regard en permanence avant de répliquer. Ce type était doué pour le faire ! Il s'assit sans que je l'invite, clairement résolu à prendre le temps qu'il faudrait pour me faire parler. Je l'avais fait rentrer, il ne me restait plus qu'à assumer.

— Il y a un truc que je ne comprends pas. Vous êtes médecin, et vous voulez m'aider alors que vous reconnaissez que je ne suis pas malade. Éclairez-moi parce que là...

— Mon métier me guide juste pour identifier des gens comme vous et moi. Je ne suis pas venu en qualité de médecin.

— Attendez, vous avez dit des gens comme *vous* et moi ?

— Je suis passé par là.

Il avait dit cela avec une telle nonchalance... les bras m'en tombèrent et je dus m'asseoir à mon tour. Était-ce une stratégie pour me faire cracher le morceau ? Non, sans doute pas, il y avait une espèce de compassion dans son regard, chaque fois qu'il abordait le sujet. Je n'avais pas trouvé le mot exact au début, mais je sentais qu'il disait la vérité. À moins qu'on ne parle pas de la même chose, lui et moi. Peut-être faisait-il fausse route sur ce qu'il croyait avoir identifié dans le malaise qui m'avait menée jusqu'à lui ? Enfin, à l'hôpital. Son aveu était troublant. Et si c'était le cas, je comprenais mieux pourquoi il était venu jusqu'à moi... Avouer ça dans un service de neurologie, pour un interne, cela peut faire désordre...

— Et si je refuse votre aide ?

— Vous finirez sans doute en hôpital psychiatrique.

Il prononça ces mots avec un détachement qui me glaça. Pourtant c'était bien ma crainte ! Et la raison de mon entêtement à garder cela pour moi. Seulement, je ne pouvais pas rester sans réponse. Ne pas risquer de vivre cela encore une fois, au mépris de ma propre sécurité. Mon entourage finirait par me croire folle et je ne pourrais rien faire pour les contredire. Je n'avais aucune explication à leur donner. Je levai les yeux vers lui, il semblait navré de confirmer ce que je pressentais. Toutefois, encore perplexe face à cette proposition je demandai :

— Votre chef de service est au courant ?

— Non, pas le moins du monde.

— Pourquoi ?

— Disons qu'il manque... d'ouverture d'esprit ?

Il eut un petit air narquois qui, conjugué à sa patience à mon sujet, fit tomber une barrière chez moi.

— Vous êtes vraiment interne ? demandai-je, toute perplexe.

Il partit dans un éclat de rire. Si en plus cela le faisait

rire... Moi, pas du tout. Je détestais quand tout m'échappait de cette manière.

— Ah oui, j'ai bossé dur pour. Jour, nuit, week-end compris. Il faut que je vous le prouve ?

— Non, grommelai-je, un peu piteuse.

— Habillez-vous, on sort !

— C'est la dernière chose dont j'ai envie.

— Ça, je m'en doute. Mais ici, je ne vous prouverai rien du tout. Je vous promets qu'il ne vous arrivera rien. Vous me faites confiance ?

Comme si j'avais le choix... je finis par hocher la tête après de très longues minutes d'hésitation. Il se leva et me tendit la main. Un sourire engageant éclairait ses yeux. Comme s'il avait pitié de moi. Pourtant, il ne laissait rien paraître. J'imaginais bien la tête que je devais faire depuis le début de notre conversation.

J'aurais pu me défiler et me cacher derrière la tonne de travail que j'avais encore. Seulement, j'avais besoin d'explications, moi aussi. Et il semblait tout décidé à m'en donner. Que risquais-je après tout ? J'obtempérai et saisis ma veste. Je le suivis jusqu'à sa voiture, une petite citadine qui avait vécu et qui me confirmait qu'il était bien interne. Je m'y installai sans ouvrir la bouche. Il me dévisagea avant de démarrer. Une foule de questions me taraudait, mais je n'arrivai à en formuler aucune sur le trajet qui suivit. J'avais bien trop peur des réponses qu'il pourrait leur donner et de ce qu'il s'apprêtait à faire.

Pouvait-on croire à la promesse d'un inconnu qui vous poursuivait jusque chez vous, en prétextant vouloir vous aider de quelque chose dont vous refusiez de parler ? Pourtant il dégageait quelque chose de bienveillant que je ne m'expliquais pas. Mais alors pas du tout ! Et puis il fallait le dire aussi, son charme n'y était pas pour rien. J'y étais sensible. Il n'en jouait pas, ou alors très discrètement, et ce petit côté naturel, prudent peut-être, me plaisait beaucoup. Je crois bien qu'il m'attirait tout simplement et que j'étais intriguée et curieuse.

C'est quand je vis qu'il se dirigeait vers le 15ᵉ arrondissement que je me raidis brusquement sur mon siège et demandai d'une voix blanche :
— Où va-t-on ?
— Je pense que vous le savez.
— Non ! Je ne veux pas revivre ça !
— Ça n'arrivera pas, je vous le promets.

Il posa la main sur mon bras et soutint mon regard alors qu'il s'arrêtait à un feu. Je bredouillai, soudain alarmée :
— Comment saviez-vous où aller ?
— J'ai entendu votre amie raconter à votre mère ce qui s'était passé, après votre admission, dans le couloir. Elle a cité le quartier.
— Indiscret en plus !

Il eut un sourire amusé puis haussa les épaules :
— On ne peut pas toujours compter sur les patients pour savoir ce qu'on cherche.
— On vous apprend ce genre de choses à l'école ?
— Quelle rue ? se renseigna-t-il alors, rompant à nouveau le charme de ce petit bout de conversation futile dont j'avais besoin pour chasser le sentiment d'oppression qui me gagnait.
— Rue Nélaton. Il y a un petit restaurant japonais. On peut assister à la préparation du repas. Ne me demandez pas si c'était bon, je n'ai même pas eu le temps d'y rentrer. On m'a bousculée sur le trottoir et…
— Je n'ai pas besoin de plus de détails ! Ça me suffit !

Il ne dit plus un mot. Je cherchai un tas d'explications à son choix de revenir ici alors qu'il se mettait en quête d'une place dans le quartier pour se garer. Il avait l'air de savoir parfaitement ce qu'il faisait et je me sentais telle une petite marionnette entre ses mains. Un caducée collé sur un pare-brise était-il une garantie suffisante pour suivre un type qui affirmait qu'il pouvait vous aider ? Bien sûr que non ! Seulement, j'étais morte de trouille à l'idée de revivre ce qu'il s'était passé, il y a deux jours. Et je ne savais pas vers qui me tourner, en dépit de ce que j'avais affirmé à Mélanie.

Il exécuta un créneau parfait, coupa le contact et se tourna vers moi.

— À partir de maintenant, il va falloir me faire entièrement confiance et me laisser agir, sans poser de question. J'y répondrai plus tard.

— Qu'est-ce qu'on est venus faire ?

— C'est une question, ça !

— La confiance aveugle a ses limites.

— Je suis venu vous prouver que je sais ce qui vous est arrivé et que je peux vous aider. Rien de plus. Vous n'aurez rien à faire, rien à dire. Juste être témoin.

Je soupirai et j'ouvris la porte. L'air embaumait la rue de la récente averse printanière. En ville, ce genre d'odeur insolite me faisait toujours un bien fou. De plus, c'était l'heure de sortie des bureaux tout proches, quai de Grenelle, et les passants se faisaient nombreux, non loin de là. C'est là qu'il se dirigea, le pas tranquille, en veillant à se caler au rythme des miens. Je ne parvins pas à m'empêcher de me crisper au souvenir de ce qui m'était arrivé ni de ressentir ce malaise diffus des choses qu'on attendait sans trop savoir à quoi elles allaient ressembler.

Et cela se produisit, brusquement, comme deux jours plus tôt. On m'effleura plus qu'on me bouscula. Aussitôt, ma tête se mit à tourner, bourdonnant de cris effroyables à vous arracher des sueurs froides, à vous tétaniser et à prendre le contrôle de toutes vos pensées, de manière si intense que je dus fermer les yeux. L'interne saisit alors ma main, et soudainement, tel un tourbillon qui aurait traversé mon corps, tous les cris, toutes les sensations de peur, de panique et de désespoir glissèrent hors de moi, comme si elles avaient pris sa direction.

Abasourdie d'en être délivrée si vite et si facilement, sans ne plus éprouver qu'un vide immense, je le dévisageai. Il s'était immobilisé, le visage indéchiffrable, donnant l'impression qu'il réfléchissait au chemin à prendre. Il relâcha ma main, s'adossa au mur tout proche, ferma les yeux un bref moment. Pas un mot, pas un regard pour moi. Un instant, il me sembla dans sa bulle : seules ses prunelles bougeaient subrepticement, fixées loin devant lui. Dans ces moments-là, il était difficile de ne rien dire. Je me fis violence pour respecter sa requête. J'avais bien compris qu'il avait littéralement happé ce qui venait de m'assaillir et qu'il y faisait face, à ma place. Mais lui ne paraissait ni souffrir ni être submergé comme je l'avais été. Cela mobilisait visiblement une grande énergie, mais il semblait calme et posé. Juste terriblement concentré et terriblement déconcertant à observer.

Quand il tourna enfin la tête, après ce qui me sembla de très longues minutes, il me sonda d'abord de son regard intense. Il m'a même paru reprendre un souffle qu'il n'avait pourtant pas court. Sa voix devenue rauque finit par dire :

— Je suis désolé pour les quelques secondes difficiles, mais c'était nécessaire. Sans cela, tu ne m'aurais pas cru. Est-ce que ça va ?

Je considérai ses paroles, un instant. On était passés au tutoiement. Bon, j'imaginai que l'expérience qu'on avait partagée le justifiait. En tout cas, j'éprouvai une sorte de reconnaissance envers lui. Et sans doute un peu de la confiance qu'il était venu chercher. Je lâchai un peu contrite :

— Et toi ?
— Je m'y suis fait, ça va bien.
— Tu peux m'expliquer maintenant ?
— Je peux essayer, oui, viens, on va marcher un peu.

Il reprit ma main et m'entraîna le long des quais de Grenelle. Je me laissai emmener comme une petite fille, perturbée par ce que je venais de vivre une nouvelle fois, et par la bienveillance inespérée de cet homme. Cette main chaude dans la mienne me fit frissonner : ce geste spontané, peut-être anodin pour lui, n'en était pas un pour moi.

Il me troubla un moment. Comme si un lien s'était tissé à mon insu. Un lien qui ne me déplaisait pas. Loin de là. Je me sentais bien là, à ses côtés. En sécurité. Suffisamment importante à ses yeux pour qu'il m'accorde un peu de son temps. On marcha quelques minutes en silence. J'imaginai qu'il avait besoin de rassembler ses esprits.

En ce début de printemps, les arbres commençaient tout juste à reverdir et les oiseaux revenaient égayer les berges. Un moment de quiétude au milieu d'une ville grouillant de vie, et dans ma tête sens dessus dessous. Lorsqu'on longea la Seine, il reprit la parole :

— Tu sais ce qu'il y avait rue Nélaton, autrefois ?

— Oui, le Vel d'Hiv, il y a une plaque, un peu plus loin.

— C'est arrivé d'autres fois que dans cette rue ? ajouta-t-il, en s'adossant à une barrière, me lâchant la main, comme si j'étais enfin en sécurité.

— Une autre fois, oui, cet automne.

— Où ça ?

— Une rue dans l'île de la Cité, je ne me rappelle plus le nom. C'est important le lieu ?

— Oui et non... pour t'expliquer aujourd'hui, c'est mieux, je pense. Tu as encore les images de ce que tu as ressenti, il y a deux jours ?

— Elles tournent en boucle dès que je ferme les yeux, avouai-je, un peu abasourdie de l'entendre formuler, avec évidence ce que je taisais à tous.

C'était comme s'il lisait en moi et c'était perturbant.

— Certaines sont plus violentes que d'autres et elles arrivent à s'incruster dans notre mémoire comme si c'étaient les nôtres.

— Elles ont un rapport avec la rafle du Vel d'Hiv, n'est-ce pas ?

Il hocha la tête, le regard sombre. Elles l'avaient marqué aussi profondément que moi, sauf que lui leur avait tout de suite donné un sens, j'en étais certaine. Moi pas. Elles m'avaient hantée la nuit sans que j'y parvienne. Il m'avait habilement amenée à le comprendre, avec douceur. Ce qui m'allait bien, mais je redoutais terriblement d'entendre ses explications. Je pressentais un truc terrible...

— Tu les as vues, toi aussi ? demandai-je, lisant immédiatement la réponse dans ses yeux troublés. Pourquoi est-ce que ça ne te fait pas la même chose qu'à moi ? Physiquement, je veux dire...

— Parce que j'ai appris à ne pas les laisser me submerger, à prendre toute la place dans mon esprit, si tu préfères. Je les tiens, en quelque sorte, à distance.

— C'est ce que tu veux m'apprendre à faire ?

— Je peux essayer, en tous les cas.

— Tu... peux ? répétai-je, en fronçant les sourcils, perplexe.

Il prenait beaucoup de précautions oratoires depuis le début. Il égrenait ses réponses de silences calculés et de regards empreints de sévérité. Il me jaugeait en permanence et la situation me rendait fébrile. Il finit par dire :

— Il va falloir me faire confiance, accepter de revivre de tels moments, accepter que ça prenne du temps, que ça ne marche pas à tous les coups.

— Tu as déjà aidé d'autres personnes ?

— Pas encore non, mais ce n'est pas un problème.

Sa réponse me fit frissonner. Quoi ? Jamais ? Il ne plaisantait pas, non, il avait l'air serein, déterminé, sûr de lui. Qu'est-ce qui me garantissait qu'il saurait le faire ? Son petit air tranquille ? Le ton de sa voix ?

— Tu n'as jamais fait ça et ce n'est pas un souci ?

— Si je te le propose, c'est que j'en suis certain.

— Cela signifie que tu veux bien m'expliquer ce qui m'arrive ?

— Je suis venu pour ça.

— Je peux te demander pourquoi ?

Il eut un petit sourire amusé qui m'étonna, puis il soutint à nouveau mon regard.

— Ton entêtement à vouloir tout garder pour toi. Ça

t'aurait menée droit dans le mur. Je me suis dit que je devais tenter le coup. Au moins, t'expliquer... Est-ce que tu te sens prête à l'entendre ?

— Ai-je le choix ?

— On a toujours le choix. Cela va changer ta vision des choses, de ta vie, et cela va probablement changer ta relation avec les autres et tes choix.

— Ça a changé les tiens ?

— Oui, évidemment, soupira-t-il, bien plus que je ne l'aurais pensé.

Cette ignorance me pesa soudain. Il était habile, très habile pour convaincre sans en avoir l'air. Il avait quelque chose de spécial dans le regard, une gravité et une chaleur tout à la fois qui créaient une intimité particulière.

— Je t'écoute, murmurai-je alors, en le regardant droit dans les yeux.

Il se retourna pour regarder le courant de la Seine lécher la berge de ses flots sales et noua ses mains par-dessus la barrière. Je sentis qu'il essayait de se distancer de ce qu'il allait me confier. Pour tout avouer, je frissonnai et je m'accrochai à la rambarde. Je n'en menais pas large...

— On n'est pas tous égaux, murmura-t-il. Je pense que tu as dû remarquer comme certains éprouvent plus d'empathie que d'autres. Cette capacité à ressentir ce que l'autre ressent, c'est plutôt un atout ou une qualité en général. C'est comme si on était perméable aux émotions des autres, qu'on les laissait se mêler aux nôtres. Dans notre cas, c'est bien plus que ça. Ce ne sont pas les émotions des autres qui s'emparent de nous. Tu t'en es rendu compte, n'est-ce pas ?

— C'est comme si on vivait ce qu'un autre vit... en images. Avec parfois les sensations physiques.

C'était la première fois que je le formulais à haute voix. C'était totalement flippant ! Il ne démentit pas et inspira longuement, plongeant un instant la tête entre ses bras. Je sentais que le pire était à venir. Il me jeta un bref regard, comme pour s'assurer qu'il pouvait continuer.

— Tout à l'heure, dans la rue, tu as télescopé l'âme d'une personne qui a vécu la rafle...

— L'âme ? L'âme d'un mort ?

Il ne plaisantait pas, j'en eus froid dans le dos et resserrai les bras autour de moi. Il quitta sa place pour me faire face, les mains dans les poches. Puis il lâcha gravement :

— Ce n'est pas qu'un mythe. On n'affronte pas la mort de la même façon non plus. Même là, il n'y a pas d'égalité entre les hommes. Je ne peux pas te dire ce que deviennent celles de ceux qui sont parvenus à quitter notre monde. Je n'en sais rien !

— Tu fais partie d'un... d'une secte... ? bredouillai-je, aussi perdue que paniquée par ce qu'il tentait de me révéler.

Il eut un sourire triste, pencha la tête, comme s'il était déçu de ma réaction. En même temps, ces histoires d'âmes, de revenants, de communication avec les esprits m'avaient toujours fait sourire. J'étais plutôt quelqu'un de rationnel dans la vie. Chaque chose à sa place. Et j'étais assez résignée quant au destin de chacun. Alors tout ce qu'on brodait autour, je peinais à prendre ça au sérieux. Bref, ce n'était pas pour moi. Il ne se fâcha pas pour autant.

— Non, pas du tout. Personne n'a essayé de me mettre d'idées dans la tête. C'est une certitude et une réalité. Certaines âmes errent parmi nous et ont la vilaine manie de venir frapper à notre porte sans crier gare. Dans ton cas, ajouta-t-il d'un ton détaché, elles rentrent carrément sans frapper et te déversent tout ce qui les hante sans prendre de gants. Et elles n'en ressortent que lorsque ton esprit se ferme, c'est-à-dire quand tu t'évanouis. Quelques secondes à peine. Il suffit que le contact se coupe en quelque sorte.

Je le dévisageai longtemps. Je crois qu'il savait très bien par quoi je passais. Une myriade d'émotions me faisait tourner la tête et trembler. Il me laissa digérer, patiemment, sans me lâcher des yeux. Puis je bredouillai :

— Mais, cela veut dire que je ne dois plus retourner dans cette rue pour ne plus revivre ça ?
— Tu en croiseras d'autres. Avec d'autres histoires... effroyables la plupart du temps.
— Jusqu'à il y a six mois, ça ne m'était jamais arrivé, c'était peut-être accidentel...
Je prononçai le dernier mot en grimaçant un peu, pleine d'espoir. Je n'avais pas envie de croire à cette histoire abracadabrante.
Il prit un regard plus grave encore, et je fus tentée de fuir ce qu'il allait me dire. Ça n'allait pas me plaire, c'était certain.
— Une fois que la porte de ton esprit s'est ouverte, c'est trop tard.
— Et pourquoi s'est-elle ouverte ?
— Bonne question.
— Et que veulent-elles *ces âmes* ?
— Ça dépend : certaines des réponses, d'autres qu'on les écoute, d'autres encore qu'on les aide à partir, à accepter leur sort.
— Tu sais faire ça toi ? Tout à l'heure, c'est ce que tu as fait ?
— Tout à l'heure, je l'ai dirigée vers moi pour qu'elle te laisse tranquille et je lui ai dit que je reviendrai, plus tard.
— Tu lui as *dit* que tu reviendrais ? répétai-je, totalement incrédule.
Il énonçait cela avec un tel aplomb, comme si le faire lui était naturel...
— *Dit* n'est pas le mot, se corrigea-t-il, conscient de m'avoir perturbée davantage.
— Et tu fais comment pour la *retrouver* ?
Ma voix monta dans les aigus, signe que là je saturais clairement, et je vis son regard se teinter d'indulgence.
— On en parlera un autre jour. Je pense que ça fait déjà beaucoup pour une seule fois, tu ne crois pas ?
Il sortit son portable de sa poche et grimaça.

— Il se fait tard, je vais te ramener chez toi, je suis de garde à l'hôpital ce soir. Je ne peux pas m'éterniser ici.

À vrai dire, le flot d'informations dont il m'avait inondé ces dernières minutes me donnait le vertige. Je ne voulais plus rien savoir pour le moment, de peur de découvrir quelque chose de plus déroutant et angoissant. Il me semblait qu'il me cachait une foule de choses encore, à sa manière d'éluder les réponses que j'attendais ou à sa manière de me dévisager, navré ou plein de compassion. Je hochai la tête. Mais je restais frustrée. Je m'étais sentie incapable de lui en réclamer davantage. Peut-être aussi parce que j'étais déçue qu'il me quitte déjà. Il s'était noué quelque chose d'étrange entre nous que j'aurais eu bien du mal à décrire.

Curieusement, il reprit ma main dès qu'on quitta le quai de Grenelles et j'en déduisis que c'était pour me protéger d'une nouvelle *rencontre*. La rue Nélaton était toute proche. Je le laissai faire parce que, malgré tout ce qu'il semblait me cacher encore, je me sentais en sécurité avec lui. Une fois installés dans la voiture, il rompit le silence, l'air désolé :

— Ce n'est sans doute pas ce que tu aurais aimé entendre…

— À vrai dire, je ne m'attendais pas à quelque chose de réjouissant. Quand la tête déraille…

— Ta tête ne déraille pas, sinon, je peux te dire que tu serais partie deux services plus haut que le mien pour une évaluation complète, au lieu de sortir.

— C'est censé me rassurer ? Je suis quand même sous haute surveillance là…

Je levai un sourcil perplexe et il sourit.

— Tu as toute ta tête, je confirme ! Et je ne te surveille pas, pour ta gouverne.

— Non ?

— Je ne reviendrai que si tu me le demandes. Je sais que c'est difficile à croire, d'autant que je ne peux te donner aucune autre preuve. Et je te déconseille d'aller lire sur internet toute la littérature sur le sujet, tu y liras tout et n'importe quoi.

— Et toi, tu sais ! m'exclamai-je, un peu sur les nerfs.

— Je sais ce qu'il faut faire pour t'aider à vivre avec. Parce que je l'ai expérimenté, et plus d'une fois.

— Vivre avec, c'est tout ce que tu me proposes ?

— Pour le moment, oui, c'est tout. Dois-je te rappeler qu'on se connaît à peine, Sarah ?

— Tu pourrais m'aider plus ?

— Peut-être...

Il reporta son attention sur la circulation. Il attaquait le large boulevard encombré où slalomaient les scooters et il était difficile d'avoir une conversation sérieuse. Sauf qu'il ne la reprit pas quand il se gara, quelques minutes plus tard. Pendant le trajet, je l'avais vu regarder plusieurs fois l'heure sur la console centrale. Il était pressé par le temps. Et il m'en avait accordé beaucoup. Il sortit de sa veste un vieux ticket de caisse puis griffonna son numéro de portable dessus.

— Si ça ne va pas, ce soir, tu peux essayer de me joindre, c'est en général calme la nuit. Sinon, quand tu auras digéré tout ça, laisse-moi un message, je te rappellerai dès que je pourrai.

— Merci, marmonnai-je juste, réalisant soudain que, oui, j'allais me retrouver seule dans mon grand appartement avec des révélations assez déconcertantes, voire carrément flippantes.

Reprendre mon boulot allait être compliqué, dormir encore plus...

Chapitre III

« Nous sommes nos choix »
Sartre

Je passai les jours suivants Milady sur mes genoux, ou sur mon bureau, à deux coussinets de mon clavier, et moi devant mon écran, plongée dans une histoire qui me captivait assez pour m'occuper l'esprit la plupart du temps. Quand les mots se mettaient à danser devant moi, je grignotais quelque chose et je filais m'allonger quelques heures, l'épuisement aidant à fermer les yeux.

Seulement voilà, Mélanie finit par se lasser ou s'inquiéter de mes réponses laconiques à ses messages. À Mel, je dus tout de même avouer que j'étais sortie avec Nathan. Évidemment, elle n'avait pas pu s'empêcher de tirer des conclusions. Dans d'autres circonstances, c'est sûr que j'aurais été flattée que Nathan me coure après. Mais je n'étais pas sûre que ce fut le cas. Ou alors, il avait une curieuse manière de s'y prendre. Quoi qu'il en soit, sa venue dans ma vie ne me gênait pas, bien au contraire.

Mel débarqua donc une semaine après ! À midi. Le printemps faisait sa grande sortie annuelle, inondant mon appartement de lumière. Quand elle vit ma tête et ma tenue, je compris que j'allais passer un mauvais moment. Je haussai les épaules en réponse à son regard noir.

— Tu as une tête épouvantable !

J'avais fait à nouveau des cauchemars et je peinais à retrouver mes esprits. En plus, je ressentais une souffrance morale que je ne m'expliquais pas. Et impossible de le lui cacher !

— Je sais, j'ai beaucoup bossé, je vais enfin en voir le

bout, marmonnai-je, en me détournant pour qu'elle cesse une fois de plus de m'examiner sous toutes les coutures.

— J'ai cru comprendre, oui ! Comme tu n'es pas bavarde, je me suis dit qu'on pourrait déjeuner ensemble ce midi.

— C'est une idée, répondis-je en regardant avec inquiétude la porte de ma petite cuisine.

— J'imagine que ton frigo est à nouveau vide ? On peut aller manger un morceau, dans le quartier.

— Pas envie ! Je ne suis même pas habillée pour sortir.

— Non, ça, c'est certain ! Mais vu le temps qu'il fait dehors, ça ne va pas te prendre longtemps, si ? Ça te ferait du bien, prendre l'air, le soleil, tu sais, ce truc dont on a rêvé tout l'hiver ?

Elle avait un côté mère poule un peu exaspérant parfois. Et une perspicacité à toute épreuve ! Je soupirai. C'est là qu'elle devina. Misère...

— Attends, tu n'es pas sortie depuis l'incident de la semaine dernière ?

— Non, avouai-je, en fuyant son regard.

— Tu es sûre que ça va bien ? Tu as eu de nouveaux vertiges ?

— Je vais bien, Mel, je t'assure.

Le ton de ma voix ne fut pas convaincant. Je le devinai à sa façon de me détailler, perplexe. Pourtant, elle n'insista pas et on commanda des pizzas. Mais elle ne me quitta guère du regard tout le temps du repas. Quand je nous servis du café, elle lâcha, sans prévenir, c'est sa spécialité :

— Et ton bel interne, tu as eu des nouvelles ?

— Ce n'est pas mon *bel interne* ! Et, non, pas de nouvelles.

J'avais souvent pensé ces derniers jours à cette dernière phrase qu'il avait prononcée : « *On se connaît à peine Sarah* »... Évidemment, il jouait un peu sa carrière de médecin s'il tombait sur une fille hystérique, qui s'empresserait de crier ça sur tous les toits... ou craquerait en déballant toutes ses confidences. À bien y réfléchir, il ne m'avait livré que le strict nécessaire et n'avait rien dévoilé qui ne l'expose trop. Une partie de moi était déjà convaincue. Je n'avais vécu cette expérience que deux fois, mais c'était bien le tourment profond et déchirant de quelqu'un que j'avais ressenti dans cette rue. Mais il attendait forcément que je fasse le pas suivant.

— Bizarre tout de même, commenta-t-elle. Il vient jusque chez toi te voir, t'invite à sortir boire un verre, et puis plus rien ? Tu lui as fait peur ou quoi ?

— Merci pour la confiance ! Il est interne, Mel, par définition, c'est un mec surbooké, avec des horaires de dingue.

— Un texto, ça prend quelques secondes…

— Tu cherches à me caser ? rétorquai-je sur le même ton narquois, décidée à noyer le poisson, si j'y parvenais, mais rien n'était moins sûr !

— Qui ne tente rien n'a rien !

— C'est certain, mais je ne vais pas non plus lui courir après. Ce n'est pas mon genre !

— Non, c'est certain, et c'est dommage. Il est quand même sorti te chercher, jusque chez toi, ce n'est pas rien. Il n'a même pas pris de tes nouvelles ?

— Mel…, soupirai-je.

— Ben quoi, c'est un médecin. Je ne sais pas, ça me semblerait logique non ?

— Il m'a dit de l'appeler si ça n'allait pas. Je vais bien, donc…

— Il attend peut-être un signe de toi, je ne sais pas…

— Tu as franchement raté ta vocation !

— Et toi tu as sûrement raté un truc ! Je te connais. Tu vas finir vieille fille, plantée derrière ton écran, à traduire des auteurs que tu ne rencontres même pas !

— Merci !

Je fis mine de bouder. Que pouvais-je faire d'autre ? Elle se radoucit alors.

— Ça t'a remuée, ce truc, la semaine dernière, hein ?

Je ne répondis rien, secouant juste légèrement la tête. Je préférais la laisser imaginer que j'étais traumatisée plutôt que de mentir davantage. Je n'avais aucune idée de ce que je devais faire et croire. Rappeler Nathan ? Lui demander son aide ? J'avais déjà tellement de mal à accepter ses explications. À accepter tout ce que cela pourrait impliquer. Je n'avais même pas osé sortir de toute la semaine, de crainte de vivre à nouveau cette expérience. Comme si le savoir me rendait encore plus vulnérable. C'était sans doute idiot, il ne m'était jamais rien arrivé de tel dans mon quartier.

Quand elle s'apprêta à partir, elle lâcha sur le palier, une lueur malicieuse dans le regard :

— S'il te fait signe, ne fais pas la timide !

Je levai les yeux au ciel et lui fermai la porte au nez, lui arrachant un petit rire complice. Mais quelque chose se noua au fond de mon estomac : l'envie que cela se réalise. La bougresse avait réussi son coup : me faire douter, espérer. Je finis la nuit, blottie sur mon canapé avec la chaleur de mon chat comme réconfort.

La solitude me pesa lourdement. Cet appartement, je l'avais longtemps partagé avec Mel et puis elle avait rencontré Antoine et était allée s'installer chez lui, il y a huit mois de cela. Ils filaient le parfait amour. C'est à ce moment-là que j'avais adopté Milady. Je ne dirais pas qu'elle avait comblé son absence, mais ma minette était la présence discrète dont j'avais besoin. Un vrai chat d'appartement : c'était ma voisine du dessous, une adorable mamy, qui me l'avait donnée. Un crève-cœur pour elle. Elle était asthmatique et son médecin ne lui avait pas laissé le choix. Elle enchaînait les crises et Milady perdait ses poils par poignées. Elle devait avoir un ancêtre angora. Moi, ça ne me gênait pas, je suis tout sauf maniaque. Et Milady n'avait pas son pareil pour grimper sur vous quand elle sentait que quelque chose ne tournait pas rond. Autant dire que là elle ne m'avait guère quittée.

Les questions revinrent tourner en boucle dans ma

tête. À qui d'autre pourrais-je parler de ce qui m'arrivait sans passer pour une illuminée ? Nathan avait proposé de m'aider, soit... Mais comment ? J'imaginai que je devrais encore vivre ces scènes atroces, ces désespoirs vivants, pour apprendre à *gérer*. Mais *gérer*, cela voulait dire quoi ? Faire ce qu'il avait dit ? *Retourner* à la rencontre de ces âmes pour les apaiser ? Mais saurais-je au moins faire ça ? Aurais-je assez de courage pour affronter cela ? Éprouver de l'empathie était une chose, réussir à alléger la souffrance, une autre...

Dans ma courte vie, je n'avais traversé qu'un seul drame, la disparition soudaine de mon père. Sans explication. Il était sorti brutalement de notre existence, sans laisser aucune trace. Ma mère avait eu du mal à s'en remettre, j'avais eu toutes les peines du monde, toute adolescente que j'étais, à la soutenir. J'en voulais trop à mon père pour être disponible. Mais pour le reste, j'avais eu une enfance heureuse et je fréquentais des gens plutôt équilibrés. Et puis, je fuyais d'une manière générale les ennuis, quels qu'ils soient. Enfin jusqu'à présent...

***

La sonnette de l'interphone me tira de ma somnolence, en fin d'après-midi. Le soleil déclinait, projetant de grandes ombres sur le parquet, un moment que j'affectionnais toujours. La lumière était belle et la fenêtre, laissée ouverte pour profiter du beau temps, avait singulièrement refroidi la pièce. Sauf que, blottie sous mon plaid, je n'avais rien senti. J'allai répondre en frissonnant et je me figeai en entendant la voix de Nathan.

— Je peux monter ?

J'appuyai sur l'interrupteur, abasourdie et encore embrumée de ma trop longue sieste. C'était la deuxième fois qu'il débarquait à l'improviste chez moi, et, là je n'étais franchement pas à mon avantage. Je portais une vieille tenue confortable, rien de coquet, et je devais être singulièrement ébouriffée. J'entendais d'ici Mélanie me faire la leçon. Et à bien y réfléchir, je trouvais troublant qu'il se pointe alors qu'elle était partie quelques heures plus tôt.

Un long gémissement m'échappa quand je m'adossai à la porte. Lorsque je lui ouvris, j'eus l'air aussi surprise que lui fatigué. Il avait de sacrés cernes sous les yeux et la mine chiffonnée. Je jetai un regard ennuyé sur ma tenue, comme pour m'excuser, et il bredouilla :

— Je me suis permis de passer prendre de tes nouvelles.

— Je vais bien.

Il en doutait, à voir sa façon de dodeliner de la tête et de m'examiner de la tête aux pieds.

— Tu veux rentrer ? proposai-je, sentant qu'il ne se contenterait pas de cette maigre réponse.

— Si tu m'offres un café, oui.

— À cette heure ?

— Je sors d'une garde de 24 heures, alors je crois qu'une cafetière entière ne m'empêcherait pas de dormir !

Je l'entraînai jusqu'à ma modeste cuisine et m'appliquai à lui faire un café digne de ce nom.

— Tu ne m'as pas rappelée, me fit-il remarquer, sans l'ombre d'un reproche dans la voix.

— C'est pour ça que tu passes ? Ça aurait pu attendre que tu aies dormi !

— Non, ton amie, Mélanie, je crois, est venue me voir cet après-midi. Elle se faisait du souci pour toi.

Il avait dit les choses avec beaucoup de douceur, mais cela m'agaça tout de même. Je grognai :

— Mélanie est passée te voir ? Dans ton service ?

— C'est là qu'elle avait de grandes chances de me trouver. Il paraît que tu n'es pas sortie depuis une semaine. Elle a raison ? Tu sais, j'avais deux façons d'interpréter ton silence, soit le déni, soit la crainte d'en apprendre plus. Je penche pour la seconde hypothèse. Si tu n'es pas sortie, j'imagine que mettre le nez dehors t'effraie, je me trompe ?

— Non, murmurai-je. Il y a de ça.

Mentir n'aurait servi à rien, il me semblait bien perspicace.

Sans doute parce qu'il était passé par là, une preuve de plus à verser à son actif. Je me cachai, un moment derrière mon rôle d'hôtesse, fouillant dans mon placard, à la recherche du meilleur mug possible et du sucre. Il ne se démonta pas pour autant.

— Comment tu dors ?
— Mal et pas assez.
— Angoisses ? Cauchemars ?
— Des images qui reviennent en boucle. Sans arrêt.
— Peut-être que si tu mettais des mots dessus, elles te laisseraient tranquille. As-tu essayé ?
— Je ne veux pas traumatiser ma chatte, ironisai-je, un peu pour fuir son air inquisiteur. Et à part elle...

Il la chercha vaguement du regard, un sourire amusé sur le visage. J'aurais donné cher pour qu'il le garde plutôt que de me faire replonger sous le joug de ses questions, certes bienveillantes, mais drôlement désagréables. J'aurais nettement préféré que Mélanie ait raison sur ce coup-là, qu'il soit venu pour flirter... mais il avait cette lueur inquiète dans les yeux.

— Tu peux l'écrire, déjà pour commencer, ton chat ne sait pas lire, si ?
— Non ! pouffai-je.

Je lui servis son café et j'allai chercher Milady. J'avais besoin d'occuper mes mains et de cacher ma nervosité. Il le devina sans doute, je le vis à son petit sourire en coin. Il s'intéressa gentiment à ma minette, le temps de vider sa tasse, puis se leva pour la laver. J'en écarquillai les yeux de surprise. Il fit mine de ne pas le voir, s'approcha de Milady et se pencha pour lui parler, manquant de me faire éclater de rire tant il le faisait avec sérieux.

— Ça t'ennuie si je t'emprunte ta maîtresse une heure ou deux pour aller manger un morceau quelque part ?
— Tu n'as pas mieux à faire, comme aller dormir, par exemple ?
— Le ventre vide ? Certainement pas ! Ton café m'a

requinqué pour une heure ou deux. J'ai une grosse faim. La bouffe d'hôpital, ce n'est pas mon truc, et... les pizzas non plus, ajouta-t-il en désignant les deux boîtes en carton, que je n'avais pas descendues à la poubelle. Alors ?

Ses yeux suppliants achevèrent de me convaincre. Il était d'agréable compagnie et ma semaine de solitude m'avait pesée bien plus que je ne l'avais prétendu à Mélanie. Et puis je pouvais sortir avec lui, je savais qu'il me protégerait comme la dernière fois. L'idée de me sentir aussi dépendante et vulnérable ne me plaisait pas du tout. Néanmoins, je ne me sentais pas encore capable de le faire à nouveau seule. Un petit tour dans le quartier ne pourrait que me tranquilliser, non ? Dans le quart d'heure qui suivit, je me trouvai tout un tas de bonnes raisons pour avoir accepté de me changer. Il détailla ma tenue, un peu plus coquette que la précédente, d'un regard discret mais appréciateur, et m'emmena à quelques rues de là.

Sur le chemin, je m'étais demandé ce dont on allait parler, parce que franchement cela n'avait rien d'un rendez-vous, et dîner en évoquant le sujet qui nous réunissait ne me semblait pas du meilleur goût. À ma grande surprise, je passai un très agréable moment et mangeai de bon appétit. Nathan reprit des couleurs et dévora en un rien de temps le contenu de son assiette. Je compris vite ce qu'on était venus faire : apprendre à se connaître. La condition *sine qua non* pour s'accorder une confiance mutuelle. Enfin, il me fit surtout parler... il était doué pour ça. Son écoute attentive peut-être, à moins que ce soit sa façon de commenter les choses ? Je finis par lui demander :

— Pourquoi la neurologie ?

— Parce que j'ai une peur terrible des microbes, rétorqua-t-il sur un ton qui ressemblait fort à de la taquinerie.

— C'est ballot pour un médecin ! Tu as quand même dû en croiser un paquet avant de choisir ta spécialité.

— Un paquet oui ! Tu tiens vraiment à parler sérieux là ?

— Sauf si ça t'ennuie.

— Disons que c'est une des spécialités les plus riches sans trop de gestes invasifs. Le cerveau, c'est passionnant et puis il y a tout ce qu'il a encore à nous livrer.

— C'est sûr... c'est la seule raison ?

Il m'étudia du regard un moment, un petit sourire en coin. Il hésitait sans doute à reparler d'un sujet plus délicat. Cela m'étonna un peu, je savais qu'il n'était pas revenu juste pour vérifier son hypothèse, et encore moins pour me draguer. Ou alors il n'était pas pressé.

— Et toi, pourquoi traductrice ?

— Oh moi, c'est simple. Par paresse...

Il écarquilla les yeux.

— Pardon ?

— Mon père a grandi aux USA. À la maison, on a toujours parlé français et anglais, depuis ma naissance, et de ce fait, je suis bilingue depuis très longtemps.

— Ça ne fait pas tout.

— J'ai une relation particulière avec les mots : je les aime ! Et traduire c'est... traquer le mot juste. J'adore faire ça !

Il sourit avant d'enchaîner :

— On choisit rarement par hasard. La neuro, c'était un moyen de trouver des réponses.

— Tu en as trouvé ?

— Pas encore, pas là en tous les cas. Mais j'aime ce que je fais.

— J'imagine, un sacré mystère, le cerveau...

— C'est le charme de cette spécialité... la part de mystère ! commenta-t-il, un peu rêveur.

On bavarda un petit moment encore, puis je proposai à regret de rentrer. Il avait vraiment l'air fatigué. Lorsque je le vis emboîter le pas en direction de ma rue, je m'exclamai :

— Tu n'es pas obligé de me raccompagner. C'est un quartier tranquille, je m'y sens en sécurité.

— Je crois que c'est mieux ainsi. Un coup de stress avant d'aller dormir ce n'est pas la panacée, rétorqua-t-il, avec un sérieux implacable.

À ce moment-là, une bouffée de reconnaissance m'envahit. Me sentir si bien cernée et comprise, c'était bon. Pas l'ombre d'une moquerie, comme s'il savait ce que je pouvais ressentir. Le quartier était tranquille mais pas désert, surtout en cette belle soirée encore douce. Le cinéma tout proche y était pour beaucoup. Seule, j'aurais longé les murs ou empiété dans le caniveau pour n'avoir à frôler personne. Il marcha tout ce temps en faisant écran aux passants. Et quand on s'arrêta enfin en bas de mon petit immeuble, il annonça :

— Je bosse chez moi demain. Préviens-moi quand tu auras traqué les mots justes pour chasser de ta tête ce qui t'empêche de dormir.

— Et ?

— Je te dirai si tu es douée avec les mots, répondit-il en haussant des sourcils taquins.

Il avait beau jouer la carte de l'humour, cela me fit soudain frissonner. Je compris tout de suite ce que ses paroles ne disaient pas.

— Tu y es retourné ? murmurai-je, ennuyée qu'il ait dû le faire à cause de moi.

— On en parlera demain, ou, quand tu voudras, éluda-t-il une nouvelle fois. Monte vite, ton chat va s'inquiéter.

— C'est vrai, je ne lui ai pas demandé la permission de minuit. Merci pour le repas !

— De rien ! Je n'ai pas de chat, moi, pour me tenir compagnie, ça me change de mon ordinaire.

Il me salua d'un petit geste avec un sourire moqueur et fila dans la rue, les mains enfoncées dans les poches de son jean. Lui aussi avait sa part de mystère. Je ne savais pas s'il la cultivait volontairement, mais elle ne donnait pas envie de se débarrasser de lui, même s'il détenait des vérités que je n'étais pas sûre de vouloir entendre. Sa compagnie était agréable et il avait un côté protecteur qui me plaisait beaucoup. Je restai frustrée, le regardant disparaître au coin de la rue. Cet homme était en train de faire sa place dans ma vie, je m'en rendais bien compte. Et je n'avais pas envie de lutter contre ses petits frémissements légers qui parcouraient ma peau chaque fois que je pensais à lui.

Chapitre IV

« Rien dans ce monde n'arrive par hasard »
Coelho

J'essayai de me coller à l'exercice qu'il m'avait donné le lendemain matin, préservant le moment de détente qu'il avait réussi à m'offrir. Je n'avais pas dormi d'un sommeil de plomb, pourtant cette fois, je ne m'étais pas réveillée le cœur battant, trempée et totalement désorientée, comme les jours précédents, quand j'avais eu le malheur de sombrer quelques heures. Après avoir incendié Mélanie de son initiative par texto, je pris une feuille et un crayon. Un bon vieux procédé certes, mais c'était comme si le coucher sur le papier, un objet tangible, pouvait m'en débarrasser.

Seulement, même avec toute la bonne volonté du monde, affronter ces images encore une fois était une torture. Ce n'étaient pas que des images... non, il y avait les sensations qui allaient avec. Le son même parfois. Depuis que Nathan avait fait le lien avec la rafle du Vel d'Hiv, elles m'effrayaient encore plus. Elles n'étaient pas seulement des images, mais une réalité insoutenable. Je me mis à trembler, comme si quelque chose de terrible allait m'arriver. Et chose déconcertante, Milady sauta de mes genoux où elle dormait paisiblement depuis un petit moment, en poussant un cri de protestation. Si même elle redoutait l'instant... Je m'en voulus de tant de lâcheté. Nathan était apparemment retourné là-bas et n'avait pas craint d'affronter tout cela à nouveau. À moins qu'il n'ait un tour de passe-passe pour s'en protéger.

J'errai un bon moment dans mon appartement, faisant semblant d'y être utile. Et puis soudain, je ne sais pas ce qui se produisit, un sentiment terrible de compassion m'assaillit. Je repensai à ce triste et épouvantable évènement de l'histoire, et je m'en voulus de désirer fuir ce que d'autres avaient vécu et enduré. Refuser d'écrire ces mots, c'était comme fermer les yeux et nier la souffrance de cette personne : je ne pouvais pas faire ça.

Petit à petit, en couchant sur le papier des bribes de phrases pour décrire ces visages désespérés et déformés par la peur, le vacarme assourdissant de cris, de pleurs et de haut-parleurs, les larmes se mirent à couler, silencieuses. Il faisait chaud ce jour-là, dans mon appartement. Le printemps s'était installé, et mes fenêtres disposées avec bonheur plein sud chauffaient la pièce où je travaillais. Pourtant je me mis à grelotter. Vidée de mon énergie... et libérée.

J'attendis longtemps, immobile, laissant mon corps s'apaiser et mon esprit s'engourdir. Je m'endormis, pelotonnée dans mon canapé. Je n'avais pas appelé Nathan et quand je rouvris les yeux, réveillée par Milady qui réclamait sa ration de croquettes, il faisait presque nuit. J'eus honte. Il m'avait consacré beaucoup de temps déjà et moi, je ne le recontactais même pas ! Je lui étais redevable de m'avoir aidée à deux reprises. Je me devais d'être honnête avec lui. Je lui pianotai un message que je dus modifier une dizaine de fois, au moins :

J'ai fait mes devoirs, je crois que tu avais raison, je me sens mieux. See you soon[1]...

J'attendis un petit moment une réponse qui ne vint pas. Sans doute était-il sorti, ou retourné à l'hôpital. Je travaillai tard cette nuit-là pour rattraper le temps perdu, c'était l'avantage de mon métier. Un inconvénient aussi. J'ouvris les yeux à presque onze heures le lendemain ! *Crap*[2] ! Et je découvris sa réponse, parvenue, elle, à une heure très matinale.

---

1 A bientôt
2 Crotte !

Tu les as faits en anglais ? ;-) J'ai une heure de pause vers 13 heures, si tu veux, rejoins-moi à la cafét de l'hôpital.

Je n'hésitai pas très longtemps, je m'en serais voulu de le contraindre encore à venir jusqu'ici. Enfin, c'était l'excuse facile que je m'étais servie en partant. J'avais envie de le revoir évidemment. Et puis, je devais surmonter cette espèce d'angoisse que j'avais chaque fois que je regardais par la fenêtre, le monde qui défilait sur les trottoirs. Je n'étais pas timorée de nature, il était hors de question de le devenir. D'autant plus que j'avais besoin de réponses et que seul Nathan pouvait actuellement me les donner.

Le revoir dans sa blouse d'interne me fit un drôle d'effet, et quand je croisai son regard, un étrange pressentiment me fit frémir. Il avait l'air très fatigué, bien plus qu'après sa garde. Mais il n'avait pas perdu de son charme, loin de là. Et je crois bien que ma joie de le revoir s'afficha sur mon visage.

— Je me demandais si tu viendrais, tu as mangé ? s'enquit-il.

— Non, je voulais t'accompagner par solidarité.

— C'est charitable, mais tu vas le regretter. Bien dormi, on dirait ? ajouta-t-il, en me dévisageant en bon professionnel qu'il était.

— Comme un bébé, mais je crois que tu ne peux pas en dire autant.

— Je suis rentré tard hier, répondit-il seulement avec une grimace, m'invitant à le suivre.

Une fois nos plateaux garnis et payés, il m'entraîna un peu à l'écart.

— C'est bien que tu aies osé venir jusqu'ici !

— Ça ne peut tout de même pas m'arriver tous les jours, répondis-je en faisant ma bravache.

Il sourit, pas dupe du ton que j'avais utilisé ! Il n'était pas facile à tromper le bougre et allait faire un sacré médecin, j'en étais certaine ! Il annonça :

— Je suis allé régler le problème rue Nélaton. Et je n'ai

rien décelé d'autre, tu n'es donc pas obligé de rayer ton petit restau de ton carnet d'adresses.
— Régler le problème ? Mais quand ?
— Hier, j'avais besoin d'un peu de temps pour ça.
— Tu devais bosser !
— J'ai bossé aussi, répondit-il en haussant les épaules.

C'est moi qui n'étais pas dupe là ; il feignait la désinvolture, seulement il avait une mine de papier mâché. Et quelque chose me disait qu'il y avait un lien.
— Tu comptes m'expliquer comment ?
— Quand tu seras prête, oui, bien sûr.
— Prête ? Je ne le suis pas maintenant ?
— Ça dépend de ce que tu es prête à entendre encore...
— Au point où on en est...
— Justement non, il y a une différence entre avoir dû te dire ce que tu sais déjà pour que tu ne paniques pas sur ton état mental, et ce que tu pourrais apprendre ensuite. C'est comme savoir qu'il existe une porte dont on ne connaissait pas l'existence et se décider à l'ouvrir et assumer ce qui va arriver.

Il avait un regard d'une sévérité surprenante. À ce moment de la conversation, c'est comme s'il n'avait plus eu d'âge. Impressionnant...
— Et comment je peux savoir si je suis prête ?
— Je ne sais pas, je ne te connais pas assez pour le dire. Je dois te faire confiance si tu m'affirmes que tu l'es ou attendre d'en être certain.
— Et tu hésites ? C'est pour ça que tu m'as fait venir jusqu'ici ? Pour me tester ?
— En partie, oui. Mets-toi un peu à ma place...

Je le dévisageai un court instant : il y avait autant de bienveillance que de prudence dans son regard, je le trouvais adorable. Cela me bouleversa soudain qu'il prenne autant de gants avec moi. Que me cachait-il donc ? Et pourquoi me consacrait-il tant de temps ? Je balbutiai :
— Et si je ne supportais pas ce qu'il y a derrière *ta porte* ?

— Supporter, c'est pas le problème, ne t'inquiète pas.

Ce que j'étais prête à entendre... À vrai dire, je lui laissais la main pour décider du moment de le faire. J'avais envie de lui laisser une chance, peut-être parce qu'il me parlait avec beaucoup de tact et de patience. Je savais au fond de moi que j'aurais fatalement besoin de lui un jour ou l'autre. M'en remettre à lui était la seule solution que j'avais.

***

J'eus grand plaisir à revoir Nathan. Les fois suivantes, il avait bien meilleure mine. Et son charme, bien que je n'aie toujours pas l'impression qu'il en use volontairement, commençait à opérer sur moi. Chaque fois qu'il apparaissait, j'arborais aussitôt un sourire incontrôlable et je me sentais fébrile.

Ce soir-là, il débarqua avec le DVD de <u>Ghost</u>, prétextant qu'il avait besoin de se détendre. On avait parlé lecture et cinéma la fois précédente, et j'avais admis ne pas connaître ce film. Et dans le genre film romantique... Au début, j'eus un doute sur ses intentions, la scène érotique de la poterie, *well*[3]. Surtout après cinq mois de célibat. Avec un homme plutôt sexy à mes côtés, qui savait lui à quoi s'attendre, il y avait de quoi se poser des questions. Et me laisser émoustiller un peu par mon imagination. C'était tout de même difficile de rester insensible à un mètre de lui. De ne pas espérer qu'il ait les mêmes pensées, les mêmes envies, le même désir que moi. Mais il resta sagement assis au bout du canapé. Ma minette sur les genoux, accaparée par l'histoire, je n'eus pas le loisir de détailler ses traits durant le film ni quand je versai ma petite larme.

Bref, alors que Sam et Molly filaient le parfait amour, celui-ci se fit tuer dans une ruelle sombre et sinistre devant les yeux de sa belle. C'est là qu'il devint un fantôme coincé sur terre, mais se trouvant dans l'incapacité de communiquer avec sa compagne...

Je compris le message, malgré la lourdeur un peu

---

[3] Bon

symbolique que voulait faire passer le film. Il partit juste après, sans faire un seul commentaire. Du Nathan tout craché. C'est que je commençais à le connaître... Il semait beaucoup de choses dans ma petite tête, l'air de rien. Tout comme l'envie de passer davantage de temps avec lui, mais l'avait-il deviné, lui ?

***

Nathan attendit que j'aie terminé ma traduction pour passer à la vitesse supérieure dans mon initiation. Je sus que c'était le moment dès qu'il franchit ma porte ce jour-là pour me proposer une balade. Il avait cette gravité particulière dans les yeux, celle-là même qu'il avait arborée quand il m'avait emmenée Rue Nélaton. J'avais renoncé à bon nombre de sorties ces dernières semaines pour terminer à temps ma traduction, alors j'acceptai aussitôt. Même s'il avait l'idée de m'en apprendre davantage, la perspective de sortir avec lui me plaisait beaucoup.

Surtout depuis cette soirée cinéma : il m'était arrivé de me demander depuis ce soir-là pourquoi il avait expressément choisi ce film précis. J'avais regretté d'avoir été aussi sage, ne cherchant qu'à comprendre le message qu'il avait voulu faire passer. Était-ce le seul ? Mystère... Mais cet homme était tout un mystère pour moi et j'avais envie de l'éclaircir.

C'était un soir d'avril assez doux. J'adorais me promener dans Paris au printemps. Il y régnait une ambiance particulière, comme si la ville se remettait à vivre. On prit le métro pour descendre à Saint-Michel. Et il me conduisit dans un petit square tout près de Notre-Dame. Je ne connaissais pas le square Viviani, pourtant il abritait une fontaine-sculpture pour le moins étonnante. Elle était faite d'un enchevêtrement de statues toutes chauves, tantôt silencieuses et mystérieuses, tantôt hurlant en grimaçant, créées avec beaucoup de réalisme. Elles étaient vraiment surprenantes, exprimant toutes des émotions intenses. Nathan me laissa les découvrir, assis sur un banc tout près.

— C'est pour elles qu'on est venus ? J'imagine qu'elles ont une histoire.

— Sans doute oui, mais tu fais fausse route, répondit-il en m'invitant à le rejoindre à ses côtés. C'est ici que j'ai fait ma première rencontre. À cause du vieux robinier qui est là.

Je regardai autour de moi jusqu'à ce que je découvre le vieil arbre penché sur lequel il avait posé les yeux. Et je m'écartai, par réflexe, ce qui l'amusa visiblement.

— Tu ne risques plus rien maintenant. Tu sais qu'on dit que c'est le plus ancien de Paris ? 1602 je crois ! C'est sûr qu'il a vu se passer un tas de choses. Pas toutes drôles !

— C'était quand ?

— Il y a six ans. Je bossais comme serveur l'été pour payer mes études, dans un petit troquet pas loin d'ici, et j'étais venu faire ma pause au calme. Quelle idée !... J'ai vécu la même chose que toi : un assaut incontrôlable d'images et d'émotions qui m'ont conduit au bord du malaise. On m'a pris pour un junky ce jour-là, ricana-t-il. Moi, j'ai cru à des hallucinations et j'en ai cherché les causes. Je n'ai rien découvert, tu t'en doutes bien. J'ai potassé tout ce que j'ai pu trouver sur les maladies mentales. Et puis, j'ai voulu en avoir le cœur net : j'y suis retourné. Et, à nouveau, il s'est produit la même chose. Deux fois, ce n'était plus une coïncidence ! Et puis il y avait des détails troublants dans ces images, la façon dont était habillé l'homme que je voyais. D'une autre époque... J'ai fait des recherches sur les évènements qui s'étaient passés à cet endroit ! Je n'ai pas trouvé grand-chose... à part cette légende, plutôt violente, sur le saint qui a donné son nom à l'église à côté. Mais ça ne collait pas...

— Pourquoi ?

— Il y avait des bruits de fusils dans ma tête, et que je sache, rien de tel n'existait au Moyen Âge. Et puis, j'ai bien remarqué que ce truc n'arrivait qu'à moi. Et ça, je n'ai pas pu m'y résoudre.

— Tu es quelqu'un de perspicace dans la vie.
— Je ne laisse jamais tomber tant que je n'ai pas compris.
— J'avais cru comprendre, commentai-je en haussant les sourcils... Alors qu'as-tu fait ?
— Un truc un peu fou, mais j'étais persuadé qu'il y avait un rapport avec l'église. J'ai fini par mettre la main sur la personne qui s'en occupe. Une mamy franchement bigote, mais adorable. Je lui ai demandé si elle avait entendu parler d'histoires comme la mienne. Je dois dire que j'ai eu droit à une foule d'histoires très cocasses. Et toutes les écouter m'a valu du courage, surtout pour ne pas rire. Et puis, j'ai reconnu la mienne. Elle m'a indiqué un homme dans le quartier, à qui il était arrivé la même chose.
— Tu es allé le voir ?
— J'ai eu un peu de mal à le retrouver, il avait évidemment déménagé. Mais à force de chercher, oui, je l'ai trouvé. Il a d'abord nié... comme toi.
— Je n'ai pas nié, je n'ai rien avoué ! protestai-je vivement.
— Joue sur les mots si tu veux... Je n'ai jamais vu quelqu'un mentir aussi mal ! dit-il d'un air taquin. Lui mentait très bien, par contre, sauf qu'il m'a rattrapé dans l'escalier quand j'ai laissé tomber. Je crois que j'avais l'air désespéré. Cet homme, c'est François Lantier, peut-être le rencontreras-tu un jour ? Moi, je lui dois tout.

Nathan se tut, comme si une lame d'émotion lui avait coupé la parole. Une émotion vive me noua la gorge : ce qu'il partageait là, c'était un souvenir intime, douloureux, bouleversant, et il me le livrait généreusement, pour m'aider. J'aurais voulu serrer ses doigts dans les miens ou passer mon bras autour de sa taille, mais je n'osai pas. Il glissa ses mains jointes entre ses jambes et se pencha en avant.

— Quand il m'a fait rentrer chez lui, reprit-il, la voix plus rauque qu'à l'ordinaire, ma vie a changé complètement. C'est maintenant que tu dois me dire si tu te sens prête à modifier ta vision de certaines choses et peut-être, de la vie que tu t'es choisie.

Dans sa voix, il y avait quelque chose de solennel que son regard sérieux ne démentait pas. Je frissonnai et jetai une dernière œillade au vieux robinier en soupirant.

— Je ne sais pas si je suis *prête*, mais je veux savoir ce que tu me caches depuis que je te connais. Le doute et l'ignorance, c'est insupportable pour moi.

— Et l'inimaginable, tu gères comment ? lâcha-t-il prudemment.

— Ben, j'imagine qu'on va vite le savoir, non ?

— OK, soupira-t-il. Toi et moi on fait partie de ces rares personnes dont l'âme est assez perméable pour capter celles des défunts. Quand quelqu'un meurt, son âme disparaît avec elle. Mais dans certains cas, elle réussit à rester et elle s'accroche à ce qui est vivant pour prendre assez d'énergie pour survivre.

— Un arbre suffit ? fis-je, écarquillant les yeux.

— Certains vieux arbres, oui apparemment. Il existe d'autres lieux où de vieux arbres leur servent de refuge. On a répertorié quelques endroits comme ça, dans Paris. Elles y végètent, car c'est trop peu pour elles, mais ça leur suffit. Quand un être humain, comme toi ou moi, s'approche assez, elle s'y accroche et prend toute l'énergie nécessaire.

— Cela explique la sensation de malaise et de faiblesse qui suit le contact ?

— C'est cela oui. Cette énergie lui permet de communiquer avec toi, sous forme d'images.

Il fit une pause et m'observa. Il tâtait sans doute le terrain.

— Continue, soufflai-je.

— Tu n'étais pas préparée, ni aux images ni à l'afflux d'énergie qu'elles te volent. Mais tu l'as laissée sans le savoir prendre ce dont elle avait besoin.

— Ça veut dire que je pourrais l'empêcher de me parasiter ?

— C'est assez compliqué, mais tu peux gérer ce que tu es prête à offrir. Cela permet de diminuer l'intensité du contact, cela donne moins de pouvoir à cette âme.

L'espoir qui avait enflé en moi retomba comme un soufflet. Moins de pouvoir ? Moi, je voulais ne lui en donner aucun. Je balbutiai, déçue :

— Je croyais que tu pouvais la bloquer.

— C'est plus difficile, elle ne se laissera pas faire, tu imagines bien ! C'est comme refuser à quelqu'un d'affamé de se nourrir.

— Mais tu sais le faire ? C'est ce que tu as fait rue Nélaton quand on était tous les deux ?

— Je l'ai attirée à moi, et je l'ai gardée le temps de lui trouver un porteur. Certains êtres humains qui sont comme le vieux robinier.

— Les âmes sont comme des *parasites* sur eux ?

— En quelque sorte, oui. Ça les fatigue un peu, mais c'est tout.

— Les veinards !

Nathan ne répondit rien à mon sarcasme nerveux. Et à cet instant-là, je le soupçonnai d'avoir, lui, beaucoup d'empathie pour ces âmes. Moi je ne m'en sentais aucune. Je n'avais pas envie de servir de batterie ni de moyen de communication. J'avais assez à faire avec ma propre personne !

— Je te l'ai déjà dit, reprit-il d'une voix un peu lasse, on n'est pas tous égaux. Même si tu apprends à bloquer le contact, tu les attireras naturellement d'autres fois. Pour s'en débarrasser, il faut nouer le contact et il faut être en bonne santé. Toute interaction exige beaucoup d'énergie.

— L'autre jour, quand je suis venu à l'hôpital, tu avais mauvaise mine pour cette raison ?

Il acquiesça en grimaçant. Je me sentais soudain fautive et inquiète.

— C'est... douloureux ? demandai-je, d'une voix mal assurée.

— Ce n'est pas le mot, non. Il faut juste faire face à un afflux de sensations un peu violent que tu ne peux pas maîtriser. C'est différent si tu laisses le contact se faire, un dialogue peut se créer.

— Un dialogue ? Avec des... mots ?

— Non, pas vraiment, c'est plutôt un échange d'émotions et d'intentions. C'est assez difficile à expliquer comme ça.

— C'est ce que tu as fait quand on y est retournés ?

— Si tu commences par ça, c'est plus facile ensuite. Tu crées un espace de confiance et une sorte de cocon ; l'âme se sent écoutée, ça l'apaise, elle te respecte et ne t'assaille plus.

Il se tut à nouveau et je méditai ses révélations. Il examina le robinier du regard. Tout cela, pour moi, c'était au-delà de l'imaginable, et en même temps cela pouvait expliquer tellement de choses. Une question surgit soudain :

— À part les vieux arbres et les êtres humains, il existe d'autres porteurs ?

Là, il me dévisagea une nouvelle fois, avec ce regard intense qui annonçait une nouvelle révélation. Au point où on en était... je soutins son regard et il lâcha enfin :

— Les chats. Enfin certains chats, pas tous.

— Milady par exemple ? balbutiai-je, un peu affolée.

J'avais des sentiments maternels pour ma minette... Même Mélanie se moquait de moi. Mais j'éprouvais une tendresse particulière pour ma demoiselle à moustaches. Elle était toujours là quand j'en ai besoin. Parfois, c'en est troublant. Alors si elle pouvait vivre sa vie de chat, je préférais. Et puis s'il fallait que je m'en méfie... non, je ne pouvais même pas le concevoir. Je suppliai presque du regard.

— Je ne sais pas pour Milady, mais c'est un chat d'appartement, non ? À mon avis, elle ne risque pas grand-chose.

Je sentis qu'il ne me disait pas tout. Comment lui en vouloir ? De toute façon, je n'étais pas certaine de désirer tout savoir maintenant. Enfin si, une chose encore... parce que depuis quelques minutes, je me posais de sérieuses questions sur Nathan. Et par conséquent sur moi...

— Et si on n'est pas des porteurs, on est quoi au juste ? demandai-je, à voix si basse que je le vis tendre l'oreille.

— Des chasseurs d'âme, répondit-il aussi faiblement, comme s'il craignait ma réaction.

— Chasseurs ? Tu es sérieux ? C'est un peu inquiétant comme mot...

— Ah, c'est vrai que tu es pointilleuse sur les mots.

Je lui décochai un regard narquois, je crois que nous avions besoin, l'un comme l'autre, d'une petite pause taquine dans l'intensité de notre échange. J'y décelai une complicité naissante qui me plaisait beaucoup. Il y répondit d'un sourire amusé, presque enjôleur. Je lâchai en arquant un sourcil aussi espiègle :

— *Sorry*[4] !

— Là, si tu me fais toute la conversation en anglais, je vais clairement avoir du mal à te suivre...

— Chacun son tour !

Il ricana puis soupira pour reprendre ses explications, plus sérieusement, hélas.

— Chasseur est un terme qui date un peu. Et c'est une longue histoire.

— Vas-y, j'aime les histoires, tu sais bien. C'est un peu mon fonds de commerce !

Son rire grave et chaleureux me troubla à nouveau. Il s'exécuta pourtant :

— À la période où l'Église régentait tout, les chasseurs d'âme avaient un rôle peu enviable. On les employait à traquer ceux qu'on appelait «les possédés»...

— L'Église est au courant ? le coupai-je, surprise.

— Bien sûr que oui, sauf qu'elle ne l'a jamais reconnu officiellement. Et pour une bonne raison, elle a voulu exploiter ce don qu'on a pour accentuer sa main mise sur les hommes. Elle n'a réussi à convaincre qu'une petite

---
4 Désolée

partie de notre communauté à se rallier à sa cause. La plus vénale. Il existe encore une poignée de gens qui sont persuadés que les chasseurs peuvent conduire les âmes perdues vers Dieu. C'est de ceux-là dont on entend parler parfois, aujourd'hui. Va sur le Net, tu liras une littérature édifiante à ce sujet. Ils ne font de mal à personne, mais Dieu n'a rien à voir là-dedans. Je ne fais pas partie des croyants et pourtant je peux les percevoir, les entendre et les aider.

— Pourquoi ce mot *« chasseurs »* ?

— Parce que, jusqu'à la Révolution, les gens qui réagissaient comme toi ou moi à la rencontre d'une âme, étaient stigmatisés, traqués et subissaient tout un tas de rites visant à les délivrer du Mal. L'Église s'en glorifiait. Les chasseurs étaient de véritables traqueurs, mais restaient dans l'ombre pour que tout le mérite en revienne aux prêtres. Cette poignée d'hommes a joué leur jeu, de façon ignoble parfois... une véritable chasse...

— Et les autres ?

— Comme aujourd'hui, ils restent dans l'ombre et travaillent en silence. Ils se sont fait oublier du reste de la communauté, volontairement. On ne peut pas agir sur commande, il y va de notre santé mentale et physique. Ces chasseurs utilisés par l'Église ne vivaient jamais bien vieux.

Je dus ouvrir de grands yeux alarmés, car il s'arrêta net et prit ma main pour m'apaiser. Une douce chaleur s'empara de moi. J'aimais ce contact tactile et tendre qu'il établissait facilement. Il me donnait envie de plus encore. Mais une lueur de regret traversa ses prunelles.

— Il y a un tas de règles à suivre pour se préserver, c'est tout. Il existe des chasseurs d'âme plutôt âgés. Si tu respectes une certaine hygiène de vie, tu ne risques rien !

— Mais tu avais vraiment mauvaise mine l'autre jour...

— Parce que j'ai enchaîné quelques gardes, les conditions n'étaient pas bonnes. C'est ma faute ! Je suis plus vigilant d'habitude, avoua-t-il en grimaçant.

— C'est ma faute...
— Bien sûr que non, Sarah ! C'est entièrement la mienne. Mais je n'aime pas confier une âme à un porteur bien longtemps, ce n'est pas très juste. Alors j'ai voulu régler le problème.
— Et tu as réglé le problème comment ?
À mon grand regret, il lâcha ma main, un pli soucieux sur le front, et posa son regard loin devant lui. Il hésitait clairement à m'en dire plus. Il m'en avait déjà dit beaucoup et je ne savais pas comment j'allais digérer toutes ces informations. Pour un peu, j'avais l'impression d'abriter une inconnue en moi. On ne peut pas dire que cela me réjouissait.
— C'est compliqué, finit-il par murmurer. Je t'expliquerai plus tard.
— Si j'intègre ta communauté, c'est ça ?
Il hocha simplement la tête avant de reprendre :
— Rien n'est vraiment secret, Sarah, mais il y a des choses difficiles à expliquer quand on ne les vit pas. Et je ne veux pas... t'affoler.
Ce que j'avais pris pour de l'hésitation était de l'inquiétude. Une inquiétude perceptible jusque dans le ton de sa voix.
— Je ne suis pas partie en courant, lui fis-je remarquer, pour dissimuler l'espèce de désarroi qui me gagnait.
Une lueur tendre traversa ses yeux, adoucissant ses traits soucieux. Il dodelina de la tête un court instant et répondit avec une douceur qui me fit frissonner tant ses mots me semblaient soudain porteurs de promesses :
— Non pas encore, ça m'ennuierait que tu le fasses. Ce n'était pas le but, mais il est difficile d'expliquer sans ébranler quelques certitudes. Tu sais, quand François m'a tout livré, j'ai cru que le ciel me tombait sur la tête.
— C'est pour ça que tu as pris toutes ces précautions avec moi ?
Il adopta un petit air contrit tout à fait adorable. Je lui

aurais tout pardonné à cet instant, même d'avoir éveillé en moi toutes sortes de craintes. Avais-je vraiment envie de me frotter à nouveau à ces âmes, si malheureuses ou tourmentées soient-elles ? Avais-je envie de bouleverser ma petite vie alors presque tranquille ? Avais-je envie d'en savoir encore plus ? Une chose était sûre, j'avais envie que Nathan soit encore là les jours prochains.

Chapitre V

« Rien ne peut être fait dans la solitude »
Pablo Picasso

Comme Mélanie me sentait préoccupée quoique je dise ou fasse, elle surgit un soir sans crier gare et m'obligea à sortir. Impossible de refuser cette fois. Elle était trop intuitive. Elle me tira jusqu'au cinéma le plus proche. (Un endroit que je me mettais à redouter de par la densité de gens qui s'y trouvait, mais le beau temps avait guidé les Parisiens sur les quais et les terrasses des cafés, autres lieux à proscrire.) Une fois que nous fûmes coincées sur des sièges voisins, elle passa à l'interrogatoire, les sourcils froncés :

— Ça ne va pas avec Nathan ?

Oh si, plutôt bien même ! Après notre détour au square Viviani, il m'avait emmenée dîner dans un petit restaurant italien où j'avais mangé les meilleures pâtes fraîches de toute ma vie ! On n'avait pas reparlé des chasseurs d'âmes. Sans doute lui aussi cherchait-il à me prouver qu'il pouvait vivre comme tout le monde. Au fil de nos rencontres, j'avais acquis une certitude : il ne faisait rien au hasard. Et j'appréciais… énormément ! Cette façon de prendre soin de moi, de me ménager, de me taquiner ou de me détendre quand cela s'avérait nécessaire. Je me sentais bien avec lui, pour la première fois depuis cinq mois. J'avais envie de faire confiance à un homme et j'avais presque confiance en moi.

Je regrettais juste qu'il garde ses distances avec moi. Enfin là, il m'avait fait la bise avant de partir avec cette réserve que pourtant je ne sentais pas dans sa façon de me regarder. Il n'était pas insensible à ma façon de m'habiller. Je la soignais désormais. Pourtant cette fois, ses lèvres s'étaient attardées sur ma joue et sa main posée sur ma hanche, aussi. Un doux frisson m'avait parcourue et je m'étais accrochée un court instant à son épaule, comme pour quémander un peu plus ou le retenir encore un peu. Il m'avait jeté un regard tendre, mais il était parti avec un sourire en coin.

En fait, je n'étais vraiment sûre de rien à son sujet. C'était vrai qu'il était attentionné, parfois un peu charmeur ou taquin. Mais peut-être était-ce dans sa nature ? Ou bien sa manière de me faire avaler la pilule ? Cela me plaisait beaucoup, néanmoins je n'osais pas nourrir de faux espoirs. Il paraissait plus sérieux, plus responsable et surtout plus réfléchi que les hommes que j'avais fréquentés par le passé. Mais je restais prudente. En plus, Mélanie avait assez pris d'initiatives comme ça. Je rétorquai donc :

— Ça va très bien. Un jour, tu admettras peut-être enfin que nous sommes juste amis ?

— Un ami qui a eu l'air drôlement inquiet quand je suis allée le voir, répondit-elle d'un air goguenard.

— Il se sent un peu responsable de ma santé. Déformation professionnelle, voilà tout !

Elle me dévisagea, le regard empli de suspicion puis dégaina :

— Un interne en neurologie a le temps de se faire des *amies* ?

— Je ne sais pas, demande-le-lui !

— Encore faudrait-il que je le voie ! insista-t-elle arquant un sourcil.

— Compte sur moi ! ricanai-je.

— Tu es quand même triste et préoccupée depuis que tu le vois.

— Tu ne laisseras donc jamais tomber ?

— Tu ne sors pas beaucoup ces temps-ci, alors si tu

attends quelque chose qui ne risque pas d'arriver, tu vas finir vieille fille…

— À 26 ans ? Laisse-moi encore un peu d'espoir hein…

Elle eut un petit sourire narquois, mais je savais qu'elle n'était pas dupe. Elle me connaissait trop bien ! Et je peinais à conserver l'attitude que j'avais habituellement quand nous sortions toutes les deux, notre activité favorite. J'étais crispée, tendue, inquiète et elle le sentait. Je n'avais aucune parade, c'était quelque chose que je ne maîtrisais pas du tout.

Quand Nathan vint me chercher quelques jours plus tard, j'étais soulagée de marcher à ses côtés. En sécurité. Il m'avait proposé une autre soirée en compagnie de deux *amis* à lui et j'avais vite compris qu'ils n'étaient pas de simples *amis*. J'avais accepté, même si cela m'avait déstabilisée. Découvrir que moi, lui, et tant d'autres avaient ce qu'il avait appelé un don avait déjà été difficile. Mais derrière cette révélation se cachait un choix qu'il me faudrait faire tôt ou tard. Nathan n'en avait pas parlé, mais s'il voulait me présenter à eux, c'était certainement aussi pour me convaincre de quelque chose d'autre, j'en étais certaine.

Il me vit l'observer à la dérobée. C'était plus fort que moi. Il avait une petite mine quand même, les traits un peu tirés, comme quand on sort de son lit après une trop courte nuit.

— Je n'ai fait que bosser, lâcha-t-il d'un air moqueur.

— Trop alors !

— Passe un de ces jours et dis-le au chef du service ! Je suis sûr qu'il appréciera. Ne t'inquiète pas, on ne va pas très loin à pied. J'ai expliqué à Clément et Sophie que tu ne serais pas chaude pour prendre le bus ou le métro, je me trompe ?

— Non, avouai-je, contrite. Et toi, ça ne te gêne pas ?

— Je vais t'apprendre à te protéger. Seulement, il faut un peu de temps pour ça, et je n'en ai pas trop ces jours-ci.

— Toi, tu te protèges en permanence ?

— Non ! C'est impossible, ce n'est pas quelque chose de naturel, pour nous...

— Pour le commun des mortels, oui ?

Mon expression ironique lui arracha un sourire.

— Un défaut de fabrication, j'imagine. Du coup, te protéger te demande un effort de tous les instants. Le dissimuler aux autres encore plus. Mais rien d'insurmontable, je te promets.

Le regarder me diriger dans le quartier me donna l'impression qu'il connaissait Paris comme sa poche. Il m'avait pourtant confié être originaire de Bretagne.

— Tu me parles de tes amis ? demandai-je, un peu intimidée par cette entrevue particulière.

— Clément est architecte et Sophie est webmaster. Je les connais depuis trois ans environ. Tu verras, ils sont très sympas. Ils se chamaillent souvent tous les deux, mais ça les amuse.

— Ils viennent d'univers très différents du tien ! remarquai-je.

— C'est juste. Cela rend nos rencontres très intéressantes.

J'aurais aimé le questionner davantage, mais le sourire de deux inconnus en face de moi m'arrêta tout net. Clément était grand, brun aux cheveux coupés très courts, carré d'épaules et je ne vis d'abord que ses yeux verts qui me dévisageaient sans retenue. À ses côtés, Sophie faisait toute petite et même si elle était un peu ronde, elle avait beaucoup de prestance. Elle se tenait droite et s'était habillée de manière plutôt originale : imperméable à pois, bottillons lacés et foulard noué pour domestiquer sa chevelure imposante. Bref, ils n'avaient rien de deux êtres qui auraient été accablés par ce qui leur arrivait et qui chercheraient à passer inaperçus... Tout mon contraire ces derniers jours.

Nathan me présenta très vite et ils m'étreignirent, tous les deux, comme s'ils me connaissaient de longue date.

Pour un peu, je me serais sentie adoptée d'office. Ils me guidèrent vers un petit troquet suffisamment grand et cosy pour qu'on puisse discuter tranquillement.

— Nathan a mis du temps à se décider à nous parler de toi, attaqua Clément dès qu'on fut assis.

— Je bosse dur en ce moment, j'ai des exams dans pas longtemps, se défendit ce dernier. Et toi, tu es du genre impatient. Tu m'aurais mis la pression.

Visiblement, Clément ne titillait pas que Sophie ou alors, il y avait entre ces deux-là une tension réelle. Je me sentis obligée d'intervenir :

— Je crois que je n'étais pas prête.

— Ça se comprend, dit Sophie. On est tous passés par là, Clément a oublié, c'est tout.

— Certainement pas ! Mais rester seul dans ces moments-là, ce n'est pas la meilleure chose à faire.

— On a l'impression d'être un cas au début, n'est-ce pas ? reprit-elle. Moi, c'est tout juste si je n'avais pas l'impression de briller comme un sapin de Noël au milieu de la rue. Ça te passera, tu verras.

— Sauf si tu sors avec Sophie, elle a le chic pour s'habiller discret, se moqua Clément.

J'observai Nathan à la dérobée, il souriait franchement. Je trouvais même qu'il avait quitté ce masque sérieux qu'il arborait souvent en ma présence, comme s'il était en mission. Cela lui allait si bien, le rendant plus séduisant encore. J'aimais bien son côté protecteur, mais le voir se détendre était pour moi un heureux présage d'avenir. Je laissai ma curiosité reprendre le dessus :

— Vous vous êtes connus comment ?

— Pour ma part, c'est François qui m'a fait rencontrer Nathan, expliqua Clément.

— Il joue un rôle particulier ?

Nathan échangea un regard, lourd de sens, avec son ami qui s'exclama aussitôt :

— Tu ne lui as pas parlé de François ?

— Vaguement, rien ne pressait, se défendit-il.
— François est au courant quand même ?
— Évidemment !

Je me sentis soudain mal à l'aise. Savoir qu'il avait discuté de moi à plusieurs personnes, à mon insu, me donnait clairement l'impression d'être *un cas*. Sophie me dévisagea et réagit tout de suite :

— François, c'est notre mentor à tous, ici. Nathan l'a trouvé tout seul, mais d'habitude c'est lui qui nous trouve.

— Mais comment ? bredouillai-je, étonnée.

— Ça, je crois qu'il te l'expliquera lui-même. Ça fait partie de ses prérogatives. Mais c'est lui qui veille sur nous. Tout comme nous veillons les uns sur les autres.

— De vraies nounous parfois, intervint Clément. N'est-ce pas Nathan ?

— N'exagère pas, tu es juste venu me chercher l'autre jour.

— Pas que ! Non ! Tu as la mémoire courte ! J'ai dû te retaper, le comble : moi, soigner un futur médecin !

— Tout de suite les grands mots ! fit Nathan en haussant les épaules.

Il fuyait clairement mon regard, et je savais pourquoi. C'était pour moi qu'il s'était mis en danger. Il ne m'avait pas tout avoué de ce qui s'était passé ce jour-là. Et je comprenais mieux comment Clément avait été informé de mon existence. Combien de temps m'aurait-il caché encore et pourquoi ? Des questions que je ne pouvais pas poser maintenant, hélas !

Clément voulut renchérir, mais Sophie l'arrêta tout net, le regard impérieux :

— On a parfois aussi besoin que ce soit un autre qui prenne le relais. Soit parce qu'on n'est pas en capacité de le faire, soit parce qu'on ne s'en sent pas capable. Voilà pourquoi il est important d'apprendre à se connaître et à se faire confiance. Tu as des questions ?

— Oh oui, une foule ! m'exclamai-je.

— Sors ta liste, ricana Clément.

Facile à dire... je n'oserai jamais aborder les questions existentielles. Pas ce soir-là, en tout cas. Ils avaient beau être avenants et bavards, je me sentais intimidée.

— Vous êtes nombreux ?

— Personne ne tient de registre, tu sais, intervint Nathan. Il y a sur Paris plusieurs personnes comme François qui servent de relais. Ils savent en général qui est actif et qui ne l'est pas.

— Ça marche beaucoup avec le bouche-à-oreille. Pas de trace écrite, on préfère, expliqua Clément devenu soudain plus sérieux. Dieu sait ce qu'on pourrait monter en épingle à notre sujet. La meilleure façon de nous protéger, c'est le silence. Quand c'est possible.

— C'est terrible quand même..., lâchai-je à mi-voix.

— Le monde n'a jamais aimé les singularités.

— Ni ce qu'il ne peut pas expliquer, renchérit Nathan. Alors on se serre les coudes, on se soutient, on s'écoute et ça marche plutôt bien.

— Quand l'un de nous se sent dépassé, il en fait part aux autres. On ne juge pas, on sait tous que c'est parfois difficile à porter.

— Mais vous pourriez ne pas vous entendre.

— Ça arrive, oui. On se cherche d'autres contacts. La solitude est de toute façon, notre pire ennemi.

— François tisse des liens entre les uns et les autres. C'est pour ça qu'il aime nous rencontrer tous. Il repère vite avec qui chacun peut s'entendre, expliqua Sophie. C'est un fin psychologue !

Je coulai un regard vers Nathan : pourquoi avait-il alors changé les règles ? S'il avait perçu ma question silencieuse, il n'en laissa rien paraître.

— Et vous vous voyez souvent ?

— Y a pas de règles, reprit Clément. Pas de contraintes en tous les cas. Quand l'un de nous a envie ou besoin, on essaie de répondre présent. Le plus difficile, c'est d'arriver à joindre cet oiseau-là, ajouta-t-il, moqueur, en désignant Nathan du regard.

— C'est pour ça qu'on va échanger nos numéros de portable si tu es d'accord, fit Sophie avec un sourire. Et si personne ne te répond, sache que François le fait toujours.

— Tu la lui présentes quand ? demanda Clément à Nathan.

— Quand elle sera prête...

— Prête à quoi ? intervins-je, de plus en plus intriguée par ce personnage qui revenait sans cesse dans la conversation.

— À changer ta façon de vivre, lâcha-t-il, à contrecœur.

Je crus apercevoir une lueur de reproche dans son regard à l'intention de son ami. Et j'aimais bien ce petit côté exclusif qu'il donnait à notre relation.

— C'est un peu excessif comme réponse, protesta Sophie, étonnée.

— Sarah a encore le choix. Elle peut décider de ne pas être active. Tu sais comme moi que François va essayer de la pousser à l'être.

— Active ? Accepter de communiquer avec... les âmes ?

Le formuler tout haut me fit un effet terrible. Comme si je réalisais soudain tout ce que Nathan m'avait patiemment expliqué.

— Le contact oui, précisa Sophie. Et tout ce que ça implique. Nathan t'a expliqué, n'est-ce pas ?

— Oui, je l'ai fait, fit ce dernier.

J'eus nettement l'impression qu'ils se tenaient une double conversation, leurs regards exprimant bien autre chose que leurs paroles. Clément se tourna alors vers moi :

— Et si tu nous disais ce que tu ressens depuis que tu sais tout ça, Sarah ?

J'observai brièvement Nathan, consciente qu'il avait essayé jusque-là de me protéger encore un peu. J'avais bien vu qu'il était plus ennuyé de me l'imposer que résigné.

— Ça m'effraie, forcément, finis-je par avouer, je n'ai

pas très envie de revivre tout ça... Je ne sais même pas si j'en suis capable...

— Si tu l'es, protesta aussitôt Nathan, avec un ton d'une bienveillance marqué. On n'est pas des anomalies de la nature humaine. Sarah, si on a cette capacité, c'est qu'on a au fond de nous une espèce d'empathie extraordinaire qui ne demande qu'à s'exercer. Il faut juste...

— ...l'apprivoiser, souffla Sophie doucement. C'est comme une émotion très vive qu'il faut arriver à canaliser. Quand tu en as l'habitude, tu fais ça presque naturellement.

— Ça ne vous pèse jamais ? m'étonnai-je.

— Si parfois. Ça ne tombe pas toujours au bon moment. Mais on est tous là justement pour prendre le relais si c'est le cas.

— Donc, la seule chose qu'il me reste à faire, c'est...

— ...apprendre à ressentir quelque chose de nouveau et de puissant et à le gérer, reprit Nathan.

— Il y a quelque chose qu'il faut que tu saches Sarah, ajouta Clément, c'est que lorsqu'on a terminé, on ressent quelque chose d'extraordinaire. C'est plus puissant que n'importe quelle dose d'adrénaline.

— C'est très difficile à expliquer avec des mots, murmura Sophie. Mais c'est un peu comme une drogue. Tu le feras encore parce que tu sais qu'ensuite, tu vas ressentir ce bien-être-là.

Je regardai à nouveau Nathan, surprise de cette révélation. Son visage était impassible. Mais je devinai ses mâchoires crispées.

— Comment vous expliquez ça ? finis-je par demander, décontenancée par son attitude et son silence sur le sujet.

— On n'explique pas. C'est peut-être ce que ressent cette âme qu'on a délivrée, peut-être qu'elle nous le fait partager pour nous remercier. Mais ce n'est qu'une hypothèse, commenta Clément.

— Ça fait de nous de drôles de drogués, ironisa Sophie pour détendre l'atmosphère, je crois.

Nathan ne rit pas avec eux, il semblait perdu dans ses pensées.

— Et si on en abuse ? demandai-je, marquée par le mot que la jeune femme avait utilisé.

— On n'en abuse pas, parce que les occasions ne se présentent pas tous les quatre matins, dit Clément avec un petit rire. On a un boulot, ça permet de garder l'équilibre. À ce sujet, tu fais quoi dans la vie ?

Je donnai quelques explications et la conversation dévia vers des sujets plus banals le reste de la soirée. La tension que j'avais alors sentie parfois entre les deux hommes disparut. Et même si je m'imaginais encore mal les appeler à la rescousse dans les jours prochains, ils m'inspiraient déjà confiance. Nathan avait raison, Clément et Sophie se chamaillaient souvent et c'était très drôle. On aurait dit un vieux couple qu'ils n'étaient visiblement pas, puisque je les avais vus repartir chacun de leur côté. Est-ce que si nous franchissions cette barrière qui existait encore entre nous, Nathan et moi aurions la chance de vivre quelque chose de différent ?

Sur le chemin du retour, je finis par poser à Nathan la question qui me brûlait les lèvres :

— Nathan, ta famille est au courant ?

Il enfonça les mains dans ses poches comme pour dissimuler sa nervosité.

— Ma sœur seulement. À vrai dire, je n'ai pas tellement eu le choix. On partageait le même appartement, à l'époque où j'ai découvert ce qui m'arrivait. Elle a fini par s'inquiéter. Je crois que je n'étais pas très cohérent.

— Elle a réagi comment ?

— Elle m'a accusé de me droguer, s'esclaffa-t-il avec amertume. Et elle l'a pensé un bon moment, d'ailleurs. Et comme nos relations devenaient très tendues et qu'elle menaçait d'en parler à mes parents, François a fini par intervenir.

— Elle l'a cru ?

— Il est difficile de ne pas croire ce qu'il dit. Tu verras, il se dégage de lui une sorte de charisme. Elle l'a cru, oui, mais elle a fait ce que beaucoup font dans son cas, elle s'est mise à potasser sur le sujet, à essayer de faire tout un tas de conjectures, à se mêler de mes choix. C'était pénible… Nos relations se sont un peu dégradées. J'ai fini par prendre mon propre appart.

Son visage se ferma alors, et je sentis que je ne devais pas pousser plus loin les questions sur son sujet. Il émanait quelque chose de douloureux de son regard. Puis il me demanda :

— C'est ce qui t'inquiète ? Devoir essayer de préserver tout cela secret ?

— Entre autres… ça ne doit pas être facile d'avoir une vie privée.

— Tu sais, Sophie vit avec quelqu'un depuis deux ans déjà. Et il ne se doute de rien.

— C'est pour ça que Clément la titille autant ? Il est jaloux ?

— Ah, tu as deviné ça aussi ? Oui, c'est également mon avis. Il s'en défend bien sûr !

— Et son compagnon ne s'étonne pas de ses absences ?

— Elle compose avec les siennes, il est agent commercial.

— Évidemment… Moi c'est de mentir qui me poserait le plus de problèmes. Déjà avec Mélanie, c'est difficile… Elle me trouve bizarre ces temps-ci…

Nathan s'arrêta et s'adossa au mur de l'immeuble devant lequel nous passions. Son regard se fit compatissant. Ce type de regard qui me faisait fondre parce qu'il faisait alors éclater en mille morceaux toutes mes peurs et ma réserve.

— Si tu dois le lui dire un jour, attends d'être au clair avec toi-même. Dissimuler la vérité est plus facile, crois-moi. Même si tu as affaire à des gens ouverts et tolérants, leur regard sur toi change à jamais. Et quand ils t'échappent, tu vis dans la crainte qu'ils le racontent ailleurs.

Il l'avait vécu, ses yeux parlaient pour lui et sa voix s'était altérée. Une petite amie peut-être ? Était-ce pour cela qu'il ne s'engageait pas davantage avec moi ? Cela l'effrayait-il ? Pour le reste, je le croyais volontiers. Si je n'avais pas ressenti deux fois ce contact avec une âme, jamais je ne l'aurais cru ! Enfin, je pense... cartésienne comme je croyais l'être... Je l'arrêtai à nouveau :

— Une question encore ?

— Vas-y, ricana-t-il, amusé par ma moue contrite.

— Pourquoi ne m'avais-tu pas parlé de l'effet que ça fait ?

Il hésita clairement avant de répondre, poussant un soupir résigné :

— Parce que c'est comme promettre une médaille à un sportif qui doit d'abord s'entraîner des heures, voire des mois avant d'espérer la gagner. Le chemin peut être long et difficile. Et cela doit être un choix consenti, Sarah, pas intéressé. Certains l'ont fait pour ça, c'était un mauvais choix.

Je n'osai pas demander ce qui leur était arrivé, mais visiblement rien de bon à voir sa mine soudainement sinistre.

— C'est important que tu prennes le temps de choisir. J'aurais aimé pouvoir le faire, moi, à l'époque. On ira trouver François quand tu me diras que tu te sens prête à aller plus loin.

— Clément ou Sophie ne vont pas... cafter ?

Il éclata de rire et son rire, franc et grave, me fit soudain un bien fou, faisant éclater toute cette tension qu'il y avait eu entre nous. Puis il me regarda avec indulgence, caressant ma joue de son pouce et s'attardant dans mes yeux qui me trahissaient sans doute :

— Non, ils ne cafteront pas. La confiance et le respect sont le fondement de notre relation. Tant que personne ne se met en danger, on ne se mêle pas des choix des uns et des autres.

Chapitre VI

« Celui qui a confiance en lui mènera les autres. »
Horace

Nathan ne fit aucun commentaire quand je lui annonçai enfin que j'étais disposée à rencontrer François. J'avais de bonnes raisons, les avait-il devinées ? Mystère ! Mais bon, je ne pourrais pas éternellement vivre de cette façon, à moitié recluse, alors que le printemps s'était définitivement installé sur la capitale. Ensuite, Mélanie ne goberait plus très longtemps mes excuses pour ne pas trop sortir ! On adorait faire les expos dans Paris aux beaux jours. C'était notre petit rituel chaque année. Une expo, un petit restau… et ça, c'était beaucoup trop de monde sur mon chemin !

Nathan était là dès le lendemain, après avoir récupéré de sa garde de nuit. Barbe de trois jours, jean, chemise ouverte sur un tee-shirt et baskets, un vrai look d'étudiant. Toujours aussi craquant. Je devais bien avouer que chaque fois que je le retrouvais, désormais, mon petit cœur s'emballait un peu, beaucoup. Mes joues devaient bien me trahir aussi. Je ne pus pourtant m'empêcher de demander, culpabilisant tout de même un peu de l'arracher au repos dont il avait besoin :

— Ça ne te dérange vraiment pas ?

— J'ai besoin de m'aérer la tête, après tous ces examens, ça tombe plutôt bien ! Tu es sûre de toi ?

— Je n'ai pas vraiment le choix, je crois. Tu ne m'apprendras pas juste à me protéger, n'est-ce pas ?

— Je ne préfère pas, non. On n'a pas beaucoup de règles, mais je pense qu'elles ont toutes de bonnes raisons d'exister.

— François n'est pas un simple chasseur d'âme, alors il est quoi, au juste ? lançai-je tandis qu'on prenait la direction de la Bastille, son lieu de résidence.
— Il fait partie des gardiens. C'est un homme d'expérience et de sagesse. Il se rend toujours disponible quand tu as besoin.
— Il ne travaille pas ?
— Oh si, il est expert en assurances.
— Qui lui a donné ce titre de gardien ?
— Ce n'est pas un titre, c'est ce qu'il est naturellement. Je ne sais pas trop comment te l'expliquer... Il a une connaissance des choses qui lui est innée. Comme un savoir inscrit dans son patrimoine génétique. C'est un truc un peu fou à imaginer.

C'était sûr ! J'en avais déjà beaucoup appris sur le sujet, mais là cela dépassait clairement mon entendement !

— Comment un futur neurologue comme toi accepte-t-il ça ?

— Je savais que tu me le demanderais, tôt ou tard, rit-il. La science n'explique pas tout, Sarah ! Il y a longtemps que je l'ai compris et accepté.

On marcha un bon moment pour parvenir dans les rues tortueuses du faubourg Saint Antoine. S'il existait un quartier chargé d'histoire, c'était bien celui-là ! Beaucoup de rues y étaient encore pavées et on y trouvait de belles cours intérieures. Mais franchement là, je n'avais même pas la curiosité de regarder au-delà des portes cochères grandes ouvertes. Je me raidis spontanément quand je découvris le monde sur les trottoirs et je ralentis.

Dès qu'il s'en aperçut, Nathan me proposa de me prendre la main. Ce n'est pas que le geste me surprenait, non, je savais que de cette façon il détournerait vers lui toute tentative de contact. Néanmoins depuis la première fois où il l'avait fait, nous avions beaucoup échangé et partagé tous les deux et... oui, ce geste me troublait vraiment cette fois. Peut-être parce que j'en rêvais aussi...

Que j'y espérais un signe. Il perçut sans doute mon hésitation et sembla amusé. J'acceptai pourtant. Et sa poigne chaude et ferme me tranquillisa instantanément. J'aimais ce sentiment de sécurité qu'il me procurait chaque fois.

— J'aime être ton garde du corps, alors abuses-en. Ça ne me pose aucun problème !

Sa petite moue adorablement moqueuse me fit fondre, et mon cœur se mit à battre la chamade. Et l'anxiété n'y était pour rien du tout.

Il me conduisit jusqu'au passage l'Homme, bordé d'immeubles à trois étages, contrastant presque avec les pavés irréguliers cernés de mousse et de touffes d'herbe. Des anciens ateliers endormis derrière leur rideau de fer il ne restait plus rien, juste une ou deux enseignes. L'endroit était calme, étonnamment paisible, quand on savait la Bastille toute proche. On s'engouffra dans un immeuble dont on grimpa les escaliers d'une autre époque, et avant de sonner à la porte, Nathan attendit mon accord. J'aimais cela chez lui, cette attention constante à me laisser le choix et le temps. Je hochai la tête.

Bientôt apparut un homme d'une cinquantaine d'années, aux tempes grisonnantes et au regard d'un bleu pénétrant. Je n'en avais jamais vu de tel auparavant. On aurait cru qu'il lisait instantanément au plus profond de vous, ce qui me fit presque frissonner. Je me retins de détourner les yeux.

— Sarah, c'est ça ? Bonjour ! dit-il en me serrant la main d'une poigne vigoureuse. Salut Nathan ! Je suis content de te voir. Tes examens se passent bien ?

— Quasi terminés, ça va oui.

Une voix grave et chaleureuse : Nathan avait raison, il se dégageait de lui quelque chose de puissant.

Il nous fit rentrer dans son appartement et je ne pus cacher ma surprise : je ne m'attendais pas à ce que je découvris ! Moderne, épuré, spacieux, l'intérieur dénotait avec ce que j'avais imaginé.

— Toi aussi, ça t'étonne ! sourit François Lantier, amusé. Tout le monde me voit vivre au milieu de vieux livres et bibelots. Le passé appartient au passé, il vient bien assez nous hanter comme ça !
— Désolée.
— Ah, ne le sois pas ! Les préjugés ont la dent dure…
Son rire franc me détendit un peu et je suivis les deux hommes dans le salon. Nathan m'encouragea du regard et s'assit à côté de moi. J'avais presque l'impression de passer un entretien d'embauche ou un examen, c'était déstabilisant au possible. Sur la petite table nous attendait de quoi boire et grignoter, une attention délicate peut-être destinée à me détendre. Notre hôte nous servit l'un et l'autre, puis s'enfonçant dans son fauteuil, nous dévisagea avant de reprendre la parole :
— D'abord, je te félicite Nathan. Je ne sais pas comment tu as fait pour convaincre Sarah.
— J'ai essayé de me mettre à sa place, répondit tranquillement ce dernier.
— Alors que vous ne vous connaissiez pas auparavant ? Tu as pris un gros risque, tu le sais, n'est-ce pas ?
— Pas tant que ça. Je ne l'ai jamais laissée longtemps gamberger et puis je connaissais son adresse.
— La première fois, ça ressemblait même à du harcèlement, intervins-je.
Mon petit plaidoyer spontané fit naître un sourire en coin chez François. Pourtant, de toute évidence, il n'approuvait pas son choix et je me demandais bien comment il s'y prenait, lui.
— C'est heureux qu'il l'ait fait, fit-il, l'air plutôt grave, et que ça ait porté ses fruits. On ne peut pas vraiment se permettre de laisser dans la nature des personnes fragilisées par ce qu'ils apprennent, sans y être préparés. Plus nous resterons dans l'ombre, mieux ce sera. Nous exposer est un risque qu'on ne peut pas prendre !
Voilà, Nathan s'était visiblement fait remonter les

bretelles et les choses étaient posées de façon beaucoup plus directe que ne l'avaient fait ses amis. Il avait craint que je ne devienne un électron libre, capable de faire voler en éclat un secret séculaire bien gardé.

— Alors une question se pose désormais, Sarah, reprit-il, avec le même regard inquisiteur, avec qui veux-tu continuer ta formation ? Traditionnellement, je m'en charge parce que j'ai l'habitude, l'expérience et du temps. Tu sais qu'on ne va pas te laisser subir, sans rien faire, ces contacts déstabilisants, n'est-ce pas ?

— Oui, Nathan m'a expliqué.

Je le regardai alors, un peu ennuyée, je n'avais pas envie de le mettre à nouveau dans une situation embarrassante, même si c'était lui qui avait choisi délibérément la première sans que je sache pourquoi.

— C'est comme tu veux, rétorqua ce dernier avec un sourire bienveillant. Je comprendrais tout à fait que tu préfères François, il sait très bien le faire. Il a l'expérience, moi pas. Et c'est sans douleur, sois tranquille, ajouta-t-il avec une pointe d'espièglerie.

Alors c'était clair, dans la vie, il y avait des choix qu'on n'aimait pas faire. Il ne me posait pas la question de confiance, mais c'est comme cela que, moi, je ressentais les choses. Je devais choisir entre celui qui avait le savoir-faire et celui avec qui je me sentais en sécurité, depuis le début. Non pas que François Lantier ne m'inspire pas, loin de là... Il émanait de cet homme quelque chose de puissant que je ne m'expliquais pas, pourtant je le connaissais à peine ! Il nous enveloppait du regard et je me sentais étonnamment sereine, alors qu'on parlait depuis dix minutes de quelque chose qui allait forcément bouleverser ma vie. Et puis le choisir lui, c'était prendre le risque de ne plus voir Nathan aussi souvent. Et je n'en avais pas envie.

— Tu peux changer en cours de route, renchérit ce dernier, devinant clairement le conflit interne dans ma tête.

— Mais tu as le temps ? lui ai-je demandé.

— Je le prendrai, ne t'inquiète pas pour ça.

Il coula alors un regard vers son mentor qui reprit la parole :

— Ce n'est pas quelque chose qu'on planifie à l'avance, Sarah. La théorie nécessite très peu de temps. Après il va falloir passer à la pratique, et ça peut prendre des mois en fonction des opportunités qui se présentent.

Évidemment, j'aurais dû y penser… J'imaginai qu'ils ne séquestraient pas d'âmes en vue de novices comme moi. Il expliqua encore :

— Si Nathan s'occupe de toi, ça veut donc dire qu'il profitera des occasions qu'il aura pour te former. Il en a certainement moins que moi, ce qui peut rendre ta situation inconfortable quelques mois encore.

— Je suis prête à prendre ce risque, bredouillai-je alors, tout de même mal à l'aise de lui préférer mon voisin.

— Je m'en doutais un peu, me sourit spontanément François. Nathan a noué une relation de confiance avec toi, c'est normal ! Mais au moindre problème, je veux que l'un ou l'autre vous me contactiez ! Nathan, tu n'as pas assez de recul sur ce genre de situation pour prendre des risques, même calculés.

— Je sais. Ce n'était pas mon intention !

— Au moindre doute, je veux vous voir tous les deux ! insista-t-il le regard impérieux. Pour chaque étape franchie aussi.

Nathan hocha la tête, je l'imitai, un peu abasourdie par la gravité de cet entretien.

Il s'en suivit un échange plus informel, sur mes habitudes de vie, mon métier, ma famille, auquel je me pliai de bonne grâce, consciente que je devais gagner moi aussi sa confiance. Puis François aborda un dernier sujet : celui des deux incidents auxquels j'avais été confrontée. Quand j'eus fini de les relater, non sans difficulté, je pensai qu'à lui, je pouvais le demander. Peut-être avait-il la réponse ?

— Pourquoi maintenant ? Rien pendant 26 ans et soudain…

Ma voix s'éteignit en observant son visage, son regard acéré, toujours bienveillant. Un trait qu'il avait en commun avec Nathan. Il prit du temps avant de concéder :
— Parce que tu étais enfin prête.
— Prête ?
— Réceptive est peut-être le mot plus juste. Quelque chose a dû t'en empêcher auparavant. Un sentiment très fort, comme la colère par exemple.

Je réfléchis à mon tour. Et puis cela sortit presque tout seul :
— Mon père, sa disparition... Quand j'avais 15 ans... c'est vrai que j'ai mis beaucoup de temps à l'accepter. Il est parti sans laisser la moindre explication. Il nous a laissées seules, ma mère, ma sœur et moi.

Je les vis échanger un regard de connivence que je ne compris pas. François ne me laissa pas le temps de m'appesantir dessus.
— C'est suffisant, en effet, pour bloquer la réceptivité. Une partie de ton énergie n'était pas disponible.
— Est-ce que ça touche aussi les enfants ?
— Ce n'est pas une maladie, me reprit gentiment Nathan, sans doute par déformation professionnelle.
— On n'en est pas sûrs à cent pour cent, me répondit François, mais on ne connaît aucun cas. Il faut vraisemblablement une certaine maturation de l'esprit et une énergie suffisante et c'est tant mieux.

Ce sont les dernières confidences auxquelles j'eus droit avant qu'on ne prenne le chemin du retour.

Une fois que nous fûmes sortis du passage calme en bas de l'immeuble, Nathan me reprit spontanément la main et me guida dans un dédale de rues pour déboucher enfin sur la place des Vosges. Pas franchement sur notre trajet ! Je le regardai, surprise.
— Telle que je te connais maintenant, tu dois avoir des questions et en marchant, je ne peux pas forcément me concentrer sur ce que je dois te répondre, m'expliqua-t-il,

en désignant du regard nos mains entrelacées. On s'arrête boire quelque chose ?

J'acquiesçai, presque soulagée qu'il y ait songé le premier et une fois installée, dans un petit café sous les célèbres arcades devant un cappuccino délicieux, je posai la question qui me taraudait :

— François, il lit dans les pensées ?

Nathan eut l'air abasourdi et éclata de rire :

— Non, il est juste très observateur. Il décode assez bien les expressions et les regards des gens. Je pense que c'est à mettre en relation avec nos capacités.

— Toi aussi tu l'es, c'est vrai. C'est parfois déstabilisant.

Il eut une délicieuse moue navrée et reprit :

— Il a l'habitude de recevoir des gens comme toi. C'est pour ça que tu as eu cette impression. Je pense qu'on passe tous par le même stade et qu'on a tous les mêmes réactions. François porte une lourde responsabilité sur ses épaules, tu sais. Si l'un d'entre nous part en vrille, c'est à lui de veiller à ce que ça ne cause pas de problèmes à notre communauté.

— Ça arrive souvent ?

— Il n'en parle jamais, à vrai dire je n'en sais rien, mais c'est un souci constant chez lui, tu l'as bien vu... Tu as dû lui faire bonne impression puisqu'il t'a laissé le choix.

— Merci d'avoir accepté Nathan... Je sais que tu n'as pas beaucoup de temps et...

— Rien du tout Sarah, d'accord ? Je le fais parce que j'ai envie de le faire, et que je sais que ce sera plus facile comme ça. On traverse parfois des heures de solitude après chaque expérience. Au début, ce sera peut-être moins difficile pour toi, si je suis dans le coin. Je sais que François est intimidant les premières fois.

— Ça, je ne te le fais pas dire. Je ne suis même pas sûre que j'irais manger une pizza avec lui.

— Tu as tort, il connaît de bonnes adresses !

J'avais du mal à imaginer l'intimité qu'il avait pu avoir

avec cet homme lors de son *initiation*. Certes, il avait des côtés chaleureux et sécurisants, mais tout de même ce regard qui vous fouillait au plus profond de votre âme, c'était déroutant.

— Nathan…, tu peux me dire ce qui va se passer la prochaine fois qu'on se verra ?

— Seulement si tu te sens prête Sarah, je peux aussi venir répondre à d'autres questions. Ce n'est pas une obligation ! On ne fait rien de bon dans l'urgence.

— Merci, mais je crois que j'ai besoin d'avancer, là. Tu ne peux pas me *chaperonner* tout le temps !

Je savais que le choix de ce mot le ferait rire, mais une lueur étrange traversa aussi son regard. Et c'était inattendu, cela me désarma, mais il ne commenta pas. Juste un soupir un peu étouffé. Des regrets ? Cela y ressemblait un peu. Je réalisai alors qu'il aurait pu se méprendre sur mes intentions, et je m'exclamai, ennuyée :

— Je ne cherche pas à me débarrasser de toi, hein ? C'est juste que je me sens un peu le boulet de service là…

— Ouf, tu me rassures, répondit-il avec un regard charmeur, très ambigu aussi. Boulet certainement pas, mais c'est le seul moyen que j'ai trouvé pour te donner du temps et te permettre d'être moins angoissée quand tu sors avec moi.

Oh, je n'étais pas toujours angoissée, loin de là ! Mais je n'osai pas m'engager sur ce terrain-là. Maudite soit cette peur de me tromper sur ses intentions, sur son attitude ou ses paroles. Je me contentai de répondre :

— Je sais, merci. Tu vas trouver que je suis curieuse, mais tu as fait comment avec François ?

— J'ai supporté sa main sur mon épaule un certain temps, répondit-il en grimaçant. Même si on a une trentaine d'années d'écart, c'était parfois un peu gênant.

J'essayai de ne pas rire, mais c'était difficile, il était souvent très expressif et drôle. Alors, choisissant de rester sur le registre de cette complicité que j'adorais entre nous, je demandai en arquant un sourcil perplexe :

— Et tu comptes me promener dans Paris jusqu'à ce que l'occasion se présente ?

— Non, bien sûr que non ! Dans un premier temps, je vais t'expliquer comment procéder pour refouler un contact. Tu vas t'entraîner sans moi pour que ça devienne un réflexe et que tu n'aies pas à y penser le jour venu. C'est important que tu puisses réagir sans faire d'effort de mémoire. Ça doit être un automatisme. Et quand ce sera le moment, je viendrai te voir et tu essaieras pour de vrai.

— Avec une âme *cobaye* ?

— Appelle-la comme ça si tu veux, oui !

— Consentante ? corrigeai-je, un peu perturbée par l'idée.

— Tu en demandes trop !... On n'a guère d'autres choix, Sarah. En médecine aussi, on a besoin de cobayes. Au bout du compte, on lui viendra tout de même en aide, tu sais, et ça, c'est une certitude.

— Tu y arrives toujours ? m'exclamai-je admirative.

— Non, pas toujours, dans ces cas-là, je la confie à François. Lui sait quoi faire.

— Et pourquoi lui y parvient-il et pas toi ?

— Quelle curieuse tu fais ! sourit-il tendrement avant de redevenir sérieux. Je ne suis pas certain que tu aies envie de le savoir, aujourd'hui...

— Au point où on en est... franchement !

Il hésita quelques secondes, le regard devenu vague, faisant tourner dans ses mains son verre vide, à la recherche, sans doute, des mots les moins impressionnants.

— Il arrive que, parfois, elle essaie de t'utiliser pour rester ici, dans le monde des vivants. Elle refuse de coopérer et, c'est comme si elle essayait de s'installer dans ton esprit. Tu le perçois très vite. François, lui, est comme imperméable à ce genre de requête, elle n'a alors plus d'autre choix que de se laisser faire.

— D'où le mot gardien... Il vous protège en quelque sorte...

— Il *nous* protège. Tu as encore du mal à te sentir concernée, n'est-ce pas ?
— Ce serait plus facile si c'était quelque chose dont j'avais entendu parler auparavant.
Ses yeux se remplirent de compassion. Je n'avais jamais vu un regard pareil chez quelqu'un ! C'était la preuve presque tangible que l'empathie existait. Il inspira longuement et lâcha, comme à contrecœur :
— Il faut qu'on commence Sarah, ça va t'aider, j'en suis sûr.
— Aujourd'hui ? demandai-je d'une toute petite voix, mal assurée.
— Ce serait bien, oui, je crois. Repousser l'échéance ne t'avancera à rien.
C'était la première fois qu'il insistait de la sorte, autant en paroles qu'en regard. Un regard de ceux qu'avait eus François Lantier : profond, pénétrant et grave. Je savais qu'il avait raison. Mais j'étais tout sauf sereine : je m'étais découvert une âme de trouillarde ces dernières semaines. Je ne me sentais pas fière du tout. Il ne me laissa plus le choix et souffla, sans prévenir, ses yeux plongés dans les miens :
— Il suffit d'apprendre à détourner une partie de ton énergie psychique disponible. Il y a de multiples façons de le faire, il faudra peut-être que tu en essaies plusieurs avant de trouver celle qui te convient le mieux. C'est le plus difficile sans doute.
— Toi, tu fais comment ?
— Les premiers temps, tu vas rire, je me récitais des listes liées à mes cours de médecine. Tu n'imagines pas les monstrueuses listes de noms qu'on avait à apprendre. Seulement à force, cela ne me demandait plus vraiment d'efforts et ça ne marchait plus. J'ai choisi un moyen que Clément m'a soufflé par la suite, mais avant toute chose, tu dois arriver à faire le vide autour de toi. Ne rien laisser te parasiter, sans quoi ton énergie n'est pas suffisante. Tu peux essayer de faire ça ?

— Là ? Maintenant ?
— Je doute que tu aies à le faire chez toi, au calme, rétorqua-t-il, en arquant un sourcil taquin. Essaie... oublie tout ce qui est autour de toi, chasse tout ce qui te passe par la tête, concentre-toi !

Facile à dire, surtout quand vous aviez un Nathan en face de vous, et son regard plutôt envoûtant. Je fixai un point derrière lui et tentai la chose. Un exercice compliqué quand la vie grouillait autour de vous et que vous sentiez qu'on ne vous lâchait pas des yeux.

Je ne sus pas quand ni comment, il comprit que j'y étais parvenue, mais il ajouta, quand ce fut enfin le cas :

— Si tu n'es pas claustrophobe, essaie de te visualiser, enfermée dans une boîte métallique, sans ouverture, fermée à clé. Là où personne ne peut t'atteindre. Imagine-la capitonnée, de façon à ce que même les bruits ne parviennent pas jusqu'à toi. Tu dois y mettre toute ta concentration comme si seule ta pensée pouvait la maintenir réelle, et que ta vie en dépendait. C'est ton unique refuge.

Il parla lentement, à voix basse, d'un ton égal et patient, comme s'il suivait l'avancée de mes efforts. Pour un peu, je me serais sentie sous hypnose. C'était troublant.

C'est sa main sur la mienne qui me tira de cette espèce de torpeur :

— Impressionnant, murmura-t-il quand je croisai son regard, un peu désorientée. Tu n'as même pas entendu le serveur venu encaisser notre commande.

Je roulai de gros yeux et il ajouta un sourire pour me détendre. Un sourire à vous réchauffer l'âme tout entière.

— Tu m'as hypnotisée ? demandai-je à voix basse, en me penchant par-dessus la table, un peu suspicieuse.

— Non ! Pas eu besoin.

Je vis clairement, à la lueur taquine dans ses yeux, qu'il se moquait gentiment de moi.

— Tu as juste une grande capacité de concentration et d'abstraction, c'est une bonne nouvelle. Reste à savoir le faire en marchant, par exemple, et sans donner l'impression d'être... complètement à l'ouest.

Il accompagna ces mots d'une moue narquoise à laquelle je répondis par un regard noir.

— C'était ton idée, le sermonnai-je, étrécissant les yeux.

— Oui et je suis content qu'elle te réussisse. Au moins, je sais où tu étais pendant tout ce temps. Je me suis un peu senti seul.

C'était difficile de résister à la joie manifeste qui irradiait de lui, et je me rappelai qu'il n'avait pas l'expérience de son mentor. Je cessai donc de bouder. Et puis moi aussi, j'étais soulagée ! Soulagée d'avoir réussi, et aussi de ne pas l'avoir déçu. Cela comptait presque plus pour moi que ce succès. J'avais envie qu'il soit fier de moi. Qu'il ne voie plus en moi seulement la novice qu'il s'efforçait de former.

Chapitre VII

« Persévérer, secret de tous les triomphes »
Victor Hugo

Quand Nathan me contacta, deux jours plus tard, je sautai sur l'occasion. Nous avions tous les deux noué une relation très agréable, au charme ambigu. Je m'autorisai désormais des suggestions… prudentes. Que je lui propose d'aller au cinéma ne l'étonna donc pas plus que ça, en apparence, et il me retrouva le lendemain soir. J'avais fait l'effort de nous préparer quelque chose à dîner, d'une part pour épargner nos bourses, et aussi parce que je me sentais redevable envers tout ce qu'il faisait pour moi. J'avais surtout envie qu'il prenne du plaisir à venir ici.

Rachel, ma sœur, me disait souvent qu'un homme était toujours sensible à la bonne chère. J'aimais cuisiner et j'en avais rarement l'occasion depuis que je vivais seule. C'était clair désormais, Nathan avait touché quelque chose en moi qui réveillait des instincts très féminins. Commençant à connaître ses goûts, la mission était facile. Ce soir-là, j'avais opté, vu la météo quasi estivale, pour une bonne salade Caesar (son plat préféré) et un fondant au chocolat. Il se mit à table, avec une lueur d'envie dans les yeux :

— Un délicieux repas, un ciné, on a quelque chose à fêter ?

— Ton nouveau stage ? lançai-je, avec un petit air ingénu.

Son regard prit plein de facettes différentes en l'espace de quelques secondes, il savait sûrement déjà la vérité, mais il était fair-play et jouait le jeu. Il prenait de mes nouvelles de temps en temps et je m'en sortais chaque fois avec une boutade. Je n'osais pas lui dire la vérité, par crainte de le décevoir sans doute. Il m'avait pourtant prévenue que ce serait difficile et long. Un doux euphémisme...

— Mon nouveau bagne, tu veux dire ? Tu as raison, j'avais besoin d'un bon repas pour oublier un peu dans quelle galère je vais encore me fourrer.

Il me raconta ses misères d'interne chaque fois qu'il prenait un nouveau poste : être censé déjà tout connaître alors qu'il démarrait dans un nouveau service, avec une nouvelle spécialité, donner le change aux patients pour ne pas les angoisser et se débrouiller pour se former au plus vite quand le senior, chargé de le faire, n'était pas complaisant. Je ne savais vraiment pas comment il arrivait à encore trouver du temps pour moi, en travaillant près de soixante-dix heures par semaine là-bas. Et plus encore chez lui à ses cours et aux publications nécessaires pour se faire connaître et espérer dégoter, plus tard, une bonne place.

Quand je débarrassai pour nous servir café et dessert, il m'arrêta de sa main et m'obligea à m'asseoir, une douce chaleur irradiant ses prunelles, ce qui accéléra nettement ma respiration :

— Assez parlé de moi ! Et si tu me disais ce qui te tracasse maintenant ?

— Et comment sais-tu que quelque chose me tracasse ? répondis-je en fronçant des sourcils perplexes.

— Je te sens nerveuse et vaguement coupable de je ne sais pas quoi.

— Tu sais que c'est pénible de fréquenter quelqu'un qui a autant d'empathie que toi ?

— Désolé, c'est fourni d'origine avec le bonhomme !

— Tu n'es pas désolé ! protestai-je, le doigt accusateur.

— Non, je ne le suis pas, avoua-t-il avec un sourire craquant, ça m'aide beaucoup dans la vie.

— Avec tes patients ?

— Aussi, même si ça ne les oblige pas à te dire ce qu'ils te cachent, au moins je sais que je dois chercher encore.
— Ça veut dire qu'un jour, je serai capable de la même chose ?
— Oh, tu en es déjà capable, mais tu ne t'y es juste pas autorisée. C'est inconscient, une manière naturelle de te protéger. Tu as toujours le choix d'être celle que tu veux être.
— Ben, je n'en sais rien, fis-je désarmée.
— Ce n'est pas grave, chaque chose en son temps. Alors qu'est-ce qui te tracasse ?
— Je n'y arrive pas...
— À quoi précisément ?
— Rentrer dans la boîte et m'y enfermer. Ça m'effraie de faire un truc pareil au milieu de la rue.

Dans les quinze jours qui avaient suivi, je m'étais entraînée quotidiennement comme il me l'avait demandé, dans toutes les situations possibles, chaque fois que j'étais amenée à sortir. Était-ce le fait de marcher seule et d'avoir peur de ce qui pourrait m'arriver alors que je tentais l'exercice, ou bien l'impression de passer pour une folle aux yeux des badauds que je croisais ? Toujours était-il que je ne parvenais jamais à m'enfermer totalement au fond de ma boîte.

— Je me disais aussi..., sourit-il avec indulgence. C'est normal, tu ne sais pas jusqu'à quel point tu lâches prise, et c'est angoissant. Tu veux qu'on essaie en allant au ciné ?
— Tu le savais ?
— Ça m'étonnait que tu n'en parles pas, mais chacun est différent, Sarah. On n'a pas tous les mêmes blocages. Je te rappelle que je n'ai pas beaucoup de recul. Pourquoi n'as-tu rien dit ?

Je ne sus rien faire d'autre que hausser les épaules en guise de réponse. Déroutée par son étrange facilité à me comprendre.

— Tu sais que tu n'as rien à me prouver, n'est-ce pas ?

— En théorie, oui, balbutiai-je, troublée.

Comme à son habitude, il me dévisagea avant de répondre, d'une voix plus chaleureuse encore que ses yeux qui ne me lâchaient pas :

— Personne parmi nous ne te jugera jamais Sarah, pour la bonne et simple raison que l'on sait pertinemment ce que tu peux ressentir. On le sait et on le sent, rappelle-toi ! Ça n'a été facile pour personne. Et mal accompagné, on n'y parvient pas, pire, on renonce. Alors, cesse de préjuger de ce que je pourrais penser de toi. Je ne pense rien, si ce n'est que tu as été courageuse d'essayer tout ce temps sans me demander de l'aide. Ce soir, je t'accompagne, on essaiera à l'aller et au retour.

Je hochai la tête, contente qu'il l'ait proposé de lui-même, bien que je le soupçonne toujours d'avoir deviné mes intentions depuis le début. Il attendit que je nous serve enfin pour poursuivre :

— Tu pourrais aussi demander à Sophie de faire quelques sorties avec toi, je crois qu'elle apprécierait. Et puis vous feriez mieux connaissance.

— Elle sait que tu t'occupes toujours de moi ?

— Bien sûr qu'elle le sait, tu penses bien que François ne me laisse pas agir sans filet. C'est bien mal le connaître. Je crois qu'elle attend un signe de ta part, elle ne veut pas te brusquer.

— J'aurais dû y penser.

— J'aurais surtout dû te le dire, me corrigea-t-il, instantanément.

Si je naviguais un peu en eaux troubles, Nathan aussi évidemment. Mais je ne lui en voulais pas, il faisait de son mieux. Et quand il était là, je n'avais pas l'impression qu'il commettait d'erreur.

Sur le trajet aller du cinéma, parce qu'il était avec moi et qu'il me tenait encore la main, je réussis à me mettre au fond de la boîte et à marcher sans crainte. Une drôle d'expérience, très déroutante. J'avais l'impression d'avancer comme un robot, comme si j'étais privée de tous mes sens. Refouler toutes les sollicitations extérieures demandait un sacré effort. Ce n'était pas naturel pour moi, loin de là. Mais Nathan m'avait guidée et je m'étais laissée totalement faire. Enfin, cela m'avait tout de même demandé de canaliser ce que j'avais ressenti les premières minutes. L'étreinte de ses doigts avait réveillé quantité de petits papillons très perturbants dans mon estomac. À l'arrivée, j'étais soulagée, mais étrangement fatiguée.

Après le film, cette fois, il se contenta de marcher à mes côtés, le regard encourageant. Je pris beaucoup plus de temps et on adopta un rythme anormalement lent me donnant du temps. Nathan s'était mis légèrement en retrait, me laissant nous diriger, ce qui rendait les choses très difficiles. À plusieurs reprises, je sentis que *j'avais quitté ma boîte* pour pouvoir le faire. Chaque fois, il me susurra, avec le même sourire bienveillant :

— Normal. Le principal, lorsque nous sommes parvenus en bas de mon immeuble, c'est que tu y retournes le plus vite possible. C'est ta réactivité qui compte, pas l'enfermement complet. Ça, ça va te prendre beaucoup de temps pour y parvenir et une confiance absolue en tes capacités.

— Tu y arrives, toi ?

— Je crois que tu l'as vu, rue Nélaton.

Il gagna mon respect total ce soir-là, et mon admiration, je l'avouai aussi. Et un curieux manque quand il partit…

***

J'appelai Sophie deux jours plus tard, consciente que je devais effectivement nouer des liens de confiance avec elle. Même si Nathan m'assurait être disponible pour moi, le récit de sa vie d'interne m'avait un peu fait froid dans le dos. Et puis Sophie était d'une compagnie des plus agréables. Éternelle optimiste, elle donnait l'impression de tout prendre avec légèreté et de croquer la vie à pleines dents. Alors que Mélanie avait posé sur moi, depuis plusieurs semaines, un regard inquiet qui parasitait un peu notre relation, j'appréciais cet espace de liberté que Sophie m'offrait soudain : être moi-même et me savoir comprise.

Visiblement, il l'avait prévenue et elle savait quoi faire, sans me l'avoir explicitement fait comprendre. À la différence de Nathan, elle ne restait jamais longtemps silencieuse quand nous nous déplacions. Cela me compliquait singulièrement la tâche, mais elle agissait volontairement. Heureusement qu'elle n'attendait pas de moi une conversation suivie !

— Tu t'en sors comme un chef, me dit-elle, quand on fut assises à la terrasse d'un café, après être allées dévaliser une librairie, son péché mignon.

— Tu trouves ?

— Oui, tu n'es rentrée dans personne et tu n'as pas traversé au feu rouge !

— Ça t'est arrivé à toi ?

— Plus d'une fois ! Un vrai danger public. Mais Clément te dirait que je n'ai pas changé. Je crois que je suis d'un naturel étourdi. Aujourd'hui, j'ai fait attention, se ravisa-t-elle en me voyant hausser les sourcils, Nathan m'a fait la leçon. Il est très protecteur avec toi !

— Je suis sous sa responsabilité.

— En fait, sous la nôtre à tous les trois, même si c'est lui qui te sert de guide. Il a à peine le temps de prendre soin de lui, je me suis d'abord demandé ce qui lui avait pris de le proposer. Mais c'est Nathan, il a un cœur gros comme ça ! Et ses raisons. Il pense que tu as besoin de temps et François, lui, pense que plus vite on est formés, mieux c'est.

— Ils ne se sont tout de même pas disputés à mon sujet ? m'alarmai-je un peu.

— Je ne crois pas. François aime la sécurité, c'est dans sa nature, ça ne le rend pas obtus pour autant. Mais il connaît les limites de Nathan, c'est pour ça qu'il a pensé que ce serait mieux qu'on puisse t'aider nous aussi. Tu ne dois pas hésiter.

— Promis. Il t'a fallu beaucoup de temps ?

— Moi, je ne suis pas très douée pour me concentrer, un rien me distrait. Une vraie calamité ! ajouta-t-elle avec une grimace comique. Je ne suis pas une référence en la matière. Je crois que François a failli perdre patience à maintes reprises à mon sujet. On a changé de méthode un certain nombre de fois. Et on a fini par trouver la bonne.

— C'est quoi ta méthode ?

— J'essaie de repousser quelque chose qui fonce droit sur moi, je change régulièrement d'image pour éviter l'accoutumance. Comme c'est un truc qui m'angoisse, je suis très efficace ! Le coup de la boîte, ça ne marche pas... je suis claustro !

Écouter Sophie narrer ses expériences avec cette volubilité qui la caractérisait rendait les choses presque normales. Quand je lui racontai enfin que Mélanie me pensait agoraphobe, elle haussa les épaules :

— Eh bien laisse-la le croire ! Ce n'est pas très loin de la réalité, pour le moment. Et y a pas mieux qu'un mensonge proche de la réalité. Cela ne durera qu'un temps, tu ne devrais pas t'inquiéter pour ça.

— Je ne sais pas bien mentir...

— On a tous besoin de mentir un jour ou l'autre, il va falloir apprendre. On n'a pas le choix en ce qui nous concerne, c'est la moins pire des solutions. Tu verras, ça finit par couler tout seul, naturellement, je pense qu'on a un instinct de protection très développé à ce sujet, et par conséquent, une grande créativité.

Je voulais bien la croire, vivre deux ans avec quelqu'un et avoir réussi à lui cacher la vérité tout ce temps, cela me rendait presque admirative.

— Il ne faut pas trop te poser de questions, conclut-elle, les choses se mettront en place petit à petit, tu sais.

— Facile à dire, pour le moment, ce n'est pas le cas...

— Tu traverses une phase d'adaptation très importante, c'est naturel. On vit tous normalement, rassure-toi.

Le temps se détraqua très rapidement et quand nous décidâmes de rentrer, une pluie forte, accompagnée d'un vent orageux inondait les trottoirs. Sophie grimaça et me jeta un regard en coin :
— Je ne suis pas sûre que mon parapluie va vraiment nous abriter. Je crois qu'on devrait prendre le métro.

Le métro, les concerts, les salles de cinéma, le marché, les gares, des endroits que j'essayais de ne plus fréquenter. Même si je levai des yeux paniqués, elle afficha une mine résolue :
— C'est l'occasion de tester ta concentration, non ? On est aussi là pour ça.

Elle ne me laissa pas vraiment le choix et je dus la suivre très vite pour éviter de finir trempée jusqu'aux os. Je devais faire une tête épouvantable alors que Sophie prenait son temps et slalomait tranquillement dans les couloirs puis sur le quai, bondé en cette fin de journée. Sereine et confiante, tout ce que je n'étais pas. Je marchais crispée, regardant mes pieds pour tenter de garder un minimum de concentration. Soudain, elle me saisit le bras, ce qui me permit de lâcher ma garde, et murmura :
— Ce n'est pas une fatalité Sarah ! Il peut se passer des mois sans qu'il ne se passe rien. Essaie cette fois de te détendre. Teste ta technique une fois au cours du trajet sans me le dire et efforce-toi de rester décontractée. Tu n'as nullement besoin de bloquer tout le temps, je t'assure. Et puis je suis là, je te rappelle.

Elle m'encouragea du regard et je lâchai le soupir que je retenais sans m'en rendre compte. La rame s'ébranla à nouveau et elle souffla sur le ton de la confidence :
— Fais-moi la liste de tous les endroits que tu évites depuis que tu sais.
— Trop longue, grimaçai-je.
— J'aime sortir, tu sais, mais pas seule. Nathan a peur que tu t'enfermes chez toi et que tu renonces à ce que tu aimes, et je crois qu'il a raison. Lui n'a pas le temps de

t'accompagner partout pour t'aider, moi je l'ai davantage. Je fais beaucoup de télé travail, ça isole pas mal. Alors je ne suis pas contre prendre l'air de temps en temps. Promis, insista-t-elle, percevant évidemment ma gêne.

Voilà comment, dans les jours qui suivirent, on se retrouva souvent toutes les deux. Elle finit par faire la connaissance de Mélanie et se joignit à notre groupe d'aquagym. Petit à petit, j'appris effectivement à me laisser aller et à juste me tenir prête. Prendre confiance en moi, un exercice que je n'aurais pas réussi toute seule. Sophie y veilla, avec patience, détermination et amitié.

***

Nathan ne réapparut que deux bonnes semaines après, à l'occasion d'une soirée Tarot chez Clément. C'était son initiative, et j'étais contente de le revoir. Il m'avait manqué. À son arrivée, impossible d'ignorer et de calmer cette accélération de mes battements de cœur. J'avais beau rester prudente, veiller à ne pas m'emballer trop vite, forte de mes expériences passées, le constat était là. Cet homme, dont je ne savais pas grand-chose, et qui savait cultiver le mystère et le double sens, me plaisait et avait pris beaucoup de place dans mon cœur. J'avais un nombre incalculable de fois résisté à l'envie de lui envoyer des messages pour prendre de ses nouvelles. Mais une crainte tristement familière m'avait arrêtée chaque fois. La peur de me tromper…

Quand Sophie avait dit qu'il avait à peine le temps de prendre soin de lui, elle n'exagérait pas : ses cheveux avaient poussé et bouclaient à présent. Je doutais très sérieusement du fait qu'il a pu profiter, au moins une fois, du généreux soleil de mai, tant son teint était pâle. Quant à ses yeux cernés, ils en disaient long sur ses heures de travail dans son nouveau service. Sans doute cette soirée était-elle un prétexte habile pour l'en arracher et pour faire le point. Sophie savait qu'il ne me donnait pas beaucoup de nouvelles à moi non plus. Elle s'inquiétait elle aussi de son rythme de vie.

Notre hôte habitait un petit appartement sous les toits d'une vieille bâtisse, dans le 7e arrondissement et nul doute qu'il avait mis tout son savoir-faire pour l'aménager. C'était cosy à souhait ! Chacun de nous avait apporté de quoi manger. Et nous nous sommes installés sur la mini-terrasse de Clément, regardant le soleil décliner tout doucement derrière la tour Eiffel, un sacré luxe !

J'étais plutôt fière de moi : j'étais venue seule chez Clément et en métro. Ce que Sophie ne manqua pas de souligner, satisfaite de sa tâche. Clément lui fit aussitôt remarquer, fidèle à lui-même :

— Sarah est plus douée que toi, on dirait !

— C'est sans doute vrai, mais elle n'avait pas François sur le dos, non plus.

— C'est sûr qu'il est intimidant, le défendis-je.

— On lui répétera, ricana-t-il, non sans lancer une œillade lourde de sens à Nathan, qui fit mine de l'ignorer.

— Maintenant que Sophie t'a réconciliée avec la vraie vie, lança Clément alors que nous attaquions les délicieux macarons de cette dernière, tu as peut-être envie de savoir si c'est vraiment efficace ?

Nathan lui décocha un regard noir. C'est sûr, je ne l'aurais certainement pas formulé de façon aussi abrupte, mais je m'étais habituée à sa franchise et à son côté très direct.

— J'imagine que c'est mieux, répondis-je.

— Je m'en occupe, intervint aussitôt Nathan.

— Je ne suis pas sûre que c'est une bonne idée, en ce moment, le contra doucement Sophie. Tu as l'air vraiment fatigué.

— Je peux savoir de quoi vous parlez ? demandai-je, perplexe.

Ils se consultèrent tous les trois du regard. Ennuyés ? Hésitants ? Je n'aurais pas su dire, mais c'est Nathan qui reprit la parole :

— Il s'agit juste de te confronter à un contact, et il y a un moyen très simple. Si tu n'es pas contre une petite balade au Jardin des Plantes. C'est plein de vieux arbres et comme tu le sais, ils servent d'abris provisoires.

— C'est parfois utile quand on n'est pas en état de gérer, commenta Sophie. Ce n'est pas l'endroit le plus facile d'accès, mais le plus central pour nous tous.

— Si tu es prête, François ou l'un d'entre nous s'il en a l'opportunité peut y passer…

Il ne finit pas sa phrase, me sondant en silence. J'imaginai fort bien ce qu'il pensait lire dans mon regard : des réticences. Pas à l'idée d'être testée, je savais que je devais passer par cette épreuve, mais celle d'utiliser un cobaye et il le savait pertinemment. Je demandai :

— Et après ? Une fois que j'aurais testé ma résistance ? On la laisse là et on rentre ?

— Ça, c'est certain, intervint Clément en soutenant le regard de son ami. Hors de question de reprendre le risque de la dernière fois ! Tu ne tiens pas une forme olympique ces temps-ci, Nathan !

— Je sais, marmonna ce dernier. Mais Sarah a un problème éthique avec l'idée de se servir de cobayes.

— Eh bien, il suffit qu'on soit dans le coin, rétorqua Sophie le plus naturellement du monde. On prendra le relais. Aussitôt, rajouta-t-elle avec un sourire compréhensif.

Je les dévisageai tous, presque gênée de causer des complications ; eux ne semblaient pas perturbés le moins du monde. C'est là que je compris que j'avais encore bien du chemin à faire pour prendre les choses à leur façon. Nathan avait beau dire que j'avais une empathie naturelle enfouie au fond de moi, qui n'attendait qu'à être libérée, j'en doutais encore. J'en avais peut-être pour cette pauvre âme piégée, mais je ne me sentais pas aussi généreuse et dévouée qu'ils l'étaient tous envers moi. Sophie me demanda avec la même bienveillance :

— Ça te va comme ça ?

— Le Jardin des Plantes, à cette saison, c'est très fréquenté, non ? m'étonnai-je.

— À cette saison, l'amplitude horaire est assez grande, répondit Clément. C'est plutôt le planning de Nathan qui peut poser problème.

— C'est mon affaire, répliqua l'intéressé, d'un ton étrangement sec. Et le vieux cèdre du Liban n'attire pas les foules. Je ne suis pas inquiet.

— Alors, tiens-nous au courant, répondirent en chœur Sophie et Clément.

Chapitre VIII

« L'idée de l'expérience ne remplace nullement l'expérience »
Alain

Nathan m'attendait, assis sur les dernières marches de son escalier, un sourire engageant sur les lèvres. Adorable, je dirais même. Ce genre de sourire qui faisait penser qu'on était attendue. Et même si ce n'était que pour une nouvelle leçon, cet accueil me donnait les ailes nécessaires et l'envie de profiter du temps que nous passerions ensemble. Malgré les circonstances, malgré mon trac grandissant…

Il habitait dans le nord du Quartier latin, une petite rue paisible que je n'ai pas eu trop de mal à dénicher. Même si la météo était incertaine ce jour-là, nous avions décidé de nous rendre à pied au Jardin des Plantes, où Clément devait nous rejoindre. Nathan se plaignait de ne plus pouvoir faire de sport, depuis quelques mois et, pour ma part, j'avais quelques carrés de chocolat à dépenser.

— Tu y viens souvent ? demandai-je lorsque je vis les grilles du parc au loin.

— J'y suis venu surtout quand je bossais à la Pitié, c'était pratique. J'évite d'avoir à le faire, je ne suis pas fan non plus, tu sais.

— C'est François qui est passé… à l'arbre ?

J'avais vraiment du mal à formuler les choses, et d'autant plus à les imaginer. La situation me semblait un peu surréaliste. Mais Nathan fut indulgent avec moi, comme toujours.

— Non, c'est Clément. Il a pensé que c'était préférable de ne pas impliquer François, pour ne pas te mettre la pression.

— C'est gentil.
— Plus tu seras à l'aise avec tout ça, meilleure tu seras.
— Et François... il est d'accord avec cette façon de procéder ?
— On le tient au courant de tes progrès, ça lui suffit. La confiance est une clé de voûte entre nous.
— Je vois, oui. C'est aussi très rassurant, tu sais. J'apprécie !

Il eut un petit sourire de satisfaction.

Nous franchîmes les grilles et longeâmes le labyrinthe. Dans d'autres circonstances, j'aurais davantage savouré la balade, mon esprit était trop préoccupé pour admirer le festival de couleurs et de parfums. Les lieux étaient magnifiques. J'avais presque oublié. Paris et ses lieux emblématiques étaient de nouveau la proie des touristes, revenus en force avec les beaux jours.

— Qu'est-ce qu'on cherche ?
— Un cèdre du Liban. Il est vieux de 280 ans. Tu verras, il est entouré d'un petit banc de pierre.
— Tu t'y connais aussi en botanique ?
— Non, en vieux arbres seulement. C'est très utile dans notre cas.

Ce fut là que je l'aperçus, sur les pentes d'une petite butte, étalant fièrement sa ramure sur près de quinze mètres de haut. Un très bel arbre... qui me fit instantanément frissonner d'appréhension. Aussi impressionnant par sa stature que par le mystère qu'il abritait. Nathan saisit spontanément ma main et s'arrêta :

— On va aller s'asseoir sur le petit banc et je vais servir de relais. Tu n'auras qu'à dire quand tu seras prête.
— Où est Clément ?
— Du côté des serres, il a un faible pour les verrières. Déformation professionnelle sans doute !

Rien chez lui ne montrait le moindre signe qu'il se passait quelque chose sous cet arbre. Nous nous assîmes, j'inspirai longuement et me mis à l'œuvre. Mon cœur battait à tout rompre, j'étais submergée par l'appréhension. J'avais fixé un point au loin et quand je réussis enfin à me croire enfermée au fond de ma boîte, je balbutiai d'une voix rauque :

— C'est bon.

— Tu vas sentir quelque chose, murmura-t-il à son tour, comme si on frappait à la porte de ton esprit. Ne te laisse pas déstabiliser. C'est normal.

Il lâcha doucement ma main. Très vite, je perçus comme un coup dans ma tête : pas franchement douloureux, mais désagréable. Je me raccrochai à l'image de ma porte virtuelle, comme à une bouée de sauvetage. Je dus fermer les yeux pour ne pas perdre une once de concentration. Les *coups* dont il venait de parler ne durèrent pas. Et je réussis enfin à respirer normalement et à relâcher un peu la pression. Combien de temps ? Je n'en eus aucune idée et puis je sentis mon voisin s'agiter à côté de moi. Je ne pus m'empêcher d'ouvrir les yeux : devant moi, Clément arborait un petit sourire bien à lui. Seuls ses yeux trahissaient la concentration sans doute nécessaire pour qu'il récupère l'âme qui me harcelait. Sous l'effet de surprise, je faillis lâcher ma garde, mais je tins bon. Enfin, c'était ce que je croyais, parce qu'à ce moment-là, Nathan passa son bras autour de mes épaules et c'était bien possible qu'il ait essayé de me protéger quand son ami était passé à l'acte. Dans ma tête, les petits coups cessèrent brusquement. Le tour était joué et les deux amis souriaient fièrement.

— Première étape relevée haut la main, claironna Clément. À moi de jouer ! On fête ça quand tu peux, Nathan !

— Ça marche, répondit ce dernier, en frappant la main qu'il lui tendait.

Il s'éloigna aussitôt et je me tournai vers mon compagnon, franchement perplexe :

— Comment peut-il avoir l'air aussi détendu ?

— Plus tu es complaisant, moins c'est difficile. Tu as

vécu des expériences pénibles, c'est dur à admettre pour toi. Mais sache que si tu es accueillant et coopératif, tu n'es pas agressé, tu deviens d'abord une sorte de refuge apaisant. Le contact se fait en douceur. Cela demande juste de rester zen, et ça, tu as dû voir, ça ne pose pas de problème à Clément. C'est un mec cool !

— J'ai du pain sur la planche, alors !

— Tu devrais avoir davantage confiance en toi, Sarah ! En toi et en ton potentiel. Je ne sais pas pourquoi on a ce don, mais ce que je sais, c'est qu'on a tout ce qu'il faut pour l'exercer. Tous ! Il faut juste que tu apprennes à lâcher prise pour laisser se développer tes capacités. Facile à dire, hein ?

Son regard tendre fit s'emballer les battements de mon cœur, ce qui n'était pas très difficile ces derniers temps.

— C'est toujours facile pour ceux qui maîtrisent, fis-je espérant qu'il ne s'en rende pas trop compte. Il t'a fallu combien de temps ?

— J'ai dû apprendre très vite. À cause de mes études, j'étais externe et j'enfilais les stages donc les situations potentiellement compliquées, surtout aux urgences. Mais j'ai mis beaucoup de temps pour vivre les choses sereinement.

— C'est pour cette raison que tu veux que je le prenne ?

— Je crois que c'est mieux, oui. C'est bien assez déstabilisant comme ça, tu ne penses pas ?

Je n'allais pas le contredire, je commençais à peine à accepter l'idée. Chaque matin, quand je passais devant la glace, je me regardais encore avec incrédulité. Je savais bien que cela ne se voyait pas, mais j'avais l'impression de découvrir une autre moi et ce n'était pas franchement agréable. Toutes ces années passées sans me douter de quoi que ce soit, c'était perturbant !

Sur le chemin du retour, je finis par formuler la question qui me tracassait depuis quelque temps. Enfin, pas directement, pour ne pas le décevoir. Il y mettait tant de cœur et de patience. J'avais juste besoin de savoir.

— Nathan, est-ce que certains d'entre nous s'arrêtent à ce stade ?
— Certains font ce choix, oui. Je ne suis pas sûr qu'ils le vivent bien, mais si tu veux mon avis... Tu ne peux bien choisir que si tu as vécu le reste. Il y a toujours une différence entre la théorie et la pratique.
— Ça, c'est un truc que mon père me répétait quand j'étais toute gosse. Il passait son temps à me dire d'essayer avant de renoncer.
— Essayer quoi par exemple ?
— Tout ce qui avait un rapport avec le sport, grimaçai-je. Ce n'est pas trop mon truc, mais j'ai essayé... J'ai eu le droit d'arrêter chaque fois que je revenais couverte de bleus.
— De bleus ?
— Hum, l'équilibre et moi, ça fait deux. Ma sœur a voulu visiter Paris à vélo, l'an dernier, j'ai fini à pied avec mon engin de torture. Sur le trottoir, c'était beaucoup moins dangereux.

Il pouffa de rire avant d'ajouter, clairement moqueur :
— Donc tu préfères le sport cérébral ?
— C'est exactement ça ! Pas de prise de risque, pas de bobo non plus.
— Tu joues aux échecs ? demanda-t-il avec un intérêt certain.
— Je jouais avec mon père, souvent, il adorait ça. Depuis son départ, je n'ai jamais vraiment eu l'occasion.

Il me jeta un regard attentif, puis lâcha les prunelles pleines d'espoir :
— Et si l'occasion se représentait ?
— Contre toi ? Tu joues ?
— Uniquement pendant mes gardes, c'est un bon moyen de rester éveillé et alerte. Mais on peut essayer, si le cœur t'en dit.

L'idée de partager plus encore me tentait évidemment et j'étais capable pour cela de mettre de côté mes mauvais souvenirs et ma rancœur à l'égard de mon père. Qu'il me le propose si spontanément, avec cette lueur qui me semblait pleine de promesses, c'était plus fort encore que ma récente réussite au Jardin des Plantes. J'étais touchée qu'il prenne davantage de temps pour moi, et que l'idée vienne de lui. Vivre autre chose avec moi, la vraie moi, du moins celle que je croyais être. Et celle qu'il semblait apprécier. Même si j'aurais aimé, je devais l'avouer, qu'il soit plus entreprenant encore à mon égard. Peut-être était-ce un premier pas ? J'avais envie d'y croire.

***

Nathan frappa à ma porte. C'était deux jours après sa proposition. J'avais cru naïvement que cette première étape de formation était terminée et il ne m'avait pas vraiment détrompée. Il tenait dans ses mains son échiquier, je l'accueillis avec bonheur et excitation. J'étais sans doute même bien rose et ma moue radieuse devait trahir mon intérêt pour lui. Mais s'il avait lui aussi un sourire sur les lèvres, son regard avait quelque chose d'impérieux qui me mit la puce à l'oreille. Le même genre que celui qu'il avait eu, à l'hôpital, quand il avait essayé de me tirer les vers du nez. Je jouai tout de même la carte de la naïveté et m'enquis :

— Pressé de te mesurer à moi ?

— Pourquoi ? Tu as omis de me dire que tu étais championne de ton département à l'époque ?

— Euh, mon père aurait sans doute aimé, mais non…

— Ouf ! Je voudrais juste aller faire un tour avec toi avant.

— Un tour ?

— Boire un verre par exemple, fit-il en gardant sa part de mystère. Il fait doux dehors, je parie que tu n'es pas sortie aujourd'hui.

Parce que cela se voyait sur mon visage ? Non, je n'étais pas sortie, je n'avançais pas comme je voulais dans ma nouvelle traduction. L'histoire était compliquée, le style un peu alambiqué. En bref, je galérais. Je cachai ma déception de n'avoir pas eu une soirée plus calme et plus propice au rapprochement. Je bredouillai avant d'empoigner ma veste, alors qu'il déposait son échiquier sur la table attenante :

— Gagné ! Tu veux essayer de me saouler pour mettre toutes les chances de ton côté ?

— Même pas, gloussa-t-il.

Il cracha le morceau, quand on tourna au bout de ma rue, lorsque je lui demandai où il comptait m'emmener :

— Tester ta réactivité.

— Je me disais aussi... C'était trop beau pour être vrai.

Il me jeta un regard taquin avant de commenter :

— Tu ne peux quand même pas te mettre en mode zombie chaque fois que tu croises quelqu'un.

— En mode zombie ? C'est l'image que je donne ? m'exclamai-je, partagée entre vexation et amusement.

— Tu as des airs de ressemblance, oui !

— Parce que tu en croises tous les jours ?

— Dans mon service parfois.

— Mais tu es où cette fois ?

— Toujours en neuro, mais dans un service qui s'occupe essentiellement des troubles de la mémoire et du langage.

— Hum, et c'est quoi ton plan, là ?

— Te montrer que tu peux te mettre en résistance juste quand c'est utile. C'est pratique quand on veut faire la conversation à quelqu'un. Moi, par exemple.

Il était franchement railleur, mais je connaissais bien son stratagème désormais ! Me distraire de ce qui m'attendait et qui me faisait froid dans le dos. Comme je restai silencieuse, il s'arrêta pour me faire face, espérant que je le regarde, une main chaude et douce posée sur mon épaule.

— Tu as fait le plus difficile, Sarah ! Je te le promets !

— Explique-moi comment je vais faire, bredouillai-je, mal à l'aise.

— Tu te rappelles la première sensation que tu as éprouvée, chaque fois que tu as eu un contact ?

— Comme un vertige...

— On ressent tous ça, sans doute parce qu'on partage notre énergie. C'est le signal pour toi. À partir du moment où tu vas commencer à te concentrer, tu ne seras plus disponible pour l'accueillir. Tu dois juste ne pas te laisser perturber par la situation jusqu'à ce que tu te sois complètement repliée sur toi-même.

Je lui lançai un regard torve : facile à dire ! Je n'aimais pas ça du tout ! Il l'ignora et se remit à marcher.

— Où ? Quand ? insistai-je, avec une voix plus froide que j'aurais voulu.

— Le truc, justement, c'est de ne pas te le dire. On ne sait jamais quand ça va nous tomber dessus. Ce serait trop simple !

Ah, c'était bien le mot, tiens ! Tomber dessus ! Je ne sais pas si je lui en voulais de ne m'avoir rien dit, ou de me confronter de nouveau à mon pire cauchemar. Le Nathan qui marchait à mes côtés avait quelque chose d'assez inhabituel. J'imaginai qu'il était comme ça, lorsqu'il annonçait à un patient une nouvelle désagréable. Et il faisait cela très bien ! Déterminé et factuel. Et c'était comme ça que je me sentais, là. Une patiente. Je lui jetai un regard farouchement hostile, et aussitôt je l'entendis rire. Ah, cette empathie... parfois, je la maudissais ! Il commenta bien sûr :

— Si je pensais que tu n'en étais pas capable, on ne serait pas là !

— J'espère pour toi.

Il ne se passa rien dans les minutes qui suivirent. On quitta mon petit quartier pour gagner le boulevard Montparnasse. La vie y grouillait toujours et je me fis violence pour ne pas me protéger. Seulement, je savais que Nathan avait raison. Je demandai, perplexe :

— Comment tu sais où aller ?

— C'est François qui m'a prévenu. Je le tiens informé.

— C'est lui qui t'a dit de me sortir ce soir ?

— Pas de te sortir, non, s'esclaffa-t-il. Il m'a juste fait

remarquer que je n'avais pas fini mon travail. Je suis novice en la matière, je te rappelle.

— Décidément, dans ce domaine aussi, tu passes ton temps à apprendre.

Il me lança un regard narquois et un sourire troublant.

— Et il fait comment, François, pour dégoter des cobayes si facilement ?

— Facilement, je ne sais pas, mais comme il est expert en assurance, il se déplace beaucoup ; ça aide forcément. Il croise régulièrement des porteurs.

— Évidemment...

Plus on avançait, plus je me sentais fébrile. Nathan bifurqua brusquement et nous entraîna sous une arche végétale menant à un restaurant-brasserie, d'un certain standing, caché par un rempart de verdure. En terrasse, tout était occupé. Il nous fit rentrer, son regard explorant rapidement la salle. Sol en mosaïques, tables cirées, bar en chêne, tabourets de cuir rouge et vieux miroirs : l'endroit avait beaucoup de charme, et un piano dans l'angle laissait penser que les soirées devaient y être très agréables. Quant au bar, ses nombreuses bouteilles de whisky éclairées par l'arrière en jetaient !

Nathan me dirigea vers une des banquettes moelleuses en moleskine. Visiblement, il savait ce qu'il faisait ou devait faire, moi j'étais déroutée. La salle était presque comble. L'endroit avait dû être un café littéraire, de petites plaques émaillées au nom d'auteurs célèbres étaient fixées sur les tables. Et diantre, ce serait Verlaine qui nous tiendrait compagnie.

Je m'étais tellement laissée distraire par le lieu que je ne vis rien venir. Un vertige puissant me saisit en même temps que le serveur s'approchait pour prendre notre commande. Nathan, qui s'était assis à côté de moi, et non en face, se pencha aussitôt vers moi pour me souffler, tout bas :

— Respire profondément, Sarah. Un *cosmopolitan*, ça te va ?

Je hochai la tête sans vraiment réfléchir. L'exercice qu'il me demandait était difficile. Des fragments d'images essayaient de s'imposer à moi malgré tous mes efforts. Je dus fermer les yeux pour chasser de ma vue la présence perturbante de cet homme. La main de Nathan sur mon bras me fit sortir de mon espèce de transe, je faillis sursauter. Il s'enquit, un pli soucieux sur le front, tout en caressant de ses doigts ma peau qui se mit à frissonner contre ma volonté :

— Ça va ?

— Pas franchement une réussite, marmonnai-je, en cherchant craintivement le serveur du regard. J'ai eu comme des bribes d'images.

— Juste des bribes ?

— Oui, comme des flashs, tu sais comme quand une lampe grésille.

— Alors tu t'en es bien sortie ! Tu as été déstabilisée, c'est difficile d'avoir une bonne concentration par la suite. Avec le temps, tu y arriveras plus facilement.

— Il va revenir, me mis-je à gémir.

— Oui, deux fois, pour nous servir et pour encaisser, sauf si tu préfères que j'aille payer au bar.

— Il sait ce qu'il fait, François ! ricanai-je amèrement. Trois fois en une !

Il dodelina de la tête, vaguement contrit, avant de murmurer :

— Rester sur un sentiment de semi-échec, ce n'est pas top. C'est mieux ainsi.

Je ne quittai pas le serveur des yeux. Mon compagnon eut un regard amusé :

— Tu sais, il ne mord pas !

— Lui peut-être pas, mais son hôte oui.

— Son hôte, c'est une façon de voir les choses.

Je répondis à son rire par une vilaine grimace qui le fit s'esclaffer davantage. Et je m'emparai de la carte, vrillant ses yeux malicieux :

— Tu dis comment toi ? Locataire ?

— C'est vrai que j'ai affaire à une pointilleuse du vocabulaire. Âme me convient bien, c'est comme ça que je la perçois et que je la traite. Elle essaie juste de survivre pour régler son problème.

— Oui, je sais, fis-je un peu piteuse.

— Il faut du temps pour voir les choses avec ce détachement, je crois. Et avoir partagé ce qui les retient parmi nous.

— Je manque de compassion.

— Parce que, pour le moment, tu subis tout ça. Mais tu t'en sors plutôt bien ! Je ne t'ai pas vu passer par la colère ou le déni.

Je me plongeai dans son regard bienveillant et déculpabilisant. Je l'aimais ce regard, il réveillait souvent en moi une nuée de papillons tout légers. Autant que ce sourire un peu grisant, qui me rendait quand même fière de mes progrès...

Mais avoir un porteur à portée des yeux me rendait mal à l'aise. Pas uniquement parce qu'il allait revenir, mais aussi par ce que cela signifiait. Une idée désagréable me traversa soudain l'esprit :

— Ça veut dire que vous le gardez sous la main pour des gens comme moi ?

— Honnêtement, je ne sais pas depuis quand François l'a trouvé. Mais il faut que tu saches que cet homme ne souffre pas, il est un peu plus fatigué que d'habitude, c'est tout, je te le promets. Je pense que François veille sur lui, tu ne devrais pas t'inquiéter pour ça. C'est un bon gardien.

Je me suis raidie sur ma chaise, en voyant l'homme revenir avec notre commande.

Évidemment cette fois, prévenue, la chose fut plus facile même si Nathan me susurra de ne pas tricher. J'évitai de le regarder, horriblement gênée, je me sentais indiscrète en fait. C'était idiot, il n'était pas au courant de ce qui lui arrivait. Mais moi je le savais... J'affichai un sourire de façade et fis semblant de m'intéresser aux gens qui rentraient dans la partie-bar, le temps qu'il nous serve. Cette fois, Nathan ne dit rien, le bougre, je dus décider seule de lâcher ma garde.

Le serveur me surprit quand il vint chercher nos verres vides et demander si nous désirions autre chose. La panique dut se voir dans mes yeux, Nathan se contenta juste de poser sa main sur la mienne pour m'apaiser, avant de répondre à l'homme :

— Ce sera tout merci, je vais passer payer au comptoir.

Si j'avais voulu payer ma part, c'était raté ; tout occupée que j'étais à essayer de m'isoler très loin ici. Pas de flashs cette fois, mais je ne maîtrisais toujours pas l'image que je renvoyais aux gens autour de moi. Et quand je savais que Nathan était confronté à la même situation que moi, qu'il arborait un sourire et échangeait avec le serveur, je trouvais ma tâche encore bien longue !

Quand nous nous retrouvâmes seuls, je marmonnai :

— Je m'étais trompée tout à l'heure, c'est quatre fois !

— On va peut-être éviter la quatrième, hein, il va finir par croire que je t'ai dit de vilaines choses toute la soirée ! rétorqua-t-il, entre charme et moquerie, avant de se lever pour aller régler la note.

Chapitre IX

« Pour entrer dans le secret des choses, il faut d'abord se donner à elles »
Simone de Beauvoir

Mélanie s'assit lourdement sur mon canapé. La séance d'aquagym avait été plus rude que d'habitude. Comme la pluie avait décidé de nous gâcher définitivement la journée, nous étions rentrées manger chez moi les sushis achetés sur le chemin du retour. Son péché mignon. J'étais déjà partie dans ma petite cuisine rassembler de quoi nous installer pour picorer dans mon salon, quand je l'entendis s'exclamer :

— Tu dors dans ton canapé maintenant ?

Mince... j'avais oublié de ranger. La veille, après la séance dans le bar chic de Montparnasse, Nathan et moi avions fini la soirée par deux mémorables parties d'échecs. C'était un adversaire redoutable, et quand il avait crié victoire la deuxième fois, il était vraiment très tard. Je lui avais offert de rester dormir, sachant qu'il se levait très tôt le lendemain. Sur mon canapé... oui, la chose pouvait paraître ambivalente : elle l'était. Et j'assumai ! J'avais aimé le sentir là tout près de moi. Un sentiment proche de l'égoïsme qui m'avait empêchée de trouver le sommeil un moment. J'avais envie de lui rendre la pareille : il veillait sur moi, je voulais en faire autant. Même si c'était difficile. À défaut d'être plus entreprenante... Comme je n'y parvenais toujours pas, j'essayais de le chouchouter un peu. Et pour être honnête : j'avais envie d'être autre chose que le boulet de service qui télescopait des âmes sans savoir qu'en faire.

J'avais bien conscience que j'étais en train de tomber

amoureuse de lui, j'en connaissais bien les symptômes. La question était : était-ce réciproque ? Avec lui, difficile de le savoir. Le temps était mon plus fidèle allié, je me plaisais à le croire en tous les cas. Il ne prenait pas ses distances et jouait toujours autant de son regard charmeur. Parfois, il se permettait un petit geste tendre qui me comblait de joie et d'espoir. Mais cela s'arrêtait là. Pour le moment. Il devait avoir ses raisons. C'est ce que je ne cessais de me répéter quand mes pensées s'envolaient vers lui.

— Non, c'est Nathan, répondis-je à contrecœur sachant que j'ouvrais grande la porte aux conjectures habituelles de mon amie. Il était trop tard hier pour le laisser partir.

Le regard perplexe de Mélanie, c'était quelque chose. Jusque-là, elle n'avait pas cru mes dénégations chaque fois que je lui disais qu'elle se faisait des idées. Évidemment, c'était le seul homme que je fréquentais depuis maintenant deux mois, et, en plus, je ne me confiais pas facilement. Et ça, c'était nouveau pour elle. La seule option qui s'était offerte à moi était le mensonge par omission. Elle demanda moqueuse :

— Vous allez longtemps jouer au jeu du chat et de la souris ?

Je me contentai de hausser les épaules. Se justifier, c'était plaider coupable. Je ramassai les preuves de mon mensonge et allai les poser dans ma chambre. Milady me suivit : depuis son départ le matin, elle ne quittait pas la couette dans laquelle avait dormi Nathan. Je trouvais cela franchement bizarre. Je la suspectais même d'avoir passé la nuit avec lui.

— Quand tu auras fini d'essayer de me caser, tu me le diras ? finis-je par soupirer, comme elle vrillait mon regard, bien décidée à me faire réagir.

— Si encore il ne te plaisait pas... Mais je sais que ce n'est pas le cas. Tes yeux te trahissent !

— Mel, tu me fatigues ! C'est un ami et c'est tout pour le moment ! Et j'apprécie cette relation qu'on a tous les deux.

Mon ton un peu sec la stoppa net. Bien sûr qu'elle avait raison, mais même si Nathan me plaisait beaucoup, que j'avais regretté son départ le matin, je n'osais pas dire à voix haute ce que je ressentais pour lui. Gérer une nouvelle désillusion ? Je n'étais pas prête à cela. Je préférais me contenter de ce qu'il m'offrait pour le moment. C'était frustrant certes, je me sentais pourtant plus sereine comme cela. Je savourais chaque minute passée en sa compagnie et après mes longs mois de solitude, c'étaient de petits bonheurs qui me suffisaient. Pour le moment…

Mélanie se jeta sur sa nourriture favorite. Elle suggéra trois sushis plus tard :

— Un jour, il faudra qu'on mange avec Sophie.

— Bonne idée. La semaine prochaine, je préparerai des lasagnes.

— Et Nathan, tu le gardes pour toi toute seule ?

— Tu sais que tu es pénible ?

— Pas pénible, curieuse, j'avoue. On n'a pas fait de soirée ensemble depuis… que tu es redevenue célibataire. Et franchement, ça me manque ! Et puis, moi, je ne le connais pas.

— OK, soupirai-je, je lui en parlerai… On pourrait faire une soirée tarot, ils aiment ça tous les deux.

Si cela pouvait la convaincre définitivement de renoncer à me passer à la question, pourquoi pas ? Tels que je connaissais Nathan et Sophie, ils seraient sans doute d'accord. Ils savaient l'un et l'autre que j'avais besoin de me sentir *normale*, on en avait discuté plusieurs fois. Et la suspicion permanente de Mélanie me pesait vraiment trop là. J'avais besoin de leur aide, pour cela aussi.

***

— Mélanie se demande pourquoi je passe tout ce temps avec toi.

C'était la meilleure excuse que j'avais trouvée pour convaincre Nathan d'accepter cette soirée. Je n'avais réussi

à le joindre que le lendemain. Alors, quand j'abordai le sujet, je n'étais pas des plus à l'aise. Merci Mel ! Une lueur mystérieuse traversa ses prunelles, il mordilla sa lèvre inférieure avant de répondre, haussant des sourcils moqueurs :
— Elle t'espionne ?
— Hum, y a de ça. C'est que d'habitude... je lui raconte tout ! Et là, je n'ai pas grand-chose à lui mettre sous la dent.
— Eh bien, dis-lui que je t'apprends à jouer aux échecs !
— Ne fanfaronne pas trop vite, je sais jouer ! Tu m'avais juste saoulée au cosmopolitan l'autre soir.
— Avec un seul verre ?
— J'étais perturbée aussi !
— Soit, admit-il, fair-play.
Mais ses yeux s'étaient longuement attardés sur moi. J'avais vu son sourire s'agrandir un peu au mot *perturbé*. Et ses prunelles briller. S'il avait capté toutes les sensations qui m'avaient parcourues et toutes les émotions que j'avais tenté de garder pour moi ce soir-là... Et si mes sentiments à son égard lui étaient devenus évidents ? Si tel était le cas, il me le cachait bien. Et j'aurais bien aimé savoir pourquoi. Il ne faisait pas si grand cas de ce que son empathie lui révélait d'habitude.

Sophie, elle, passa carrément me voir dès qu'elle put. Elle éclata de rire devant sa tasse de thé lorsque je lui fis part de ma requête. Elle commenta :
— Ah, pure curiosité féminine. Remarque, Clément, lui, ne comprend toujours pas pourquoi il ne laisse pas François faire. C'est un fin psychologue, il t'aurait sans doute donné le temps nécessaire. Mais cela fait du bien à Nathan de sortir un peu de son hôpital. Et ça, je crois que tout le monde l'a compris.
— Il bosse beaucoup...
— Oui, et il faut que je te dise : je compte sur toi pour veiller à ce qu'il ne pousse pas trop ses limites.
— Et comment ? Je ne le vois pas autant.

— En l'empêchant d'aller jusqu'au bout et en nous appelant, pour qu'on prenne le relais. La dernière fois, Clément l'a vraiment ramassé à la petite cuillère.

Il y avait une vraie lueur d'inquiétude dans ses yeux, et sa voix trahissait clairement de la désapprobation. Je l'avais rarement vue aussi sérieuse.

— Sophie, tu veux bien m'expliquer ? Je doute que Nathan le fasse. Je ne suis pas idiote, je sais qu'il ne veut pas que je panique. Il me livre tout à doses homéopathiques.

— Je ne suis pas étonnée, sourit-elle alors. Il fera un bon médecin, je crois. Il a tout de même dû te dire, qu'établir un vrai contact avec les âmes qu'on croise, demande beaucoup d'énergie. Quand on est trop fatigué ou malade, il faut refuser ce contact. Car une fois qu'il est établi, c'est comme si tu donnais l'autorisation de se servir chez toi. *Open-bar*, ajouta-t-elle amusée. Les mettre dehors est très compliqué.

— Hum, rassurant...

— Si tu es en forme, tu ne risques vraiment rien, tu finis fatiguée, c'est certain. Une belle plâtrée de pâtes en rentrant, une bonne nuit et c'est presque réglé. Nathan s'y est collé après une nuit de garde, et on ne peut pas dire qu'en plus il ait eu souvent son compte de sommeil. Il a fait une espèce de malaise vagal et a dû appeler Clément pour qu'il vienne le chercher. Il n'était ni en état de rentrer seul chez lui ni de prendre soin de lui. Littéralement vidé de toute énergie.

— Trop faible, murmurai-je, impressionnée.

Elle hocha la tête, l'air grave.

— Clément l'a shooté aux boissons énergisantes et l'a gavé de pâtes bien riches. Sauf qu'il n'en avait même plus dans ses placards, ce qui t'en dit long sur sa propension à prendre soin de lui. C'est une règle de base, toujours avoir ses placards remplis de ce type de choses.

— Sucres lents et rapides ? résumai-je.

— Oui, c'est ça, et boissons énergétiques. Et c'est bien aussi de sortir le ventre plein, si tu vois ce que je veux dire.

— C'est noté.

— Mais, ajouta-t-elle avec un regard bienveillant, je suis certaine qu'avec toi, il ne commettra aucune faute de ce type. À quand la prochaine étape ?

— Je n'en sais rien ! Mais j'imagine qu'on doit aller voir François d'abord. Il a insisté pour qu'on le fasse.

— C'est sûr, lui seul peut évaluer ton niveau de tolérance, même si, j'avoue, Nathan s'en sort plutôt bien ! C'est mieux qu'il donne son avis, lui aussi.

J'avais apprécié cet entretien et ses précieux conseils. Sophie allait en général droit au but, mais savait rendre les choses faciles. Je n'avais pas encore osé lui demander quand et comment elle avait réagi quand elle avait appris qui elle était. Mais je peinais à l'imaginer anéantie, comme j'avais pensé l'avoir été.

***

— Tu as réussi un exploit, Nathan ! s'exclama Mélanie en me voyant mettre de côté son échiquier.

On s'était donc tous retrouvés sur mon canapé pour picorer dans les plats que chacun avait apportés. Même si Mélanie était venue le lendemain soir avec Antoine, son compagnon, elle ne me lâchait guère des yeux ni Nathan d'ailleurs, bien déterminée à avoir le mot de la fin sur ses élucubrations. Et ce dernier semblait fort s'en amuser. À force de le fréquenter, j'avais appris à décoder ses regards. Pour un peu, j'aurais presque eu l'impression qu'il adorait être ambigu.

— Ah oui ? fit-il, un pli amusé au coin des lèvres. Je voudrais bien savoir lequel.

— Sarah avait juré de ne plus jamais rejouer aux échecs.

— Curieux ! Je t'assure que je ne l'ai pas forcée.

— Forcer Sarah à faire quelque chose, c'est impossible ! fit-elle remarquer ignorant les gros yeux que je lui roulais.

— Tu ne changes jamais d'avis toi peut-être ?
— Mais je serais curieuse de savoir ce qui t'a fait changer d'avis, toi.
— Nathan a des talents cachés, intervint Sophie, les prunelles pleines de malice.
Misère, si elle aussi s'en mêlait, la partie allait être rude. Parler à mots couverts, c'était sans doute leur spécialité. Et à voir la lueur dans leurs yeux, ils allaient s'en donner à cœur joie.
— Ah oui ? fit Mel.
— Il adore les cas désespérés, renchérit Sophie, moqueuse.
— Eh, je ne suis pas un cas désespéré, protestai-je.
— Tu ne l'es *plus*, corrigea Nathan, goguenard. Tu y as mis du tien, j'avoue.
Je les regardai l'un et l'autre, amusée par leur petit jeu. Jusqu'où iraient-ils ? Je répondis, essayant de les suivre sur ce chemin-là :
— Pour le moment. Je suis très mauvaise perdante, tu sais.
— J'ai vu, oui, s'esclaffa-t-il. Tu manques de concentration, voilà tout.
— Elle manque de pratique peut-être aussi, commenta Sophie, avec compassion.
— Elle a pourtant des heures de vol, objecta Mel. Moi, j'ai vite renoncé à jouer contre elle, au lycée, elle était redoutable. Une des meilleures !
— Les temps changent, gloussa Nathan, en me lançant un regard désolé. Je dois avouer, à sa décharge, que j'ai un sacré entraînement.
Pour un peu, je faillis m'étrangler.
— Je confirme, rétorqua Sophie ! Mais ne t'inquiète pas Sarah, tu vas vite trouver ses meilleurs tours et tu sauras en faire autant. Tout s'apprend, tu sais.
— Oui, je sais, et je compte bien le battre à son petit jeu.
— C'est ce qu'on verra, ricana-t-il.

Heureusement que Nathan évitait globalement de croiser mon regard. Il aurait deviné à quel point leur petit jeu me déconcertait et me faisait rire tout à la fois. Je devais faire une de ces têtes. Mel et Antoine n'y virent que du feu.

Ils partirent les premiers, devant l'un et l'autre se lever tôt. Quand je refermai la porte, je regardai mes deux complices d'un œil narquois :

— Je ne suis pas nulle aux échecs !

— On sait, répondirent-ils en chœur, malicieux à souhait.

— Hum, vous êtes de sacrés filous.

— On t'apprend à mentir, tu as vu, c'est facile ! continua Sophie.

Je secouai la tête, amusée. Évidemment, ils étaient fiers d'eux ! Je demandai vaguement suspicieuse :

— Ça fait partie de la formation ?

— Tu demanderas à François, me taquina Nathan.

— À ce sujet, on doit aller le voir n'est-ce pas ?

Il perdit instantanément son sourire, et inspira longuement avant de répondre, laconique :

— J'attends qu'il me dise quand ça l'arrange.

***

J'aurais dû me méfier du regard qu'il avait eu alors. J'aurais dû prêter davantage attention aux paroles de Sophie quand elle avait parlé de cette entrevue. Et j'aurais dû demander à Nathan pourquoi il m'avait semblé tendu sur le chemin, quand il vint me chercher deux jours plus tard pour me mener à lui.

François nous accueillit chaleureusement : il faisait particulièrement beau et une belle lumière inondait son appartement. J'aimais cet endroit, la rue paisible qui me semblait d'un autre temps, le vieil escalier qui sentait la cire et les murs hauts et décorés d'anciennes moulures en plâtre superbement restaurées de la pièce où nous attendait encore une petite collation. À la lumière des explications de Sophie, je comprenais mieux ce soin qu'il avait de nous nourrir. En chemin, tout pouvait arriver.

Il commença par nous mettre à l'aise, prenant de nos nouvelles, avec un ton légèrement paternel. Mais à chaque réponse que nous faisions, je sentais qu'il se faisait la sienne : ce regard qu'il avait, acéré et pénétrant, c'était déstabilisant.

Un chat se mit à miauler derrière une des portes fermées, il l'ignora et poursuivit son interrogatoire bienveillant. À mes côtés, Nathan me sembla ennuyé. Devoir rendre des comptes sur tout ce qu'il avait entrepris pour m'initier le gênait-il, ou peut-être craignait-il le jugement de son mentor ? L'animal se fit insistant derrière la porte, ajoutant ses griffes aux miaulements, et François se leva finalement pour lui ouvrir. Mon voisin laissa échapper un soupir.

Un magnifique chat blanc et noir, aux longs poils touffus, rentra et s'approcha de nous sans méfiance. Et soudain, un vertige terrible me fit vaciller. Je croisai le regard navré et impuissant de Nathan et je compris. Je sentis le sang battre plus fort dans mes tempes et luttai péniblement contre l'évanouissement, pour me replier du mieux possible comme j'avais appris à le faire. Je comptai les secondes, une par une, cela m'aidait à me concentrer. Le feulement soudain du chat me fit ouvrir les yeux : son maître l'avait pris sur ses genoux pour le caresser sous le menton. Un petit sourire satisfait éclairait son visage, mais Nathan arborait une mine moins réjouie, les yeux rivés sur ses chaussures.

— Désolé, fit François, sans cesser d'apaiser son chat, je devais en passer par là. Tu peux souffler maintenant, c'est fini. Socrate ne t'ennuiera plus. J'ai pris le relais. Tu as fait du bon travail Nathan.

— Merci, murmura celui-ci.

— Et toi, Sarah, je suis ravi de voir que tu n'as pas paniqué longtemps. D'autres l'auraient fait, je sais que l'assaut a été violent, les chats ne sont pas des hôtes très appréciés.

— Pourquoi ? balbutiai-je, décontenancée par sa révélation et le silence de Nathan.

— Ils dorment beaucoup, et ils sont un peu comme des prisons dans ces moments-là. Tu es toute pâle, tu devrais manger quelque chose, je vais éloigner Socrate.

Il se leva et disparut au fond du couloir. Je coulai un regard vers Nathan resté muet, presque figé. Puis je demandai, clairement accusatrice :

— Tu le savais ?

— Oui, avoua-t-il, nouant et dénouant ses mains entre ses jambes.

Je ne répliquai pas. Son aveu venait de me nouer l'estomac. Voilà pourquoi Sophie m'avait mise en garde. Un long frisson me parcourut. Une porte claqua et François réapparut aussitôt. Je saisis un biscuit au chocolat dans l'assiette devant moi, comme une gamine prise en faute. Mes tempes cognaient, un contrecoup de l'adrénaline sans doute.

— Bien, fit François, satisfait, je vois que vous travaillez bien ensemble ! Je trouvais que ça traînait un peu, j'avoue, mais visiblement Nathan sait comment faire avec toi. C'est l'essentiel.

— Il est patient, répondis-je, en forçant un sourire.

Du fond du couloir, les miaulements du chat recommencèrent, comme une longue supplique, un gémissement presque humain. Le cœur serré, je pensai à Milady. Je me pris de pitié pour cette pauvre bête, certes à l'origine de mon malaise, mais innocente :

— Vous n'allez pas le laisser comme ça, n'est-ce pas ?

— Non, bien sûr que non ! Je m'en occupe dès que vous serez partis.

— Alors, partons, demandai-je, un brin autoritaire, me levant aussitôt.

Notre hôte ne discuta pas, Nathan non plus. Une fois que nous eûmes dévalé les escaliers, en silence, et que nous nous éloignâmes de l'entrée de l'immeuble, je lâchai la colère qui avait enflé au fil des minutes, incontrôlable. À voir les yeux de Nathan, évidemment, il s'y attendait, voire mieux, il l'avait déjà ressentie !

— Je n'y crois pas, tu étais au courant. Même Sophie, je le sais maintenant !

— Elle le savait parce qu'elle est passée par là. On est tous passés par là.

— Mais tu n'as rien dit. Quel ami fait ça ?

Sa mâchoire se crispa et ses épaules s'affaissèrent. Mais là, s'il était touché, je m'en fichais complètement ! Il répondit à voix basse, avec une résignation et un calme qui me hérissèrent le poil.

— Je ne pouvais pas.

— C'est sûr, tu feras un bon médecin : tu es très doué pour dissimuler aux gens ce qui les attend, même quand ça va être pénible.

De toute évidence, mes mots le blessèrent, une lueur de tristesse assombrit ses yeux. Il me poussa doucement contre un mur, me cernant de ses deux bras, le regard tourmenté.

— Écoute Sarah, je ne pouvais vraiment rien te dire. Tu te plains de mon empathie, mais celle de François est telle qu'il l'aurait su tout de suite. Dès l'instant où tu aurais franchi sa porte. Je suis sincèrement désolé. Il ne peut pas se permettre de me croire sur parole. Il a accepté de te confier à moi, mais il n'a aucune garantie de mon efficacité. Il se sent responsable de toi, c'est son rôle. C'est viscéralement ancré en lui.

— Je te faisais confiance, balbutiai-je, incapable d'évacuer ma colère et ma déception.

— Je sais, mais j'ai aussi besoin de sa confiance à lui. Tu aurais voulu que je la perde ? Pour ton petit confort personnel ? Tu as très bien géré. C'est le principal, non ?

Sa voix claqua. C'était inhabituel de sa part. Il était toujours mesuré avec moi, d'une douceur surprenante parfois. Je ne répondis rien, je me dégageai du mur, il ne me retint pas. Ce qui me fit plus mal encore.

On n'échangea plus un mot ni dans le métro ni sur le chemin pour me raccompagner. Rien. Je crus juste l'entendre soupirer. De mon côté, la crainte qu'il regrette déjà de m'avoir prise sous son aile avait généré une angoisse sourde qui avait repoussé ma colère. J'en avais trop dit. J'avais oublié trop vite que ce n'était pas sa tâche initiale. Je l'avais accablé de reproches en guise de remerciements... et je m'en voulais. D'autant que François avait forcément décelé ma colère et ma déception. Quelles conclusions en tirerait-il ?

À ce moment précis, je détestais ce don qu'ils avaient tous et que moi je ne développais pas. À mon insu et à leur avantage pour ce petit test. Je me sentais trahie... une fois encore. Je n'avais pas su entendre ses arguments : la confiance... Un mot qui n'avait plus le même sens pour moi que lorsque j'étais gamine. Mon père avait trahi la mienne en disparaissant, comme ça, du jour au lendemain. Elle était devenue fragile.

Lorsque nous arrivâmes au pied de mon immeuble, Nathan s'arrêta et plongea ses yeux dans les miens. Inquisiteurs. Je me suis raidie, sachant ce qu'il allait en comprendre encore.

— Je suis désolé de n'avoir pas été à la hauteur, lâcha-t-il d'une voix sourde et distante.

Et il tourna les talons, sans attendre.

Mon faible «Nathan», articulé difficilement, ne réussit ni à l'arrêter ni à le faire ralentir. Il disparut au coin de ma rue, et une grosse boule d'angoisse et de regrets enfla subitement dans ma poitrine, éveillant une douleur subite.

Chapitre X

« La peur est une brume de sensations. »
Jules Renard

L'eau est partout. Froide, sombre, hostile, nauséabonde. Elle a tout recouvert. Je ne reconnais rien. Un fiacre m'éclabousse, et le peu de chaleur que j'avais réussi à conserver s'envole avec l'humidité qui s'infiltre dans mes vêtements. Un pas de plus et je m'enfonce davantage sans deviner où mes pieds m'ont menée. J'ai peur : peur de ne plus pouvoir avancer, d'être happée par cette immensité glaciale et noire qui m'empêche d'avancer comme je le voudrais. La nuit va tomber, et vite. Je dois la retrouver. Avant que l'eau ne le fasse à ma place. J'atteins enfin la bouche de métro et un cri de stupeur sort de mes lèvres : l'eau recouvre les premières marches.

— Ne restez pas là, me crie une voix grave, m'arrachant à ma consternation. Y a des planches, plus loin, pour avancer en toute sécurité.

Des planches. Je les aperçois maintenant le long des murs battus par les flots, créés par les allées et venues des charrettes lourdement chargées. Il y en a bien plus que d'habitude ! D'où sortent-elles donc ? Mais mes yeux restent fixés sur la bouche de métro. Par où est-elle donc passée ? Depuis quand l'eau a-t-elle pris possession du ventre de Paris jusqu'à ce point ? Pourquoi ne m'a-t-elle rien dit ? Elle aurait dû être rentrée depuis longtemps ! Elle ne part jamais si longtemps. La panique s'insinue en moi, plus mordante que l'eau elle-même. J'avance plus vite, gênée par mes habits devenus lourds et une entrave à ma liberté. Le froid me glace les os. La peur encore plus. Je ne sais pas nager. Mais je dois la retrouver. Avant la nuit. Avant qu'elle ne se fasse bousculer. Qu'elle ne se fasse engloutir par cette masse impitoyable qui recouvrait tout. Qu'elle ne se perde dans cette immensité anonyme. Vite !

Je me réveillai en sueur, peinant à reprendre mon souffle. Totalement désorientée, je mis de longues minutes à comprendre que j'étais en sécurité et au chaud dans mon lit. Cela faisait deux nuits que je faisais le même cauchemar et il était tellement intense et réaliste que, la veille, j'avais déjà peiné à en sortir vraiment. Il m'avait hantée les premières heures de la matinée. Et chose étrange, il ne m'était jamais arrivé de vivre pareille expérience deux nuits de suite. Je n'avais surtout aucune idée d'où pouvaient provenir de telles images. Ni du thriller que j'avais regardé, espérant oublier un instant ma querelle avec Nathan, ni de ma traduction pourtant un peu stressante.

Même après une longue douche et deux cafés, je me sentis toujours aussi mal à l'aise. Ces images tenaces revenaient à la charge, réclamant une signification que je ne parvenais pas à trouver. Et elles éveillaient en moi une sensation familière qui me perturba et m'empêcha de me mettre au travail pour de bon toute la matinée. Je rejoignis Mélanie à l'aquagym, furieuse après moi. Cette incapacité à décrocher s'ajoutait aux remords grandissants que j'éprouvais envers Nathan et eux aussi tournoyaient beaucoup dans mes pensées.

— Dis donc toi, fit Mel dès qu'elle m'aperçut, tu as ta tête des mauvais jours ! Tu t'es embrouillée avec Nathan ?

— Pourquoi tu ramènes toujours tout à lui ces temps-ci ?

— Parce que depuis que tu l'as rencontré, tes yeux pétillent. Alors peut-être que tu n'y crois pas, que ça ne te mènera nulle part, mais c'est un fait. Et depuis quatre jours, tes yeux ne pétillent plus !

Parce qu'elle comptait aussi les jours en plus de me scruter méthodiquement ! J'affichai un air agacé, mais était-il vraiment convaincant ? Si je ne coupais pas court à ses tergiversations, elle allait me forcer à mentir davantage...

— Ça fait deux jours que je fais des cauchemars, tu sais, le genre de truc qui reste obsédant au réveil.

— Tu bosses trop Sarah ! À force de lire à longueur de journée les auteurs que tu traduis, tu finis par vivre leurs histoires la nuit.
— Je n'ai jamais travaillé sur un tel sujet !
— Quel sujet ?
— Une histoire d'inondation, en hiver, et moi qui cours partout, affolée. À chercher quelqu'un, une fille ou une femme. Je ne sais pas trop.
— C'est peut-être un signe de stress, le contrecoup de ton séjour à l'hôpital. Nathan qui continue de te suivre, ça t'angoisse peut-être inconsciemment ?
— Possible, admis-je.

Je ne pouvais pas nier l'impact qu'avait eu cette dispute sur moi. Même si je persistais à me sentir trahie, manipulée, il me manquait. Son absence volontaire me pesait et m'angoissait. J'avais beau techniquement savoir repousser une âme, j'étais toujours vulnérable. Depuis notre altercation, je n'étais sortie que deux fois. Par nécessité. Et Mel n'avait pas tort, rester enfermée et bosser sans relâche ne m'aidait pas à me détendre.

— Bon, je crois que cette séance d'aquagym va être doublement bénéfique, sourit-elle gentiment, en m'entraînant vers les douches.

J'en étais presque convaincue lorsque je rentrai à mon tour dans le bassin où l'animateur nous attendait, à grand renfort de pop musique. Dès l'instant où je me glissai dans l'eau fraîche, je sentis la même angoisse sourde, bien présente à mon réveil, ressurgir. C'était ridicule ! Je n'avais jamais eu peur de l'eau ! Pourtant, là, les sensations qui s'emparaient de moi me faisaient penser le contraire. Mel fronça les sourcils lorsqu'elle me vit hésiter à lâcher l'échelle métallique pour la rejoindre.

— Elle n'est pas si froide, me taquina-t-elle.

Non, vingt-neuf degrés, affichait l'écran lumineux au-dessus de ma tête. Seulement le souvenir glacial revenait me hanter. Je me fis violence et retrouvai Mel qui avait commencé ses mouvements d'échauffement. Comme à son habitude, elle commenta ceux d'une des participantes qui essayait toujours de capter l'attention du moniteur. C'était récurrent, pourtant elle n'y parvenait jamais ! L'homme, beau gosse, et il le savait, ne se laissait pas prendre au jeu. C'était à peine s'il la regardait.

Lorsqu'il fallut s'immerger jusqu'au cou, la panique revint en fanfare s'infiltrer dans toutes mes cellules. Cette même panique ressentie la nuit dernière. Une peur de l'eau incontrôlable. Mon sang cognait dans mes tempes, ma vue s'obscurcissait. Tétanisée, je mis du temps à percevoir les paroles de Mel qui, visiblement, s'inquiétait :

— Sarah ? Tu ne vas pas me refaire un malaise comme l'autre jour, dis ?

J'étais bien incapable de lui répondre : l'eau fraîche tout autour de moi accaparait toute mon attention et toute mon énergie. Je sentis qu'on m'entraînait d'une main de fer jusqu'aux marches du petit bassin. Et je me laissai faire parce que l'idée même de sortir de toute cette masse qui s'agitait autour de moi me soulageait. Mélanie m'incita à m'asseoir sur les gradins tout proches et m'entoura d'une serviette moelleuse.

— Sarah, tu me dis ce qui t'arrive ?

— Je... je ne sais pas.

Je sentais les battements de mon cœur ralentir, enfin, et mes membres sortir de leur torpeur. Je me mis à claquer des dents, ça n'allait pas la rassurer ! Le maître-nageur de surveillance vint s'accroupir face à moi, les sourcils froncés :

— Vous êtes toute blanche !

— Ça va mieux ! balbutiai-je, paniquée à l'idée qu'il appelle un médecin. J'ai juste eu soudain très froid.

Je le vis hésiter et je forçai un sourire rassurant.

— Je n'ai pas avalé grand-chose ce matin, mentis-je en grimaçant.

— C'est malin, commenta Mel, clairement suspicieuse.

L'homme m'examina attentivement puis poussa un soupir :

— Pas de séance aujourd'hui ! Vous n'avez vraiment pas l'air dans votre assiette ! Vous restez avec elle ? ajouta-t-il à l'attention de Mel.

Elle hocha la tête puis s'assit à mes côtés, passant sa main dans mon dos pour tenter de me réchauffer.

— Tu lui as menti, je te connais, tu déjeunes toujours bien ! Ça ressemblait à la dernière fois ? insista-t-elle.

— Non, je t'assure. Juste un froid intense... comme cette nuit !

— Ton cauchemar ?

— Hum... Je t'ai dit qu'il était tenace !

— Aux grands maux, les grands remèdes ! s'exclama-t-elle. Un petit tour au salon de thé pour te requinquer ! Tu peux te lever ?

J'acquiesçai, ravie de sortir de cet endroit qui décidément me mettait mal à l'aise.

Mel m'obligea à partager sa cabine, me scrutant avec inquiétude, mais je me sentais reprendre des couleurs, loin de l'eau, dans les vestiaires surchauffés.

Ce drôle de malaise s'est envolé comme il était venu, mais, bien déterminée à en évacuer ses curieuses manifestations, je décidai en fin d'après-midi d'aller courir dans les jardins du Luxembourg. C'était quelque chose que je pratiquai rarement et qui allait me coûter de sérieuses courbatures, mais c'était le seul remède au stress que je savais efficace chez moi.

***

La trouver. Malgré le froid, vif, intense. Malgré la nuit tombée trop tôt. Malgré la pluie qui s'est remise à tomber. Encore ! Cela cessera-t-il un jour ? Dix jours qu'elle tombe et que le sol ne l'absorbe plus. Quelques barques sillonnent toujours les rues entièrement recouvertes, et les faibles lampes qui leur éclairent le passage me guident un peu. La Seine monstrueuse n'est pas loin, et malgré ma peur incessante de me noyer, je veux la chercher partout. Elle doit s'être réfugiée sur un des parapets. Je l'ai déjà cherchée des heures, dans toutes les rues qu'elle aurait pu emprunter en rentrant. J'ai frappé à de nombreuses portes, mais beaucoup de logis sont désertés, l'eau y ayant pénétré et les rendant invivables. J'ai trébuché sur nombre de madriers instables, je me suis fait bousculer par les sinistrés qui évacuent leurs biens sur les barques. Mais je ne renoncerai pas. Personne ne l'a vue, même pas les sauveteurs que j'interpelle régulièrement, et qui sillonnent les berges. Souvent, mon cœur s'emballe quand je rentre en contact avec les nombreux déchets qui flottent désormais partout. Plus d'une fois, j'ai paniqué en apercevant ces formes sombres.

Je m'approche du pont et de ses fantômes de pierre sur lesquels, j'espère, elle a pu se réfugier pour réclamer de l'aide. Et j'appelle encore, ma voix éraillée ne portant plus guère tant j'ai déjà crié son nom. Les flots tumultueux s'enroulant autour des piles du pont me font craindre le pire. Et si elle était tombée ? Et si personne ne l'avait vue ? Je n'aurais jamais dû la laisser partir, notre logeuse était montée nous prévenir que cela devenait dangereux et insalubre de rester ici. Mais nous n'avions pas d'autre endroit, et Camille refusait de rejoindre le gymnase ouvert à ceux qui n'avaient plus de quoi se loger. Une violente quinte de toux fait cesser mes cris désespérés qui se muent en sanglots.

— Mademoiselle, il n'y a personne à l'eau. Vous ne devriez pas vous pencher ainsi.

Je hausse les épaules et grommelle. Qu'on me laisse en juger par moi-même ! Le courant est fort, elle s'est peut-être agrippée au zouave ? Mais dans cette eau glaciale, pourrait-elle survivre ? Je dois vérifier, coûte que coûte !

— Reculez, vous vous mettez en danger. Je ne peux pas vous laisser faire, insista la voix sévère dans mon dos.

Sa poigne fermement posée sur mon épaule me met en colère. Je fais volte-face pour protester vivement et le visage inquiet d'un homme en uniforme de police m'apparaît. Inquiet et sévère. Mes jambes se dérobent sous moi ; le froid se fait plus incisif, s'infiltrant sous ma peau. J'ouvre la bouche, mais suis incapable de proférer une seule parole.

L'agent me scrutait, implacable, et visiblement, ma tenue l'interpellait.

Je suivis son regard et découvris, consternée, que j'avais enfilé mes bottes sur mon pyjama en flanelle rose et mon manteau de laine. Complètement déboussolée, je m'aperçus alors que je me trouvais sur un pont, au-dessus de la Seine... en pleine nuit ! Les rares réverbères et les gyrophares de la voiture de police perçaient le léger brouillard qui montait du fleuve. Je clignais des yeux, incrédule, perdue. Qu'est-ce que je fichais là, au beau milieu de la nuit ? En pyjama...

— Vous avez vos papiers d'identité ? reprit l'homme, semblant agacé par mon mutisme.

Un coup d'œil rapide sur mon flanc droit me confirma ce que je pressentais. Bien sûr que non !

— Écoutez... je ne sais pas ce que je fais là, balbutiai-je, de plus en plus embarrassée.

— Vous cherchiez quelqu'un, vous l'appeliez... Vous vous êtes mise en danger en tentant d'escalader le parapet !

— Euh, non... je ne crois pas !

L'homme me dévisagea encore, sondant mes pupilles avec acuité.

— Vous n'avez aucun papier d'identité sur vous ? Dans une de vos poches peut-être ?

Je tâtai machinalement. Il n'y avait même pas mes clés d'appartement. Mais bon sang, qu'est-ce que je fichais là ? Je secouai la tête, sentant des larmes de frustration monter tandis que mon cœur s'emballait sous l'effet de la panique, de la peur. Qu'est-ce qu'il allait bien pouvoir m'arriver ?

— Votre nom ? réclama l'agent avec la lassitude des gens blasés, tout en sortant un carnet de sa poche.

— Sarah Lamarque.

— Si vous n'avez pas de papiers, il va falloir venir avec moi au poste pour qu'on vérifie votre identité.

— Mais je n'ai rien fait de mal !

— Divagation sur la voie publique, propos incohérents,

aucun papier sur vous, déclama-t-il un rictus au coin des lèvres. C'est la procédure !

Je reniflai pour empêcher des stupides larmes de venir s'ajouter au spectacle certainement très ridicule que j'offrais. Je tremblais de froid, et mes tempes cognaient. Je devais avoir l'air complètement hagard. Je l'étais de toute façon. J'essuyai les larmes qui perlaient au coin de mes yeux puis obtempérai. Mais dans quelle galère venais-je de me fourrer ?

Je ne prêtai guère attention aux minutes qui suivirent. Il me fit monter dans sa voiture, baragouina quelque chose dans son téléphone et démarra. Je me laissai emmener sans protester. J'étais obsédée par cette question permanente : pourquoi m'étais-je retrouvée là ? Perchée sur le parapet d'un pont ? À crier ? Ce ne fut que quand l'agent de police, visiblement touché par ma mine pitoyable et franchement désespérée, me colla une tasse de café dans les mains (m'avait-il demandé si j'en voulais une ? Je ne me rappelai même pas !) que je sortis de mon état second. J'avais toujours mon manteau sur le dos et je m'y accrochai compulsivement, refusant de paraître encore plus ridicule que je ne l'étais déjà.

— On va reprendre si vous voulez bien, fit l'homme les sourcils froncés. Sarah Lamarque c'est bien ça ? Vous pouvez m'épeler votre nom ? Me donner votre date de naissance ?

Je m'exécutai docilement, répondis aux questions suivantes, le regardai tout noter scrupuleusement. Puis, après un moment qui me sembla interminable et angoissant, il déclara :

— Quelqu'un peut venir justifier votre identité ?

Mon sang se figea, d'un coup : il était impensable que je raconte ça à qui que ce soit !

— Vous ne me croyez pas, n'est-ce pas ?
— C'est la procédure, c'est tout !

— Ma famille n'habite pas Paris, et les appeler en pleine nuit, c'est hors de question ! débitai-je très vite.
— Des amis ?
— Non !
Ma réponse avait claqué un peu trop sèchement pour qu'il me croie. Mais je refusais d'appeler Mel à trois heures du matin. Déjà qu'elle se faisait du souci pour moi, je le sentais bien. Je n'allais pas encore lui donner de nouvelles raisons de s'en faire davantage. Quant à Nathan, car j'avais spontanément pensé à lui bien sûr, je m'y refusais carrément. Pour un tas de motifs, dont la plus évidente était que je me sentais parfaitement ridicule !
— Pas d'amis ? Vraiment ?
Je secouai la tête, déterminée à ne pas céder.
— Je vais devoir vous garder dans ce cas, le temps de vérifier votre identité !
Je haussai les épaules, désemparée. Rester dans un poste de police, comme une vulgaire délinquante, une ivrogne, ou…

Il poussa un soupir résigné et quitta la pièce. Il me laissa de si longues minutes que je finis par m'apaiser un peu et réfléchir à ce qu'il m'arrivait. Je me rappelai vaguement que j'étais venue chercher quelqu'un. Une fille sans doute. Qui m'était totalement inconnue. Mais je sentais bien qu'il y avait une relation avec mes précédents cauchemars.

Mes tempes étaient douloureuses. Tout en les massant, je me demandai si tout cela n'avait pas un rapport avec cette âme que François m'avait fait affronter. Et si je n'avais pas été aussi efficace qu'il l'avait pensé ? Si elle avait malgré tout réussi à pénétrer mon esprit, y laissant des bribes de souvenirs ou de sa quête ? Et si cette espèce de somnambulisme qui m'avait menée jusqu'ici en était la conséquence ?

L'homme ne revenait pas, je l'entendais discuter dans le bureau voisin. Mon sursis durait et d'une certaine manière, je lui en étais reconnaissante. Quand il réapparut, je somnolai sur ma chaise après avoir ressassé maintes et maintes fois ce qui venait de m'arriver. Cette fois, il s'appuya sur le rebord du bureau, l'air soudain moins professionnel, ou moins sévère... une lueur d'indulgence dans le regard :

— Je n'ai aucune Sarah Lamarque dans mes fichiers et donc aucune raison véritable de vous garder ici. Cependant...

Il avisa mon pyjama, carrément visible depuis que j'avais ôté mon manteau. Ravalant ma honte bien tenace, je déclarai :

— Je n'ai pas bu, je ne me drogue pas. J'imagine que j'ai fait une crise de somnambulisme. Ça arrive quand on est stressé.

— Du 13e où vous habitez ?

— Écoutez, je suis mortifiée d'être là. Je ne vais pas inventer une excuse bidon. Je voudrais juste rentrer chez moi, et dormir.

Le ton de ma voix, proche de la supplique, sembla le convaincre puisqu'il se saisit du combiné de son téléphone et demanda qu'on me commande un taxi. Vu ma tenue, je me voyais mal protester. Sortir d'ici le plus vite possible, oublier cet incident des plus regrettables, ma seule priorité.

Après un rapide aller-retour dans mon appartement pour engraisser largement mon taxi, je pris une longue douche chaude. Elle ne balaya ni la honte que je ressentais ni l'inquiétude lancinante qui me rongeait.

Comment se débarrasser de ces images obsédantes qui hantaient suffisamment mon esprit pour qu'il réagisse de la sorte chaque nuit ? Nathan m'avait suggéré, pour me délester de celles du Vel d'Hiv, de les coucher sur le papier. Donner aux mots le pouvoir de les détacher de ma mémoire. Sauf que, cette fois, je n'avais pas la clé de l'histoire à laquelle ils appartenaient. J'allais devoir chercher ce que cette âme n'avait pas eu le temps de me confier.

Je me retrouvai sur les quais de la Seine, espérant remettre bout à bout, comme on le fait de morceaux de puzzle, les images dont je me rappelais. C'était une journée froide, sans soleil, et c'est emmitouflée comme en plein hiver que je scrutai les flots sales du fleuve. Approcher de l'eau éveillait les mêmes sensations qu'à la piscine, mais cette fois je ne résistai pas. Je voulais savoir, comprendre, en finir avec ce cauchemar perfide qui me pourrissait la vie. J'avais bien conscience de jouer aux apprentis sorciers, mais suivre mes intuitions me réussissait d'ordinaire assez bien. Sauf dans mes relations amoureuses... hélas.

J'avais bien songé à appeler Nathan avant de me lancer dans cette drôle de quête, mais ma fierté m'en avait empêchée. Ma honte de l'avoir si injustement accablé aussi. Alors revenir vers lui pour la seule raison que j'avais besoin de lui ne me semblait pas suffisant. C'était même carrément inconcevable. Rajouter à tout cela le récit de ma nuit mouvementée, au-dessus de mes forces. Cette fois, je me débrouillerai seule.

Le malaise enfla dès que mon regard s'attarda dans l'eau verdâtre qui léchait les berges. Mes membres se mirent à trembler dès que je m'appuyai au parapet. Machinalement, je scrutai les environs, craignant de retomber sur l'agent qui m'avait trouvée la veille, mais en pleine journée, les badauds défilaient et me cachaient un peu. Je devais cette fois veiller à ne pas me faire remarquer. Je me penchai précautionneusement, aussitôt mon rythme cardiaque s'affola, un filet de sueur coula dans mon dos et ma vue se brouilla à nouveau. Cette âme qui avait fait un passage furtif dans ma tête s'était noyée, j'en étais certaine. Mais pourquoi ? Dans mes cauchemars, je me rappelai cette peur de l'eau permanente, une peur qu'elle avait essayé de surmonter. Elle ne savait pas nager !

Je reculai instinctivement, comme si je courais le même risque. Comme si un danger imminent me guettait. Mon cœur battait trop vite, je sentais un vertige poindre le bout de son nez. Une noyade, en plein hiver ? C'est alors que mes yeux se posèrent sur une pancarte, un peu rouillée, accrochée en contrebas, cachée par une poubelle : crue de 1910. La marque du niveau atteint. Cela collait avec les images, floues certes, des silhouettes que j'avais entrevues dans mon sommeil. Les calèches, les charrettes...

Le besoin d'en savoir plus, de mettre du sens sur ce que je ressentais, sur ce que j'imaginais, me poussa loin des berges. La tension qui avait noué tous mes muscles et haché mon souffle retomba, d'un coup. Le poids sur mes épaules aussi. Le froid se fit moins sentir et je me hâtai de rentrer chez moi.

Chapitre XI

« La grâce, c'est peut-être de voir ce qu'il faut choisir et ce à quoi il faut renoncer. »
Jacques de Bourbon Busset

La sonnerie du téléphone d'abord lointaine finit par devenir lancinante et par me tirer du profond sommeil dans lequel j'avais réussi enfin à sombrer. J'avais passé une bonne partie de la nuit à lire sur internet tout ce que j'avais pu trouver sur cette crue, des récits, des vidéos avec des images parfois très proches de celles qui m'avaient hantée. La crue centennale de 1910 de la Seine avait inondé une bonne partie de la capitale, chassant de chez eux des milliers de personnes, mettant hors service des voies de communication et le métro, privant les foyers d'eau potable, d'électricité et de chauffage. J'aurais pu y penser, j'avais souvent prêté attention à ces petites pancartes qui parfois paraissaient anecdotiques. Je n'imaginai plus pareille catastrophe aujourd'hui, même si les crues se produisaient encore, à moins grande échelle.

Mais plus encore, au fil des heures, la quête de cette âme, un homme sans doute, vu les sentiments extrêmes qu'il avait semblé éprouver pour cette femme, m'avait touchée. Il était mort noyé, sans savoir ce qu'elle était devenue. Mais j'eus beau chercher, je n'avais pas retrouvé la moindre trace d'une liste de disparus. Et cela avait généré en moi une intense frustration. J'aurais tellement aimé avoir le fin mot de cette triste histoire. Mais j'avais beau chercher et chercher encore, je ne tombai sur aucun fait divers qui m'en donne la clé.

***

— Ah, enfin, fit la voix de ma mère quand elle m'entendit décrocher. Je commençai à m'inquiéter.
— Maman ?
— Je te réveille ? devina-t-elle, sans doute alertée par mon articulation pâteuse.

Je jetai un œil sur ma montre : 14 h ! Je me redressai vivement comme si elle avait pu me voir affalée sur mon lit.

— J'ai travaillé très tard cette nuit, je faisais la sieste, mentis-je.

— Tu as vraiment une petite voix, tu es sûre que ça va ? Tu n'as répondu à aucun de mes messages depuis hier...

— Oh, je suis désolée, je n'ai pas rechargé mon portable, tu sais quand je ne sors pas...

Ma voix mourut, je n'avais pas envie de lui mentir : nous avions une vraie relation de confiance elle et moi. Je ne savais même pas où j'avais posé mon téléphone. Ma mésaventure nocturne m'avait tellement perturbée que j'en avais presque oublié de manger pour dormir. Seule Milady avait su me rappeler à l'ordre pour sa nourriture et sa dose de câlins, ce que j'avais donné machinalement. Quand je mis la main sur mon téléphone, la batterie était vide, aucune idée de ce que voulait ma mère. Je me sentis coupable.

— Tout va bien, maman ?
— Tu n'as pas oublié l'anniversaire de Rachel ? me souffla-t-elle d'une voix aussi sévère qu'inquiète.

Mon Dieu, si ! Je restai sans voix, honteuse, une fois de plus, et profondément navrée. Ce n'était pas le genre de ma mère de m'en faire le reproche, si elle le faisait, c'est qu'elle s'inquiétait. Rachel et moi étions proches, je ne l'oubliais jamais ! Même si la distance ne nous permettait pas de nous voir souvent (elle habitait Lyon), nous échangions régulièrement, longuement. La disparition de notre père nous ayant liées étroitement toutes les trois. Je n'avais aucune bonne excuse à lui fournir, à ma sœur non plus.

— Elle m'en veut ?
— Elle s'inquiète, Sarah, comme moi ! Tu n'as vraiment pas l'air bien ces temps-ci.
— Tu ne lui as pas dit pour l'hôpital ?
— Non, soupira-t-elle. Mais tout ce mystère dans ta vie ces temps-ci… ça ne te ressemble pas !

Il fallait que je lâche quelque chose : je n'aimais pas la sentir tourmentée. Elle avait assez souffert comme ça. Mon père était parti au pire moment, depuis elle assumait tout, seule !

— Tu sais parfois, c'est compliqué la vie d'une fille, glissai-je en essayant d'adopter un ton léger.
— Peine de cœur ?
— Quelque chose comme ça. Disons que je me pose beaucoup de questions, trop sans doute, je suis désolée de vous avoir inquiétées. Et d'avoir pu oublier Rachel.
— Rien n'est irrattrapable, Sarah !

Eh bien, je l'espérais. J'avais alerté assez de monde comme ça ! Et surtout, j'avais assez gaspillé de temps et d'énergie à combattre quelque chose contre lequel je ne pouvais rien ! Et puis je perdais en crédibilité et c'était hors de question ! J'avais mis des années à persuader ma mère et ma sœur que je pouvais m'en sortir avec ce travail en free-lance. Si je continuais à perdre du temps, je ne pourrais plus tenir les délais impartis pour ma traduction. Je ne pouvais pas me le permettre.

Je lus tous les messages loupés depuis… deux jours, appelai Rachel pour me confondre en excuses, rassurai Mel qui évidemment me menaçait de passer vérifier que j'allais bien, puis je me plongeai à corps perdu dans mon travail. Ce petit rappel à l'ordre avait été salutaire. J'avais trop songé à cette âme perdue, trop songé à ma querelle avec Nathan. Il était temps de me reprendre en main et de cesser de conjecturer en vain !

**

Il faut que je sorte à tout prix. Il fait déjà nuit ! Elle aurait dû être revenue depuis longtemps. Au diable ma mauvaise grippe, au diable cette fièvre. La pluie est tombée à nouveau toute la journée. L'eau a dû encore monter dans les rues. Pourra-t-elle rentrer ? Sinon elle devra prendre une barque pour le faire ! Timide comme elle est, elle n'osera pas demander… Mon manteau… les clés. Où sont ces maudites clés ? Je ne suis pas sorti depuis une semaine, Camille a dû les ranger, mais où ? Trouver les clés, partir vite ! C'est quoi cette clameur qui monte de la rue ? Rien dans les poches de mon manteau, rien sur la porte. Bon sang, où sont-elles ? Les a-t-elle cachées pour que je ne sorte pas ? Elle en serait bien capable ! Elle me couve trop ! Je sais bien qu'il y a des rumeurs d'épidémies, mais je n'ai qu'une petite grippe. Et ces fichues chandelles qui sont mortes ! Arhhh, c'est quoi ça ? Un chat ? Ici ?

Milady ? J'avais dû lui faire mal pour qu'elle miaule de la sorte ! Mais qu'est-ce que je fichais debout, dans le noir ? La panique me fit presque vaciller. Je n'avais pas encore fait de crise de somnambulisme, si ? Je tâtonnai pour me repérer, vaguement guidée par le faible halo lumineux qui filtrait à travers les volets, me cognant malgré tout avant que je ne comprenne que j'étais dans mon petit salon et je finis par trouver un interrupteur. La lumière trop vive me fit chanceler. J'étais plantée près de ma porte d'entrée, et Milady me regardait avec méfiance. Ce fichu cauchemar était revenu et maintenant mes tempes étaient douloureuses, comme à chaque fois.

Je me laissai tomber sur mon canapé, dépitée. Pourquoi était-il si tenace ? Ce n'était pas comme si j'avais été traumatisée… Peut-être étais-je tout simplement incapable d'accomplir correctement ce que Nathan et Clément m'avaient enseigné ? Peut-être que cela ne marchait pas avec moi, que je n'étais pas assez forte pour ne pas m'imprégner des souvenirs de cette âme ? Ils avaient tellement confiance en moi, mais qui savait s'ils n'avaient pas tort ? Il y a toujours une exception qui confirmait la règle. Cette exception, ce pourrait être moi.

Désemparée, et pour tout dire angoissée à l'idée de revivre ça une seconde fois dans la même nuit, j'allumai mon ordinateur et cherchai comment m'en débarrasser. On pouvait tout lire bien sûr, mais de toute façon, je n'avais aucune envie de me recoucher et de risquer de déambuler encore. Même si la veille, j'avais prudemment caché mes clés, je n'étais pas certaine que mon inconscient se laisse rouler dans la farine une seconde fois. Milady resta campée sur ses deux pattes arrière, le regard sévère. Elle semblait m'en vouloir. Je me penchai pour la caresser, mais elle se détourna. C'était franchement inhabituel.

— *I'm sorry my sweetie*[5], murmurai-je en me glissant à genoux devant elle. *I didn't want to hurt you*[6]. *You know that, isn't it*[7] ?

Elle me dévisagea et lâcha ces petits sons qui ressemblaient à des reproches, sans pour autant me laisser la caresser. Comme si elle se méfiait de moi. Je m'en méfiai bien moi-même, je ne pouvais pas l'en blâmer. Mais quand même…

Après avoir lu toutes sortes de conseils, parfois franchement désopilants, je me préparai une infusion. C'était plus le réconfort d'un geste souvent fait par ma mère lorsqu'elle me sentait mal, enfant, que je cherchai que celui des plantes. Un terrible sentiment de solitude s'empara de moi soudainement. Tout m'échappait et j'étais accablée, impuissante, contrainte à supporter quelque chose qui me dépassait, que je n'avais pas choisi.

Les yeux perdus dans les divagations de la vapeur brûlante qui sortait lentement de ma tasse, je laissai les larmes couler. Personne sous la main pour me voir, pour me rassurer, pour me donner la clé. Le seul à qui j'aurais, sans doute, osé confier ce qui m'arrivait, je l'avais rejeté, sans lui laisser le bénéfice du doute, sans l'avoir vraiment écouté. Nathan me manquait. Même s'il était resté discret

---

5 Je suis désolée ma douce
6 Je ne voulais pas te faire mal
7 Tu le sais, n'est-ce pas ?

dans ma vie, le savoir là, prêt à m'écouter, à m'aider, c'était déjà beaucoup. Et je l'avais viré, comme un malpropre...

Milady finit par grimper sur mes genoux, comme si elle avait perçu ce terrible besoin de réconfort et de présence qui continuait de faire couler mes larmes. Elle avait depuis longtemps ce pouvoir. J'étais épuisée par toutes ces nuits hachées et mouvementées, mais je me sentais incapable de me rendormir sereinement. J'allumai ma télé, me pelotonnai dans mon canapé en la pressant contre moi, sans prêter réellement attention aux images et laissai le sommeil me tomber dessus.

***

À grand renfort de café serré et de musique entraînante, je me remis au travail dès le lendemain. Jamais je n'avais pris un tel retard ! J'avais accordé bien trop d'importance à ces cauchemars et c'était sans doute la raison pour laquelle cela revenait périodiquement me hanter. Oublier, en me lançant à corps perdu dans cette traduction, le meilleur des remèdes !

Pour être certaine d'évacuer ce stress qui semblait rester tapi dans un coin de mon inconscient, je terminai chaque session de travail par un footing, malgré les courbatures qui s'étaient installées. Un bain bien chaud ensuite, une infusion de valériane et une cuillère de ce sirop pour la toux prescrit quelques mois plus tôt, et le sommeil me cueillait sans prévenir devant ma télé.

Cela faisait trois jours que je me tenais à ce programme drastique et aucun cauchemar n'était revenu troubler mes nuits. Jamais je n'aurai pensé courir avec un tel acharnement ! J'entamai mon troisième tour de parc, priant pour que les nuages gris qui s'amoncelaient depuis mon arrivée attendent pour lâcher leur pluie froide. Une bourrasque humide me coupa soudain le souffle.

Le vent vient de se lever, d'un coup et forme des vaguelettes qui ne font qu'amplifier ma peur. Je me suis drôlement enfoncé dans l'eau, elle me gèle les pieds, mes jambes me semblent de plus en plus lourdes et je n'y vois plus grand-chose. C'est son chemin préféré, on a dû le prendre une dizaine de fois déjà. Elle aime le pont qui enjambe si élégamment la Seine à cet endroit. Pitié, Camille, dis-moi que tu n'es pas passée par là ce soir. On n'y voit presque pas par ici ! En plus, le courant est fort, il transporte des arbres arrachés à la berge et toutes sortes de déchets. Si quelqu'un tombe à l'eau, personne ne s'en apercevra, c'est terrible. Là-bas, près du tablier du pont, il y a quelque chose. Ou quelqu'un. Camille ? C'est toi Camille ?

— Mademoiselle, vous allez bien ?

Je poussai un cri de surprise ou de peur et découvris un regard inquiet posé sur moi. Un vertige me fit vaciller, mais une poigne ferme me retint. L'homme, un joggeur, ne me relâcha que lorsque je réussis à hocher la tête de façon convaincante.

— Vous êtes d'une pâleur ! Vous devriez vous asseoir un moment. Vous voulez boire quelque chose de sucré ? proposa-t-il en me tendant sa gourde.

— Non, merci, ça va aller, répondis-je en me laissant tomber sur le banc tout proche, inquiète de ce que j'avais pu faire.

— Vous avez mal à la tête ? Vous vous teniez les tempes et vous titubiez. J'ai cru que vous alliez vous écrouler sur le gravier.

— Je... je ne sais pas, c'est passé en tous les cas.

— Vous en êtes certaine ? Mangez quelque chose, j'insiste, vous êtes vraiment pâle !

Cette fois, je ne refusai pas la pâte de fruits qu'il me tendit. Cela le rassurerait et m'aiderait peut-être à évacuer ce sentiment diffus de malaise, ce froid intense qui me glaçait les os. Les premières gouttes de pluie se mirent à tomber.

— C'est bien notre veine ! soupira l'homme.

— Vous pouvez y aller, vous savez !

— Quand je serai certain que vous tenez debout et que tout va bien ! Ça vous est déjà arrivé ?

Sa sollicitude me touchait autant qu'elle m'agaçait. Il ne me lâcherait pas ! Je le voyais dans son regard attentif… et curieux. Bon sang, il fallait que je cesse de me faire remarquer. On n'a pas de cauchemar en plein jour, alors qu'est-ce que c'était ? Je m'étais laissée porter par le bon rythme que j'avais trouvé, relâchant sans doute ma garde… mais je n'avais pas fabriqué ces images glaçantes ni inventé ces mots qui avaient martelé mes tempes pour s'imposer à moi. Comme si quelqu'un avait pris les commandes de mon esprit. Et c'était carrément flippant !

Je chassai ces idées anxiogènes et me concentrai sur le regard brun acéré qui attendait une réponse. J'ébauchai un timide sourire :

— Non, jamais. Mais j'ai peut-être un peu forcé ces derniers temps, je ne cours jamais autant.

— Un rappel à l'ordre, alors ! conclut-il, un petit air narquois étirant ses lèvres.

J'esquissai une grimace contrite. L'excuse semblait acceptable. J'avoue que j'aimais mieux passer pour la fille obnubilée par sa ligne dès le retour du printemps : c'était plus facile à gérer. La pluie d'abord timide s'enhardit alors et je me relevai, décidée à abréger mon calvaire. Si de son côté, il pouvait ne pas faire de zèle…

— Je crois que c'est passé, je vais rentrer doucement, je n'habite pas loin, merci !

Il sonda mon regard pour s'en assurer. La pluie ne semblait pas le gêner, moi elle m'effrayait désormais, je sentais qu'elle allait encore me jouer de mauvais tours. Je ne savais pas ce qui avait déclenché ce flash incontrôlable, mais le temps menaçant était le même à cet instant. Et je n'avais pas envie de revivre ça. Je rabattis la capuche de ma veste sur mes cheveux.

— Merci pour la barre de fruits… et de vous être arrêté.

— Soyez plus prudente la prochaine fois !

Je hochai la tête, ravalant ma fierté face à cette remarque aux accents moralisateurs et je m'éloignai.

Au fil de mes pas, l'angoisse revint m'assaillir. Je pensais m'être débarrassée de ces images, c'était bien pire maintenant ! Que se serait-il passé si cet homme n'avait pas posé la main sur moi, qu'aurais-je fait encore ? Cela prenait des proportions alarmantes. Une migraine lancinante s'installa, je me sentais oppressée, incapable de retrouver réellement mon souffle. Le sucre que je venais d'ingérer ne paraissait pas suffire à rendre mes jambes plus solides. Fébrile, je regagnai mon appart, guettant mes propres réactions avec méfiance. Mon corps semblait me trahir autant que mon esprit.

Je commençais à croire que je n'étais pas faite pour devenir une chasseuse. J'étais incapable de me protéger efficacement. Incapable de repousser ou d'empêcher de simples images de m'angoisser, je n'aurais jamais dû les laisser faire cette expérience avec moi. Après tout, ce don s'était déclaré si tardivement, c'était peut-être un signe de mon incompétence ? La preuve vivante de cette fameuse théorie de l'exception qui confirme la règle. Le vilain canard de la bande.

Petit à petit, les dernières images qui m'avaient assaillie revinrent me hanter. Un choix conscient cette fois. Je me décidai à les accueillir plutôt que les refouler. Peut-être que de cette manière, elles seraient moins invasives. Les faire miennes pour les accepter désormais comme faisant partie de mon histoire. En faire une histoire, terrible certes, mais j'en avais lu de pires encore. C'était alors mon choix. Pas cette fois, c'était peut-être là la clé du problème, de mon problème ? J'avais bien essayé de comprendre de quoi ça parlait, mais pour mieux m'en débarrasser. Amadouer, apprivoiser ce drame qui me touchait de plus en plus, c'était peut-être la solution ?

***

— Je ne peux rien vous donner de plus fort sans ordonnance, je suis navrée, m'annonça la pharmacienne. Vous devriez consulter, vous savez !

— Je n'ai dégoté un rendez-vous que dans deux jours, c'est long quand on a mal comme moi.

— Il reste les urgences ! Si vous souffrez depuis plusieurs jours, vous devriez prendre les choses plus au sérieux. Ce sont des symptômes sérieux.

Comme si je ne le savais pas... Elle ne m'aiderait pas, je le lisais dans ses yeux. Elle avait sans doute raison, mais je ne lui avais pas tout dit. Je ne pouvais pas...

Trois jours que la migraine me vrillait les tempes dès que les comprimés que j'avalais cessaient de faire effet. J'avais vidé la seule boîte que j'avais. Et je paniquais, car lorsque je la laissais s'installer, des flashs semblables à ceux de mon footing revenaient. On aurait dit qu'ils frappaient à la porte de mon esprit jusqu'à ce qu'ils réussissent à se faufiler. Je tenais à peine les six heures prescrites par la notice et je ne voulais plus de ces images. Ma dernière hypothèse s'était révélée un fiasco. Les accepter n'avait rien changé. Et je n'en pouvais plus de cette histoire de crue, de disparition, de noyade. Le seul remède que j'avais était d'avaler ce qui rendait mon esprit moins perméable. J'étais désemparée et je sentais la douleur revenir à grands pas. Il me fallait vite rentrer !

Les larmes aux yeux, je demandai de me donner deux boîtes de l'antalgique que j'avais pris. La femme esquissa une moue réprobatrice puis se détourna pour les attraper sur l'étagère derrière elle. Je sortis un mouchoir en papier.

— Parfois, ce sont juste les yeux, fit-elle comme pour s'excuser d'avoir pris un ton alarmiste plus tôt.

— Peut-être, bredouillai-je pressée de lui échapper. Mais dans ce cas, je ne serai soulagée que dans plusieurs mois.

Elle pinça les lèvres, encaissa le billet que je lui tendais et je m'esquivai aussi vite que possible.

Ce n'étaient pas les yeux. La lumière vive, qui avait inondé mon appartement très tôt puis la rue dans laquelle je remontais à présent, n'amplifiait pas la douleur. Non, c'était autre chose, une sensation qui était nouvelle, oppressante : je me sentais menacée de l'intérieur. Cette histoire qui n'était pas la mienne voulait prendre toute la place. Comme si une âme m'habitait, mais c'était tout bonnement impossible : Socrate l'avait récupérée sous les yeux attentifs de François. Et je n'avais rien ressenti de tout cela les premiers jours qui avaient suivi. Rien qui ressemble à ce qui avait pu m'arriver rue Nélaton non plus. Et puis François l'aurait senti, non ? Un gardien sentait ce genre de choses.

Je me posais mille et une questions qui ne faisaient qu'accroître mon désarroi au point de nouer ma gorge et appeler des larmes rebelles. J'avais besoin d'aide, oui, mais pas d'un médecin. Le seul que j'aurais voulu voir, là, était en train de bosser dans son hôpital. Il aurait su me rassurer, lui. Il m'aurait écoutée comme il savait si bien le faire. Taquinée sans doute aussi. Le souvenir des dernières fois me serra le cœur. J'avais tout gâché ; il n'avait pas repris contact, pas essayé de me raisonner encore une fois, de plaider sa cause. Il s'était peut-être résigné. Je n'étais qu'une sombre idiote...

Milady partit dormir à l'autre bout de l'appartement dès qu'elle m'aperçut. Elle faisait cela depuis trois jours. Mon état de stress permanent ne lui plaisait pas, je pouvais comprendre, mais habituellement elle venait me consoler. Elle ne me fuyait pas. Que m'arrivait-il ? Me sentant toucher le fond, et apeurée à l'idée d'affronter une nouvelle fois ces images angoissantes, je saisis mon téléphone et fis défiler les noms de mes contacts ; il fallait que je parle à quelqu'un. Que je rompe cette solitude malfaisante. Cela devenait vital. Urgent !

Mon doigt s'arrêta longuement sur Nathan, occasionnant quelques larmes supplémentaires, mais je poursuivis jusqu'à ce que je tombe sur Sophie. Son sourire, sa spontanéité, sa joie de vivre... Voilà ce dont j'avais besoin !

Chapitre XII

« On ne peut rien enseigner à autrui, on ne peut que l'aider à le découvrir. »
Galilée

— Ouh la, fit Sophie en découvrant mon visage. Ta voix m'inquiétait déjà au téléphone, mais…

Elle stoppa net, m'offrit un vrai sourire, redevenant la jeune femme optimiste qu'elle semblait toujours être et entra. J'avais de quoi l'alarmer : de larges cernes noirs me mangeaient le visage et mes yeux brillaient du manque de sommeil. Une vraie mine de papier mâché. J'imagine que je dégageais toutes sortes d'émotions pas très agréables à éponger, à commencer par l'anxiété qui me rongeait.

J'avais essayé de préparer un petit plateau accueillant, histoire d'occuper l'attente toujours trop longue quand on espère de l'autre des réponses apaisantes. Mais mes placards étaient vides, désespérément vides. À l'image de ma vie des derniers jours. Mais Sophie ne s'assit pas sur mon petit canapé, elle s'approcha, affrontant mes émotions sans ciller, les sourcils froncés.

— On va commencer par ça, si tu veux bien, fit-elle en frappant délicatement ma tempe.

— Tu es certaine ?

— Je sais reconnaître les appels à l'aide, sourit-elle compatissante. C'en était bien un, n'est-ce pas ?

— On ne peut rien te cacher…

— Tu verras, c'est un domaine dans lequel on excelle ! Raconte-moi ce qui t'arrive !

Je poussai un long soupir, massant mes tempes douloureuses, et me lançai dans le récit des derniers jours, tout en scrutant ses réactions. J'étais inquiète de ce qu'elle pourrait en penser, anxieuse à l'idée d'y lire ce que je redoutais. Mais elle excellait aussi pour les dissimuler. Pas une fois elle ne me coupa, ne commenta mes faits et gestes, je savais pourtant que j'aurais dû l'appeler plus tôt. J'en avais conscience. J'avais l'intuition que mon entêtement à vouloir m'en sortir seule, sans François, sans Nathan, sans eux me coûtait cher. Quand j'eus fini, ma voix trahissant mes craintes les plus grandes, elle me dévisagea avec une pointe de gravité que je ne lui connaissais pas. Ou que je n'avais jamais voulu voir chez elle.

— Bon, on va d'abord traiter ton problème, si tu veux bien et ensuite on causera.

— Mon problème ?

— Oui, ton problème. Cette âme qui squatte là depuis quelques jours, rétorqua-t-elle en tapotant à nouveau ma tempe. Je crois même que ça urge. Tu me laisses faire ? Je n'ai pas l'aisance de François, mais vu ton état de fatigue apparent, je pense que ça va aller tout seul.

Abasourdie par cette révélation, qui me soulageait presque, je hochai la tête.

— Tu es sûre ? finis-je par balbutier.

— Certaine ! Et elle est en train de te pomper toute ton énergie, c'est sans doute pour cette raison que tu as ces migraines.

Elle ôta son manteau et me poussa doucement jusqu'au canapé et se mit à genoux à mes côtés. Elle prit mes mains entre les siennes.

— On y va ? Je vais l'attirer à moi, la seule chose que tu aies à faire, c'est d'essayer de te détendre.

Sachant qu'une âme logeait quelque part dans ma tête, c'était soudainement difficile à faire. Je ne voyais pas quand cela avait pu se produire. Je n'avais rien senti. Et c'était forcément arrivé depuis que j'avais laissé Nathan.

— Sarah, marmonna Sophie. Fais un effort !

— Oui, pardon !

Cette fois, j'essayai de faire le vide, de ne penser à rien d'autre qu'à la sensation chaleureuse de ses mains. Elle chassait ce froid qui ne cessait de m'habiter depuis quelques jours. Je m'abandonnai à ce sentiment de sécurité soudain, à la confiance qu'elle dégageait avec force. Puis elle recula, lâchant mes doigts, le regard un peu vague, mais un sourire aux lèvres.

— Ça y est ? bredouillai-je, décontenancée par son attitude.

— Oui, tu n'as plus rien à craindre.

Elle fouilla dans son sac et, insistante, me sortit deux barres chocolatées.

— Il va falloir te requinquer.

— Pourquoi est-ce que je n'ai rien senti ? demandai-je en m'en emparant.

— Je n'ai qu'une théorie là-dessus, il faudrait poser la question à François. Pour moi, tu as servi de porteuse, mais ton empathie est bien trop développée déjà pour que ton esprit ait su rester étanche. Et dès que tu lui en donnais la possibilité, elle essayait de communiquer avec toi. Si tu ne t'étais pas laissée aller ces derniers jours, elle n'aurait pas pris autant de place, ajouta-t-elle en me tançant sévèrement du regard.

— J'étais perdue, balbutiai-je. Perturbée… Tu t'es déjà retrouvée au poste de police en pyjama en pleine nuit ?

— Non, pouffa-t-elle avant d'afficher un air contrit peu convaincant. Mais je comprends mieux pourquoi François insiste autant pour qu'on soit vite opérationnels. Cela évite ce genre d'incident.

— Tu ne le lui diras pas, hein ? Je ne voudrais pas qu'il empêche Nathan de poursuivre…

Ma voix avait dû me trahir. Trahir les sentiments que j'éprouvais pour lui. Ma crainte de perdre le seul moyen que j'avais de le revoir, de passer du temps avec lui. Mais Sophie ne fit aucun commentaire, elle se contenta de plonger son regard clair dans mes yeux. Bien sûr qu'elle savait, son empathie avait déjà dû la renseigner, mais elle resterait discrète, j'en avais la certitude. Elle avait cette délicatesse avec les sentiments des autres, je l'avais souvent remarqué. Une qualité précieuse que j'appréciais chez elle.

— Je ne dirai rien, fit-elle, prenant un air complice. Mais dis-moi : Nathan n'est pas non plus au courant, n'est-ce pas ? Et là... je ne comprends pas pourquoi !

Je savais qu'en l'appelant, je devrais m'en expliquer. Je devais bien m'avouer aussi que j'avais besoin d'elle pour savoir jusqu'à quel point j'avais pu écorner ma relation avec Nathan. Et en cet instant, c'était bien ce qui me rendait la plus fébrile. Nathan. Ma colère s'était brusquement envolée et ce qui venait de m'arriver n'y était sûrement pas pour rien. Ma ridicule fierté avait compris à quel point j'avais été idiote de le juger aussi vite. Aussi mal. Parce que, clairement, je ne pouvais pas me faire confiance.

— Il ne t'a rien dit ? balbutiai-je, gênée.

— Pourquoi m'aurait-il dit quelque chose ?

— Parce qu'il pourrait plus s'occuper de moi ?

— Quelle idée ! À vrai dire, je n'ai aucune nouvelle de Nathan et j'ai pris une semaine de vacances avec mon copain. Mais je suis certaine d'une chose, c'est que si les conditions te concernant avaient changé, François nous aurait avertis, Clément et moi. C'est la règle Sarah. Et Nathan a toujours respecté les règles.

— Sauf quand il m'a trouvée.

— On ne peut pas dire qu'il y ait vraiment de règle à ce sujet, c'est plutôt François qui déniche les petits nouveaux, habituellement. Et on est d'ailleurs bien contents qu'il le fasse. On n'a pas vraiment envié Nathan sur ce coup-là, tu sais, mais il a eu une bonne intuition à ton sujet.

— En fait... j'ai peur qu'il ne soit plus de cet avis, marmonnai-je, me sentant aussi piteuse que maladroite.

— Et pourquoi ?

Je lui fis le récit de ma réaction à son égard. Et puis je me laissais aller à plus de confidences encore. J'avais conscience que ma colère avait été exagérée, démesurée, mais je n'étais pas certaine que des excuses suffisent. Les derniers mots qu'il avait prononcés avaient sonné comme le glas de notre amitié (ou de ce que nous avions commencé à nouer). J'avais peur qu'il me confie désormais à François. Et, plus encore, j'avais peur de perdre l'ami précieux qu'il était devenu. Ces jours derniers, son absence m'avait pesée comme jamais. Il était celui sur lequel je voulais compter. Même si on se voyait assez peu, Nathan avait pris une place importante dans ma vie. Il était là. Et le fait de le savoir avait suffi à m'apaiser face à ce qui m'arrivait, et bien plus encore cela avait fait naître en moi l'espoir de trouver quelqu'un qui me comprend. Il me donnait si souvent cette impression. Comprendre, accepter, soutenir… des mots que je n'aurais jamais utilisés pour parler du regard des hommes que j'avais fréquentés auparavant.

Je la vis soupirer et chercher ses mots :

— Il a choisi de s'occuper de toi, c'est sûr que ta réaction a dû l'interpeller. Mais il n'agit jamais dans la précipitation, c'est le plus sage de nous trois.

— Ça ne me rassure pas vraiment.

— Il sait que François t'intimide beaucoup. Il ne te confiera à lui que s'il est sûr que vous ne pouvez plus travailler ensemble. J'en suis certaine. Il te laisse le temps de réfléchir, c'est du Nathan tout craché ! Et diantre, il a une patience à toute épreuve, il a tout raflé à la distribution ! La balle est dans ton camp, à toi de le convaincre.

—Et je fais ça comment ?

— Va le voir. S'il ne nous a rien dit, c'est certainement qu'il te laisse une chance. Il sait très bien ce que Clément lui aurait conseillé de faire. Lui ne s'embarrasse pas de doutes ou de précautions. C'est noir ou c'est blanc ! ajouta-t-elle avec un petit rire moqueur.

— Et toi ?

— Moi ? C'est tout dans la nuance : je comprends tout à fait que tu préfères Nathan à François. Je crois que j'aurais pris ta défense. Même si je sais qu'il devait respecter le plan initial. Tu avais le droit de craquer nerveusement, Sarah, c'est éprouvant au début. La confiance en soi met du temps à s'installer. Nathan le sait. Ça a été difficile pour lui. Alors, va le voir.

Aller le voir... J'en mourais d'envie et j'en avais une trouille bleue, quand je ne culpabilisais pas de l'avoir si mal traité.

— Il va m'en vouloir encore plus quand il découvrira que je ne l'ai pas appelé. Et que...

— Tu m'as appelée ? me souffla Sophie, qui devinait décidément beaucoup de choses. Mais Sarah, ta réaction n'est que la conséquence de la précédente, il est capable de le comprendre.

— Il serait bien compréhensif.

Son regard se fit mystérieux, lointain. Je n'oubliais pas qu'elle abritait une âme, et pourtant elle semblait si calme, si posée. Peut-être plus que d'habitude à la réflexion.

— Si tu avais deviné que tu abritais une âme, il aurait eu de quoi se fâcher. Et moi aussi d'ailleurs. Te débrouiller seule est la pire bêtise que tu puisses faire jusqu'à nouvel ordre. Mais tu as fait une erreur d'interprétation. Bon, une grosse c'est vrai, consentit-elle à ajouter en découvrant ma moue navrée. Et ta colère à son égard t'a fait faire de mauvais choix. Je pense même qu'elle t'a aveuglée. On a tous eu des réactions de déni, de doutes, de fuite, Sarah. Tous ! Nathan te pardonnera, j'en suis certaine.

Elle le connaissait mieux que moi, j'avais terriblement envie de lui faire confiance. Ce que je venais d'expérimenter, par mon ignorance, me prouvait bien que j'étais désormais dépendante d'eux. Et liée à eux : Sophie avait répondu présente aussitôt. C'était réconfortant et le sentiment intense de solitude que j'avais éprouvé les jours derniers s'était presque dissipé. En quelques minutes. Par ses paroles, ses sourires rassurants et son geste. Un geste généreux, spontané et tellement apaisant.

Et puis j'avais acquis une certitude : j'avais besoin de Nathan, et je savais pertinemment que ce n'était pas juste pour me former. Plus du tout, non... son absence et le manque de lui avaient fini de m'en convaincre, et de me convaincre de cesser d'avoir peur de me tromper. C'était Nathan que je souhaitais. Que je désirais. Que je voulais voir faire battre mon cœur plus fort encore. Que je désirais prendre dans mes bras pour ne plus le laisser partir comme il l'avait fait. En arrachant un morceau de mon cœur.

***

Je pris le chemin de son appartement, après deux jours de profondes réflexions, essayant de ne pas trop me poser de questions et de ne pas anticiper tous les scénarios possibles. Il habitait la partie la plus calme du Quartier Latin, non loin du Val de Grâce, et hormis une surabondance de librairies, rien ne laissait à penser que c'était un quartier d'étudiants. Je restai devant son immeuble, dix bonnes minutes, à essayer de retrouver les mots que j'avais prévu de lui dire. La porte s'ouvrit brutalement, me faisant sursauter :

— Vous cherchez quelqu'un, mademoiselle ? me demanda une dame plutôt âgée, à l'œil sévère.

— Je suis venue voir monsieur Rouannet.

— Ah, Nathan ? Je ne suis pas sûre qu'il soit rentré. Ils font des horaires de fous ces jeunes médecins, vous savez...

— Est-ce que je peux l'attendre dans l'escalier ? réclamai-je de peur qu'elle me referme la porte au nez, une fois qu'elle aurait fini de me raconter tout ce qu'elle savait.

— Si vous y tenez... Il habite au troisième.

Je m'engouffrai dans la cage d'escalier avant qu'elle ne change d'avis. C'était un vieil immeuble résonnant des bruits de ses occupants et chargé d'odeurs insolites. Je m'assis sur la dernière marche, après avoir vainement frappé chez lui. Et j'attendis. J'avais passé une partie de ma nuit sur ma traduction, pour tomber d'épuisement au petit matin, mais l'appréhension de sa réaction balayait ma fatigue. Deux fois, la porte du bas me fit sursauter et espérer autant que craindre l'apparition de Nathan. À la troisième, je ne sus pas comment, mais je devinai que c'était lui. Quand je le vis amorcer le tournant du vieil escalier, eh bien, mon cœur a fait un bond douloureux dans ma poitrine. Un sacré bond même. Sa veste sur le bras, les manches de sa chemise retroussées, son sac dans les mains et un visage fatigué que j'étais drôlement contente de revoir... C'était bien lui.

— Sarah ? Mais qu'est-ce que tu fais là ? Tu m'attends depuis longtemps ? fit-il navré.

— Je ne sais pas. Peu importe..., bredouillai-je en me levant, avec une furieuse envie de me blottir contre lui.

Il s'approcha pour m'embrasser, m'étreignant peut-être plus longuement que d'habitude :

— Eh bien, je suis content de te voir, dit-il, avant de fouiller la poche de son pantalon pour en extraire ses clés.

J'avais bien préparé quelques phrases pour ce moment-là, son regard me troubla et je laissai tout s'envoler. Il eut ce petit sourire léger au coin des lèvres et je sus qu'il avait lu en moi, encore une fois. Bon, là, cela m'arrangeait un peu, je ne savais plus par où commencer. Si je pouvais gagner quelques minutes... Restait à savoir ce qu'il avait lu en moi précisément. Je coulais un regard vers mon panier. J'avais occupé le début de l'après-midi à cuisiner de quoi improviser un pique-nique. Ce n'était pas le calumet de la paix que j'apportais chez lui, mais un petit panier bien garni. Ma grand-mère disait toujours que c'était une manière efficace pour attendrir les hommes... Soit ! Elle était pleine de bon sens ma grand-mère.

— Je... J'ai préparé de quoi dîner. J'ai même pensé qu'on pourrait aller au Jardin du Luxembourg, tu habites vraiment tout près ! Mais tu es peut-être fatigué...

— Non, c'est une bonne idée, rétorqua-t-il, en ouvrant

sa porte. Mais tu me laisses prendre une douche ? J'ai passé la journée aux soins intensifs, j'empeste un peu, je crois. Rentre.

Les préjugés avaient la vie dure : Nathan ne prenait peut-être pas assez soin de lui, aux dires de Sophie, mais il s'occupait de son appartement. Chez lui, tout était rangé et propre : la cuisine par laquelle on passait, et la grande pièce lumineuse qui lui servait visiblement de salon et de pièce de travail. Tout était à sa place, rien ne traînait. Seul son bureau, qui prenait un mur entier et était accolé à une bibliothèque impressionnante, débordait de vie et de papiers. Hum, à bien y réfléchir, c'est là qu'il devait passer le plus de temps. Sophie avait peut-être bien raison... Il y posa ses affaires, et son courrier, et se tourna vers moi :

— Je n'en ai pas pour longtemps, mets-toi à l'aise. Je crois qu'il y a à boire dans le frigo, si le cœur t'en dit, dit-il avant de s'éloigner disparaissant dans ce qui devait être sa chambre.

Oh, non, je n'irais pas vérifier les dires de Sophie sur ses placards vides ! Je commençai par pousser un soupir libérateur. Il avait eu l'air content de me voir, peut-être même soulagé. Il n'avait pas hésité une minute en me découvrant assise, là. Je n'avais pas lu de rancœur dans ses yeux ni de déception. Au contraire, il m'avait paru... heureux de me voir ? Soulagé ? Je n'étais pas certaine de savoir tout décoder de ses attitudes. Après la salve de reproches que je lui avais faite, je le trouvais bien accueillant. Et je n'étais pas du tout convaincue que sa patience légendaire explique tout, mais peut-être prenais-je mes désirs pour la réalité ? En tous les cas, je m'y accrochais pour trouver le courage d'aller jusqu'au bout de ma démarche et effacer, si c'était possible, les dégâts que j'avais causés à notre relation.

Je jetai un œil sur ses livres, curiosité féminine oblige. Une manière comme une autre de détourner ma fébrilité. Sans surprise : de nombreux livres de médecine, et dans un coin, quelques... euh non beaucoup de romans historiques,

couvrant une vaste période. On avait pourtant parlé lecture, il m'avait pourtant semblé comprendre qu'il affectionnait les polars. Sa porte se rouvrit, et un Nathan, les cheveux humides et habillé décontracté, surgit, le regard impénétrable. Je cachai le trouble qui monta en moi et demandai en désignant la collection de romans :
— Tu les as tous lus ?
— Non, il me faudrait une deuxième vie pour ça. Je les ai chinés à droite et à gauche. Il m'arrive d'en ouvrir un, quand j'ai besoin de me replonger dans une époque particulière.
— Besoin ?
— Besoin de comprendre un contexte, par exemple. Je suis curieux.
— Mais il y a plus rapide comme méthode.
— Tu parles des fameux cours d'histoire que je n'ai jamais réussi à suivre de toute ma scolarité ?
Il eut la moue absolument craquante des enfants pris en flagrant délit. Il ajouta avec un sourire :
— J'ai ma dose de cours théoriques. Les romanciers font la plupart du temps un bel effort documentaire pour camper leur histoire. Et ça me suffit.
Avoir retrouvé le fil de nos conversations d'avant, comme si de rien n'était, me redonna envie de croire en nous. Apparemment, aucune gêne ou barrière ne s'étaient installées entre lui et moi. C'était comme s'il ne s'était rien passé. Je retrouvai le Nathan que je connaissais, avec ce petit regard en plus que je n'osais pas trop interpréter. La distance que j'avais instaurée bien malgré moi lui avait-elle donné envie de se dévoiler un peu plus ? Je le saurais sans doute vite.
Nous prîmes le chemin du Jardin du Luxembourg, assailli par les touristes et les Parisiens en cette belle journée de mai, parlant de tout et de rien. Une fois que nous eûmes trouvé une petite place au calme, je retardai le moment de vider le contenu de mon panier et laissai

échapper un soupir. J'avais assez attendu pour aborder le sujet, et j'avais besoin de soulager ma conscience et de me faire pardonner :

— Je suis désolée, Nathan, pour tout ce que j'ai pu te dire.

— Je sais, sourit-il, dodelinant légèrement de la tête.

— J'ai quand même besoin de te le dire.

— Ben, voilà, c'est fait.

— Pas vraiment...

— Tu veux te faire du mal ?

Il posa sur moi ses prunelles pleines de sévérité et de cette bienveillance qui le caractérisait. Il me fit hésiter, mais je voulais être certaine qu'il n'y aurait plus de malentendus entre nous. J'en avais besoin. Pour que je ne doute plus. Je lâchai :

— Je crois que j'avais besoin de comprendre à quel point j'ai besoin de vous et de cette formation. Il faut croire que l'entendre me le dire n'a pas suffi. Tu y as pourtant consacré beaucoup de ton temps et de ta patience.

— Sarah...

— Laisse-moi finir, s'il te plaît, c'est important pour moi.

Il acquiesça et glissa ses bras autour de ses jambes, visiblement beaucoup plus détendu que moi. Et moi j'hésitai soudain, de peur qu'il soit déçu. Les paroles apaisantes de Sophie me revinrent en mémoire et je me lançai. Je déballai tout, sans le quitter des yeux, lisant sur ses traits tour à tour inquiétude, consternation, compassion. Il écouta, sans faire le moindre commentaire.

— Je suis tellement désolée, c'est toi que j'aurais dû appeler, à qui j'aurais dû me confier. J'étais en colère et ce n'était pas juste de ma part. Tu as toujours été à la hauteur, tu as été d'une patience infinie et jamais tu ne m'as caché ce qui m'attendait. J'aurais dû deviner que François voudrait vérifier que j'étais prête.

— Il n'avait pas d'autre façon de le faire, murmura-t-il

alors la voix teintée de regrets. C'est la chose la plus importante que tu doives savoir faire pour te protéger si c'est nécessaire. C'est son rôle, Sarah, de vérifier que tout ira bien pour toi... Pas le mien.
— Je l'ai compris un peu tard, hein ?
— L'essentiel est que tu l'aies compris, non ?
— Mais ce n'est pas juste du tout pour toi.
— Ce n'était pas délibéré de ta part. Alors peu importe ! assura-t-il, avec désinvolture.
— Est-ce que François sait que j'ai mal réagi ? hasardai-je encore en sondant son regard avec inquiétude
— Je ne lui avais rien dit, sois tranquille. J'avais songé que tu avais besoin de souffler. Je m'étais trompé ?
Je secouai juste la tête, sans cacher mon soulagement. Pas de rancune ou de réserve de sa part, c'était certain désormais. Une bouffée de reconnaissance me fit laisser échapper un soupir.
— Et maintenant, tu vas lui en parler ?
— Pas dans l'immédiat, même si ça me vaut un blâme plus tard, ricana-t-il. Tu as besoin d'oublier. Il faudra pourtant qu'on éclaircisse à un moment ou un autre ce qu'il t'est arrivé. Même si je pense que la théorie de Sophie me semble plausible.
Je hochai la tête puis murmurai, d'une petite voix timide, pleine d'espoir :
— Alors ? Tu veux bien poursuivre mon apprentissage ?
— C'est ce que tu veux ?
Ses prunelles inquisitrices parlaient bien davantage. Il ne faisait pas confiance aux mots et c'est sans doute ce qui avait plaidé pour moi, les jours précédents. Il savait chercher, seul, les réponses, même s'il posait toujours les questions. Soudain intimidée, je répliquai avec malice :
— Tu le sais !
Il s'esclaffa et serra ma main dans la sienne. Un geste qui me surprit, mais qui ressemblait bien à un geste de paix. Il y eut clairement une pointe d'espièglerie dans sa voix :

— Dis-le quand même !
— J'aimerais bien, oui.
— Donc, on peut manger maintenant ? Tu m'as mis l'eau à la bouche et j'ai le ventre vide depuis ce matin.
— Mais comment c'est possible, ça ? m'insurgeai-je, en me jetant sur le panier.

On grignota en bavardant de tout et de rien. Façon de parler bien sûr, mais cette petite conversation légère qui suivit me fit un bien fou. Savoir que rien n'avait changé m'ôta un poids. Je n'avais rien gâché, ni notre amitié ni ce petit quelque chose que je sentais grandir entre nous. Il n'avait plus l'air pressé de rentrer, et s'il était fatigué, il l'était forcément, il le dissimulait bien. Le voir détendu, bien loin du rôle qu'il jouait habituellement avec moi, me fit espérer davantage qu'il tenait un peu à moi, lui aussi. Voire plus… mais je ne me suis pas risquée à tâter le terrain. Pas encore, j'avais bien trop peur de le faire fuir. Après tout, j'avais mal réagi la dernière fois que nous nous étions vus, il avait de quoi rester prudent avec moi, non ?

Avant de tout ranger, à regret, j'abordai tout de même la question qui me hantait un peu, depuis que j'avais fait la connaissance de Socrate, et encore plus depuis la veille :

— Nathan, je peux te demander quelque chose ? Tu as un truc particulier avec les chats ?
— Pas que je sache, pourquoi ?
— Eh bien, Milady squatte l'oreiller sur lequel tu as dormi, depuis ton départ, et… ta voisine du rez-de-chaussée m'a dit hier que son chat t'avait adopté. Alors…
— Les chats nous aiment bien, je crois. On les attire en tous les cas. Ça doit à avoir un rapport avec cette empathie que tu me reproches de trop avoir.
— Et… est-ce que… tu utilises le chat de ta voisine comme l'a fait François avec le sien ? bredouillai-je alors, ennuyée.
— Est-ce que la question est : vas-tu devoir utiliser Milady ? clarifia-t-il en arquant un sourcil.

— Tu n'as pas répondu...
— Rarement, quand je n'ai pas d'autre choix. Mais jamais très longtemps. Et pour répondre à ta vraie question, tu n'y es pas obligée. Tu sais, Clément et Sophie n'ont pas de chat. Ils s'en sortent très bien sans.
— C'est vraiment le chat qui t'a choisi ?
— Apparemment oui. Il fait un cirque d'enfer à sa maîtresse quand il me sent passer devant sa porte, s'il ne dort pas. Et il se sauve souvent de chez elle, pour miauler devant la mienne.

J'imaginais bien la scène. Quand il était venu jouer aux échecs, Milady s'était frottée à lui, maintes et maintes fois. Je poursuivis pour évacuer ce qui me tourmentait encore :
— Et je ne risque pas de l'utiliser à son insu ?
— Seulement si tu ramenais chez toi un *locataire*, et que tu le chasses volontairement de ton esprit. Mais promis, ça ne ferait pas de mal à ta minette.
— Socrate a feulé l'autre jour quand c'est arrivé !
— Socrate a mauvais caractère ! Ce n'est pas moi qui le dis, mais François. Je crois qu'il espérait en être débarrassé une bonne fois pour toutes. Je n'ai jamais fait feuler un chat et Milady ne craint rien avec moi, ajouta-t-il avec un sourire qui en disait long sur ce qu'il avait encore deviné.

Chapitre XIII

« Là où il existe une volonté, il existe un chemin. »
Churchill

C'était l'anniversaire de Clément. Le printemps avait brutalement rebroussé chemin, au nom des Saints de glace – un truc que je n'avais jamais bien compris, mais qui semblait chaque année se vérifier. Non seulement le froid s'était installé, mais en plus la pluie s'en était mêlée. Nathan était venu me chercher en voiture, j'avais apprécié l'attention délicate, et, lorsqu'elle nous vit arriver, ensemble, dans le restaurant qu'il avait réservé, Sophie eut un petit sourire satisfait.

Clément avait choisi un restaurant de qualité, et c'était apparemment une tradition. Heureusement que Nathan m'avait prévenue, sinon j'aurais pu y venir en jean et tee-shirt, ce qui n'aurait vraiment pas collé avec le cadre : nappes blanches, beaux verres en cristal, rideaux de velours et bougies. Je lançai, narquoise, en prenant place :

— Pas de traquenard, cette fois ?

— Traquenard ? Parce que ça t'arrive souvent ? s'étonna Clément, en plissant le front.

— La dernière fois que Nathan m'a emmenée dans un bel endroit où j'aurais pu me détendre, eh bien, ça a été sportif et assez cérébral pour moi !

— Ah, Nathan, tu ne sais pas y faire, le railla-t-il ouvertement. Il faudra que je t'explique deux ou trois trucs.

Ce dernier me jeta un regard craquant que je trouvais tout de même ambigu et répondit sans se démonter :

— Et si tu nous présentais Anaïs plutôt ? Je croyais que tu l'amènerais ce soir.

Ah, ces deux-là se parlaient bien plus que je ne pensais. En tous les cas, bien plus qu'avec Sophie qui écarquilla les yeux :

— Ah oui ? Tu as décidé de mettre fin à ton légendaire célibat ?

— Je n'ai rien décidé du tout. Je suis en période d'essai, rétorqua Clément, en haussant un sourcil.

J'aurais donné cher pour le voir dans ses petits souliers, lui qui semblait habituellement si à l'aise. Nathan ne perdit pas l'occasion de le taquiner davantage :

— Tu veux deux ou trois trucs ?

— Je m'en sors très bien tout seul ! Ne t'inquiète pas pour moi !

— Anaïs ? insista Sophie, piquée par la curiosité.

Il soupira et lança un regard noir à son ami qui feignit l'innocence.

— Je l'ai rencontrée à la salle de sport, elle bosse dans une banque, ça te va ?

— Hum, c'est succinct. Elle sait que c'est ton anniversaire, quand même ?

— Oh, je n'y crois pas ! Tu ne vas pas lâcher le morceau ? Tu fais dans le Sherlock ?

Sophie se mit à rire et l'apaisa en posant sa main sur son bras :

— Je suis contente pour toi !

Voir Clément mal à l'aise, vaguement intimidé par ses paroles, nous amusa Nathan et moi. J'étais certaine que Sophie avait toujours su ce qu'il ressentait pour elle. Comment cela pourrait-il être autrement ? Cacher ses émotions à ces trois-là, c'était mission impossible. À moins qu'ils aient un truc que je ne connaissais pas encore ? Et du coup, je me demandais s'ils avaient perçu quelque chose nous concernant Nathan et moi. Cela ne me mettait pas particulièrement à l'aise, mais la façon que Clément avait eu de taquiner son ami m'avait tout de même interpellée.

Le reste de la soirée fut léger, drôle et serein. L'alchimie entre nous était parfaite, même si nous étions tous les quatre très différents. Je ne sais pas comment François réussissait ce petit prodige, néanmoins tout fonctionnait bien ! Et pour la première fois enfin, je ne me sentais pas différente d'eux, mais leur égale. Pourtant j'avais encore beaucoup à apprendre, toutefois personne ne me le fit sentir. J'étais avec eux bien plus détendue qu'avec Mélanie, à qui j'avais l'impression permanente de mentir.

À la fin du repas, Clément prit brusquement un air grave et dit sur le ton de la confidence :

— J'ai besoin de l'un de vous, j'ai intercepté quelque chose, cet après-midi, chez le buraliste du quartier où je bosse. Seulement, j'avais un rendez-vous, je n'ai rien pu faire et il ferme tôt le soir. Demain, j'ai une journée d'enfer sur un chantier et je passe prendre Anaïs. On part sur la côte normande, pour *fêter mon anniversaire.*

Il appuya sur ces derniers mots narguant du regard Sophie qui lui répondit d'un sourire complice mais tendre. Elle secoua la tête, navrée :

— Pas facile pour moi, je n'ai que la pause de midi demain, j'ai rendez-vous chez un client, alors si tu dis qu'il ferme tôt... ça va être difficile. Et après, c'est le week-end, ajouta-t-elle en grimaçant.

J'étais presque sûre qu'il s'agissait d'un pieux mensonge : elle devait plutôt récupérer de notre petit échange, mais elle gardait notre petit secret. Une belle preuve d'amitié !

— Je m'en occupe alors, intervint Nathan. Je ne bosse pas ce week-end et ce sera peut-être l'occasion pour Sarah d'en voir et en apprendre un peu plus. Tu me donnes les coordonnées ?

Clément sortit un petit papier de la poche de sa chemise et m'observa du coin de l'œil. Il avait bien décelé ce que je venais de ressentir. Un mélange d'appréhension et de curiosité. Un soupçon de crainte également. *Damnit*[8], lui aussi percevait tout au quart de tour ! Nathan se fit préciser l'adresse et la description du porteur, le tout avec

---

8 Mince

un détachement surprenant. C'était presque une routine pour lui. En tous les cas, quelque chose d'une normalité déroutante.

Plus tard, il me demanda, lorsque nous nous installâmes dans sa voiture pour rentrer.

— Tu es libre ce week-end ?

Ce genre de requête fit immanquablement accélérer mon rythme cardiaque, même si je me doutais de ce qu'il avait en tête. J'aurais préféré une partie d'échecs qui aurait fini plus tendrement que la dernière fois. Je balbutiai, chassant mes idées embarrassantes, surtout à ses côtés :

— Tu prévois quoi à mon sujet ?

— Ce n'est pas une réponse, me fit-il remarquer avec un petit sourire amusé.

Je regardai la pluie tambouriner sur le pare-brise, en me mordillant les lèvres, comme si le spectacle des gouttes d'eau était passionnant.

— Je n'ai rien de prévu, finis-je par avouer avec un soupir.

— Moi non plus à ton sujet.

Je lui décochai un regard noir qui le fit s'esclaffer puis ajouter :

— Tu peux m'accompagner et observer ce qui se passe ou essayer d'appréhender le contact d'une autre manière.

— Ce qui veut dire ?

— Apprendre à accueillir, en attendant de savoir faire plus. C'est plus confortable que de faire de la résistance comme tu sais le faire. Et utile, si ta mésaventure récente se reproduisait.

— Et tu ne m'en parles que maintenant ?

— La priorité, c'était de savoir se protéger. Il y a des situations où tu ne peux ou ne dois rien faire d'autre.

— Mais après, tu t'en occuperas ?

— C'est promis. Je te rappelle qu'à la base c'est pour ça que Clément s'est adressé à nous. Pour qu'on règle le problème.

— Hum, j'ai pensé que, peut-être, François était passé par là...
— François me laisse la main, et pour le moment tu n'as plus rien à craindre de son côté.
— Pour le moment ?
— Quand tu en seras à la dernière étape, il sera sans doute plus présent. Il y a des précautions à prendre, mais on n'en est pas là.
— Ça marche pour ce week-end, ai-je soupiré, ce qui lui a arraché un nouveau sourire.

Je n'avais pas une envie folle de sortir, surtout quand je savais que j'allais fatalement franchir une nouvelle étape. Même si j'avais l'impression que les choses étaient naturelles pour mes trois nouveaux amis, l'idée de m'immerger à nouveau dans quelque chose qui me semblait totalement irrationnel m'effrayait. J'avais accepté, je crois, le concept des âmes perdues, mais elles restaient des ennemies pour moi. Elles tambourinaient à ma tête comme des forcenées et je n'avais guère envie de les *accueillir* comme l'avait suggéré Nathan.

***

Quand il se présenta à ma porte, le lendemain, il avait coupé ses cheveux — ce qui mettait drôlement en valeur ses yeux clairs — et il avait l'air plus reposé que les jours précédents. Je me rappelai que c'était la condition *sine qua non* pour agir, et que ni Clément ni Sophie n'étaient là pour lui venir en aide si besoin. Et m'affoler était sans doute la dernière chose qu'il souhaitait faire. Il était 14 heures et il tenait dans ses mains un petit emballage de pâtissier qu'il me tendit aussitôt :
— Des macarons contre un café ?
— C'est ton péché mignon ?
— C'est surtout riche en sucres. Et meilleur que les barres chocolatées.
— Gourmand, va ! Tu as mangé quand même ?

— Oui, une pleine ration de pâtes... C'est tout ce qui restait dans mon placard, ajouta-t-il en grimaçant.
— La légende est donc vraie...
— Quelle légende ?
—Demande à Sophie !
— Ah, c'est vrai, les filles causent entre elles !
— Euh, les mecs aussi, tu étais au courant pour la copine de Clément, pas Sophie.
Ma remarque le fit rire de bon cœur :
— C'est elle qui a décroché le téléphone quand j'ai appelé chez lui, la dernière fois, expliqua-t-il, vaguement amusé.
— Ah, c'est mortel ça ! Il avait l'air dans ses petits souliers, l'autre soir.
— Il ne garde pas longtemps ses copines.
— Un rapport avec Sophie ?
— Peut-être oui, mais je crois aussi que s'engager avec quelqu'un qui ne sait pas tout de lui l'effraie.
— Il y a de quoi, non ? Tout le monde n'a pas la chance de Sophie, ça tombe plutôt bien que son copain soit absent la semaine. Tu crois qu'elle pourrait garder le secret s'ils vivaient ensemble tous les jours ?
— Honnêtement, je ne sais pas ! Et pour répondre à la question que tu vas sans doute te poser sans oser me la dire, je n'ai pas testé non plus.
Son aveu, inattendu et plutôt intime me laissa muette. Son regard aussi, teinté de mystère. Voire troublant. Essayait-il de me faire passer un message ? Évidemment, c'était très tentant de le croire et je n'étais pas ce genre de filles à qui il faudrait mentir tôt ou tard. J'y avais déjà pensé. Je priai pour n'avoir pas rosi à cette pensée. Sentant que le silence, s'il se prolongeait, allait générer une confusion embarrassante, je bredouillai avec une note d'espoir dans la voix :
— Et les autres ? Tu en connais d'autres, non ? Même si tu ne les fréquentes pas assidûment...

— Peu à vrai dire, je n'ai pas le temps pour ça, et pas besoin non plus. Certains ont besoin de se raccrocher à une espèce d'esprit communautaire, ni Sophie ni Clément ni moi ne l'éprouvons. Ce que je sais, c'est que certains préfèrent renoncer à leur don pour vivre leur vie sans souci. Cela a été le cas d'Étienne, il a fait partie de notre petit groupe un moment. D'autres y renoncent quand cela devient trop compliqué à gérer, bien plus tard. Certains parviennent à le partager avec leur conjoint, comme pour François, jusqu'au décès de sa femme. Il n'y a pas vraiment de règle, Sarah. Chacun est unique et fait comme il peut et veut en fonction de sa vie. Mais, parfois, je crains que Clément ne s'accroche à Sophie que parce que ce serait plus facile.

Si c'était le cas, c'était en vain. Sophie avait beaucoup d'estime et d'affection pour lui, je n'en doutais pas, mais j'avais plutôt l'impression qu'il était comme un frère pour elle. Ces liens qu'ils avaient tissés tous les trois me donnaient cette sensation. Peut-être parce qu'ils veillaient les uns sur les autres bien plus que ne le feraient de simples amis.

Nous prîmes le chemin du 7e arrondissement, à pied, malgré la météo grise et froide. Nathan aimait marcher, c'était une évidence. Rester enfermé des journées entières lui pesait. Et je m'aperçus vite qu'il connaissait Paris sur le bout des doigts. C'était agréable, car il avait à son registre une foule d'anecdotes et de curiosités qui rendirent le trajet fort sympathique. Lever les yeux et traquer le petit détail insolite devint notre jeu favori. Si bien qu'à notre arrivée dans le quartier, il avait presque réussi à me faire oublier l'objet de notre sortie.

Il n'hésita pas une seule seconde avant d'entrer dans le bureau de tabac. Je le suivis et le regardai faire. À vrai dire, je ne vis rien du tout : il saisit un paquet de chewing-gum et deux barres chocolatées sur le présentoir, et les paya sans que je remarque quoi que ce soit. Le buraliste ne cilla pas, et de dos, Nathan me sembla égal à lui-même. Lorsqu'il se tourna vers moi, son regard me sonda un moment. Avait-il deviné que je m'étais protégée dès qu'on était rentrés dans la boutique ? Sans doute. Il eut un petit sourire complice. Il ne dit pas un mot tout le temps qu'on quitta le bureau de tabac et qu'il cherchait des yeux un endroit où nous installer. Je respectai son silence. La première fois qu'il avait fait sa démonstration, rue Nélaton, il n'avait pas parlé non plus. J'imaginai que son tour de passe-passe lui demandait de la concentration. Il ne m'avait sciemment rien expliqué et j'attendis que l'on soit installés dans un petit troquet pour prendre la parole, affichant une moue perplexe :

— On est *trois*, là ?

Il hocha la tête, avec un pli amusé au coin des yeux :

— Mais ça va être dur de faire les présentations, j'ai enfermé notre invité dans un placard.

— Un placard ? Décidément, il ne faut pas être claustrophobe avec toi ! ricanai-je nerveusement.

— Un *placard* accueillant où, pour le moment, il se sent bien.

— Il ?

— Ou elle, je ne sais pas. On sait rarement. Sauf si la problématique est particulière. Tu veux essayer ?

Sa requête me prit par surprise. Il le demandait si doucement que mes dernières réticences s'envolèrent.

— Je peux.

Je sentis son soulagement dans son regard, ses épaules s'affaissèrent et il nous commanda d'autorité deux sodas, pour la fameuse dose de sucre nécessaire à l'opération. Il m'expliquait encore la théorie, quand on nous les déposa sur notre table :

— Quand le contact va se faire, il faut que tu te représentes que tu lui tendes la main, Sarah. Une main imaginaire. C'est peut-être le plus difficile à faire au début parce que tu as de mauvais souvenirs. Mais cette main empathique tendue va radicalement apaiser le contact. Le mieux c'est d'ouvrir les bras, mais c'est sans doute trop te demander pour l'instant. Et aujourd'hui, ce n'est pas nécessaire. Il n'y aura plus d'agression, ni visuelle ni sonore. Comme dans la vraie vie, l'effet de surprise va jouer. Tu vas en profiter pour la diriger, toujours virtuellement, dans un endroit qui inspire la sérénité, avec de la lumière et de l'eau. Le mieux c'est d'imaginer ce qui te plairait à toi, parce que si tu y crois, ça sera d'autant plus facile et tu l'entraînes en douceur là-bas.

Je compris enfin pourquoi il restait, chaque fois, si calme et silencieux, il faisait le chemin avec son *contact*. Et cela l'isolait partiellement du monde extérieur.

— Et ça suffit ?

— François t'expliquerait que les porteurs ne leur offrent que des déserts arides où les âmes peinent à survivre. Elles y sont en souffrance, mais n'ont pas d'autre choix que d'y rester. Se sentir chaleureusement accueillies les apaise et leur donne un moment de paix. Elles en ont besoin et en sont reconnaissantes. Ça leur permet de souffler. Tu devrais sentir cet apaisement. Quand c'est le cas, tu te reconnectes avec le monde ambiant.

— Tu appelles ça un *placard* ?

— Tu préfères tiroir ? C'est un endroit de ton esprit, où tu l'as déposée, mais dont tu as la clé.

— Et si je perds la clé ? répondis-je en ouvrant de grands yeux affolés.

Son sourire amusé me rassura et me fit fondre.

— Tu n'as rien à craindre. Elles sont très réactives à notre empathie, il suffit que tu aies de nouveau cette intention pour avoir le contrôle. C'est comme un aimant. Imagine que tu sois restée seule très longtemps et qu'on te prête de l'attention, tu chercherais le contact, non ?

Je hochai la tête, l'écouter rendait les choses faciles à comprendre et imaginer. Lui était complètement détendu depuis qu'on s'était installés là, et pourtant quand je pensais à ce qui se passait quelque part dans sa tête, c'était surréaliste.

— Et pour te la rendre ?
—Tu fais le chemin inverse, tu visualises une porte de sortie et tu la pousses de toutes tes forces. Une intention forte suffit. Ce n'est pas ce qu'on préfère faire, grimaça-t-il un peu, ça semble un peu barbare, mais cette fois, je m'en occuperai. Ce n'est pas comme la confier à un autre porteur.

Il ne dit plus rien et me dévisagea, avant de pousser le verre auquel je n'avais pas encore touché devant moi.

—Tu devrais boire un peu d'abord. Le stress pompe pas mal de sucre et...

—Tu me sens stressée ?

Il l'admit d'un mouvement de tête compatissant. Le temps de quelques gorgées, il me remémora tout ce qu'il m'avait expliqué. Puis, il avança sa main pour prendre la mienne en murmurant :

—Ce sera plus facile comme ça.

Il ne me laissa plus le choix. Je sentis le contact s'établir presque aussitôt. Passée la seconde de panique que la menace de vertige avait causée, je fis exactement ce qu'il m'avait décrit. Rien à voir en effet avec le contact assourdissant que j'avais connu jusqu'à présent. C'est une sensation unique que de percevoir une présence aussi légère dans son esprit. Un peu comme lorsqu'enfant, je jouais à cache-cache avec ma sœur et que je la sentais tout près, sans parvenir à trouver sa cachette. C'était perturbant, mais pas désagréable. Comme si on m'effleurait comme pour s'assurer que j'étais toujours là. La main chaude et sécurisante de Nathan sur la mienne était comme mon guide et un encouragement. Comme s'il faisait le chemin avec moi, alors que j'avais bien conscience que c'était impossible. Mais une chose était certaine, il savait ce que je ressentais.

Je visualisai le petit coin de paradis auquel j'avais pensé lorsqu'il m'avait tout expliqué, et je me projetai doucement là-bas. Un lieu accueillant et paisible qui ferait oublier un moment les pires tracas. Comme j'étais une fille plutôt basique, j'imaginai la mer turquoise et chaude, un ou deux cocotiers et un hamac bercé par une brise légère. Et là, je sentis cet apaisement dont Nathan avait parlé : je rouvris les yeux que je ne me rappelais pas avoir fermés. Il me gratifia d'un sourire taquin :

— Placard ou tiroir ?

— Île déserte !

— OK, va falloir que je propose un palace après ça, alors ?

— Idiot, me mis-je à rire, étonnée de pouvoir bavarder avec lui tout en sachant que je n'étais plus tout à fait seule dans ma tête.

Ses yeux se teintèrent de quelque chose d'indéfinissable, de fierté peut-être, et il murmura, avec une sorte de solennité que je ne lui connaissais pas :

—Tu as fait le plus dur, tu sais.

—J'ai fait ce que tu m'as dit de faire ! Tu m'as très bien expliqué !

—Tu as accepté d'utiliser ton don, me corrigea-t-il doucement, le regard brillant d'intensité.

C'est vrai, je ne l'avais pas vu ainsi, et c'était presque une révélation. Il dut sentir l'émotion me gagner, car il poussa mon verre de sa main libre :

— Finis ton verre. Et rends-moi ton visiteur.

Chapitre XIV

« N'oublions pas que les petites émotions sont les grands capitaines
de nos vies et qu'à celles-ci nous obéissons sans le savoir. »
Van Gogh

— Maintenant, tu t'assois et tu ne fais plus rien ! ordonnai-je à Nathan quand il franchit ma porte.
— Si je comprends bien, à moi de suivre tes directives ?
— C'est cela oui ! Chacun son tour !
— C'est de bonne guerre, capitula-t-il clairement amusé. J'obéis avec grand plaisir !

Je lui avais fait promettre de revenir après avoir *fini son travail*, arguant du fait que ses placards ne se seraient sûrement pas remplis durant son absence. Il ne s'était pas fait prier. Et là, il ne pouvait pas dissimuler sa fatigue. Elle se lisait sur son visage, sur ses épaules affaissées et dans sa façon de se mouvoir beaucoup moins fluide qu'à l'ordinaire.

Il faut dire qu'en sortant du petit café, il avait pris le temps de me raccompagner jusque chez moi, détendu comme il l'avait été à l'aller, à la seule différence qu'on avait emprunté les transports en commun. Même si je l'avais expérimenté quelques minutes, j'avais du mal à imaginer qu'on pouvait rester aussi décontracté et sociable alors que, quelque part dans votre esprit, une âme s'était installée et sirotait votre énergie. La chasser du mien n'avait effectivement pas été difficile. Pourtant je n'avais pas aimé l'idée de lui infliger un tel traitement. C'était comme agiter une sucette devant un enfant et la donner à un autre. J'avais hésité avant de visualiser cette porte virtuelle.

Milady s'installa sur ses genoux dès qu'il s'assit. Troublant ! Ce n'était carrément pas dans ses habitudes. Il finit par me traiter de jalouse. Je connaissais bien ma minette. Quand elle se comportait ainsi, c'est qu'elle venait apporter sa dose de réconfort. Et comme il ne me racontait rien de ce qui s'était passé pendant son absence, je compris qu'il préférait le garder pour lui. Je m'empressai de rapporter le repas sur la petite table, en bavardant à distance avec lui. Plusieurs fois quand il sourit, j'eus l'impression que quelque chose l'affadissait. Le genre de sourire qui n'allait pas jusqu'aux yeux.

Son téléphone sonna alors qu'on venait de s'installer à table. Il regarda le nom qui s'affichait, fronça les sourcils, mais il ne donna pas suite.

— Tu sais, tu peux répondre, je remettrai au chaud, suggérai-je.

— Ça peut attendre. J'ai eu ma mère toute la semaine au téléphone, elle me presse pour que je vienne la voir. Je n'ai pas encore pu négocier mon planning, ça ne fait pas très bon effet quand on arrive dans un service, elle a du mal à comprendre. Elle habite Paimpol, ce n'est pas la porte à côté, et je n'ai pas plus de 48 heures de libres, pour le moment.

— Tu ne l'as pas vue depuis quand ?

Il soupira avant de répondre :

— J'y suis allé passer les fêtes de Noël, et elle est venue à Pâques, mais je n'étais pas très dispo, je bossais la journée. Mon père et elle se sont séparés, il y a deux ans, elle a gardé la maison, mais aurait besoin qu'on l'aide un peu, ajouta-t-il ensuite, me sentant perplexe.

— Je connais ça. Heureusement, mon oncle passe de temps en temps chez la mienne. Et ton père ?

— Parti dans le sud de la France, je le vois encore moins, avoua-t-il, un peu piteux. Ils ont un peu de mal à comprendre tous les deux la vie que je mène.

— Mais tu n'as pas vraiment d'autre alternative…

— J'aurais pu faire mon internat à Rennes. Je sais que ma mère a besoin de moi.

Il y avait un *mais* en suspens, entre nous. Et il n'était pas difficile de deviner ce qui avait motivé son choix. Il avait toujours clamé notre liberté de choisir notre vie, néanmoins chaque décision impliquait tout de même des sacrifices. Et lui avait clairement préféré sacrifier les liens noués avec sa famille. Et que pouvais-je répondre à ça, sinon que son choix ne me surprenait guère et que je le comprenais de plus en plus ?

— Et ta sœur ?

— Repartie vivre là-bas, rétorqua-t-il, avec une tension certaine dans la voix. Elle bosse dans un tribunal comme greffière.

De toute évidence, il n'avait pas envie d'en parler et je trouvais que la fin de la journée avait déjà été bien assez éprouvante pour lui, alors je n'insistai pas. Je le sentis soulagé. Comme si je lui avais ôté un poids de la poitrine.

Par la suite, on bavarda de presque tout, avec une intimité surprenante et inattendue qui me donnait l'espoir que, bientôt, il romprait cette barrière que je sentais encore entre nous. La barrière de ma formation, sans doute la clé de sa réussite, mais une barrière frustrante qui me faisait néanmoins poser tout un tas de questions sur ce qu'il pouvait bien ressentir lui. Je traquais sans arrêt les petits signes qui me prouveraient que je lui plaisais et je me gourmandais ensuite. Je ne lui en donnais aucun moi, ou si peu. Alors sans doute attendait-il ? Sinon pourquoi serait-il si attentionné, si charmeur parfois, si présent quand le temps lui manquait en permanence ? Et puis il m'arrivait de me dire qu'il n'avait peut-être pas plus de place pour moi dans sa vie, et qu'il préférait en rester là… Pour le moment. Me testait-il pour savoir si je serais capable de supporter toutes les contraintes que lui imposait son emploi du temps ?

Je le laissai pourtant partir, consciente de son état de fatigue. C'est quand il se fut éloigné que je compris

alors ces sensations bizarres qui m'avaient habitée toute la soirée. Tout simplement parce qu'elles disparurent en même temps qu'il avait disparu dans la rue. Ce n'étaient pas les miennes, mais les siennes et je les avais partagées sans le réaliser : malaise diffus, tristesse, culpabilité...
***

Il se produisit la même chose trois jours plus tard, quand Mélanie et moi nous nous retrouvâmes, le soir, après son travail :

— Tu n'as pas l'air dans ton assiette, lui fis-je remarquer, la sentant drôlement tourmentée dès le moment où je l'embrassai.

— Je me suis pris une sacrée remontrance de mon chef. Bon je la méritais, j'ai fait une boulette, mais quand même !

— Il n'est pas rancunier, tu m'as dit.

— Mais moi, oui ! avoua-t-elle avec une grimace.

— Pauvre chef, gloussai-je, s'il savait...

Elle partit dans son délire habituel de petites vengeances personnelles qu'elle ne mettait jamais à exécution et je sentis son malaise s'amoindrir petit à petit.

Ces sensations insolites me déboussolèrent tout de même toute la soirée. Bien évidemment, Mel s'en aperçut et me demanda, étonnée :

— Le film ne t'a pas plu ?

— Bien sûr que si ! Le jeu des acteurs était excellent. Pourtant le sujet n'était pas facile !

— Eh bien, toi, tu ferais une bien mauvaise actrice ! déclara-t-elle en pinçant les lèvres.

— Pardon ?

— Tu n'as pas ri la moitié du temps, ça ne te ressemble pas. Tu avais l'air complètement ailleurs.

Je soupirai et je me rappelai des conseils de Sophie et Nathan pour répondre :

— Pas complètement. Tu veux que je te raconte le scénario ?

— Non, c'est bon ! Tu ne veux toujours rien me dire de ce qui se passe entre Nathan et toi ?
— Mais pourquoi veux-tu qu'il se passe absolument quelque chose entre nous ? m'agaçai-je.
Elle me lança un sourire narquois, pourtant elle n'insista pas cette fois. Elle ne me croyait toujours pas, qu'importe ! Elle semblait avoir admis le mystère et cela m'allait très bien. Parce que je n'avais pas de réponse bien claire à lui donner. Et devenue soudain comme superstitieuse, je n'osais pas dire tout haut ce que j'espérais.

***

— Oh non ! lâchai-je dans un gémissement, agrippant machinalement l'anse de mon panier comme s'il pouvait me protéger de ce qu'il m'arrivait.
Je me trouvais entre le maraîcher et le poissonnier du marché de la rue Mouffetard. Fière de moi, j'en avais pris le chemin quelques jours plus tard. J'adorais depuis toujours cet endroit. Et cela faisait plusieurs mois que je n'y avais pas mis les pieds. En semaine, il n'y avait pas ces petits bals musette improvisés, mais un étalage de couleurs, d'odeurs, de gouaille et de bonne humeur qui me rendait souvent joyeuse ! Et je revenais toujours pleine de bonnes intentions avec mes fruits et mes légumes.
Le soleil revenu m'avait poussée dehors de bonne heure et j'avais retrouvé avec délice le décor de la place pavée de la Contrescarpe qui me faisait penser à celle d'un petit village avec sa fontaine et ses petits bistrots. Tout ça au cœur de Paris, un vrai luxe ! Et puis avoir baladé ma sœur et son mari dans Paris, ces deux derniers jours, avait achevé de me redonner confiance en moi. (En matière de bains de foule, j'avais été servie. J'avais même poussé le vice jusqu'à les raccompagner sur le quai de la gare de Lyon, bondé comme tous les dimanches soir.)
Le vertige qui m'assaillit alors m'obligea à choisir très vite. Et le faire dans ces conditions était difficile. La tentation

de résister me traversa d'abord l'esprit. Furtivement. Et puis sans vraiment me l'expliquer, je tendis cette main virtuelle que Nathan m'avait demandé d'imaginer. C'était facile à faire, sauf que pendant ce temps je m'étais figée et j'avais presque oublié où je me trouvais. Et quand je repris le contrôle de mes pensées et de mes actes, on me dévisageait bizarrement. Je tapotai mon oreille avec une grimace et bredouillai :

— J'ai des acouphènes parfois, ça fait un drôle d'effet !

Un sourire compatissant plus tard, je remontai la rue, oubliant de finir mes emplettes. Avais-je fait une bêtise ? Le faire sous la surveillance de Nathan, c'était une chose, mais seule ? Et pour tout avouer, j'avais peur de prendre mon téléphone en pleine rue et de perdre la concentration peut être nécessaire pour garder mon hôte bien enfermé, dans un coin de mon esprit. Seulement arrivée au pied de mon immeuble après avoir déambulé comme un fantôme, je pensai à Milady qui m'attendait là-haut. Et je me mis à paniquer. Il était hors de question de me servir d'elle. Je m'assis en bas des marches et, les mains tremblantes, je pris mon téléphone. Sophie était absente, partie une semaine en vacances avec son compagnon, et je tombai sur la messagerie de Clément, sans doute en rendez-vous.

Je me résolus à appeler Nathan, tout en sachant qu'il ne pourrait pas se libérer avant la fin de l'après-midi. Le téléphone sonna dans le vide, sûrement posé sur ce qui lui servait de bureau. Cette fois, je laissai un message lui demandant de me contacter. Et je restai assise en bas des marches, attendant son appel. J'avais de l'espoir, on approchait de midi et de sa pause repas. Heureusement que personne n'avait eu l'idée de rentrer en même temps que moi ! La sonnerie me fit tressaillir un moment plus tard tant j'avais essayé de rester concentrée.

— Que se passe-t-il ? demanda-t-il d'une voix inquiète.

— Je suis allée au marché et j'ai... je ne suis pas rentrée seule.

J'avais chuchoté pour éviter aux voisins de se poser des questions. Le silence au bout de la ligne ne me rassura pas vraiment, mais peut-être n'était-il pas seul ? Ou bien il réfléchissait ? Il finit par demander :
— Où es-tu ?
— Dans l'escalier de mon immeuble. J'ai peur pour Milady.
— Elle ne craint rien, mais tu peux l'enfermer dans ta chambre si tu préfères. Je vais essayer de partir plus tôt, le service est calme, mais je ne peux rien te promettre ! Ça ne dépend pas de moi. Ça va aller ? Tu arrives à bien verrouiller ?
— Je pense, oui, maintenant que je suis chez moi.
— Alimente-toi bien, dit sa voix sérieuse de médecin.
— Promis ! Je suis désolée, Nathan !
— Désolée de quoi ?
— De te déranger à l'hôpital... de...
— C'est moi qui suis désolé de ne pas pouvoir venir plus vite. Si tu préfères, j'essaie de joindre Clément ou François... Ils seront là avant moi, c'est...
— Non, ça va aller. C'est pour Milady que je m'inquiétais.
— Si tu ne t'endors pas à ses côtés, elle ne risque rien !
— OK, je vais faire une opération ménage de printemps, ça va me tenir éveillée.

Ma petite blague le fit rire et le fait qu'il ait l'air de prendre les choses plutôt bien. Réconfortée, j'entrai chez moi et attirai ma minette avec son bol de croquettes jusque dans ma chambre. Elle n'apprécia pas du tout que je l'y enferme et miaula un long moment derrière la porte, ce qui me fendit le cœur. Mais, quoi qu'ait promis Nathan, je ne voulais prendre aucun risque. Je n'avais pas assez confiance en moi pour cela.

***

Nathan venait d'entrer. Il m'écoutait lui raconter mon escapade et mon retour ici, quand Mélanie arriva à son tour. Rien d'étonnant en soi, elle passait souvent papoter à la sortie de son travail, quand Antoine ne rentrait pas de bonne heure. Ces temps-ci, il alignait les heures supplémentaires en raison des jours fériés. Elle eut un petit sourire en coin en nous découvrant assis, l'un à côté de l'autre.

— Désolée, bredouilla-t-elle, sans avoir l'air ennuyée le moins du monde.

Le regard amusé de Nathan, allant de Mel à moi, me renseigna tout de suite sur ce qu'il avait perçu. *Crap[9] !* Il s'exclama :

— Tu tombes plutôt bien, Sarah a fait une montagne de cookies cet après-midi et elle espère que j'avale tout. Viens m'aider !

— Tu as fait des cookies ? me lança-t-elle avec une lueur espiègle dans les yeux.

— C'est défendu ?

— Ah non, c'est juste que tu fais ce genre de trucs en hiver, *d'habitude*.

— Les habitudes sont faites pour être changées, rétorquai-je avec malice.

Elle se servit à son tour quand Milady se remit à miauler derrière la porte. Une longue litanie suivie de coups de patte. C'était reparti... Mel s'étonna, roulant de gros yeux :

— Tu as enfermé Milady ?

— Je suis allergique aux poils de chat, mentit Nathan volant à mon secours.

— Il y en a plein le canapé !

— Justement, rétorquai-je. Elle a tendance à lui sauter sur les genoux quand il vient ! C'est pire encore !

— Ah oui, s'amusa Mel, quel succès ! Tu dois l'enfermer chaque fois que Nathan vient ?

Je soupirai, j'étais certaine que Nathan saisissait aussi bien ses allusions que moi. Il répondit en bon médecin :

— Seulement quand je ne prends pas d'antihistaminique. C'est pour ça que je ne vais pas rester plus longtemps.

---

9 Crotte !

Je compris que c'était le moment pour moi de lui confier mon passager clandestin. Mais le faire face à Mélanie qui ne nous lâchait pas des yeux me semblait impossible. Cela exigeait de moi de me concentrer au moins quelques secondes. Mais je n'avais guère d'autre choix. À moins que...

— Tu en veux pour ta prochaine garde ? demandai-je alors à Nathan en désignant la pile de cookies.

— Tu me prends par les sentiments !

Je me levai pour essayer de trouver une petite boîte dans ma modeste cuisine et il m'y suivit. Je ne traînai pas, faisant mine de fouiller dans un placard, je lui confiai mon hôte, avec autant de facilité que la première fois. Il ne cilla pas, égal à lui-même.

— Je repasse plus tard, murmura-t-il à mon oreille, me rendant soudain fébrile, avant de se récrier à l'intention de Mel : tu n'as pas une boîte plus discrète ? Ça ne rentrera jamais dans ma sacoche ! Tu me vois traverser l'hôpital avec ça ?

Je pouffai de rire, je n'avais encore rien sorti de mon placard. Il me décocha un regard complice qui me fit fondre davantage encore. Il le faisait très bien et de plus en plus souvent. Comme s'il jouait avec mes sentiments, le bougre, et qu'il me testait un peu. Je me hâtai à regret de sortir une boîte à glace vide que je remplis avec les cookies de ma dernière fournée.

Il l'exhiba fièrement devant Mélanie et la salua, avant de se diriger vers la porte.

— Et toi, il ne t'embrasse pas ? fit-elle remarquer, narquoise, une fois qu'il eut disparu.

— Quand tu auras fini de nous espionner...

Elle gloussa et avala un nouveau biscuit en me dévisageant sans un mot.

— J'ai bien fait de venir moi aussi. Ah oui, rajouta-t-elle après une ou deux secondes de silence, je voulais te dire qu'on passe le week-end chez les parents d'Antoine, c'est son tour de fête des Mères. Alors demain midi, pas d'aquagym. Je fais les valises, on part dès qu'il rentrera de son travail.

Changer de sujet de conversation me soulagea. Parler de nos cadeaux respectifs était beaucoup moins risqué. Lorsqu'elle fut repartie, je sautai sur mon téléphone pour avertir Nathan qu'il pouvait revenir. Je me souciais de le savoir à nouveau obligé de gérer ça à quinze jours d'intervalle, alors qu'il était à la veille d'une garde. Il ne me répondit pas. Trop occupé sans doute. Enfin, j'espérais... depuis que Clément avait raconté qu'il lui était venu une fois en aide, j'étais capable d'imaginer toutes sortes de choses.

Je faillis me jeter à son cou quand il réapparut deux heures après le départ de Mélanie, et il perçut sans doute mon soulagement, puisqu'il sourit en lâchant :

— Eh ! Je ne reviens pas des Enfers !

— Ben, j'espère bien ! C'est juste que j'ai une imagination très fertile, quand je ne sais pas ce qui se passe ! Et comme tu n'as pas répondu à mon message...

— Comme tous les mecs, je ne sais pas faire deux choses à la fois !

— Ça, j'en doute, tu es capable de narguer Mélanie tout en cadenassant ton esprit !

— L'habitude ! Tu verras ! C'est comme quand tu apprends à conduire une voiture.

— À t'écouter, tout est facile !

— Facile, non, mais pas insurmontable non plus.

— Hum ! Je t'ai attendu pour manger. J'imagine que mes cookies ont été digérés depuis longtemps.

— Quand bien même ce ne serait pas le cas, j'aurais quand même de l'appétit pour un vrai repas.

On s'installa dans ma petite cuisine et il sentit aussitôt ma frustration. J'étais moins bavarde qu'à mon habitude. Je comprenais très bien qu'il ne me livre pas tous ses secrets à la fois, je savais pourquoi il agissait de la sorte, pourtant ignorer ce qu'il affrontait à ma place me rongeait un peu. Cela faisait deux fois déjà !

— Je suis juste allé faire un petit tour, tu sais, murmura-t-il alors que je m'installais face à lui.

Je le dévisageai, très suspicieuse, avant de demander :

— Où ça ?

— Dans un endroit désert et calme, répondit-il tranquillement, sans attendre pour avaler son repas.

— Pas facile à trouver dans Paris.

— Si, dans les cimetières.

Je m'étranglai :

— Tu fréquentes les cimetières ?

— Fréquenter n'est pas le mot exact, mais c'est le meilleur endroit pour ça, en tous les cas.

— Pas chez toi ?

— Mon immeuble est rarement désert, et je ne me vois pas sonner à tous les étages pour le vérifier. Et être loin de toute vie humaine – et des chats – est une condition de réussite.

— Là, je comprends mieux.

— Y a des coins de cimetières oubliés, c'est le meilleur endroit.

— Tu vas être obligé de me faire une visite guidée ?

Il eut un petit sourire mystérieux. S'il savait à quoi je pensais là... une balade main dans la main, peu importait l'endroit.

— J'ai une affection particulière pour le Père-Lachaise, répondit-il prudemment. Ça ne me pose pas de problème.

— Tu vas toujours là ?

Il hocha la tête. Je voyais bien qu'il ne souhaitait pas trop s'étendre sur le sujet, pourtant cette nouvelle révélation n'avait apaisé ni ma curiosité ni même mon inquiétude à son égard. Je fronçai les sourcils.

— Mais il est soumis à des heures de fermeture.

— J'ai une clé au cas où, avoua-t-il sur le ton de la confidence. On en a tous une, c'est François qui la fournit

quand on est prêt. Il a ses entrées, tu sais. Une de ses attributions de gardien.
— Et si on n'aime pas les cimetières ?
— Tu es déjà allée dans celui-ci ?
— Non.
— C'est un lieu particulièrement paisible et serein. Curieusement, tu ne t'y sens pas seul, commenta-t-il, presque songeur.

Et quoi de plus évident que de délivrer une âme qui refusait de partir dans un endroit tout prêt à l'accueillir ? C'était d'une logique implacable. La perspective d'aller traîner dans ce genre d'endroit, aux heures calmes et par conséquent un peu glauques, ne m'emballait tout de même pas. Mais il y avait comme une tendresse dans ses paroles quand il en parlait. Je savais qu'il parviendrait à lever mes réticences, c'était chaque fois le cas. Peut-être parce qu'il était d'une patience redoutable et que je me sentais comprise. Il respectait mes craintes, cela faisait toute la différence.

Après notre repas, avalé de bon appétit, je lui racontai mon escapade matinale. Libérée de mes angoisses, je le fis avec légèreté. Il se moqua gentiment de moi :
— Des acouphènes. C'est une façon de considérer les choses ! Je vois que notre petite leçon à Sophie et à moi a porté ses fruits !
— Faut croire ! Je vais bientôt avoir un diplôme de menteuse patentée.
—Je le signerai, gloussa-t-il.

Milady grimpa sur ses genoux et elle ne le lâcha plus, même quand on termina la soirée avec une nouvelle partie d'échecs. Je m'étais demandé où il puisait cette énergie parce que moi, je le trouvais bien pâle. Doutes justifiés, car il souhaita, à la fin de notre partie – gagnée par moi, enfin – rester dormir sur le canapé. Cette fois, ça ne me réjouit pas vraiment, je culpabilisai. J'avais largement abusé de lui, il était épuisé.

— On y dort très bien, je t'assure, affirma-t-il perspicace.

Je fis de mon mieux pour rendre son lit de fortune douillet, me sentant tout de même un peu coupable d'avoir accaparé tout son temps de repos et de le priver d'un bon lit. Et je rejoignis ma chambre seule, puisque Milady avait jeté son dévolu sur lui. Je mis un moment à m'endormir. J'avais eu ma dose d'émotions et de révélations et puis une sensation bizarre me rendait nerveuse. Je ne parvenais pas à l'identifier, et cela m'agaçait. Je finis par tomber d'épuisement. J'aurais préféré l'insomnie, clairement !

***

Des cris terribles me réveillèrent deux heures plus tard : je compris que c'étaient les miens tant je ressentais la douleur qui les suscitait. C'était comme si j'avais éprouvé chacun des coups qu'on m'infligeait, au plus profond de ma chair. Et ces visages autour de moi, avec ces grands yeux écarquillés, presque lubriques, c'était horrible. J'aurais voulu fuir, mais c'était impossible : je me sentais entravée. Et des liens m'entaillaient la chair.

C'est la voix grave et apaisante de Nathan qui me tira de ce cauchemar épouvantable et surtout la sensation inattendue de son étreinte chaude et protectrice. Je me blottis contre son torse, comme on s'accrocherait à une bouée avant d'ouvrir les yeux, totalement déboussolée. Ce furent d'abord les siens que j'aperçus dans la pénombre, hoquetant encore un peu. Quand on établit enfin le contact, il essuya mes larmes de son pouce et me serra contre lui en murmurant des mots doux. J'étais submergée, presque paralysée par ces émotions toujours envahissantes de ce cauchemar effroyable, et petit à petit, par celles qui montaient de le savoir là. Contre moi. Incroyablement présent et délicat. Comme un antidote à ce que je venais de vivre. Je me détendis enfin et je laissai son étreinte opérer. Le contact de sa peau était devenu un cocon protecteur.

— C'était pire qu'un cauchemar, finis-je par balbutier. Comme si c'était réel, comme si je l'avais vraiment vécu.

— Je sais, dit-il, en passant lentement sa main dans mon dos. J'ai vu ces images de torture. Je suis désolé que tu aies dû les voir et les ressentir, toi aussi.

— Mais comment c'est possible ?

— Tu l'as gardée en toi quelques heures, et il arrive, surtout au début, qu'on conserve des bribes de ce qui hante les âmes. Elles s'impriment comme sur les murs de ton esprit. Et pendant le sommeil, ton cerveau essaie de les ranger avec les autres informations que tu as collectées dans la journée, m'expliqua-t-il doucement. Cela produit des rêves ou, dans ce cas précis, des cauchemars. Comme lorsque tu as dû gérer ces rêves semi-éveillés avant de contacter Sophie.

J'écoutai ses paroles, mais je réalisai surtout qu'il savait ce qui arriverait et qu'il avait voulu rester pour cette raison. Malgré sa fatigue, malgré sa garde du lendemain...

Je levai les yeux vers lui, presque bouleversée par la portée de son geste. Et ce que je sentis, en croisant son regard, m'émut plus encore. C'était bien plus que de la compassion ! De la tendresse et du désir. Et c'était tellement puissant que j'en oubliai ce qui m'avait tant ébranlée. Il n'y avait plus que nous deux, l'un contre l'autre, comme une évidence. Une évidence que je n'avais pas voulu vraiment reconnaître, par peur. Mais plus forte que toutes mes appréhensions et mes doutes.

Rien de ce qui est arrivé, par la suite, ne me surprit. Comme si je savais que cela se produirait un jour. Il suffit que nos regards se croisent à nouveau pour que tout s'enflamme, sans la moindre hésitation. Il savait ce que je ressentais comme je le ressentais moi aussi. Et cette expérience nouvelle me fit m'abandonner en toute confiance.

Je laissai ses lèvres s'emparer des miennes avec une fièvre incroyable. Comme lorsqu'on est assoiffé de l'autre d'avoir trop attendu. Et je répondis avec la même ferveur, le même désir, la même faim de m'offrir à lui. Je lui avais presque donné mon âme ces dernières semaines, j'avais envie de lui donner mon corps. Je fis passer par-dessus ma tête ma petite nuisette pour sentir plus encore le contact de sa peau contre la mienne. Il ne portait que son boxer, puisqu'il avait accouru dès que j'avais crié. Ses mains glissèrent doucement le long de mes flancs pour s'arrêter sur mes reins, comme s'il me demandait l'autorisation. Son souffle taquinait ma peau devenue sensible. En guise de réponse, je basculai sur le dos, m'offrant totalement à lui, et l'entraînant avec moi dans ma chute. Un violent tourbillon de désir me saisit, me coupant presque la respiration : le sien, je ressentais tout de ses émotions !

Mon pouls s'emballa furieusement quand il passa de simples effleurements à des caresses plus expertes. Je me cambrai sous l'assaut de ses baisers impitoyables qui étaient en train d'apprivoiser chaque parcelle de mon corps. Lentement, mais divinement efficaces pour balayer les derniers stigmates de mon cauchemar. Bientôt, je ne pensai plus qu'à ses mains qui se faisaient de plus en plus habiles au fur et à mesure qu'elles descendaient de mes seins à mon intimité, m'arrachant des frissons de délices et des gémissements de plaisir. Son sourire m'embrasa alors.

La faible lumière du salon jouait sur sa peau, révélant les muscles bien dessinés de ses épaules auxquels je m'agrippai quand il se positionna entre mes cuisses, se faisant plus pressant.

Je me tordis contre lui, incapable de supporter cette attente qu'il faisait durer, jouant à nouveau avec la pointe durcie de mes seins. J'allais perdre pied avant qu'il ne me pénètre s'il continuait. Je murmurai son prénom dans un gémissement et il répondit à mon injonction, m'embrassant avec une fougue qui me laissa plus pantelante encore. Je fis alors glisser ma main jusqu'à son membre pour lui arracher à son tour des soupirs étranglés. Jusqu'à ce qu'il m'arrête, le souffle devenu erratique. Je tâtonnai pour ouvrir le tiroir de ma table de nuit à la recherche d'un préservatif qu'il enfila rapidement.

Puis il me pénétra centimètre par centimètre, sans me quitter des yeux. Je le sentais au bord de la rupture, mais il poursuivit avec une lenteur insoutenable, traçant une ligne de baisers de mon cou à ma poitrine. Je gémis à nouveau, l'implorant de me donner plus encore. Ma peau me semblait brûlante et surtout je sentais mon cœur au bord de l'implosion. C'était tellement intense. Il se mit alors à onduler en moi, entrelaçant mes doigts aux siens comme pour me retenir encore un peu. Puis il accéléra farouchement la cadence. Je resserrai mes jambes autour de sa taille, l'entraînant au plus profond de moi-même, goûtant à ses lèvres et à son souffle agité avec la même ferveur. Il allait me faire perdre la tête. Nous n'avions pas besoin de parler, c'était une expérience unique et bouleversante. C'était grisant de vivre au centuple ce que l'on ressentait habituellement soi-même, et sans doute me laissa-t-il m'y accoutumer et gérer ce flot inattendu et puissant qui ne fit qu'enfler jusqu'à ce qu'il nous mène à une extase incroyable, qui nous vida de nos forces.

Chapitre XV

« L'incertitude, c'est encore l'espérance. »
Alexandre Dumas

Je rouvris les yeux le lendemain, un peu groggy, gênée par le rayon de lumière insistant qui filtrait à travers les persiennes. Il devait être tard... Le temps que j'émerge d'une somnolence comateuse, je me rappelai ce qui était arrivé cette nuit. Je tournai la tête vers l'oreiller voisin, il était libre, mon téléphone portable se trouvait dessus. Je n'avais pourtant pas entendu Nathan se lever, et j'étais certaine qu'il avait fini sa nuit ici. Je l'allumai et lus un long message de lui qui m'arracha un sourire de collégienne.

Je n'étais pas sûr que tu puisses me déchiffrer si j'avais déniché du papier et du crayon. Tu dormais si bien ce matin que j'ai préféré te laisser récupérer. Mais je t'avoue que j'ai dû me faire violence. Appelle-moi cette nuit si tu as encore besoin. Je ferai de mon mieux. Je t'embrasse.

Mon Dieu, combien d'heures avait-il dormi ? Trois, quatre ? Et il allait enchaîner une garde de 24 heures. Je savais qu'il lui arrivait de somnoler quelques heures quand le service était calme, néanmoins ce n'était jamais une certitude !

Milady attira alors mon attention, mécontente que je ne l'aie ni vue ni caressée. Un miaulement qui ressemblait à un reproche en bonne et due forme ! Ben voyons. Elle se prélassait à l'endroit où Nathan avait dormi... Comme si cela m'étonnait encore. C'était quelque chose quand même que j'aurais aimé qu'on m'explique ! Je doutais qu'elle soit folle de son eau de toilette, même si, je dois le reconnaître, elle était agréable. Je la pris contre moi un moment, un peu paresseuse et surtout très songeuse.

Ni Nathan ni moi n'avions anticipé ce qui s'était passé cette nuit. Cette facette de lui, tendre et sensuelle, qu'il m'avait cachée si longtemps, avait ouvert la boîte de pandore de mes sentiments. J'étais vraiment passée par toutes les émotions possibles la veille. De quoi me chambouler sérieusement... J'espérais que cela ne changerait rien entre nous ni dans la tâche qu'il s'était assignée.

Je ne pus cependant m'empêcher de lui envoyer un message pendant sa pause et de le taquiner au sujet de Milady et de son drôle d'attachement. Elle n'avait pas quitté mon lit de la matinée, tout de même !

— *Elle est jalouse peut-être*, répondit-il.

— *Ça doit être ça, mais je la comprends ! J'ai oublié de te dire que je pars demain passer le week-end chez ma mère. Tu vas en profiter pour dormir, hein ?*

— *Tu t'inquiètes trop pour moi ! Mais promis ! Sois prudente.*

Je le couvais un peu trop, mais j'avais conscience qu'il prenait beaucoup sur son temps de repos pour s'occuper de moi, et les choses ayant évolué entre nous, cela n'allait sûrement pas s'arranger.

***

— Tu n'as pas pris Milady avec toi ? s'étonna ma sœur Rachel à mon arrivée sur le quai.

— Elle dort beaucoup ces temps-ci, mon absence ne lui semblera pas si longue que cela, mentis-je.

Ma mère habitait une petite maison, dans la banlieue de Rouen. Ordinairement, j'emmenais Milady avec moi, seulement depuis que je savais qu'elle risquait d'héberger une âme, au gré de mes escapades, et qui plus est dans des gares un week-end, eh bien, je me sentais devenue très protectrice. C'était sans doute stupide de ma part, mais j'avais bien assez à faire avec ma personne et ce don venu d'on ne savait où. Et ce serait un bon prétexte pour rentrer tôt le lendemain et... retrouver Nathan.

— Mais toi, tu ne dois pas beaucoup dormir par contre, fit-elle en fronçant les sourcils.

— J'ai pris du retard dans mon boulot, tu sais quand il fait beau, j'aime bien en profiter.

Nouveau mensonge, décidément ! J'avais mal dormi la nuit suivante, me réveillant souvent en nage, le cœur battant, mais je n'avais pas ennuyé Nathan. Cela m'avait coûté de renoncer à une bonne excuse pour le revoir. Je ne voulais pas lui causer de souci ni l'obliger à venir en sortant de sa garde. Il en était capable, je le savais désormais. Et je savais aussi comment cela finirait… Nous avions lutté trop longtemps contre cette attirance mutuelle.

Rachel eut un petit air suspicieux qui m'alerta, tandis qu'au fil des minutes une sensation de fébrilité qui ne m'appartenait pas s'empara de moi. Elle enfla encore à mon arrivée à la maison, je me sentais pourtant incapable d'en déterminer la cause. J'avais d'abord cru que ma sœur en était la cause, je n'en étais plus certaine. Car elle subsistait quand je m'éloignai d'elle. Je commençai à m'inquiéter de ces sensations étranges perturbantes qui ne cessaient de m'atteindre quand j'interceptai un sourire complice de ma mère et de Rachel.

— Vous me cachez quelque chose toutes les deux ? demandai-je, pointant sur elles un doigt accusateur.

— Pas exactement, non ! fit la première, le visage devenu subitement radieux.

— Pas exactement ? Tu peux préciser ? Parce que là…

— Tu me casses la baraque, là ! s'exclama Rachel. Depuis quand es-tu devenue aussi perspicace ?

Bonne question ! Depuis que je percevais des sentiments qui ne m'appartenaient pas, et je n'en étais pas spécialement ravie ! Guillaume, mon beau-frère, surgit alors dans la pièce et là je me sentis carrément oppressée. Je les regardai tour à tour, fronçant les sourcils. Lui aussi arborait un petit air léger que je ne lui avais pas souvent vu. Il enlaça sa femme et plaça ses mains sur son ventre. Là, une explosion de bonheur me coupa le souffle en même temps que le visage de ma sœur s'illuminait :

— Tu vas être tata, Sarah ! À l'automne !
Je laissai leurs émotions se mêler à la mienne, et les yeux bien humides, je me jetai dans les bras de ma sœur.

***

Une fois revenues sur terre, ma sœur et ma mère se liguèrent pour me tirer les vers du nez. On aurait cru que Mélanie les avait mises sur le pied de guerre. Et puis, c'était ma faute, j'arborais un petit sourire de lycéenne lorsque j'entendis la sonnerie de mon portable. Nathan, enfin réveillé, avait craint d'une éventuelle *rencontre* dans le train, *of course*[10]. Je sais bien que j'avais le chic pour cela ces derniers temps mais quand même... Et nés de cette inquiétude, ses messages s'étaient mués en taquineries, face auxquelles il était difficile de rester stoïque.

— On peut savoir qui c'est, au moins ? finit par demander Rachel, amusée.

— Tu ne le connais pas, à quoi bon !

— Ben, *il* gagnerait sans doute à être connu, vu le sourire qu'*il* te donne. Je ne sais pas ce qu'en pense Maman, mais ça faisait un bail qu'on ne t'avait pas vue si... *radieuse* ?

Merci, Nathan, j'étais démasquée et maintenant j'allais devoir lâcher quelque chose, tôt ou tard. Rachel dans son rôle de grande sœur était terrible !

— Moi, j'aime mieux te voir comme ça, commenta ma mère avec un air entendu. Depuis cette histoire de malaise, je te trouvais bien songeuse.

— C'est quoi cette histoire de malaise ? s'inquiéta Rachel. Pourquoi je ne suis pas au courant ?

— Parce que ce n'était rien du tout, rétorquai-je, en haussant les épaules. Une vilaine migraine, je ne suis pas la première à qui ça arrive ! J'ai fini un peu vite à l'hôpital.

— Tu as revu le médecin pour un contrôle, quand même ? fit ma mère, qui, évidemment, profitait de la présence de ma sœur pour aller à la pêche aux informations.

---

10 Bien sûr

Ça oui, j'avais revu le médecin en question ! Mon petit sourire, né de ma petite réflexion silencieuse, ne leur échappa pas. C'était franchement malin !

— Je l'ai revu oui, et je n'ai pas besoin de contrôle.

— Tu as revu le médecin ou l'interne ? insista ma mère, avec une moue suspicieuse. Parce que les internes, je ne sais pas si on peut s'y fier...

La moutarde me monta au nez. Même si, sans doute, j'aurais pensé la même chose avant d'avoir croisé le chemin de Nathan.

— Maman, laisse tomber les préjugés, veux-tu ? Il s'est plus occupé de moi que le chef de service. Je crois que s'il avait été inquiet, il se serait fait remarquer auprès du médecin en chef, tu ne crois pas ?

— J'espère, tu n'avais vraiment pas l'air bien. Et ces dernières semaines non plus, ajouta-t-elle en vrillant mon regard.

— Une mauvaise période, c'est tout, bredouillai-je, en manque d'arguments, ça arrive, non ?

— Eh bien, visiblement, tu vas mieux, gloussa Rachel alors qu'un nouveau bip signalait sans doute une réponse de Nathan.

— Je vais *très* bien ! répliquai-je en résistant à l'envie de lire mon écran.

— C'est ce que je vois. Nous qui nous inquiétions de te savoir enfermée à travailler chez toi des journées entières, lâcha-t-elle en fixant ostensiblement ma mère.

Mouais, ce n'était pas nouveau, je savais que cela tracassait ma mère, depuis longtemps. Je lui adressai un regard réprobateur auquel elle répondit en haussant les épaules. Je demandai en fronçant les sourcils :

— Est-ce que l'interrogatoire est fini ?

— Tu ne racontes pas grand-chose depuis un moment, fit remarquer ma mère, on a le droit de se poser des questions.

C'est alors que je compris à quel point elle se faisait

du souci pour moi. Cela me causa presque un choc, tant je le perçus avec acuité. J'avais toujours essayé d'être rassurante avec elle, sachant que seule, elle avait le temps de gamberger. Mais clairement, j'avais échoué, car tout ce qu'elle ne disait pas, je le ressentais vivement, à en avoir l'estomac noué. Je devais vraiment lâcher quelque chose et j'allais devoir le faire à la manière de Nathan et Sophie :

— J'ai une vie sociale comme tout le monde et je ne reste pas enfermée toute la journée. Je ne déprime pas non plus. Je sors souvent, je fais du sport et je me suis même fait de nouveaux amis, très sympas, qui veillent sur moi. La routine quoi !

— Et ça, fit ma sœur en avisant mon téléphone posé sur la table, c'est la routine ?

— Non, ça c'est nouveau et j'aimerais bien qu'on me laisse le temps d'en parler, grommelai-je, un peu bourrue.

À ma manière de défendre mon territoire, je les vis battre en retraite et surtout, je sentis ma mère soulagée. Enfin ! Nous allions pouvoir discuter d'autre chose. Et moi peut-être lire le dernier message de Nathan en toute quiétude...

Il n'insista pas quand il comprit que j'avais du mal à gérer la curiosité des femmes de la maison. Même à distance, il faisait encore preuve de compassion et j'appréciais. C'était difficile d'être si loin de lui alors qu'une foule de questions me torturait presque. Dans le train, j'avais eu le temps de les ressasser. Je n'étais plus certaine que les choses seraient aussi simples qu'avant. Cela pouvait-il poser problème à ma formation ? Je voyais bien, que dis-je, je *sentais* bien qu'il tentait de me préserver encore un peu de ce qui m'attendait. De ce qui se passait au fond de ce cimetière et qui chaque fois l'ébranlait, quoi qu'il essaie de dissimuler. Ils en parlaient, certes tous avec détachement, mais ils semblaient tous résignés et rodés à l'exercice.

Depuis la rue Mouffetard, et ces horribles cauchemars qui m'avaient révélé une réalité bien dérangeante – *de telles choses pouvaient-elles avoir existé, et combien devrais-je en affronter au cours de ma vie ?* – je n'étais plus certaine de rien et je ne voulais pas décevoir Nathan ! Je tenais déjà trop à lui... et à la relation que peut-être on pourrait construire. Que j'avais envie de construire. Il m'avait apaisée involontairement avec ses taquineries à distance. Je voulais en savoir plus, savoir où on allait tous les deux. C'était plus fort que moi, j'avais si peu confiance en moi…

Je dus attendre tard le soir, après un petit dîner dans le jardin et une partie du scrabble qu'affectionnait ma mère, pour approcher à nouveau mon téléphone sans croiser le regard narquois de ma sœur. Je m'étais enfouie sous la couette et j'avais tenté un message, avec le sourire d'une lycéenne amoureuse. Il me rappela après mon premier message et je dus chuchoter pour lui répondre.

— Tu ne dors jamais ?
— Si demain, quand tu seras à nouveau sous les feux de la rampe !
— Ce n'est pas très drôle ! J'ai cru avaler ma langue quand ma mère m'a demandé si j'avais revu le médecin.
— Tu n'as pas menti quand même ?
— J'ai noyé le poisson, comme vous m'avez appris à le faire ! Je ne suis pas particulièrement fière de moi. Mais je t'ai défendu, elle a un vilain préjugé sur les internes.
— Elle t'a crue ?
— J'ai bon espoir ! J'y ai mis tout mon cœur !

Son rire chaud et grave me fit un bien fou ; je sentis les petits papillons se réveiller dans mon ventre. Mon Dieu, la frustration n'était pas loin. Il commenta :

— Ah, ben, j'espère bien !
— Je n'ai pas dit non plus que tu avais fait du zèle, dis-je sur un ton faussement navré.
— Non ?
— Je ne maîtrise pas ce degré de mensonges, désolée. Il faudra me donner d'autres cours particuliers.
— Si j'ai ta bénédiction, je m'exécuterais volontiers. Quand tu veux...

— Nathan... J'ai une question. Sérieuse.
— Vas-y, je t'écoute, répondit-il de sa voix attentive de médecin.
— Eh bien... je voulais savoir... ça ne changera rien pour...
— Tu es bien confuse tout d'un coup, tout va bien ?
— Mets le neurologue à la porte, s'il te plaît !
— C'est fait ! ricana-t-il. Qu'essaies-tu de me demander ?
— Tu n'as pas deviné cette fois ?
— Ça ne marche pas à distance.
— Hum, je peine à te croire. À ce sujet, il faudra que tu m'expliques un truc...
— Ne change pas de sujet ! Que veux-tu savoir ?
— Voilà... Est-ce que ça te pose un problème de continuer ma formation ?
— Ça t'en pose un à toi ?
— Non, bien sûr que non !... Et puis, rajoutai-je, mutine parce que je ne voulais pas qu'il pense que j'avais quelques craintes à ce sujet, j'aime bien ta façon d'éradiquer les cauchemars.
— Éradiquer, j'aurais aimé savoir le faire, répondit-il d'une voix plus sourde, et tu sais, ce qui s'est passé, ce n'était pas dans mes intentions. Pas cette nuit.
— Tu... tu regrettes ? demandai-je à mi-voix, soudain plus anxieuse.
— J'ai l'air de regretter ?
— Je ne crois pas, non.
Ma réponse s'était faite plus timide et mesurée. Parler au téléphone de ce type de sujet n'est pas trop dans mes cordes. J'aimais voir les yeux des gens avec qui je discutais. Il soupira, un brin amusé :
— OK, donc il va falloir que je te le prouve ?
— Tu peux toujours essayer oui..., balbutiai-je, ravie qu'il ne me voie pas rougir d'insister encore.
— Tu rentres quand ?
— Demain, en fin d'après-midi.

— Je viendrai te chercher alors.

Je m'endormis difficilement, non pas cette fois parce que je me posais mille questions à l'heure, plutôt à cause de cet échange inattendu et léger. Tout avait toujours l'air simple pour Nathan ! Cela m'étonnait d'autant plus qu'il avait choisi une spécialité qui était tout sauf simple. Enfin, notre relation n'avait pas dû lui sembler si facile que ça, sinon il se serait dévoilé plus tôt non ? Il m'avait rassurée bien sûr, mais le connaissant, avec sa façon de distiller les informations au compte-gouttes, je me demandais s'il avait tout dit.

***

Ma mère posa une magnifique tourte à la viande, sur la nappe, et ma sœur et moi haussâmes en chœur un sourcil interrogateur. C'était le plat préféré de mon père et elle n'en avait jamais refait depuis sa disparition. Elle intercepta notre échange silencieux, proche de la consternation et murmura comme pour s'excuser :

— J'aurais aimé que votre père soit là, il aurait été heureux. C'est un peu comme s'il était là...

— Maman, protesta Rachel.

Moi, je ne pus rien dire. Sa peine déferla sur moi sans que j'arrive à m'en protéger, une nouvelle fois. Ses yeux se mouillèrent, sa voix se cassa :

— Je sais que vous lui en voulez, que vous pensez qu'il est parti pour vivre autre chose, comme un voleur, qu'ils ne vous aimaient pas assez... Mais c'est faux ! Je vous ai laissé le croire parce que je n'ai aucune preuve à vous apporter. Moi je sais que s'il est parti c'est parce qu'il n'avait pas le choix. C'était un homme d'honneur et je n'en peux plus qu'on ne parle plus de lui, comme si on avait honte, comme s'il était rayé de nos vies. Ils vous aimaient énormément, et il aurait été fier de devenir grand-père.

Son long plaidoyer nous rendit muettes. Rachel avait à son tour les larmes aux yeux et moi, j'essayais d'émerger de cet océan d'émotions. Elle avait raison, toutes ces années nous avions soigneusement évité le sujet pour ne pas raviver la peine, la rancœur, la colère, qui nous avaient longtemps rongées. Guillaume passa un bras autour des épaules de ma sœur :

— C'est ce que tu penses toi aussi, parfois..., lâcha-t-il, en l'embrassant.

— Parce que ça soulage. Il me manque, c'est vrai. Maman, j'aurais aimé qu'il soit là, c'est peut-être bien que tu en aies parlé, finalement.

Ils se tournèrent tous vers moi : j'avais été la seule à ce moment-là qui ait extériorisé le plus son désarroi et sa colère. La crise d'ado passant par là... j'avais fait fort. J'étais en paix à présent. Cela m'avait pris dix ans, mais j'étais guérie de tous ces sentiments, à son égard tout du moins, à en croire ma réaction envers Nathan, quelques semaines plus tôt.

— Il me manque toujours autant, mais j'ai appris à le ramener un peu dans ma vie. Je rejoue aux échecs, avouai-je alors, sachant quel effet cela leur ferait.

J'avais juré mes grands dieux que plus jamais de ma vie je n'approcherai un échiquier. J'avais carrément brûlé celui de mon père dans la cheminée, un jour de profonde détresse.

Le soulagement de ma mère me fit le même effet que sa peine quelques minutes plus tôt : c'était le grand huit dans ma tête ! Elle se leva pour nous embrasser et Guillaume, que ce débordement d'émotions très féminines devait gêner un peu, trancha net :

— Alors, on la goûte cette tourte ? Moi je ne connais pas ! Et elle a l'air délicieuse !

J'avoue que j'étais presque soulagée de repartir : trop d'émotions d'un coup. Quand ce n'étaient pas les vôtres, c'était extrêmement difficile à gérer. On subissait et on se sentait obligé d'intervenir sauf qu'on n'était pas censé les avoir interceptées. Combien de fois avais-je croisé le sourire amusé ou la moue ennuyée de Nathan toutes ces semaines ?

***

— Tu t'inquiètes pour rien, dit Nathan, lorsqu'on se retrouva nez à nez.

Bon, c'était une chose de passer la nuit avec quelqu'un et de batifoler au téléphone, c'en était une autre de se retrouver nez à nez en pleine clarté, sur le quai d'une gare. J'avais le trac, et il l'avait senti, *of course*[11]. Lui dégageait une assurance tranquille, avec ce sourire bien à lui qui avait levé une partie de mon appréhension. J'affichai un air navré qui le fit carrément rire avant de lâcher, avec le même détachement :

— Je dois attendre un prochain cauchemar pour avoir une chance de t'embrasser ?

— Ben, j'espère pas, pouffai-je en lui offrant mes lèvres.

Une onde d'allégresse me parcourut : elle ne m'appartenait pourtant pas. Pas encore, parce que ses baisers avaient toujours le même pouvoir : me faire vite perdre la tête.

***

— Tu sais tout ce qui me passe par la tête, lançai-je à Nathan avec un doigt accusateur, une fois installés dans un petit restaurant.

J'avais retrouvé un semblant de timidité dont je me défendis en attaquant de front le problème qui se posait à moi : Nathan tenait à m'offrir un dîner. Il avait même ajouté, avec un sourire ingénu : « Pour faire les choses dans le bon ordre. »

— Pas tout non, rétorqua-t-il en se mordillant la lèvre inférieure. J'aimerais bien pourtant !

Je fis la moue en découvrant son regard malicieux et je renchéris :

— Comment faites-vous pour supporter tout cet

---

11 Bien sûr

afflux d'émotions ? J'ai l'impression d'être submergée. En permanence !

— Je sais, c'est très fort au début. Avec le temps, ce n'est plus aussi puissant, et tu apprends à n'y porter attention que si tu le veux. Un peu comme certains bruits. On s'habitue.

Comme j'avais certainement l'air perplexe, il ajouta :

— Tu sais, en général si ce que tu ressens est en adéquation avec ce que tu vois de la personne ou l'ambiance, tu n'y es pas sensible.

Il avait raison, là en ce moment, je ne ressentais rien de particulier, si ce n'est un certain bien-être, ce qui n'avait franchement rien d'étonnant.

— Et pour le reste, ça va prendre du temps ?

— Quelques mois quand même. Mais penser à autre chose, un peu comme quand tu visualises ta boîte, aide à mettre à distance celles qui sont particulièrement déplaisantes.

— Nathan, poursuivis-je alors plus hésitante, ça a dû être terrible le jour où j'étais furieuse après toi.

Il prit ma main, avec ce petit air navré très craquant, et la porta à ses lèvres avant de répondre :

— Je l'ai senti arriver chez François, et à vrai dire, je m'y attendais un peu. Je commence à te connaître. Tu aimes que les choses soient claires et justes. Ça ne l'était pas. Oublie-le, Sarah, je t'en prie. Tu n'es pas fautive d'avoir réagi de la sorte, chacun a son mode de défense. C'est le tien, j'ai pris note, ajouta-t-il avec un sourire tendre.

— C'était exagéré...

— Quand on souffre, on perd un peu la mesure des choses, tu ne crois pas ? répondit-il avec tant de bienveillance que je capitulai et hochai la tête.

Plus tard dans la soirée, alors qu'on se pelotonnait dans mon canapé, incapables de nous concentrer sur la partie d'échecs que nous avions projeté de faire, surveillés de près par Milady qui s'en montrait presque intimidante, Nathan lâcha avec une certaine gravité :

— Sarah, il faut que tu évites de retourner rue Mouffetard dans les prochains jours.

Je me tournai vers lui, surprise, pour vérifier que ce que je ressentais venait bien de lui. Une lueur d'inquiétude teintait ses yeux d'un bleu moins lumineux que d'habitude.

— Pourquoi ?

— Parce que ce week-end, je me suis un peu renseigné sur ton *visiteur*.

Il eut beau appuyer avec ironie sur ce dernier mot pour me détendre, l'inquiétude, ou quelque chose qui y ressemblait, l'habitait toujours.

— J'ai même dû appeler François. Il y a eu au dix-huitième siècle un mouvement de folie mystique dans un cimetière tout près : Saint Médard. Une grosse poignée d'illuminés qui ont pratiqué la torture pour gagner leur place au paradis. Certains étaient de vrais névrosés.

Mon sang se glaça. Je comprenais mieux les images de mon cauchemar, les sensations de douleur ressenties. Il resserra son étreinte, sensible sans aucun doute à mon malaise.

— Il y en a d'autres, c'est ça ?

— C'est fort probable, oui. Ça a duré quelques années et surtout dégénéré. Méchamment, dans des cérémonies clandestines. Tu as intercepté une victime de ces cérémonies. Elle attendait la grâce divine qui n'est jamais venue. Elle s'est enfermée dans la douleur en espérant encore et encore. Un vrai martyr.

— Mais c'est horrible !

— François te dirait que l'Histoire réserve son lot d'horreurs et que quand on en déterre une, il faut être prudent. Il préfère que je ne traite pas non plus d'autre cas comme celui-ci. Pas dans les prochains temps en tous les cas. Alors si tu y retournes, je ne pourrai pas t'aider.

— Pourquoi ? C'est dangereux ?

— Rien de certain, mais les histoires de névroses et d'hystéries laissent parfois des traces si elles se répètent. C'est assez rare, je n'en ai jamais rencontré auparavant. Elles font partie des cas qui demandent beaucoup de prudence. Notre esprit n'est pas totalement imperméable.
— Tu ne crains rien, tu es certain ?
— J'ai l'air névrosé, là ?
— Non, encore heureux, soufflai-je, sans pouvoir m'empêcher d'effleurer son visage comme s'il venait d'échapper à une attaque et que je voulais vérifier qu'il était encore entier.
Ridicule sans doute, mais je me sentais fautive. Il sourit tout en me laissant faire. Je murmurai, consternée :
— Mais ces âmes vont continuer d'errer et de trouver d'autres porteurs ?
— François va devoir faire ses courses au marché Mouffetard pendant quelque temps, répondit-il avec une grimace comique.
— Lui ne risque rien ?
— C'est un gardien, ça fait partie de ses attributions. Il gère les cas difficiles. Son esprit est plus solide que le nôtre. Alors non, il ne risque rien.
— Tant mieux ! Tu as fait des cauchemars toi aussi ?
Une ombre traversa son visage. Sans doute aurait-il aimé ne pas avoir à me l'avouer.
— Je n'étais pas là, murmurai-je navrée, effleurant ses lèvres pour me faire pardonner.
— Mais là, oui ?
Là, oui, tant qu'il voudrait. Et à me plonger dans ses prunelles brillantes, je savais que j'avais carte blanche.

Chapitre XVI

« Toute confiance est dangereuse si elle n'est pas entière :
il y a peu de conjonctures où il faille tout dire ou tout cacher. »
La Bruyère

— Ah, tu es là ? fit Mélanie à Nathan ce soir-là, en le découvrant installé dans le canapé alors qu'elle passait papoter en sortant de son travail.
— Pourquoi c'est interdit ? répondit-il en haussant un sourcil.

Elle ravala sa langue, un peu mal à l'aise.

Nathan m'avait fait une petite place dans sa vie déjà bien remplie. Je l'avais découvert également sous un autre jour : je savais qu'il aimait nous taquiner tous et il était aussi très joueur. Je n'avais rien dit à Mélanie sur nous deux. Elle m'aurait bombardée de questions et, sans réellement savoir pourquoi, j'avais envie de rester discrète sur notre relation. Pour le moment. Sophie et Clément l'avaient de toute évidence devinée, mais n'avaient fait aucun commentaire. Seuls leurs regards parfois complices les trahissaient.

Alors quand Mel passait à l'improviste et qu'elle trouvait Nathan installé chez moi, je m'amusais beaucoup. Il ne m'avait jamais demandé pourquoi je n'avais rien avoué, il jouait le jeu avec brio. Sans doute sa manière à lui de me prouver que notre vie, parfois compliquée à cause de ce don tombé du ciel, pouvait être amusante si on savait en déjouer les difficultés. Manier le double sens et déguiser la réalité étaient devenus un sport qu'il m'enseignait à coups de grandes démonstrations très drôles. Et c'est peut-être pour cette raison que je laissais faire et cachais encore la vérité à Mel.

Elle finit par bredouiller :

— C'est juste que Sarah dit toujours que tu as une vie de fou, et pas beaucoup de temps à toi.

— Elle a raison. Mais Sarah est aussi ma patiente.

— Ah bon ?

Elle roula de tels yeux que je crus ne pas parvenir à étouffer mon rire. Ne surtout pas croiser le regard de Nathan devant un si gros mensonge, règle d'or numéro 1.

— Tu as toujours ces migraines ? me demanda-t-elle, la voix teintée d'inquiétude et de reproches.

— C'est arrivé deux ou trois fois. Mais c'était loin d'être aussi violent que la dernière fois.

— Je lui ai appris une ou deux techniques pour gérer les premiers symptômes, commenta-t-il, avec son air plutôt sévère.

— C'est possible ?

— C'est un peu expérimental, mais comme la cause de ces migraines est assez mystérieuse, eh bien on tâtonne.

— Mais ça marche ! renchéris-je, sans pour autant le regarder de peur de ne plus parvenir à garder mon sérieux.

— Tu es son cobaye, en quelque sorte, s'exclama Mel.

— Ne t'inquiète pas, je prends bien soin d'elle, rétorqua-t-il sans ciller.

Ça, c'était certain ; très bien même. Elle ne savait pas à quel point ! J'allais bientôt déclencher une addiction à ses bons soins. Elle demanda alors avec le plus grand intérêt :

— Et c'est quoi tes techniques ?

Shit[12], elle ne lâcherait pas le morceau. Je risquai un coup d'œil vers Nathan toujours imperturbable. Un pli malicieux au coin de ses yeux le trahissait juste, mais moi seule semblais le voir. Et pour cause, je sentais son amusement à travers tous les pores de ma peau. Il expliqua tranquillement :

— Visualiser la douleur et la repousser. Elle le fait très bien.

— Et ça marche ?

---

12 Punaise

— Plutôt bien oui... Si je n'attends pas trop, ai-je rajouté, pour avoir l'air plus crédible.
— Mais Nathan, tu cherches toujours pourquoi elle souffre de la sorte ?
— Oui bien sûr, j'étudie son cas avec beaucoup de sérieux.
Elle le dévisagea avec une espèce d'admiration et souffla en me regardant :
— Tu as de la chance !
— Beaucoup oui, je sais ! confirmai-je, en décochant à mon voisin avec un sourire complice.
— Alors je t'ai un peu dérangé dans ton travail ? lui demanda-t-elle alors gênée.
— Un peu, mais je m'en remettrai.
— Je repasserai demain, s'excusa-t-elle en se levant d'un bond. Sinon on se verra à l'aquagym !
Je n'eus guère le temps de réagir qu'elle avait déjà pris congé. Je jetai un regard railleur à Nathan :
— Quel numéro !
— Je n'ai pas menti !
— Tu appelles ça *ton travail* ?
— Non là, j'avoue, j'ai un peu menti, mais j'avais très envie de passer un moment avec toi. Je ne peux pas rester ce soir, j'ai trois comptes rendus à rédiger pour demain.
Il accompagna ces mots d'un sourire craquant et j'étouffai le soupçon de culpabilité pour profiter de sa présence. Et me jeter dans ses bras.
Si Nathan avait pris son temps avec moi, il s'était rattrapé depuis : je croulais presque sous les attentions. Les jours où il était absent, j'avais toujours d'adorables petits messages, tantôt tendres, tantôt d'une sensualité à peine voilée. Même si l'empathie avait ses avantages, je savais que c'était dans sa nature. Je découvrais l'homme amoureux qu'il était, et j'étais sous le charme.
On ne se voyait que les jours où il sortait de l'hôpital à une heure décente et quand il ne tombait pas de sommeil.

Je trouvais parfois le temps long, mais j'étais lucide. Il ne pourrait pas tout assumer, sa condition d'interne souvent démentielle, mon initiation, sa tâche naturelle de chasseur d'âmes et notre relation naissante, sans se ménager du temps pour récupérer. Et lui comme moi, avions bien à l'esprit que s'il ne s'occupait pas de me former régulièrement, François s'imposerait pour prendre le relais. Il me faudrait aller jusqu'au bout. Et après les révélations que Nathan m'avait faites sur les risques potentiels, je n'étais pas pressée. Il l'avait senti. Il choisirait très certainement le *candidat* idéal et j'imaginais que cela prendrait du temps, ce qui m'allait fort bien. Cette tâche me tomberait dessus un jour ou l'autre et ce jour-là, il devrait être prêt lui aussi. Bref, garder l'équilibre était parfois difficile mais nécessaire, et nous le savions tous les deux.

Mel ne traîna pas pour m'envoyer un SMS lourd de reproches que je découvris après le départ de Nathan :

Pourquoi tu ne m'avais rien dit ?

Je préférai lui répondre en l'appelant directement :

— Pour que tu ne t'inquiètes pas.

— C'est plus grave que tu n'as voulu me le dire ?

— Mais non, c'est juste assez rare. Il a envie de m'aider, c'est tout.

— Tu aurais pu me le dire ! J'aurais compris pourquoi tu étais mystérieuse à son sujet. Il fait ça bénévolement ?

— Euh, oui...

— Il va écrire un truc dessus après, c'est ça ? Tu sais, le genre publications médicales ?

— Non, je ne crois pas.

— Tu es sûre qu'il est compétent ? Parce que s'il ne le fait pas pour tes beaux yeux, c'est louche ! Je n'ai pas envie qu'il joue aux apprentis sorciers avec ma meilleure amie.

— Mel, arrête de dire n'importe quoi ! J'ai entièrement confiance en lui. Tu devrais en faire autant !

— Hum, donc tu ne me dis pas tout ! De toute façon, j'ai bien vu comme il te regarde !

Je soupirai, Mélanie avait un sixième sens terrible, et Nathan ne savait pas toujours me regarder avec indifférence, je l'avais bien remarqué moi aussi. Je lâchai :
— C'est un crime ?
Ma remarque la désarma, elle rit, balbutia un «non» moqueur et n'insista plus.

***

Nathan entra sans enlever son blouson. Sa joie perceptible, chaque fois qu'il poussait ma porte ou que je le retrouvais, était puissante, presque aphrodisiaque ! Mais cette fois, sa moue confirma la frustration que je perçus très vite chez lui et je compris qu'on allait sortir. Pas pour une balade en amoureux. François nous attendait. On n'avait pas avancé d'un pouce dans ma formation, et force était d'avouer que le peu de temps qu'on avait tous les deux, on préférait le passer ensemble, sans prise de tête.
— Dis, François me réserve une nouvelle surprise ? demandai-je en chemin.
— Non, pas à ma connaissance ! Il n'a aucun intérêt à te tester, tu as fait tes preuves, la dernière fois, il me semble.
— Tu n'es pas inquiet ?
C'était idiot comme question parce que je l'aurais senti, et là, alors que nous marchions main dans la main – ce qui était plutôt rare – il me semblait bien que lui parvenait à savourer ce petit moment. Il n'émanait de lui rien d'autre que de la sérénité. Ça ne loupa pas, il me jeta un regard narquois :
— À ton avis ?
— Mauvaise question ! *Sorry* [13] *!*
— Fais-toi confiance un peu !
— Je n'y pense pas toujours, c'est tout.
— Parce que tu te contentes de le subir.
— Mais sinon, je me fais l'effet d'être indiscrète...
— Pas avec moi, rectifia-t-il doucement. Jamais, d'accord ?

---

13 Désolée

Il s'arrêta pour être certain que je prenais la pleine mesure de ces quelques mots. Ses yeux avaient un de ces éclats, c'en était troublant. Je dodelinai de la tête, un peu émue par la démonstration de sa sincérité. Nathan était plus bavard quand il parlait de son travail ou de sa tâche, qu'à notre sujet. Ce que je prenais pour de la prudence n'en était peut-être pas. C'était comme s'il m'offrait la confiance sur un plateau, je ne pouvais pas la refuser. Je me hissai sur la pointe de mes sandales pour lui voler un baiser reconnaissant qui me laissa sur ma faim, et nous reprîmes notre chemin.

François s'était installé au fond d'un vieux café au charme d'antan. Je me demandai en y entrant s'il l'avait choisi en écho à ma première visite. Mais l'endroit dégageait beaucoup de sérénité par son confort, ses bruits feutrés, son odeur de café moulu et ses vieilles tables cirées.

— Cet endroit colle mieux à ce que tu vois en moi ? demanda-t-il l'œil malicieux.

— Un peu trop peut-être ? répondis-je en me mordillant les lèvres.

— En réalité, je me suis dit que tu avais peut-être gardé un mauvais souvenir de Socrate, la dernière fois. En terrain neutre, c'est mieux non ?

— Je m'en suis remise depuis ! Et puis j'aime les chats. Alors, je ne lui en veux pas.

— Mais à moi oui ? reprit-il en sondant mon regard avec intensité.

Je dévisageai Nathan, par réflexe, embarrassée qu'il l'ait ressenti. Je le vis subrepticement hausser les épaules. Il était toujours détendu, alors je me lançai. De toute façon, il était inutile de lui mentir, j'étais un livre ouvert pour lui aussi :

— Sur le coup oui, évidemment. Je n'aime pas les surprises. J'en ai eu de vilaines dans la vie. C'est juste un mauvais souvenir maintenant.

— Je me doute que Nathan t'a expliqué mes motivations

et mon rôle, alors n'y pensons plus. Il faut que tu saches qu'il y a quelques principes auxquels on ne peut pas déroger. Jamais ! Pour ta sécurité et celles de tes compagnons de fortune. Mais j'ai aussi besoin de ta confiance.

Je ne m'attendais pas à cette réponse. Je le dévisageai, un peu désarmée par le poids et le sens de ces mots, et ce fut là que je m'aperçus que cet homme était un roc. Rien ne filtrait de lui. Aucune émotion, rien du tout. Je ne pouvais me fier qu'à son regard. Et là, il était perturbant.

— Mais vous l'avez ! protestai-je, ennuyée.
— En es-tu certaine ?

Répondre me sembla soudain très difficile. Il y avait la théorie, mais dans les faits je n'étais effectivement pas certaine que ce fut vrai. Vrai au sens où lui l'entendait. Et je savais qu'elle était nécessaire. À son regard inquisiteur, et son sourire pourtant teinté de douceur, je sus qu'il acceptait cette vérité, mais voulait l'entendre de ma bouche :

— Je n'en sais rien, en fait.
— L'autre jour, après ta mésaventure de la rue Mouffetard, quand tu as réalisé que ni Nathan ni Sophie ni Clément n'étaient disponibles, tu aurais dû m'appeler, Sarah.

Je me mordillai les lèvres, franchement piteuse. J'avais presque imposé cette tâche à Nathan. J'avais négligé son emploi du temps, sa fatigue et les risques que je ne connaissais pas. Et encore, il n'avait pas connaissance de l'épisode précédent. Il sourit, sans doute pour me détendre :

— Je sais que Nathan respecte tes choix, je ne lui fais aucun reproche ! Tu as confiance en lui, je trouve ça très bien. J'ai aussi confiance en lui. Mais dans ce cas précis, ce n'était pas prudent. Il ne le savait pas. Je ne te le dis pas pour que tu te sentes coupable, s'empressa-t-il d'ajouter en percevant toutes les émotions qui se bousculaient dans ma tête. Vous vous débrouillez très bien tous les deux !

Il se tourna vers alors Nathan qui était resté calme et silencieux. Il s'était juste contenté d'entrelacer nos doigts quand François avait commencé sa longue tirade. Ce geste nouveau pour lui n'avait pas eu l'air de le perturber ou étonner. Depuis quand le savait-il ?

— Je te l'ai déjà dit, Nathan, je n'aurais pas fait comme toi, mais tu sais visiblement bien t'y prendre et les résultats sont là. Je ne veux pas m'immiscer dans la formation de Sarah, mais au vu de ce qui s'est passé la dernière fois, il faut qu'elle sache me contacter quand tu n'es pas disponible pour l'aider. Son esprit est toujours vulnérable.

— Je sais, ses cauchemars étaient violents, grimaça Nathan, caressant mes doigts.

— Tu en as encore Sarah ? s'inquiéta notre gardien.

— Je ne dors pas très bien, mais je n'ai plus de cauchemars. C'est juste comme si j'étais oppressée.

— Tu ne m'as rien dit ! regretta Nathan, visiblement chagriné.

Non, parce que quand j'étais à ses côtés, je dormais bien, même profondément. Comme si sa présence me protégeait ou bien j'avais eu ma dose d'endomorphines, mais je me voyais mal l'avouer devant François, même si apparemment notre relation lui semblait évidente. Je bredouillai, en espérant qu'il comprendrait :

— Ce n'est pas tout le temps.

François, lui, le comprit clairement et étouffa un demi-sourire avant de reprendre :

— Ça finira par disparaître, Sarah. Ton esprit s'est senti en insécurité. Abriter une âme un moment n'est pas notre mission première. Quand on le fait, on force un peu la nature de notre esprit. Certaines âmes sont plus agressives que d'autres, c'était visiblement le cas cette fois. Les garder longtemps cause ce type de désagrément. Elles laissent comme des traces, mais elles ne sont pas indélébiles.

— C'est pour cette raison que tu utilises le chat de la voisine de temps en temps ? demandai-je à Nathan.

— Non, pas tout à fait. Je le fais si j'ai besoin de récupérer avant de terminer le travail.

— Dormir dans une telle situation est un danger pour vous. Votre esprit devient vulnérable, plus perméable. Voilà pourquoi il faut parfois faire appel à un porteur ou à un autre chasseur, commenta François.

Je me rappelai effectivement les conseils de Nathan ce jour-là. Je saisissais mieux maintenant où il voulait en venir et pourquoi mon attitude avait posé problème. Il murmura en réponse à mon sentiment de culpabilité naissant :

— Tu ne savais pas.

— Et tu n'imaginais pas à qui on avait affaire, rajouta François, avec bienveillance. Voilà pourquoi Sarah, je vais te demander quelque chose qui ne remet rien en cause du travail que Nathan fait avec toi. Je crois que c'est important.

Je hochai la tête, un peu impressionnée par son ton soudain solennel qui ne stressa pas Nathan. Il continuait de passer son pouce sur mes doigts en signe d'apaisement.

— D'accord, murmurai-je à voix si basse qu'ils durent lire sur mes lèvres pour deviner ma réponse.

— Quand tu seras prête, reprit François avec un sourire engageant. Mais le plus tôt sera le mieux.

— Qu'est-ce que je dois faire ?

— Me confier l'âme que tu auras trouvée à l'endroit que je t'indiquerai. Pas de mauvaise surprise, c'est toi qui choisiras le bon moment. Tu crois qu'on peut faire ça ?

— Oui, bien sûr.

Un large sourire fut sa seule réponse et le baiser de Nathan sur ma tempe, le signe visible de sa fierté. Je ne m'attendais pas à ce sentiment de sa part, mais il me fit un bien fou, parce que depuis quelques minutes ma fébrilité était montée d'un cran.

La suite de notre entrevue me parut bien plus légère, François se contenta de prendre de nos nouvelles et de nous parler du cas de la rue Mouffetard qui semblait le tracasser. C'était plutôt rare et il se faisait du souci pour les éventuels porteurs qui seraient trop vulnérables ou trop fragiles. Cette histoire me faisait vraiment froid dans le dos.

J'avais envie d'oublier tout ça. Les risques que nous avions encourus l'un et l'autre. Il faisait beau, nous décidâmes de faire le trajet inverse à pieds, en longeant les bords de Seine. Nathan avait un faible pour les bouquinistes, et particulièrement pour les anecdotes du vieux Paris. On les devait à ses lectures ponctuelles dont il égrenait nos balades. Il disait avoir détesté les cours d'histoire à l'école, mais les détails croustillants de l'Histoire le passionnaient et il semblait heureux de pouvoir les partager avec moi. Quand nous nous éloignâmes des quais, je posai la question qui me hantait un peu :

— Nathan, est-ce que François t'a fait des reproches avant qu'on ne le rencontre ?

— Des reproches ? Non ! Il a été honnête avec toi, tout à l'heure. Pourquoi t'inquiètes-tu ? À cause de ce qu'il t'a demandé ?

— Non, ça, je comprends. Il a raison, j'aurais dû l'appeler.

— Si je n'avais pas pu m'en occuper, je te l'aurais dit Sarah ! Et j'aurais appelé François. Je n'aurais pris aucun risque. Tu me crois, n'est-ce pas ?

Difficile de ne pas le croire, il n'était que sincérité. Jusque dans son regard. Je hochai la tête, confiante, et fis remarquer :

— On ne ressent rien chez lui.

— Non, c'est vrai. Cela t'aurait-il perturbée ? me répondit-il terriblement taquin. C'est reposant, non ?

— Ben, c'est justement dans son cas que j'aurais aimé savoir.

Il éclata de rire et me caressa la joue avec tendresse, me faisant frissonner de plaisir.

— Il va falloir lui faire confiance quand même !

— Je sais. Comme avec toi, au début.

— C'est comme un père pour moi, Sarah, il a toujours été là pour moi. Et il le sera pour toi.

Ses paroles dites avec gravité me bouleversèrent. Je

compris que ma méfiance à l'égard de François l'avait ennuyé et il n'avait rien dit jusque-là. Son respect pour tout ce que je traversais me touchait beaucoup.

Nathan me touchait beaucoup. Jamais on n'avait pris soin de moi de la sorte. Jamais je n'avais eu l'impression que mes états d'âme comptaient à ce point. Jamais non plus, je n'avais compris à quel point la relation qu'ils avaient nouée tous les deux était si forte. Était-ce le cas pour tous, une fois la formation accomplie, ou bien leur histoire, que je connaissais finalement si peu ?

***

— Comment te sens-tu ? fit François que je retrouvais quelques jours plus tard, pour me coller à l'exercice qu'il m'avait donné.

Il avait jeté son dévolu sur le vieux robinier du square Viviani, pour déposer cette âme, me prouvant par ailleurs qu'il était tenu informé de façon très précise de mes progrès. Je lui étais reconnaissante de ne pas avoir choisi un *porteur humain,* ce qui m'aurait compliqué la tâche n'ayant pas la décontraction de Nathan pour agir. C'était donc rassurée par ce qui m'attendait que j'en avais pris le chemin. Le temps n'était pas à la balade, au moins il n'y avait pas foule. Cela m'avait permis d'agir très vite, avec une aisance qui m'avait moi-même étonnée. Mais quand on n'était pas pris par surprise, c'était plus facile, non ? J'avais gagné le petit café où il m'attendait, un peu fébrile cependant. J'étais consciente que c'était un nouveau pas pour moi. En quittant le giron de Nathan, je rentrais davantage dans la communauté.

Il se leva pour m'embrasser sur la joue, et une sensation curieuse me traversa l'espace d'une seconde ou deux. Étonnée, je m'aperçus qu'il avait commandé mon soda préféré. Une attention touchante dont je connaissais la raison.

— Bien, très bien... Il s'est passé quelque chose, là ?

— J'ai pris le relais, déclara-t-il le plus tranquillement du monde.
— Comme ça ?
— C'est à ça que servent les gardiens. À venir en aide aux chasseurs en difficulté. Tu ne l'étais évidemment pas, mais je voulais te le prouver. Un contact physique me suffit.
— Impressionnant !
— Important et nécessaire, corrigea doucement François en me dévisageant longuement. Aussi bien quand l'on forme les novices, que lorsqu'un chasseur est en difficulté.
— Mais ça, Nathan ne sait pas le faire ?
— Non, mais il a su attendre que tu sois prête. Ce que, moi, je ne peux pas faire. Tu imagines bien que j'essaie de ne pas trop être présent et intrusif dans la vie de chacun. Plus vite j'en ai fini, plus vite vous êtes autonomes.
— Ce que du coup, je ne suis pas...
— Je ne crois pas que ce soit un problème, ni pour toi ni pour Nathan. Je me trompe ?
— Non, souris-je.
Il me dévisagea un instant avec cette bienveillance bien à lui, poussa mon verre vers moi pour m'inciter à boire sans plus attendre puis lâcha :
— Je vais t'avouer quelque chose qui va sans doute te surprendre, Sarah. Nathan a eu beaucoup de mal à accepter sa condition. J'ai un peu dû le forcer à aller jusqu'au bout. Il ne te l'a pas raconté ?
— Pas explicitement non, mais il a insisté pour que je franchisse toutes les étapes.
Il eut un petit sourire de satisfaction ou de fierté. Je me rappelais très bien le plaidoyer de Nathan à ce sujet, et je comprenais d'autant mieux maintenant sa volonté farouche de me donner du temps.
— Nathan est le seul de mes protégés que je crois capable de réussir ce travail difficile, Sarah.
— Il est très patient, murmurai-je.

— Et très rigoureux. Il ne laisse pas l'empathie ni ses sentiments pour toi prendre le dessus, et c'est nécessaire dans certaines situations.

C'était vrai, une fois lancé, Nathan ne lâchait rien, comme s'il était imperturbable. Je souris en guise de réponse. Il le connaissait tellement bien, c'en était presque troublant. Je ne pus m'empêcher de le dévisager avec une sorte d'admiration. Et je comprenais mieux les mots que Nathan avait eus à son égard.

— As-tu mangé ? s'inquiéta-t-il soudain.

— Non, pas encore, j'avais l'estomac un peu noué avant de partir.

— Tu m'étonnes ! Tu as une heure devant toi ? Je t'invite en face, c'est un bon petit resto. Tu pourras me poser toutes les questions que tu veux, je suis certain que tu en as une ou deux.

Il ajouta ces derniers mots avec un clin d'œil et se leva pour payer la note dès que j'eus hoché la tête. Il émanait de lui quelque chose de rassurant, d'assez irrationnel. Quelque chose que je n'avais pas senti auparavant. Mais une chose était certaine, je me sentais en confiance et en sécurité.

Une fois installés en face, et notre commande passée, il se pencha vers moi :

— Alors ces questions ?

— C'est difficile de vous cacher quelque chose !

— De *te* cacher, me reprit-il gentiment.

— D'accord. Il y a juste quelque chose qui me tracasse un peu, est-ce que, l'autre jour, j'ai mis Nathan en danger ?

— Nathan ? Non ! Même si je préfère qu'il ne traite plus ce type de cas. Je le sais souvent fatigué, et même s'il prend les précautions nécessaires, il reste fatigué et plus vulnérable à ce type d'âme particulièrement torturée. Les névrosés sont rebelles, en général. Mais s'il avait senti la tâche trop difficile, il m'aurait appelé Sarah. J'en suis persuadé !

Mon soulagement ne lui échappa pas. L'entendre de

sa bouche avait quelque chose d'extrêmement rassurant. Mais il rajouta, fronçant légèrement les sourcils :

— Mais tu t'es mise en danger, toi. Plus tu gardes une âme, moins tes défenses sont solides. D'où ces traces dans ta mémoire qui surgissent la nuit. Tu n'as pas assez d'entraînement pour dresser des murs assez résistants pour la garder si longtemps.

— Vous… euh toi, oui ? murmurai-je, consciente du fardeau qu'il portait tout en bavardant tranquillement avec moi.

— Moi, je ne risque rien du tout. Un chasseur expérimenté et en pleine forme non plus. L'autre jour, Nathan ne pouvait pas deviner à qui tu avais affaire, sinon il n'aurait pas agi de la sorte. Il s'en veut, je crois. Mais tu le sais désormais, et je ne te demande qu'une chose, ne prends plus ce type de risque !

— Promis !

— Bien, a-t-il souri, attaquant de bon cœur le contenu de son assiette.

Que Nathan s'en veuille un peu, je le savais. Quand nous ne passions pas la nuit ensemble, il avait toujours cette lueur d'inquiétude et de regret dans les yeux à l'idée que mon sommeil soit à nouveau perturbé. Mais que pouvais-je y faire ? François dut sentir quelque chose, car il me considéra un moment, sans rien dire. J'appréciai cette discrétion qu'il avait. Et le bavardage plus léger qui suivit. De toute évidence, connaître ses protégés importait à ses yeux. Mais au dessert, où il insista pour que je commande de façon presque paternelle d'ailleurs, il reprit :

— Moi, j'ai encore une question !

— Si je peux répondre…

— Oh oui, tu peux certainement ! Comment gères-tu la part de secret que cela demande ?

J'en reposai ma cuillère de tarte, tant la question me désarçonna.

— Mentir n'est pas ma tasse de thé, mais Nathan et Sophie m'ont appris à manier le double sens.

Cela le fit évidemment rire.

— Je les imagine très bien le faire ! C'est effectivement parfois une solution.

— C'est l'empathie qui me gêne le plus, à vrai dire. Au-delà du sentiment d'indiscrétion que j'éprouve, c'est envahissant !

— Parce que tu te rends disponible pour accueillir les émotions d'autrui. Tu ne t'en rends pas compte, mais c'est dans ta nature d'être attentive aux autres. Sans curiosité, juste parce que ton esprit est fait pour ça.

— Mais pas avant ?

— Avant, tu n'avais jamais ouvert ton esprit pour servir de refuge. L'avoir fait une seule fois a débloqué ta nature profonde, Sarah. Si tu as envie de te protéger un peu, tu vas être obligée d'apprendre à être égoïste et mettre tes propres sentiments en avant, comme un bouclier.

— Encore quelque chose à apprendre…

— Mais tu apprends très vite, répondit-il avec un sourire encourageant.

Chapitre XVII

*« Les amis sont des anges silencieux, qui nous remettent
sur nos pieds quand nos ailes ne savent plus voler. »*
Victor Hugo

J'attendais que Nathan sorte de son service à la cafétéria de l'hôpital. Il me manquait. Et puis je ne souhaitais plus qu'il s'en veuille. Je m'étais rendu compte au fil de notre entretien qu'il se confiait régulièrement à notre gardien. Je n'en avais jamais rien su, sans doute pour que je ne m'inquiète pas de son inexpérience.

— Ça, c'est une petite pause sympa, murmura-t-il en m'embrassant avant de s'asseoir. Tu devrais aller voir François plus souvent.

Un sourire lumineux illumina son visage fatigué par sa nuit de garde. L'endroit n'était pas glamour, mais on savait se contenter de peu tous les deux.

— J'aurais dû y aller plus tôt surtout, attaquai-je consciente qu'on n'aurait pas des heures pour bavarder.

Il dodelina juste de la tête en guise de réponse et continua de m'écouter attentivement. J'avais besoin de lui parler de ce que je venais de vivre. J'avais bien compris que ce petit exercice au square Viviani n'était qu'un prétexte à une vraie rencontre en tête-à-tête. J'étais officiellement devenue, moi aussi, sa protégée et visiblement au sens propre comme au sens figuré. J'avais redouté cet homme, qui représentait tout le savoir d'une expérience qui me dépassait, et j'avais ressenti un tel bien-être en sa présence. C'était assez inexplicable pour quelqu'un de rationnel comme moi. Désormais, je savais que l'appeler ne me poserait plus de problème.

— Il m'a semblé... différent des autres fois. Moins stressant, c'est normal ?
— Il a établi un vrai contact avec toi, en reprenant ton *passager clandestin*.
— Je suis devenue sa *protégée*, moi aussi ?
— Oh, tu l'étais déjà avant, mais tu l'as ressenti, oui. François ne force jamais ce type de contact si tu n'es pas prêt. Je suis content que tu l'aies fait.
— Moi aussi. Je sais que tu respectes mes choix et mes réticences, Nathan, tu aurais dû m'y pousser plus tôt. Je n'aurais pas fait la bêtise de désirer t'attendre à tout prix la dernière fois.

Il prit son temps pour répondre et plongea ses yeux dans les miens. Une lueur de culpabilité les traversa, une fois de plus.

— Je ne voulais pas te brusquer ni perdre ta confiance. Si j'avais su ce que tu risquais, je n'aurais jamais fait ce choix.
— C'était mon choix Nathan, pas le tien ! Laisse-moi l'assumer toute seule ! Tu portes assez de choses pour moi, en ce moment !

Je saisis ses deux mains pour appuyer mes paroles puis il poussa un soupir et se pencha vers moi, murmurant avec gravité :

— Tu sais ce que j'aime chez toi ? C'est ta façon d'accepter tout ce qui t'arrive, sans jamais fuir ou te laisser submerger.
— Parce que tu as toujours été là, et puis il m'est arrivé des chouettes choses, ces derniers temps.

Le choix de mes mots le fit sourire, et pourtant je le sentis profondément touché, à en avoir la chair de poule tant cela me sembla intense. Il était aussi prudent que moi pour mettre des mots sur notre relation ; les raisons en étaient certainement différentes. Mais il y a une chose qu'il ne pouvait plus me cacher, et j'imaginais bien que c'était réciproque. C'était à quel point il se sentait bien quand on était ensemble. L'empathie avait du bon, du très bon même ! Il finit par lâcher :

— Je pourrais en dire autant, tu sais.

Par malheur, son bipeur sonna à ce moment-là, mettant fin à un moment que j'aurais aimé prolonger encore un peu. Navré, il lut le message affiché, fronça les sourcils et se leva en m'embrassant. Je savais que je ne le reverrais pas avant 24 heures. Il avait besoin de récupérer. Le lendemain soir, nous devions nous retrouver chez Sophie avec Clément.

— J'aime beaucoup quand tu viens en consultation ici, glissa-t-il dans mon oreille, déposant de petits baisers légers dans mon cou, avant de s'éloigner avec un petit sourire en coin.

Je n'étais pas rentrée chez moi depuis une heure que Mélanie surgit devant ma porte. La chose aurait été normale si elle ne portait pas ce qui ressemblait fort à une valise et si elle n'avait pas eu les yeux rougis. Je perçus une telle peine chez elle que je ne posai aucune question et ouvris plus grand ma porte. Les paroles de François, qui prônait l'égoïsme pour me protéger du raz de marée émotionnel qui arrivait sur moi, me semblèrent bien difficiles à appliquer.

— Tu m'offres l'hospitalité pour la nuit ? demanda-t-elle d'une voix mal assurée.

— Évidemment. Je dois encore avoir ce bon vieux matelas gonflable qui nous a dépannées au début. Tu n'auras qu'à t'installer dans ton ancienne chambre, elle n'a de bureau que le nom aujourd'hui.

Elle hocha la tête, les yeux dans le vague. J'observai sa valise que je trouvais bien grande pour une seule nuit. Mél soupira et se laissa tomber sur le canapé.

— On s'est disputés hier soir, puis ce matin. Il a annulé ses vacances pour le boulot. Nos premières vacances d'été ! Sans état d'âme.

— Il a peut-être une raison ?

— Son patron a besoin de lui. Il est persuadé qu'en annulant ses congés, il va lui être éternellement reconnaissant. Il lui a versé une prime en dédommagement, tu te rends compte, la prime compte plus que nos premières vacances !

Quand Mélanie était en colère, on avait envie de se faire toute petite et de laisser passer l'orage. Ses yeux lançaient des éclairs, ses mains s'agitaient dans tous les sens et sa voix montait dangereusement dans les aigus. Je comprenais sa déception : l'an dernier, elle venait de prendre son job et n'avait pas eu droit à des congés d'été. Ils avaient prévu de partir à l'aventure et de camper ici et là sur la côte bretonne. Je m'assis à côté d'elle et la serrai contre moi.

— Tu ne peux pas dire ça ! Il en avait autant envie que toi ! Il a peut-être subi de la pression de la part de son patron ?

Elle me lança un regard noir et je compris que prendre la défense d'Antoine était une mauvaise stratégie. Sa colère enfla d'un coup ! Je me relevai, décidée à m'éloigner un peu de la tempête et j'allai faire du thé. Elle déclara alors :

— J'ai besoin de faire le point. Ces derniers temps, j'ai trop l'impression de passer après son boulot. Finalement, je suis contente qu'il ne se passe rien de sérieux entre toi et Nathan, parce que partager la vie d'un mec comme lui, ça doit être l'enfer.

Je la dévisageai un peu trop longuement alors que je rapportais deux mugs fumants et je lus le doute dans son regard. Mais là, clairement, lui mentir me semblait au-dessus de mes forces, alors je bredouillai en pinçant les lèvres :

— C'est loin d'être l'enfer.

— Je le savais, s'exclama-t-elle, avec un grand sourire vainqueur. Vous m'avez bien menée en bateau tous les deux !

— Peut-être que tu avais mis la charrue avant les bœufs ?

— Alors, c'est officiel, ce mec a une patience d'ange !

— Ça, oui !
— Ben, s'il sait soigner aussi ton petit cœur, ça me plaît bien aussi !

Je secouai la tête, amusée par sa moue malicieuse. Mon aveu avait au moins le mérite d'avoir mis de côté un temps ses rancœurs et ses inquiétudes. Je dus subir par la suite une salve de questions auxquelles j'essayai de répondre sans nous trahir. Heureusement que j'avais un peu d'entraînement ! Et que Nathan avait la sagesse de ne pas repasser par ici !

Moi qui me calais désormais sur son emploi du temps pour gérer mon travail, j'allais devoir revoir ma copie si Mel comptait rester ici. Je sentais bien qu'il s'agissait davantage qu'une simple brouille. Elle était certes un peu impulsive de nature, mais pas au point de claquer la porte à la première dispute. Je n'avais jamais vécu avec quelqu'un, comme si mon intuition m'avait toujours freinée pour passer à l'acte. Peut-être aussi aimais-je trop mon indépendance ? Quoique j'en doutais un peu ces derniers temps, parce que ne pas voir Nathan tous les jours me pesait... déjà ! Alors bien sûr, j'ignorais si le mal était profond entre eux deux. Une chose était sûre : elle était très fâchée, la bougresse. Elle coupa son téléphone et m'entraîna au cinéma pour être certaine qu'Antoine ne débarquerait pas dans la soirée.

***

Il le fit le lendemain, dans la matinée. Le boulot était peut-être très important pour lui, mais visiblement Mel aussi. Il avait de sacrés cernes sous les yeux. Et je pris son inquiétude de plein fouet. *Damnit*[14], je détestais être entre deux feux. Je l'aimais bien Antoine moi, c'était un mec fait pour Mélanie ! J'en étais persuadée. Je le prévins aussitôt :

— Tu sais, j'ai essayé de plaider ta cause, mais elle n'a rien voulu savoir !

— J'ai merdé, bredouilla-t-il, en se plongeant dans son mug de café comme pour se donner du courage. Je suis

---

14 Mince

toujours en CDD et elle ne le sait pas. Mon patron me teste en ce moment, je sais qu'il se tâte. Il a besoin de voir à quel point je suis motivé. On est deux sur les rangs, il n'en prendra qu'un.

— Pourquoi ne lui as-tu pas dit ?

— Pour la même raison qui l'a amenée à pousser ta porte hier : je ne voulais pas qu'elle pense que je devais choisir entre elle et mon boulot. Elle vit mal toutes ces heures que je fais ces derniers temps. Je le fais pour nous assurer un avenir, pas pour autre chose. Si je ne suis pas pris, il faudra que je cherche ailleurs. Que je recommence tout !

— Mais ça, elle est capable de l'entendre...

— Quand on s'est installés tous les deux, je l'ai laissé croire que ma situation était stable. Mel ne serait pas partie de chez toi si elle avait pensé que deux mois plus tard, il nous faudrait peut-être déménager.

Il avait raison. Plus casanière que Mel cela ne devait pas exister. Et voir comme elle avait repris facilement ses habitudes d'autrefois l'aurait sans doute effrayé. Je répondis, désarmée :

— C'est du solide tous les deux, Antoine, elle va décolérer et s'en rendre compte.

— Tu en es sûre ?

— Elle n'a pas hésité à partir s'installer avec toi, pas une minute ! Mais c'est vrai que ces derniers temps, elle n'aime pas rentrer chez vous si elle sait que tu vas revenir tard. Elle n'a jamais vécu seule, tu sais. Elle a sans doute juste besoin d'être plus sereine sur votre avenir à tous les deux.

Son soupir me serra le cœur, les sentiments qui allaient avec aussi. Il était écartelé et je ne l'aidais pas beaucoup de toute évidence. Je soufflai :

— Quand tu lui auras avoué le vrai problème, elle y verra plus clair.

— Tu as déjà essayé de lui parler quand elle est en colère ? lança-t-il en haussant un sourcil perplexe, fort touchant.

— Alors, laisse-la se calmer et fais en sorte de lui manquer.
— Et je fais ça comment ?
— Euh… Je vais y réfléchir ? Je ne la laisserai pas faire la bêtise de tout plaquer, d'accord ? promis-je, plus sérieusement, peinée de le voir aussi désemparé.

Il jeta un regard anxieux sur sa montre, sourit tristement et me remercia pour le café avant de s'éclipser. Entre la colère et la déception de l'une et la vive inquiétude de l'autre, j'étais servie. Je me plongeai dans la traduction de mon polar bien glauque pour essayer de mettre le tout à distance, parce que là, franchement, cela faisait beaucoup pour moi toute seule.

***

Mélanie rentra de son travail, dans le même état d'esprit que la veille. Elle avait la rancune tenace et j'ignorais si Antoine avait tenté quelque chose. Elle agit comme si de rien n'était et je ne revins pas à la charge. Je n'avouai pas non plus qu'il était passé, je connaissais sa réaction par avance.

Nathan dut sentir à quel point j'étais soulagée d'échapper à l'atmosphère lourde de mon petit appartement, car il coula sur moi un regard perplexe quand je me jetai contre lui. Il était venu directement de l'hôpital et m'attendait au pied de l'immeuble. Me blottir contre lui, respirer son odeur et goûter à sa tendresse m'apaisa instantanément. Il se contenta de me voler quelques baisers légers qui suffirent à m'enflammer.

— Tu sais que je serais venu te chercher si Mélanie t'avait retenue en otage ? fit-il quand je réussis enfin à me détacher de lui.

— Eh bien, heureusement que je lui ai craché le morceau, alors !

Je l'avais bien sûr informé pour Mel, par le biais de quelques messages, mais je n'avais rien laissé filtrer de mes états d'âme. Il faut dire que, cette fois, je me sentais un peu égoïste. Mel venait squatter chez moi au moment où j'aurais eu besoin de toute ma liberté, pour construire quelque chose qui nous convienne à Nathan et à moi. Mais ce filou comprit vite ce qui se jouait dans ma tête :

— Oh, je me serais bien débrouillé. Cela fait de moi un vilain garçon si je t'avoue que j'aimais bien l'embrouiller ? Parce que là-haut, ça fait longtemps qu'ils avaient deviné.

— Non, ris-je, réalisant, juste après, la portée de ses derniers mots.

Il ne me laissa pas le temps de le questionner et m'entraîna dans l'escalier qui montait chez Sophie. Cette dernière nous attendait seule et semblait étrangement anxieuse.

— Clément sera en retard, il fait des heures sup, expliqua-t-elle, en nous installant dans son petit salon cosy.

— Il ne m'a rien dit, s'étonna Nathan.

— Je crois qu'il était pressé d'en avoir fini. Je suis contente que tu aies réussi à venir Sarah, Mélanie aurait été la bienvenue aussi.

— Je ne suis pas très fière de répondre ça, mais c'est le seul moment, quand je suis avec vous, où je n'ai pas besoin de surveiller ce que je dis. Et je n'ai pas encore votre aisance.

— Tu t'en sors très bien, me conforta Nathan en m'embrassant. Et je suis comme toi, je tiens à nos petites soirées privilégiées. Clément n'amène pas Anaïs, ce soir ?

— Non, je crois que ce n'est pas près d'arriver ! sourit Sophie.

Nathan ricana doucement et lâcha :

— Il a bien trop peur qu'on en sache trop !

— Et toi, ça ne t'a pas gêné ! fis-je remarquer, avec malice.

— Moi j'assume ! Je n'ai jamais rien eu à cacher.

Sophie haussa des sourcils complices, franchement amusée par son aveu qui n'en était visiblement pas un. *Oh my God*[15] ! Depuis quand savait-elle ? La cachottière ! Je me sentais presque soulagée d'être, au moins sur ce terrain, à égalité avec eux. Je n'eus pas le temps d'intervenir, car la sonnette de l'appartement retentit et Sophie courut presque ouvrir.

Ce n'était pas le Clément habituel que je vis entrer, il était certes habillé comme j'imaginais quand il allait souvent travailler – jean sombre, chemise et blaser – mais il avait l'air franchement défait. Il marmonna, essoufflé :

— Tu as du sucre ?

— Liquide, oui, glissa-t-elle avec un sourire, visiblement soulagée, en lui tendant une canette qu'elle avait préparée.

C'est là que je compris bêtement en quoi consistaient les fameuses heures sup. Je n'eus même pas à poser la moindre question, il se confia spontanément sous nos regards curieux, après avoir vidé la moitié de sa canette :

— Je suis tombé dessus dans la bâtisse que j'ai visitée cet après-midi, avec un client. Et je n'aurais pas eu le temps de m'en occuper demain. Désolé.

— Ne t'inquiète pas ! Ces deux-là ont pris leur temps, eux aussi ! glissa Sophie l'air narquois.

— Ah oui ? Tu rattrapes le temps perdu Nathan ?

— Bois donc ! répondit ce dernier amusé, en désignant sa main qui tremblait encore. On va te ramasser à la petite cuillère.

— Oui, docteur !

Je n'avais jamais regardé de près ce que contenaient les boissons énergisantes, mais Clément en vida deux, mangea comme quatre et retrouva vite sa verve coutumière. Il nous quitta juste plus tôt que d'habitude, personne n'en prit évidemment ombrage.

— Mélanie ne va pas s'inquiéter si tu ne rentres pas ce soir ? demanda Nathan, une lueur gourmande dans les yeux, alors qu'on descendait l'escalier, à notre tour.

— Tu n'as pas vu son petit sourire quand je l'ai quittée.

---

15 Oh mon Dieu

— Non, mais j'imagine ! ricana-t-il. Alors je te kidnappe pour la nuit ?

Comme si j'allais refuser... Il faisait bon ce soir-là, et rentrer à pied nous permettrait de bavarder un peu et de savourer enfin un vrai moment d'intimité. Je n'étais pas retournée chez lui depuis ce jour où j'étais allée faire amende honorable. Et je découvris l'appartement dans le même état que la dernière fois. Il n'y avait aucun doute, Nathan gérait sa vie de manière rigoureuse et je ne savais pas pourquoi, cela me plaisait bien. Pourtant, j'étais presque intimidée de me retrouver là. La situation était radicalement différente. C'était son univers, pas le mien. Je le vis avoir ce petit sourire en coin, qui en disait long sur ce que je dégageais de trac et de réserve, avancer vers moi les yeux brûlants de désir jusqu'à ce qu'il aperçoive son répondeur clignoter. Il lâcha ma main pour écouter le message. Une voix de femme, un peu hésitante, résonna dans la pièce :

Nathan, rappelle-moi dès que tu pourras, s'il te plaît !

Il soupira et commenta à voix basse :

— C'est ma mère.

— Elle n'a pas essayé ton portable ?

Il le sortit de sa poche et grimaça :

— Si, mais je l'avais mis sur vibreur pour bosser. Elle n'a pas laissé de message, ce n'est donc pas bien grave. Et on ne va pas laisser ma mère gâcher cette fin de soirée, on en a déjà tellement peu, ajouta-t-il, avec ses yeux charmeurs.

Ma réserve fondit comme neige au soleil. Il me débarrassa de ma petite veste, de mon sac et du reste de mes vêtements, avec une lenteur étudiée. Il m'empêcha d'en faire autant, comme si mon plaisir passait avant le sien. Je grognai de frustration, mais rien n'y fit. Il m'enleva dans ses bras et me déposa sur son lit, puis commença une lente et longue exploration de chaque centimètre carré de ma peau. Ses baisers m'enflammèrent. Dès que je voulus m'attaquer de nouveau à sa chemisette trop boutonnée pour moi, il bloqua mes deux mains de chaque côté de mon visage, étouffant mes protestations de ses lèvres.

— Tu es mon invitée, je te rappelle, murmura-t-il d'une voix rauque. J'assure le service tout seul.

— OK, mais tu me laisses faire au dessert ? fis-je le souffle court, incapable de lutter face à ses baisers de plus en plus experts.

Je n'entendis pas sa réponse, il plongea entre mes cuisses et je me mis à gémir sous l'assaut de ses doigts et de sa langue trop habiles. Je capitulai et le laissai m'aimer à sa guise.

***

Le lendemain matin, l'odeur du café me chatouilla les narines. Quand j'ouvris les yeux, Nathan était assis au bord du lit, fraîchement rasé et habillé, et semblait me regarder dormir.

Il me sembla si amoureux en cet instant que mon cœur se serra de bonheur.

— Rendors-toi, il est trop tôt. J'ai laissé mes clés sur la table, je passerai les prendre ce soir, chez toi.

Je crus lire des regrets dans ses yeux, mais il se pencha vers moi, m'embrassant furtivement comme s'il craignait de me réveiller pour de bon. Il ne me donna pas l'occasion de grappiller quelques minutes supplémentaires, il se leva et partit aussitôt.

J'attendis avec impatience qu'il repasse chercher ses clés. Les journées me semblaient souvent longues depuis que nous avions franchi le pas tous les deux. Comme si nous avions du temps à rattraper. Je me noyais alors dans mon travail jusqu'à ce que mes yeux se révoltent ou que mon estomac crie famine. Pourtant ce jour-là, le dernier regard qu'avait eu Nathan avant de me quitter m'empêcha de me concentrer durablement. J'étais amoureuse et, pour la première fois depuis longtemps, cela ne m'effrayait pas. Quand le soleil inonda mon salon d'une lumière plus douce, annonçant le début de la soirée, je commençais à trouver le temps vraiment long. Je n'avais eu aucune nouvelle, cela ne lui ressemblait pas. Nathan était coutumier de petits messages tendres ou coquins qu'il envoyait quand il faisait une pause dans son travail. Mais je n'en avais reçu aucun et je trouvais cela étrange. Avait-il des soucis de boulot ?

La sonnerie de mon téléphone me tira un soupir de soulagement quand elle m'annonça enfin un message. Il arrivait à l'heure où il aurait pu franchir le seuil de ma porte :

Je pars en urgence voir ma mère, je t'expliquerai plus tard. Je t'embrasse fort.

Nathan n'était jamais très bavard dans ses messages. Là, c'était presque laconique et frustrant. Qu'est-ce qui pouvait justifier qu'il plaque son travail, sachant qu'il peinait déjà à négocier quelques jours de vacances ? Son chef de service n'avait pourtant pas l'air très conciliant. J'hésitai longtemps à l'appeler pour en savoir plus, mais je n'en fis rien, préférant lui laisser l'initiative quand ce serait plus facile pour lui. Le mot *urgence* m'effrayait un peu, pour tout dire.

Chapitre XVIII

« Pour convaincre, la vérité ne peut suffire. »
Isaac Asimov

— Bon, si tu me disais ce qui te rend si morose, ce soir ? fit Mélanie en sortant de la salle de bain avant d'aller se coucher. Nathan te manque tant que ça ? Va le retrouver, je suis sûre qu'il adorerait ! Tu n'es pas obligée de rester avec moi, tu sais !

— Si je pouvais, je le ferais, soupirai-je avant de lui expliquer enfin la frustration dans laquelle m'avait plongée son message.

Au fil des heures, mon esprit s'était mis à gamberger. Pourquoi Nathan n'avait-il pas répondu aux messages que j'avais fini par envoyer tard dans la soirée ? Ils n'étaient même pas inquisiteurs. Une fois dans le train, il en avait eu le temps. Et puis il avait bien dû passer chez lui prendre des affaires. Comment avait-il fait sans ses clés ? Et combien de temps partait-il ? Sa mère habitait loin… Regrettait-il de ne pas avoir rappelé la veille ? Il n'était pas si tard…

Mais Nathan se sentait parfois vite coupable. Son choix d'étudier loin d'elle avait été difficile, je l'avais bien compris. Cela faisait un moment qu'elle prenait contact avec lui, de façon répétée. Et si en plus elle opérait comme la mienne : dissimuler la gravité ou les soucis réels qui la tracassaient pour épargner ses enfants, en prendre soudain connaissance avait dû le faire réagir promptement. Nathan avait un sens aigu du devoir, j'en étais persuadée.

Rester sans réponse me rongeait un peu et je ne quittai pas des yeux mon téléphone. Je me faisais du souci pour lui. Mais les heures défilèrent, de la même façon, et une fois couchée, je n'avais toujours aucune nouvelle.

Nathan ne m'avait jamais vraiment parlé de sa mère. Ni de lui, à bien y réfléchir. Cela n'avait rien d'étonnant, notre relation avait évolué tout récemment. Et puis c'était peut-être si grave qu'il n'avait ni le temps ni l'envie de m'en informer tout de suite. C'était sûrement cela : ne pas m'inquiéter, ne pas me faire porter ses soucis. Il vivait seul depuis un bon moment si j'en croyais Sophie et ce qu'il m'avait confié lui-même. Partager ses problèmes familiaux alors que nous entamions tout juste une relation ne lui semblait sûrement pas une excellente idée. J'en aurais fait autant. Je crois... C'était en tous les cas la théorie de Mélanie. J'avais vaguement songé à une batterie vidée, un oubli de chargeur : comme il était parti dans la précipitation, c'était bien possible aussi !

Je tournai toute la nuit dans mon lit, sans parvenir à trouver d'autres raisons à ce silence prolongé. Je me levai le lendemain pour prendre mon petit déjeuner avec Mel. Je n'avais même pas pris le temps la veille de savoir comment ça allait de son côté. Quelle amie étais-je donc ?

— Ne t'inquiète pas pour moi ! fit-elle quand je la questionnai à ce sujet. Je le laisse réfléchir à ce qu'il veut vraiment.

— Mel, soupirai-je, consciente qu'elle n'avait pas toutes les données pour bien cerner le problème, tu devrais discuter avec lui. Vraiment !

— C'était avant qu'il fallait discuter au lieu de me mettre devant le fait accompli.

Je ne pouvais pas lui donner tort, bien sûr. Cependant, s'enfoncer dans le silence n'allait pas résoudre leur problème. Elle ne pouvait tout de même pas lui demander de choisir entre son travail et ses vacances, c'était injuste ! Je détestais les non-dits et tout ce qu'ils véhiculaient d'injustices et d'erreurs. Antoine me semblait bien acculé, et je ne voyais vraiment pas comment il allait retourner la situation pour que Mel lui pardonne cette erreur de communication. Elle glissa avant de partir :

— Et toi, tu devrais cesser de t'inquiéter. Il t'appellera

sûrement dans la journée. Tu sais bien que les hommes ne savent faire qu'une chose à la fois. Je suis certaine que Nathan n'échappe pas à la règle, tout sexy qu'il soit !

J'essayai de garder ce cap, toute la journée. Je refusai d'inventer toutes sortes de raisons pour lesquelles il n'aurait pas pu m'appeler. Et quand j'étais anxieuse, j'avais de l'imagination à revendre. Quand mon père avait disparu, j'avais dû brosser une centaine de scénarios, certains vraiment rocambolesques. Ma pauvre Maman les avait tous écoutés avec patience. Elle avait bien compris qu'imaginer m'aidait à combler l'absence.

Mais à la fin de l'après-midi, toujours sans message de sa part, même après une nouvelle et vaine tentative de message, un nœud s'installa durablement dans mon estomac. Il avait dû se passer quelque chose de grave. J'avais besoin d'en parler à quelqu'un qui le connaissait. Quelqu'un qui saurait me dire comment il réagissait en cas de coup dur. Et puis il y avait cette petite voix mesquine dans ma tête qui ne demandait qu'à venir me tenir compagnie : *et si je m'étais trompée sur la nature de la relation que j'entretenais avec Nathan ? Et si en fin de compte, j'y accordais trop d'importance ? Que savais-je de lui finalement ?* Mes vieux doutes allaient rejaillir à la surface si je n'y prenais pas garde. Si quelqu'un ne me rassurait pas, là, tout de suite, j'allais paniquer et interpréter à tort le silence de Nathan…

C'est là que je pensai une fois encore à Sophie. Je savais, de surcroît, qu'elle comprendrait mon inquiétude. Et puis elle le connaissait depuis longtemps. Plusieurs années, si j'avais bien saisi. Elle connaissait ses habitudes, sans doute même son histoire. J'avais perçu une certaine proximité entre eux deux. Elle m'avait caché ses sentiments à mon égard, ce n'était pas rien ! J'avais besoin qu'elle m'explique.

***

— OK, on va s'asseoir d'abord, fit-elle quand je franchis le seuil de sa porte et qu'elle m'embrassa, reculant vivement comme si je l'avais pincée.

Je compris que je l'avais submergée. Par contre, je ne savais pas que le contact physique amplifiait la perception des émotions. Enfin, j'avais eu un doute quand j'étais avec Nathan, mais n'avais pas osé le lui demander. Elle s'installa en face de moi. Je balbutiai en guise d'excuse :

— Je n'ai aucune nouvelle depuis 48 heures. Je suis inquiète. Ça ne lui ressemble pas de ne pas répondre aux messages, il ne l'avait jamais fait auparavant. Il devait passer chez moi reprendre ses clés, et...

Elle coupa court à toutes mes élucubrations aussitôt, d'un geste de la main. Je devais la mettre mal à l'aise à tout déverser de la sorte. Je l'avais vécu avec Mélanie, c'était très inconfortable.

— Il est passé chez moi, avant de partir. J'ai un double, expliqua-t-elle. Clément aussi, je crois.

J'écarquillai les yeux, de surprise d'abord puis d'incompréhension totale. Elle prit un air navré et inspira longuement avant de m'expliquer :

— Je pense qu'il voulait te préserver. Il était très angoissé, tu sais. Du genre comme tu l'es, là...

— Désolée.

— Pas grave, tu ne contrôles pas, sourit-elle avec bienveillance. Tu ne m'en voudras pas de rester un peu éloignée de toi ?

— Non, bien sûr.

— Je pensais qu'il t'aurait envoyé au moins un message pour t'expliquer.

— Juste qu'il partait voir sa mère en urgence. Plus rien depuis ! Il ne me répond pas.

Au milieu du tumulte de mes émotions contradictoires, je sentis son hésitation. Elle me dévisagea un moment, en pinçant ses lèvres. Elle savait visiblement bien plus de choses que moi. Elle bredouilla :

— C'est un peu compliqué et difficile à expliquer au téléphone.

— Mais toi, tu sais...

Elle dodelina de la tête, sans doute tiraillée par sa conscience. Ce qui n'arrangea pas mon angoisse. Que me cachaient-ils l'un et l'autre ? Et pourquoi ?

— Sa sœur a été hospitalisée, lâcha-t-elle visiblement à contrecœur.

— C'est grave ?

— Il t'a déjà parlé de sa sœur ?

— Une ou deux fois oui.

— Que t'a-t-il dit ?

— En fait, pas grand-chose. Qu'elle était au courant pour lui, que leurs relations s'étaient dégradé, quand elle l'avait appris et qu'elle vivait à Rennes.

— Oh, Nathan, gémit-elle en prenant sa tête entre ses mains.

— Sophie, peux-tu m'expliquer ce qui se passe ? m'écriai-je, partagée entre la colère d'être tenue à l'écart et l'inquiétude.

Elle posa sur moi de grands yeux désolés, et mon cœur fit un bond dans ma poitrine. Elle le perçut sûrement parce qu'elle lâcha, comme dans un souffle :

— Elle est comme nous, Sarah.

Dans les minutes qui suivirent, je passai par toutes les émotions possibles, me posant mille et une questions. Comment avait-il pu me cacher une chose pareille ? Et pourquoi ? Bien sûr, il avait joué sur les mots, la première fois où il m'avait parlé de sa sœur… Mais quand nous avions évoqué brièvement sa famille, pourquoi n'avait-il pas rétabli la vérité ? Je commençai soudain à haïr cette manie de converser à double sens. Que m'avait-il dissimulé d'autre encore ?

Je ne prêtai pas vraiment attention à ce que fit Sophie, je la vis quelques instants plus tard reposer son téléphone et me déclarer :

— François va nous rejoindre. Il ne m'appartient pas de t'en dire plus. Mais je sais que si c'est François qui le fait, Nathan l'acceptera.

— Pourquoi ne m'a-t-il rien dit, Sophie ? En quoi est-ce un problème ?

— Je ne sais pas, Sarah. Il a toujours joué la carte de la prudence avec toi. Il est tombé amoureux de toi, très vite, tu sais, ajouta-t-elle avec un sourire complice. Toi, tu ne l'as peut-être pas vu, mais nous on l'a vite senti.

Cette révélation m'ébranla un peu plus. Je dus la regarder avec un petit air éberlué, car elle rit puis ajouta avec compassion :

— Oui, ça aussi, il a essayé de t'en protéger. Tant qu'il a pu. Tu sais, c'est difficile dans notre cas de nouer une vraie relation. Tu ressens le moindre doute, la moindre crainte de l'autre. Alors quand on est deux à tout ressentir, c'est intense et déroutant comme relation. Surtout si on n'y est pas préparé.

Je me risquai à demander :

— Tu l'as déjà vécu ?

Elle pinça ses lèvres, avec ce petit air qu'ont ceux qu'on prend en flagrant délit. Avec une pointe de timidité touchante. Clément, bien sûr... Nathan avait vu juste. Et je comprenais d'autant mieux cette inquiétude qu'elle avait eue pour lui l'autre soir. Et puis ces petits gestes qu'ils avaient parfois aussi. Elle glissa avec un petit sourire :

— Je n'ai pas dit que c'était impossible à vivre. Ça présente bien des avantages, on ne peut guère se mentir.

— Apparemment si...

— Il ne t'a pas menti. Nathan essaie de te préserver, Sarah. Apprendre qui tu es vraiment, tout ce qui t'attend, c'était déjà beaucoup. Il tient à toi, tu sais.

Je ne pouvais pas nier, et elle avait certainement plus d'objectivité que moi à ce moment-là. Elle avait su bien avant moi ce qu'il ressentait à mon égard. Et elle me l'avait formidablement bien caché, elle aussi. Mais je ne pouvais pas l'en blâmer. J'appréciais cette discrétion qu'ils avaient eue l'un comme l'autre. Même si je comprenais mieux désormais les taquineries de Clément à l'égard de son ami.

Elle en fit preuve à nouveau, sans doute consciente de la tempête dans ma tête :

— Je vais préparer quelque chose à grignoter. Tu devrais prévenir Mélanie que tu en as pour un moment.

Dire que j'allais devoir trouver aussi une explication à lui donner... Mon message, pourtant laconique, parut lui suffire. Elle ne me harcela pas de questions, comme à son habitude. Et je me sentis soulagée.

François surgit sur ses entrefaites et il me sembla plus préoccupé que d'ordinaire ; un pli soucieux lui barrait le front. Un bref échange de regards avec Sophie avait dû le renseigner. Il rentra seul dans le petit salon, souhaitant sans doute la préserver un peu. Et heureusement, parce que là mon cœur battait la chamade comme jamais. Il s'assit en soupirant, me sondant de son regard intense comme le faisait parfois Nathan. Il attaqua avec une gravité qui me donna la chair de poule :

— Nathan a des soucis, Sarah. Des soucis que lui seul peut gérer pour le moment, même si j'essaie de l'aider à distance. Je pense que s'il avait imaginé ce qui arriverait, il t'aurait depuis longtemps parlé de Lucie, sa sœur. Tu sais, n'est-ce pas, que c'est difficile de parler de choses dont on se sent parfois coupable ?

— Oui, bien sûr. Il m'a juste dit que leurs relations s'étaient dégradées quand elle avait appris pour le don.

— Oui, et il a regretté amèrement de n'avoir pas su le lui cacher. C'est compliqué quand on vit avec quelqu'un d'aussi proche de dissimuler que le ciel vous tombe sur la tête. Surtout quand on est dans le déni comme il l'a été au début. La situation lui a complètement échappé. Et elle m'a échappé à moi également. Pour une raison que j'ignore, je n'ai pas détecté le potentiel de Lucie. Cela aurait posé moins de problèmes si elle n'avait pas su qui nous étions.

— Il l'a su quand ?

— Tu lui en veux de te l'avoir caché, n'est-ce pas ? suggéra-t-il avec une once de compassion dans la voix.

— Un peu, oui...

— Je crois qu'il aurait aimé ne jamais le découvrir lui-même, tu sais. Il a longtemps cru qu'elle s'intéressait au sujet, juste par intérêt ou curiosité. Elle lui a délibérément caché qu'elle vivait la même chose pour échapper à ma vigilance. Lucie est ce qu'on appelle un électron libre. Elle refuse toute aide.

— C'est fréquent que ce don touche frère et sœur ? m'inquiétai-je soudain.

— Non, sois tranquille, c'est rare. Mais si le gène existe, de ce que je sais, il semble qu'il touche certaines familles. C'est difficile à savoir vu que le secret est parfois très bien gardé. C'est le revers de la médaille. On imagine qu'on peut être porteur du gène sans le développer. On ne peut la plupart du temps que formuler des hypothèses au vu de ce que l'on sait.

Sophie était revenue en silence et se tenait appuyée contre l'encadrement de la porte. Son visage s'était fermé. Et c'était très inhabituel, chez elle.

— Pour répondre à ta question, reprit François, il l'a appris fortuitement. Il y a environ deux ans. Il l'a découvert un week-end où il est allé voir sa mère. Les fameux cauchemars de sa sœur, dont tu as été victime, toi aussi, lui ont mis la puce à l'oreille. Son empathie également. Quand tu sens que quelqu'un te cache quelque chose, tu cherches. Et, Nathan est bon à ce petit jeu-là !

— Oui, j'ai vu, souris-je, au souvenir de nos premières entrevues.

— Il a tenté en vain de la convaincre de rentrer avec lui, ici, pour me rencontrer. Elle est du genre têtu. À vrai dire, il ne sait pas grand-chose de la manière dont elle a géré son don. Elle a refusé de le lui dire. Mes contacts à Rennes n'ont jamais entendu parler d'elle. Et le problème des gens comme elle, c'est qu'ils finissent par se mettre en danger.

À sa façon de prononcer les derniers mots, mon sang se figea. J'avais le souvenir d'un récit de Nathan, où il disait qu'il existait tout un tas de règles à respecter pour préserver sa santé. J'en connaissais quelques-unes, et sans doute pas toutes, puisque je n'étais jamais allée jusqu'au bout du processus.

— Qu'est-ce qui lui est arrivé ? bredouillai-je.

— Pour l'instant, on n'en sait rien. Lucie vit seule. Nathan ne parvient pas à la faire parler. Elle se méfie toujours de lui ; elle sait qu'il est en contact avec moi. Elle a été hospitalisée pour une suspicion de schizophrénie, il y a deux jours.

Oh my god ! Hospitalisée, voulait-il dire internée ? Je me rappelais de la menace que m'avait faite Nathan lorsque j'avais refusé de me confier à lui, au tout début. Il n'avait pas été explicite, mais j'avais bien compris l'allusion. François lança un regard vers Sophie qui bougea enfin et nous apporta le plateau qu'elle avait préparé.

— On va faire une pause, d'accord ? proposa-t-il.

C'est là que je me rendis compte que je tremblais. De froid. L'émotion sans doute. Il avait beau avoir pris son temps pour tout me raconter, ma fatigue mêlée à l'angoisse et aux dernières révélations, avait eu raison de moi. Je serais incapable de dire ce qu'on me força presque à grignoter. Sophie alla me faire du thé tout en restant éloignée de moi. Je sentis à quel point elle était navrée, mais aussi démunie pour m'apporter le réconfort dont j'avais besoin. À vrai dire, je ne savais pas ce qui aurait pu me réconforter. À l'incompréhension et la colère du début s'ajoutait désormais une angoisse sourde. Et François épongeait tout ça sans faire de commentaires. Il ne me quittait guère des yeux, comme s'il évaluait ma capacité à en encaisser davantage.

Il faut dire que je n'en menais pas large. Nathan avait toujours été là, à chaque nouvelle révélation. Il était la preuve pour moi que tout irait bien. Il paraissait tout assumer si bien, lui. Mais là, non seulement il m'avait tenue à l'écart, mais en plus, il se retrouvait à gérer un problème qui semblait le dépasser. Je savais que je pouvais faire confiance à François, mais là, je ne me sentais pas courageuse du tout. Totalement perdue...

François respecta mon silence et bavarda gentiment avec Sophie. Il essayait sans doute de la détendre ou de diriger son attention sur autre chose. Je devais être une vraie calamité, je ne maîtrisais rien de mes pensées tourmentées. Lorsque j'eus vidé ma tasse de thé, elle alla tout ranger à la cuisine, et je compris que François allait reprendre ses révélations. En douceur :

— Venons-en à ce qui s'est passé depuis que Nathan est parti, si tu veux bien. Tu sais que sa mère habite une petite ville en Bretagne ? Il est allé la chercher pour l'emmener avec lui, à Rennes. Après une journée passée là-bas, il a réussi à faire sortir sa sœur contre avis médical. Cela n'a pas été facile pour lui. Il a mis sa qualité d'interne en neurologie en avant et il sait que ses arguments ne tiennent pas franchement la route. Si ça revient aux oreilles de son chef de service, cela peut lui coûter cher ; mais il n'a pas eu d'autre choix. Lucie a besoin d'aide, mais de celle d'un des nôtres, pas d'un médecin.

— Elle accepte ?

— Non, c'est bien le problème et Nathan est pris entre deux feux. Sa mère qui ne sait toujours rien, et qui est complètement affolée par l'idée que sa fille soit schizophrène. Et Lucie qui refuse toujours notre aide.

— Mais pourquoi ? Il l'a tout de même sortie de l'hôpital !

François soupira longuement.

— Je ne suis sûr de rien, Nathan en est réduit à recouper le peu qu'il a appris des médecins qui l'ont fait admettre, et de sa mère qui a remarqué que son comportement avait changé. Il surveille sa sœur de près, en espérant en comprendre plus. Mais elle semble avoir repris le dessus.

— Repris le dessus ?

— Ce n'est encore qu'une théorie, mais on pense tous les deux qu'elle s'est laissée envahir par une âme trop forte pour elle. Elle a peut-être tardé à la gérer, ou bien elle était trop fatiguée pour se protéger efficacement. Il y a plein de raisons possibles ; mais quand on est bien formés, on ne court pas ce type de risque. Quand elle a été admise, elle était très affaiblie. À l'hôpital, elle a été nourrie convenablement et le repos forcé lui a permis d'être moins réceptive. Moins vulnérable, si tu préfères. Mais visiblement, elle n'a toujours pas saisi le danger qu'elle court et devant sa mère, Nathan n'a pas les coudées franches.

J'imaginais bien le dilemme auquel il était confronté. Sophie, qui était revenue écouter les dernières nouvelles, semblait atterrée comme moi. Elle cracha avec amertume :

— Comment peut-on être aussi têtu ?

— Elle l'a toujours été, commenta François. À mon sens, elle a toujours pensé qu'elle pouvait prouver quelque chose à Nathan. Ils sont tellement différents l'un et l'autre. Nathan aime apprendre des autres, alors qu'elle repousse l'idée de dépendre de quelqu'un. Elle m'a refusé d'emblée et a reproché à son frère de me faire confiance.

— Mais où a-t-elle trouvé toutes les informations pour gérer son don ? balbutiai-je.

— On trouve toutes sortes de littérature sur le sujet, Sarah, si on sait chercher. De bonnes choses, et de moins bonnes. Mon hypothèse, mais elle n'engage que moi, c'est qu'elle en a fait son second métier. Médium, ou quelque chose dans ce genre. Ce ne serait pas la première qui se lancerait là-dedans. Cela voudrait dire, aussi, qu'elle ne respecte aucune règle d'hygiène mentale.

Comme je français les sourcils, il ajouta :

— Par exemple, il faut du temps pour récupérer entre deux interventions. Quand les traces s'effacent, l'esprit n'est pas tout de suite opérationnel. Il faut du temps pour que les défenses nécessaires redeviennent solides.

— Tu as moyen de vérifier si elle exerce ce genre d'activité ? intervint Sophie.
— J'ai demandé à mes contacts de se renseigner, oui. Mais je n'ai rien dit à Nathan, il est suffisamment alarmé comme ça.
Malgré tout ce que je ressentais, je pouvais palper l'inquiétude de Sophie pour Nathan. Elle semblait tendue comme un arc. Et moi donc...
— Il aurait mieux fait de la laisser à l'hôpital, marmonna-t-elle sans dissimuler le mépris dans sa voix.
— Non, au contraire, il a très bien fait, rétorqua François. C'est une chance qu'il ait fait un stage en psychiatrie et qu'il ait mesuré le danger. Les choses auraient empiré. Les psychotropes, et autres traitements du même genre affaiblissent les défenses, elle aurait été encore plus vulnérable.
— Et que peut-il faire là ? bredouillai-je, d'une toute petite voix, affolée par tout ce que j'entendais.
— Pas grand-chose, hélas, pour le moment, soupira-t-il tristement. Il est trop fatigué pour tenter quoi que ce soit et, de toute façon, elle se méfie de lui. Elle capte toute son anxiété et sa colère, ça joue en sa défaveur. Je voudrais qu'il rentre vite, qu'on puisse en parler plus librement.
— Mais ? lança Sophie, qui avait décelé quelque chose dans le ton de sa voix.
— Mais tu le connais, il n'est pas médecin pour rien. Son état le préoccupe. Il ne partira pas tant qu'elle ne sera pas en état de reprendre suffisamment le dessus.
Il y avait dans ses paroles, une réelle inquiétude. Je me rappelais ce que Nathan m'avait dit de lui, ce qu'il représentait à ses yeux. Là, c'était l'évidence même. Il était drôlement bien informé. Et à bien l'observer, je pensai qu'il n'avait pas dû beaucoup dormir la nuit précédente. Je demandai perplexe :
— Il peut la soigner ?
— La soigner, non. La doper un peu, pour qu'elle récupère des périodes de lucidité. Il œuvre pour, en tous les

cas, et espère qu'elle va accepter de rentrer se reposer chez leur mère. Elle pourrait prendre le relais.

— Il n'a pas des semaines devant lui, commenta Sophie.

François grimaça en guise de réponse, puis se tourna franchement vers moi.

— Je vais te ramener chez toi, Sarah. Il va certainement me donner des nouvelles en fin de soirée. Je vous tiendrai au courant toutes les deux.

Rester avec Sophie n'était visiblement pas une bonne idée, elle n'avait pas l'air, dans son assiette, en ma présence. Je ne pouvais pas lui en vouloir. Je ne sais pas comment François le supportait, cela ne semblait pas l'atteindre. Depuis le début, il parlait posément, nous surveillant l'une l'autre du regard. Je remerciai Sophie de loin pour l'épargner, mais elle s'approcha de moi pour m'étreindre furtivement et me glisser pleine d'espoir :

— Tu comprends mieux, dis ?

Je hochai la tête et sortis pour ne pas l'accabler davantage. François échangea quelques mots à voix basse avec elle, et m'entraîna jusqu'à sa voiture.

— Tu ne t'attendais pas à ça, n'est-ce pas ? dit-il, en s'installant au volant.

— Non, pas vraiment. Nathan ne m'a jamais vraiment parlé de sa sœur.

— Un jour, il te racontera ses débuts de chasseur. Ils ont été difficiles, sa sœur ne l'a pas aidé. Je crois que c'est une période qu'il aurait aimé oublier. Tu comprends pourquoi il tient autant à faire en sorte que ce soit différent pour toi ?

— Oui, évidemment.

Après avoir demandé mon adresse et réglé son GPS, il respecta mon silence. Il ne lui était pas difficile de voir à quel point tout cela m'avait perturbée. J'avais de la peine pour Nathan, mais je me sentais impuissante. Inutile.

Je ne vis rien du trajet retour, plongée dans mes pensées. J'entendis un téléphone sonner. Ce n'était pas le mien et

François ne décrocha pas pour autant. Il s'arrêta au pied de mon immeuble et coupa le moteur :

— J'ai conscience que ça fait beaucoup pour toi, ce soir. Je ne peux pas rester plus. Mais si demain tu as besoin de moi, si tu as des questions, appelle-moi. Je trouverai un moment pour toi.

— Merci, pour avoir pris le temps de tout m'expliquer.

— C'est la moindre des choses, Sarah. Nathan n'a pas pu le faire et je ne suis pas certain qu'il saura le faire, comme il faut, en rentrant. Il est très angoissé par la situation. Il a dû prendre des décisions en urgence, et il n'en a pas l'habitude. C'est une grosse responsabilité, qui plus est familiale.

— Je comprends.

Il me dévisagea longuement et esquissa un sourire bienveillant.

— Ne te laisse pas impressionner par ce qui arrive à Lucie. Ça ne t'arrivera jamais. J'en suis certain. Tu as la tête sur les épaules.

J'acquiesçai un peu rassérénée. Je levai les yeux vers mes fenêtres, elles étaient allumées, Mel était bien là. Il dut sentir mon hésitation à sortir ; qu'allais-je lui dire ?

— Tu n'es pas seule chez toi ?

— Non, mon amie Mélanie vit avec moi en ce moment.

— Rappelle-toi, dire ce qui est le plus proche de la réalité est le plus facile à tenir. Tiens-en toi au diagnostic médical, cela suffira.

Il tapota ma main en guise d'encouragement et je m'esquivai, avec un sourire timide pour tout remerciement.

***

— Un truc chaud à boire ? demanda Mel quand elle me vit rentrer.

— Juste un plaid et mon canapé, murmurai-je en allant m'y pelotonner directement.

L'avantage, quand on vivait avec sa meilleure amie et

qu'elle vous connaissait par cœur, depuis longtemps, c'est qu'on n'avait pas forcément besoin de parler beaucoup quand les choses allaient mal. Elle savait qu'il me fallait du temps, en général, pour accepter de tout déballer. Ce qui allait à l'encontre de sa curiosité naturelle. Elle savait pourtant respecter mes silences. Provisoirement certes, mais elle me laissait toujours du temps. Je bredouillai juste que la sœur de Nathan avait été hospitalisée pour une suspicion de schizophrénie et que les choses étaient compliquées, car en plus il devait gérer sa maman et cela lui suffit. Elle s'était probablement fait son interprétation des silences de Nathan, et pour le moment ça m'allait bien.

Parce que pour tout avouer, même si j'avais saisi l'ampleur de la tâche qui lui incombait et l'angoisse dans laquelle il vivait, je n'arrivais pas à comprendre – ou à accepter – pourquoi il continuait de me tenir à l'écart. Je m'étais aperçue que je ne savais presque rien de lui. Rien d'intime, de personnel. Il avait réussi à m'apprivoiser sans rien livrer de lui. Sophie le connaissait infiniment plus que moi, j'en étais certaine. Devant la télé qui diffusait un film dont je ne saisissais rien du tout, je me repassai celui de toutes les révélations de la soirée, des réactions de Sophie, des regards ou expressions de François. Où était ma place dans tout cela ? Spectatrice impuissante ? Je ne pouvais même pas le soutenir moralement, il ne m'en avait pas donné le droit ou la possibilité.

J'ouvris pourtant mon téléphone une nouvelle fois quand je regagnai mon lit. Je dus taper et effacer cent messages, avant d'envoyer celui-là :

J'ai appris pour ta sœur, je suis sûre que tu fais de ton mieux. Prends soin de toi aussi.

J'ôtai un : *tu me manques* à la dernière seconde parce que j'étais en colère. Sans réponse immédiate, je tombai comme une masse, épuisée par la nuit précédente et le poids des émotions de la soirée.

À mon réveil, un message émis au milieu de la nuit

m'attendait. Laconique, et désarmant au possible : *Je suis désolé.*

Je balançai mon téléphone sur mon lit, déroutée par tout ce que pouvait suggérer ce texto, et je rejoignis Mel qui préparait le petit déjeuner. Elle me jeta un regard en biais qui en disait long sur ma tête.

— Et si tu arrêtais de te rendre malade ? Il n'a visiblement pas envie de partager ses soucis avec toi, c'est son problème.

— C'est toi qui me dis ça ?

— La colère est mauvaise conseillère, ce sont tes paroles, tu te rappelles ? Je mange avec Antoine, ce midi.

— Donc tu n'es plus en colère ?

— Oh si, toujours, mais il veut m'expliquer ce qui s'est passé, et c'est vrai, je n'avais pas envie d'écouter jusque-là. Donc je vais le faire maintenant.

Sa moue entre résignation et perplexité m'arracha un sourire. Elle tenait à lui, bien plus qu'elle ne me l'avouait.

— Laisse-lui une chance, soufflai-je.

— C'est ce que je fais. Mais il ne m'aura pas à coups de bouquets de fleurs ou de je ne sais quoi.

— Oh, mais ça, gloussai-je, amusée, il le sait, il te connaît !

— Ben j'espère !

Quand elle fut partie, je me défoulai un moment dans mon petit appartement. Le stress me rendait toujours nerveuse, voire hyperactive. Pour dépenser cette énergie négative, je touchai à tout, je rangeai, triai, déplaçai, nettoyai. Milady me regardait du canapé, soulevant un œil de temps en temps. Pour un peu, je l'aurais entendue soupirer. Mais une fois tout à sa place, et qu'une odeur de propre et de frais flotta dans l'air, je me retrouvai désœuvrée.

Je ressassai une à une toutes les révélations de la veille. Un flot de doutes et de colère enfla en moi au fil de la matinée. De quoi Nathan était-il désolé ? Pourquoi n'avait-il pas saisi l'occasion de m'en dire plus, maintenant que j'étais au courant ? Pourquoi n'avait-il pas eu un de ces petits mots tendres dont il avait le secret ?

Quand François m'avait laissé entendre que j'étais sans doute une sorte de défi pour lui – réussir là où il avait échoué avec sa sœur – j'avais eu mal. Je savais qu'il tenait à moi. Mais m'entendre dire que, peut-être, sa première motivation était se prouver à lui-même que cette fois il pouvait réussir, m'avait salement perturbée. Il tenait à moi, certes, mais de quelle façon ? Pourquoi avait-il omis de me raconter qui était sa sœur alors qu'il m'avait fait un soir parler de Rachel ? Il en avait eu l'occasion, il ne l'avait pas fait. Pouvait-on bâtir une relation sur des échanges tronqués ? Quand comptait-il m'en parler ? Je comprenais que ça soit difficile pour lui, mais, moi, j'avais partagé un souvenir douloureux. La perte de mon père l'avait touché, je l'avais bien vu. Pourquoi gardait-il son jardin secret ? Avait-il réellement envie de me faire entrer dans sa vie ou essayait-il seulement de voir si cela était possible avant de se livrer pour de bon ?

***

— *Besoin de renfort pour affronter Mélanie ?*
— *Non, j'ai suivi vos leçons, et ça marche pour le moment !*

Les messages de Sophie arrivèrent à point nommé. La veille, elle avait gardé ses distances. Mais depuis le début de l'après-midi, elle me bombardait de petits mots qui me firent du bien. L'avoir vue désemparée, parce qu'elle ne pouvait pas éponger mes émotions, m'avait perturbée. Je vivrais sans nul doute la même chose dans mon existence. Mais je trouvais cela terrible : ressentir l'envie de venir réconforter quelqu'un et en être physiquement ou émotionnellement incapable ! Elle s'en était pourtant vite remise, et c'était rassurant.

Me rendre compte qu'elle pensait à moi, qu'elle savait par quoi je passais, était réconfortant. Elle finit par demander plus sérieusement :

— *Nathan, t'a-t-il enfin donné signe de vie ?*
— *Trois fois rien*, répondis-je.
— *Si Clément l'apprend, il va lui passer le savon de sa vie.*

Elle n'en savait pas plus que moi désormais, mais elle semblait bien moins troublée que moi.

— *Je voudrais bien voir ça !* répondis-je.
— *Oh, il ne se privera pas de le faire devant toi aussi, tu le connais maintenant ! Et moi non plus d'ailleurs !*
— *C'est plutôt de la faute de Lucie…*
— *Ah, ben si tu lui trouves des circonstances atténuantes… c'est que tu vas mieux !*
— ;-)

Un pieux mensonge : c'était loin d'être le cas ! Mes sentiments étaient très contradictoires : colère, compassion, inquiétude… Voir Nathan passer ses rares jours de congé à essayer de la tirer de ce mauvais pas me semblait injuste. Mais qui d'autre que lui pouvait le faire ? Et s'il y parvenait, qui pouvait dire qu'elle ne retomberait pas dans le même piège ? Quelles séquelles en porterait-elle ?

***

Mélanie claqua la porte en rentrant du travail puis s'en excusa.

— C'est incroyable, quand même, on ne bâtit pas une relation sur le mensonge ! s'exclama-t-elle en parlant d'Antoine évidemment.

Ce dernier avait eu la gentillesse de ne pas lui dire qu'il était passé me voir, j'écoutai donc patiemment les aveux qu'il lui avait faits puis commentai :

— Ce n'était pas vraiment un mensonge !
— Ah, tu trouves ?
— Eh bien, c'est mignon je trouve, il tenait tellement à t'avoir rien qu'à lui qu'il a édulcoré la réalité.

Elle me lança un regard noir.

— Ce n'était pas honnête, et je pense que si Nathan faisait la même chose, tu serais d'accord avec moi.

Touché ! C'était exactement ce qu'il avait fait et qu'il m'encourageait à faire avec Mel. D'accord, j'en comprenais les raisons, mais c'était son mode de fonctionnement depuis longtemps et je n'aimais pas ça du tout ! Il manifestait une telle aisance pour le faire. Mel sentit qu'elle avait touché un point sensible et me regarda avec insistance. J'avouai :

— C'est blessant, j'en conviens.

— Je vais avoir du mal à lui faire confiance les prochains temps, mais je t'ai écoutée, je lui laisse une autre chance. Mais je ne tiens pas à retourner vivre avec lui tant que je ne serais pas sûre de lui.

— Tu veux rester ici ?

— Seulement si ça ne t'ennuie pas. J'ai bien conscience qu'avec Nathan, ce n'est pas l'idéal…

— Nathan a visiblement d'autres préoccupations.

— Toujours pas de nouvelles ? Il exagère là !

— Je ne sais pas quoi en penser et je crois que j'ai besoin de changer d'air là. Je vais aller passer quelques jours chez ma mère. Pas parce que tu es là, hein, juste parce que…

— …tu as besoin de te faire chouchouter, compléta Mel avec un sourire tendre.

Elle avait touché juste. Besoin d'oublier ma nouvelle condition, d'oublier ma déconvenue, ma colère, mes doutes. Ma mère avait toujours su créer un petit cocon, j'avais besoin de ce retour aux sources et j'avais aussi des questions à lui poser. Soulagée que mon amie le comprenne si bien, et savoir qu'elle serait là quand je reviendrais, j'appelai ma mère et fis ma valise.

Chapitre XIX

« Le doute est le courage de la conscience. »
Jean Bédard

Revenir dans le hall de l'immeuble de Nathan me fit un pincement au cœur, mais je tenais à y déposer ses clés et un petit mot que j'avais mis plusieurs heures à écrire.

Nathan,

Je pars quelques jours chez ma mère. J'ai besoin de prendre du recul, de réfléchir à tout ce qui m'arrive et à ce qui t'est arrivé, à nous aussi… Prends soin de toi surtout.

Sarah

J'avais encore attendu en vain cette nuit de ses nouvelles. Je m'étais presque résignée maintenant à son silence. Moins aux raisons qui le motivaient… J'avais cru en nous, j'avais cru qu'on était devenus suffisamment proches pour partager autre chose que de bons moments. Apparemment pas assez. Et cela me perturbait.

Je savais très bien que mon départ chez ma mère ressemblait à une fuite. Je n'étais pas fière de moi. J'avais juste besoin de souffler, d'y voir plus clair, de prendre du recul avant d'envoyer tout balader sous le coup de la panique. J'en étais capable, je l'avais déjà fait et pour des choses qui, rétrospectivement, étaient bien moins graves. Cela m'avait au moins servi de leçon ! Ne plus réagir à chaud.

Ma mère m'accueillit avec sa discrétion habituelle et me laissa m'installer. Elle me connaissait assez pour savoir que je me livrerai quand j'aurai pris mes marques. Ce soir-là, après le repas, on alla s'asseoir, dans le jardin, sous la tonnelle qu'elle entretenait amoureusement. Le jardinage, c'était la passion de mon père, pas la sienne. Mais elle avait pourtant continué de s'en occuper... Je demandai, alors qu'elle venait de nous apporter nos tisanes :

— Maman, la tonnelle, c'est ta manière de garder un peu Papa près de toi ?

— C'était sa fierté, ces roses..., oui, sourit-elle, contente que je l'aie compris.

— J'aurais pensé que par colère tu l'aurais enlevée ou abandonnée.

J'avais toujours envié sa douceur et sa patience, une patience que je n'avais pas. Quand je pensais aux confidences qu'elle nous avait faites sur mon père... je mesurais à quel point c'était vrai. Quand il avait disparu, je ne l'avais jamais vue en colère. Désemparée, perdue, malheureuse oui, mais jamais en colère. Mes parents avaient toujours été un exemple d'entente pour moi, du haut de mes quinze années de souvenirs. Je ne savais pas comment elle avait pu accepter cette disparition sans sombrer.

Elle me considéra avec tendresse :

— J'ai toujours eu confiance en ton père, Sarah. Je ne sais pas ce qui lui est arrivé, ce qui justifie sa longue absence. Mais je sais qu'il ne serait pas parti sans avoir une solide raison de le faire. C'était quelqu'un de droit, d'honnête, et il nous aimait. Il était toujours présent et attentionné, avec chacune de nous. Ça n'a jamais changé en vingt ans de vie commune. Pas une seule fois.

Elle marqua une pause puis poursuivit :

— Il était soucieux les derniers temps, je m'en suis voulu de ne l'avoir pas assez pris au sérieux. C'est contre moi que j'étais en colère, tu sais, pas contre lui. Et toi, contre qui es-tu en colère ? Mélanie qui est revenue chez toi, ou l'homme dont tu n'as pas voulu nous parler la dernière fois ?

— Je ne suis pas en colère, pas vraiment.

— Tu as un peu le même regard que lorsque ton père est parti. Tu l'as eu si longtemps que je n'ai pas oublié, ajouta-t-elle comme si elle s'excusait.

Il m'était impossible d'ignorer qu'elle se faisait du souci pour moi. Même si elle s'était tue depuis mon arrivée, elle m'avait jeté des regards anxieux. Elle attendit patiemment que je réponde, sirotant sa tisane.

— Mel n'y est pour rien. Je ne pense pas qu'elle restera bien longtemps, elle et Antoine, c'est du solide.

— Il m'a semblé aussi. Et toi, à ta dernière visite, tu me semblais bien plus épanouie que lorsque tu étais avec Axel...

Damnit[16], elle était perspicace ce soir. Je n'avais pas le droit de venir me réfugier ici et de la laisser dans l'ignorance. Au fond de moi en fait, je comptais sur sa sagesse, surtout après ses récentes confidences.

— Je crois que j'ai peur de m'être trompée.

— C'est pour ça que tu es venue ? Tu sais que ce n'est pas moi qui ai les réponses aux questions que tu te poses, j'espère ?

Son sourire tendre me fit du bien.

— Oui, je sais. Mais je crois que j'ai paniqué...

— Et si tu m'expliquais pourquoi ?

Je poussai un long soupir... J'allais une nouvelle fois devoir jouer avec les mots, dire une demi-vérité à ma mère, à celle qui ne le méritait certainement pas ; elle le prit évidemment pour une hésitation. Alors je me lançai et je donnai les mêmes explications qu'à Mel. Dans la précipitation, j'omis juste qu'elle ne savait rien du tout sur Nathan. Et dire son prénom ne la renseigna pas.

— Et... *Nathan* fait quoi dans la vie ? me demanda-t-elle tranquillement, en me dévisageant avec intensité.

Là, je me sentis dans la même position qu'un enfant pris en flagrant délit de mensonge. Parce que la dernière fois, j'avais tout de même savamment noyé le poisson. Et je n'en étais pas fière du tout. Je pinçai les lèvres et avouai avec une moue contrite :

— Tu te souviens du jeune médecin qui s'est occupé de moi, à l'hôpital ?

---

16 Mince

— L'interne dont tu as parlé la dernière fois ?
— Oui, souris-je comme une collégienne prise en défaut.
— Je comprends mieux ton plaidoyer. À toute chose, malheur est bon, lâcha-t-elle, espiègle.

Son air amusé et le flot de tendresse que je ressentis alors firent disparaître ma culpabilité. Elle continua avec sérieux :

— J'ai bien écouté ce que tu m'as raconté tout à l'heure. Mais ma chérie, est-ce que tu crois qu'au début d'une relation, un homme a envie d'étaler ses problèmes de famille et ses soucis personnels ? Ce n'est pas dans leur nature, tu sais.

— Mais je suis au courant, maintenant…

— Eh bien, peut-être qu'il est ennuyé que tu l'aies appris de quelqu'un d'autre ? Même si cette Sophie est une amie commune, il ne doit pas se sentir très à l'aise. C'est comme un aveu de faiblesse.

Elle avait raison, mais hélas je ne pouvais rien lâcher d'autre qui justifie ma fuite. Pour qui allais-je passer ?

— Ce n'est pas forcément un manque de confiance de sa part, Sarah, tu ne devrais pas tirer de conclusion trop hâtive. Je sais que la disparition de ton père t'a ébranlée au point que tu te méfies toujours un peu des relations que tu noues, mais laisse-leur le bénéfice du doute, à ton père et à ce Nathan à qui tu as l'air de tenir beaucoup. Je me trompe ?

— Non.

— C'est bien ce que je pensais, tu n'es pas venue ici quand tu as rompu avec Axel, me fit-elle remarquer, avec un sourire teinté de complicité.

Arrh, c'était bien ma mère, cette façon de procéder… Discrète, mais diablement attentive. Elle ne chercha pas à en savoir plus, à mon grand soulagement, ces explications lui suffisaient et je la sentis compréhensive. Elle n'avait pas eu tort lorsqu'elle avait parlé de mon père. Mais ce n'était qu'une petite partie de l'iceberg…

***

François m'appela le lendemain après-midi, alors que je travaillais sur ma traduction dans ma chambre. Sa sollicitude me bouleversa presque. Nathan avait dit « *un père pour moi*», eh bien, dès le début de notre échange, je compris la portée de ces mots. Il y avait dans sa voix tant de chaleur et d'intérêt :

— Je m'inquiétais de ton silence, après tout ce que tu as appris. Comment prends-tu tout cela ?

Mentir à François ne me semblait pas possible, même au téléphone ! Je le sentais capable de décoder la moindre intonation, la moindre inflexion de voix.

— Un peu perdue. Je ne sais plus trop où j'en suis. Je suis partie passer quelques jours chez ma mère.

Il soupira avant de poursuivre :

— Nathan ne t'a pas appelée ?

— Non, je n'ai aucune nouvelle. J'imagine qu'il n'a pas le temps...

— Il rentre ce soir, Sarah, et il prend une garde dans la foulée. Je pense qu'il te contactera après. Il sait que je t'ai tout expliqué.

— Comment va sa sœur ?

— Capable de sauver les apparences. Elle est en arrêt maladie et a accepté de rester chez leur mère. Il ne pouvait rien faire de plus pour le moment.

— C'est déjà beaucoup, j'imagine.

— Sarah, si je peux te donner un conseil, ne laisse pas ces évènements fausser ton jugement. Fais confiance à ton instinct, pas à tes peurs.

— Et je fais comment ?

— Écoute ton cœur. C'est ton meilleur atout, tu verras, avec le temps. Comment crois-tu qu'on fasse tous pour vivre ce que tu es en train de découvrir ?

— Je ne sais pas, justement, avouai-je, touchée par la pertinence de ses propos.

— On est tous passés par des moments de doute et de panique Sarah, tous, c'est normal ! Même si Nathan avait voulu t'en protéger, ce serait fatalement arrivé. Prends le temps dont tu auras besoin, je lui expliquerai.

L'entendre de sa bouche et me savoir comprise m'apaisa ! Avoir des nouvelles de Nathan aussi, je me faisais du souci pour lui. C'était plus fort que moi, même si je lui en voulais de m'avoir comme *oubliée* en route. Pour le reste de mes angoisses, je m'efforçais de les occulter pour le moment. Écouter mon cœur, oui, mais quand il était dans cet état, il n'était jamais de bon conseil ! J'avais du travail en retard, cela tombait bien, je ne connaissais pas meilleur moyen pour le faire taire un peu.

J'eus d'autres nouvelles de Nathan le lendemain, de la bouche de Mél cette fois. Nous étions parties, ma mère et moi, nous balader au bord de la Seine. Elle aimait marcher de longues heures, ce qui n'était pas pour me déplaire. On avait repris le fil de nos petits bavardages légers, ce qui contribuait à me sentir *normale*. Un sentiment dont j'avais grandement besoin.

Mel n'avait émis aucun jugement au sujet de Nathan avant mon départ, cela m'avait un peu surprise de sa part. Et là, j'eus clairement l'impression qu'elle prenait sa défense. Encore plus étrange.

— Il avait une mine épouvantable, commenta-t-elle après m'avoir annoncé qu'il sortait de mon appartement.

— Je crois qu'il travaillait cette nuit.

— Sans doute, mais ça n'explique pas ses yeux tristes et le ton de sa voix.

— Mel, ne commence pas à me culpabiliser.

— Ce n'est pas mon intention, mais je tenais juste à te le préciser.

— Que voulait-il ? demandai-je, me rappelant la démarche d'Antoine quelques jours plus tôt.

— Te rapporter *ses* clés. Je ne savais pas qu'il te les avait données.

— Il ne me les avait pas *données*, je devais lui rendre le soir de son départ, j'ai juste quitté son appart après lui, le matin, la repris-je, agacée par ce qu'elle cherchait à sous-entendre.

— Eh bien, il les a rapportées. Il veut que tu les gardes et il a dit un truc comme quoi, il attendrait patiemment que tu retrouves le chemin comme la dernière fois. Je n'ai pas tout saisi, mais à mon avis il comprend que tu ne sois pas contente et espère bien que tu lui pardonneras. Il tient à toi, Sarah ! C'est évident !

— Et tu lui as dit quoi ? rétorquai-je, sans cacher ma suspicion.

— Rien.

— Comment ça rien ? Je te connais…

— Des banalités, que tu n'étais pas très bien et que tu avais besoin de changer d'air. Ce qui ne l'a pas surpris. En tous les cas, il semblait drôlement ennuyé.

— Il n'a rien dit d'autre ?

— Non, il a regardé la pièce avec un air nostalgique et Milady est venue se frotter à lui, ce qui l'a fait sourire un peu. Elle aussi, tu lui manques !

— Elle a l'habitude de m'avoir tout le temps avec elle, c'est normal, répliquai-je, ignorant l'allusion perfide.

Je pris de ses nouvelles, soulagée qu'elle continue à voir Antoine une heure ou deux, tous les jours et je le racontai à ma mère, quand j'eus rangé mon téléphone dans ma poche. Elle s'éloigna un peu, mais avait, de toute évidence, observé mes réactions puisqu'elle demanda, le regard insistant :

— Et toi, es-tu soulagée ?

Évidemment, elle avait deviné de qui nous avions parlé avec Mel. Le contraire m'aurait étonnée. Soulagée ? Je n'en savais rien. Son geste me touchait beaucoup, mais n'expliquait rien.

— Un peu, balbutiai-je. Je sais au moins que le problème ne vient pas de moi, et qu'il s'en veut, sans doute.

— Ça n'est jamais facile de revenir vers l'autre quand on a fait des erreurs. Il a fait un pas...
— Oui, et à moi de faire le suivant, je sais, soupirai-je.
— Eh bien oui, quand tu seras prête.
J'aimais sa façon de voir les choses. Elle avait toujours prêché la patience et la mansuétude. J'imaginai que c'était ce qui l'avait aidée à supporter l'absence de mon père. Sa grande générosité d'âme ! Une fois de plus, je ne pus pas m'empêcher de faire le raccourci :
— Maman, si Papa revenait demain, tu lui pardonnerais facilement ?
— Facilement, je ne sais pas, mais s'il revenait, ça voudrait dire qu'en fin de compte, j'avais raison de croire en lui. Alors oui, je crois que je pardonnerai.
Elle eut cet air un peu mélancolique qui me fit regretter d'avoir posé la question. Mais je ne sentais chez elle ni profonde tristesse ni désarroi. Elle s'était résignée à attendre. Et cela réveillait chez moi admiration et incompréhension mêlées.

***

— Tu as cherché une terrasse au soleil pour travailler ? Je peux te rejoindre ? proposa Sophie au téléphone le lundi midi suivant.
— Non, désolée, je suis chez ma mère. À Rouen...
— OK, ce n'était pas vraiment prévu hein ?
— J'avais besoin d'air.
— Et tu te sens mieux ?
— Je ne sais pas. Mais j'ai pu me remettre au travail. C'est déjà ça.
— Laisse-nous t'aider, Sarah. Laisse-nous au moins essayer. On n'a certainement pas toutes
les réponses, mais on en a quelques-unes. Alors, donne-nous une chance...
Elle l'avait dit avec une telle insistance et tant de cœur que je cédai.

De toute façon, rester davantage aurait fini par réellement inquiéter ma mère. Passer plus d'un week-end n'était pas dans mes habitudes. J'étais bien chez elle. C'était une douce parenthèse, comme si le temps s'était figé et que tout ce qui m'avait paniquée était resté devant sa porte. Ou presque... Cela me réveillait tout de même la nuit : une boule d'angoisse m'étreignait alors. Je passais de longues minutes à me concentrer sur ma respiration et à chasser la peur insidieuse qui se glissait dans mon lit. J'avais compris que je devais aller chercher des réponses auprès de ceux qui avaient dépassé ce cap. J'attendais de me sentir prête à replonger dans l'inconnu et le doute.

***

La réalité me rattrapa le lendemain dans mon appartement, quand je posai les yeux sur l'échiquier de Nathan. Mel l'avait déplacé dans son opération tornade blanche. Elle avait sorti le grand jeu. Le frigo était rempli à craquer, l'appartement sentait le propre et un nouveau cactus avait rejoint ma collection. C'étaient les seules plantes qui supportaient la cohabitation avec moi. Je restai songeuse, un long moment. C'était Nathan qui m'avait redonné envie de jouer, qui m'avait permis de renouer à ma façon avec mon père : difficile de l'oublier. Il avait fait beaucoup de choses pour moi... C'est à ce moment-là que je repensai aux clés qu'il avait rapportées. J'eus besoin de les voir pour me donner de l'espoir. Mel les avait posées sur ce qui faisait office de bureau. Il me fallait me décider, je ne pouvais pas lui infliger à mon tour le silence. Pas encore... Après un bref calcul, connaissant ses habitudes de boulot, je choisis d'aller le retrouver pour sa pause de l'après-midi.

Quand Nathan rentra dans la petite cafétéria, mon cœur me trahit. Il s'emballa comme jamais. Dieu qu'il m'avait manqué... Je dus me faire violence pour garder un fond de raison et ne pas bouger. La blouse blanche qu'il portait pourtant ne mettait aucune distance entre nous.

C'était l'homme que je voyais, pas l'interne. Et un homme qui éveillait en moi toutes sortes d'émotions et du désir. Quand il se retrouva, à quelques pas de moi, je sentis son inquiétude m'envelopper, elle détonnait sérieusement avec le sourire qu'il affichait :

— Tu es venue me voir en terrain neutre ?

— Si on veut.

— Alors, viens, j'ai mieux à te proposer, plus calme et on y sera plus tranquilles ; je connais un petit café à deux pas d'ici.

Il saisit ma main et m'entraîna, sans me laisser le choix. Et sans m'embrasser... Il faut dire que j'étais restée assise pour l'accueillir, les doigts cramponnés autour de mon gobelet de thé presque vide, et que je n'étais pas à l'aise avec la situation. Il n'ouvrit pas la bouche le temps de quitter l'hôpital et de traverser la rue pour aller nous installer dans ce qui était un petit troquet à l'ambiance presque familiale.

Il commanda un grand café et me reprit un *thé digne de ce nom* avant de nous guider vers une table un peu à l'écart. Il sonda longuement mon regard, s'imprégnant sans doute des émotions très contradictoires qui m'assaillaient. Pratique et frustrant tout à la fois. Et quand je voulus prendre la parole, il me coupa d'un geste de la main.

— Je sais que ce sont des mots qui ne veulent pas dire grand-chose, mais je suis désolé, Sarah. Désolé que tu aies dû vivre ça sans que je t'explique quoi que ce soit.

— François l'a très bien fait.

— Je sais, il a agi au mieux. Comme toujours !

Je le sentis hésiter, tempêter contre lui-même. Il laissa la serveuse faire son travail et poursuivit, le regard lourd de regrets :

— Ce n'est pas ce qui me peine le plus. Je m'en veux, tu sais...

— De quoi ?

— De ce qui s'est passé la nuit où tu as eu ces affreux cauchemars ; je savais que j'aurais dû attendre encore, que tu n'étais pas prête.

— Mais si, protestai-je, alarmée qu'il pense une chose pareille.

Je l'avais désiré autant que lui. Et voir s'insinuer dans son regard tant de culpabilité me serra la gorge. Nous n'avions jamais eu d'explications à ce sujet, son aveu me touchait. Mes mains s'étaient mises à trembler. Mais il continua, avec la même détermination :

— Je ne crois pas, non ! Tu faisais à peine face aux changements dans ta vie, Sarah. Tu supportais tout juste ce qu'exige de toi l'empathie. Les femmes y sont plus sensibles que les hommes. C'est injuste, mais c'est une réalité contre laquelle on ne peut rien.

Cette nouvelle révélation me fit fermer les yeux un moment. Il reprit après un soupir contrit :

— Il faut du temps pour s'adapter.

— Tu m'en as donné beaucoup, je trouve !

Il secoua la tête, navré que je ne comprenne pas. Il passa la main nerveusement dans ses cheveux, cherchant visiblement sans doute ses mots.

— Je vais te confier un secret... Sophie et Clément ont vécu la même chose que nous. Et... Sophie n'a pas tenu le coup.

J'avais donc bien deviné. Tout s'expliquait : leur connivence, les sentiments que Clément avait encore pour elle, ce qu'elle avait essayé de me dire à demi-mot. Il me laissa digérer l'information et poursuivit :

— Je le savais, j'ai couru le risque parce que je n'arrivais plus à cacher mes sentiments pour toi. C'était devenu difficile et compliqué. Seulement, j'ai oublié ce que cela exigerait de toi.

— Quoi ? balbutiai-je, inquiète par ce que ses yeux disaient à sa place.

— Apprendre à supporter que l'autre, moi, en l'occurrence, doive prendre ses distances pour te protéger.

— Me protéger ? Mais de quoi ?

— De moi, de mes émotions... Quand j'ai su pour ma

sœur, je n'ai pas su quoi faire. J'ai réalisé l'ampleur de tout ce que tu ignorais à son sujet. Je m'en suis voulu. J'étais trop angoissé par la situation pour savoir quoi faire ou te dire. J'ai eu peur qu'en passant te voir, tu ne prennes cette angoisse de plein fouet. C'est violent, tu peux demander à Sophie. C'est la pire des émotions que tu puisses affronter. Ça peut aller jusqu'à t'empêcher de respirer. Et je ne voulais pas te l'infliger, pas que tu le découvres de cette façon et que je ne puisse rien faire pour t'aider.

Sa peine sincère me bouleversa. Je sentis les larmes me monter aux yeux et étouffer les mots que j'aurais voulu dire. J'avais vu l'effet que mes propres angoisses avaient produit sur Sophie, j'imaginai sans difficulté ce qui aurait pu se passer. Il reprit, bavard comme jamais il ne l'avait été.

— J'aurais dû te prévenir.

— Tu n'es pas François, Nathan, tu ne pouvais pas anticiper.

— J'ai pris la responsabilité de te former, Sarah, je n'avais pas le droit de te faire souffrir inutilement. Je sais ce que tu as enduré ce jour-là et les jours qui ont suivi…

— Je ne t'en veux pas, Nathan, murmurai-je la voix méconnaissable, ne supportant plus de le voir s'enfoncer dans la culpabilité.

Elle céda un peu de place au soulagement que je lus dans ses yeux. Mais navrée de le lui avouer, je bredouillai, désirant être sincère moi aussi :

— Mais je ne sais plus où j'en suis. Je me pose encore beaucoup de questions.

— Je tiens à toi, Sarah. Tu m'as demandé du temps, je vais te donner tout le temps dont tu auras besoin. Garde mes clés, le jour où tu seras prête, sers-t'en. En attendant, je serai là comme Clément et Sophie si tu as besoin de moi.

— Mais tu ne veux plus assurer ma formation ? demandai-je déboussolée.

Il poussa un tel soupir que j'eus peur de ce qu'il allait me répondre. François lui avait-il retiré le droit de le faire ?

Ou bien ne voulait-il plus s'en charger parce qu'il doutait de lui ou que c'était au-dessus de ses forces ? Je blêmis, rongée par l'inquiétude.

Il eut alors une petite moue moqueuse qui éclaira son visage et gomma un instant ses traits tirés.

— Ce n'est pas une question de vouloir Sarah, mais de pouvoir. Je ne suis qu'un homme et assurer la suite de ta formation, c'est passer beaucoup de temps avec toi... et je pense que, vu ce que tu me demandes, percevoir ce que je ressens pour toi... va te perturber.

Il avait tellement l'air piteux qu'il m'arracha un sourire. Le premier depuis que nous étions assis ici tous les deux. Un sourire qui nous détendit d'un coup. Il ajouta tendant la main en avant pour saisir la mienne :

— Moi non plus, je ne t'en veux pas. Je suis conscient que mon silence t'a fait du mal, mais je ne pouvais pas t'expliquer tout ça au téléphone, pas avec ma sœur tout près de moi. Elle ne doit pas savoir que tu es au courant pour moi et pour elle, tu comprends ?

— Oui, bien sûr.

— C'était déjà très difficile de trouver le moyen d'appeler François. Et j'avais réellement besoin de lui.

— Je sais, Nathan, l'arrêtai-je, en serrant plus fort ses doigts dans les miens. J'ai fini par le comprendre.

— Pas assez vite...

Je soupirai navrée. C'est certain, cette attente et ce trop long silence avaient endolori notre relation. Pourtant, ce n'était plus vraiment le problème. Pour entretenir une relation, il fallait être en paix avec soi-même et je ne l'étais pas. Je marmonnai, ennuyée d'enfoncer le clou alors que je sentais, au fil des minutes ses sentiments pour moi prendre le pas sur son inquiétude :

— Peu importe, je crois que tu as raison, j'ai juste besoin de temps pour accepter qui je suis désormais.

Il eut ce regard plein de compassion et de tendresse qui m'ôta instantanément le remords qui pesait sur mon estomac.

— Mais je comprends Sarah. Tu sais, je vais être honnête avec toi. Je vais profiter de ce temps que tu me réclames pour continuer de m'occuper de ma sœur. Je voudrais tenter quelque chose. Et pour ça, j'ai besoin d'y aller chaque week-end que je pourrai dégager. J'espère qu'elle finira par baisser sa garde et que je pourrai lui prendre son hôte.
— C'est possible ?
— C'est assez bizarre, mais il semblerait que les âmes aiment le sang neuf, si je puis dire.
— C'est pour ça qu'elles passent des chats à nous si facilement ?
— Oui, sans doute. Alors, si je suis assez reposé, ça pourrait marcher. Si ma sœur arrête de penser que je lui veux du mal.
— Ta sœur ou... son *hôte* ?
— Bonne question ! Je ne sais pas, nos relations n'ont jamais été simples. Elle a toujours été revêche avec moi.
— Mais cette fois, tu l'as tirée d'un mauvais pas ?
— Mais elle n'est pas comme toi, sourit-il tristement, la reconnaissance est un aveu de faiblesse pour elle. Et je pense qu'elle n'a pas toute la lucidité nécessaire pour dépasser ça. Alors je mise sur le temps, sur ce qu'elle m'a reproché un jour... Que je n'étais jamais là pour elles.

Une lueur douloureuse traversa son regard, et je sentis à quel point c'était difficile pour lui de l'assumer. Lui aussi avait besoin d'être en paix avec lui, mais en était-il conscient ?
— Cette fois, tu as été là !
— À quel prix ? souffla-t-il avec lassitude.

Il consulta alors sa montre, fronça les sourcils et lâcha mes doigts en soupirant :
— Il faut que j'y aille ! Je suis content que tu sois passée. Aie confiance en François. Il t'aime beaucoup, tu sais.
— Il aime tous ses protégés, souris-je en repensant à Sophie.

— Certains plus que d'autres, je crois. Prends ton temps et soin de toi, Sarah.

Il se pencha vers moi, m'embrassa longuement sur la tempe et se dirigea vers le comptoir, extirpant son portefeuille de sa poche pour payer. Il ne semblait pas pressé de partir et il s'attarda quelques secondes sur le seuil, le temps d'un dernier regard... que je trouvai particulièrement tendre et triste.

Je restai là, terriblement frustrée, luttant avec moi-même pour ne pas revenir sur ma décision. Pour ne pas lui courir après et me jeter dans ses bras. Son baiser appuyé avait réveillé en moi tout l'amour que j'avais pour lui. Un amour que j'avais peur de lui donner parce qu'il impliquait de m'abandonner à lui corps et âme. Et mon âme, elle, ne semblait pas guérie. Elle cherchait encore des prétextes pour me faire prendre la fuite ! Et je lui en avais concédé quelques-uns trop facilement. Avoir remis en doute sa sincérité me parut si injuste à ce moment-là. Pourquoi m'aurait-il menti alors que je lui avais servi sur un plateau la raison de se séparer de moi ?

Chapitre XX

« Nos doutes sont des traîtres, et nous privent de ce que nous pourrions souvent gagner de bon, parce que nous avons peur d'essayer. »
Shakespeare

— Décidément, tu as la bougeotte ? me demanda Mélanie à mon retour de l'hôpital.

Elle était rentrée tôt, apparemment ravie de retrouver nos habitudes d'autrefois : siroter un thé pour me raconter ses histoires au bureau et éplucher la presse pour élaborer les projets pour les jours à venir. Antoine avait aussi une petite place dans son emploi du temps, mais elle entendait bien meubler ses absences à sa façon. Lui expliquer que je ne verrai sans doute pas Nathan les prochains temps, sans en donner les vraies raisons, me compliquait la tâche :

— Je suis allée voir Nathan à l'hôpital…

— Tu ne lui as pas rendu ses clés ? s'alarma-t-elle.

— Non, souris-je étonnée qu'elle prenne si vite sa défense.

— Parce qu'il avait vraiment l'air malheureux, quand il est passé, tu sais. Il a caressé Milady comme s'il avait peur de ne plus la revoir.

— Il t'a demandé de plaider sa cause ?

— Non ! Il n'a pas eu besoin !

— Qu'est-ce que tu attends pour pardonner à Antoine alors ?

— Pardonner c'est une chose, être sûre que cette histoire ne nous empoisonnera pas l'un l'autre en est une autre. Alors j'attends d'en être certaine.

J'eus un petit sourire triste qui ne lui échappa pas.

— C'est pareil pour toi, c'est ça ?

Si j'avais pensé que Mélanie me tendrait la perche aussi facilement... Je hochai la tête en guise de réponse, dissimulant au mieux ma gêne de ne pas lui dire toute la vérité.

Nathan m'avait touchée. Bien sûr que je lui avais pardonné son silence. Dès les premières minutes de notre entrevue, parce que son regard parlait bien mieux que sa voix. Il était passé par toute une pléiade d'émotions et je les avais toutes ressenties. Elles avaient plaidé pour lui davantage que ses propres paroles. Ce qui m'avait touché bien davantage encore, c'était sa prudence. Sa crainte de nous perdre à nouveau. Il n'avait rien tenté, ne m'avait mis aucune pression. Et puis, il y avait ce temps qu'il me concédait sans discuter, même s'il lui en coûtait. Cette fois, je ne pouvais pas le blâmer d'avoir été honnête avec moi. Apprendre que l'empathie était notre faiblesse au point d'empoisonner parfois la vie de couple m'avait troublée.

Elle renchérit, prenant encore sa défense :

— Sarah, tu sais, je crois que Nathan est vraiment un mec bien. Tu en connais beaucoup des mecs patients comme lui ? Parce qu'il a été sacrément patient avec toi apparemment.

— Tu recommences ! la tançai-je gentiment.

On ne peut pas dire qu'elle eut l'air navrée. Mais elle cessa son plaidoyer.

— Alors ? reprit-elle.

— Alors, je lui ai demandé un peu de temps encore. Tu me connais, tu sais que j'ai un problème de confiance.

— Oh oui, je sais. Va falloir en guérir un jour, hein ?

Je répondis par une petite grimace contrite, avant de murmurer.

— Je m'y emploie. Je ne veux pas tout gâcher cette fois.

— Bonne nouvelle. Ça s'arrose. Sers-nous le thé avant qu'il ne soit imbuvable !

Que Mélanie se soit contentée de cette explication m'a soulagée. Elle savait mon penchant pour le doute et la fuite. Elle m'empêcherait de m'isoler trop longtemps, je le savais, mais pour le moment, elle me laisserait tranquille.

***

Voir Sophie se faufiler entre les tables et attirer les regards raviva ma confiance et mes espoirs. Je lui avais laissé un message, proposant de la retrouver pour déjeuner après le départ de ce dernier la veille. Elle devait sortir tout droit de chez elle, car elle portait comme souvent une tenue fort colorée et un chapeau qui lui donnait un petit air mutin. À ses heures perdues, elle adorait chiner de vieux vêtements et elle dénichait des merveilles qu'elle ne craignait jamais de porter. Sophie respirait la confiance en soi, et après les révélations de Nathan, cela me semblait presque incroyable.

Elle annonça, à peine assise, le regard lourd de reproches :

— Tu sais, je serais venue te chercher chez ta mère.

— Misère…

— C'est bien à ça que servent les amis, non ?

J'acquiesçai, rassérénée par son sourire franc. J'appréhendais ce rendez-vous à cause des réponses qu'elle me donnerait, mais aussi de sa réaction face mon choix. Et elle le savait, évidemment. Elle ajouta contre toute attente :

— Nathan m'a appelée hier soir. Il était soulagé que tu sois rentrée. Vraiment soulagé, tu sais.

— Malgré ma décision ?

— On a tous eu envie de fuir à un moment ou un autre. Envie de redevenir comme avant. Oublier ce qu'on est. Nathan l'a vécu, alors il comprend, oui, évidemment. Si tu ne tenais pas à lui, tu ne lui demanderais pas du temps, n'est-ce pas ?

— Non, lâchai-je dans un murmure. J'ai juste besoin de savoir ce que je veux faire de ma vie.

— Ce que tu veux faire de ta vie ? Sarah, si tu renonces à être celle que tu es, malgré toi, il va te rester le pire.

L'empathie qui te rappellera sans cesse qui tu es, les mensonges que tu as faits, et qui te coûteront parce qu'ils n'auront plus de sens, et surtout un sentiment d'échec qui sera comme un poison.

— Je sais bien...

— Tu es au plus mauvais moment-là, c'est pour ça que la situation t'est aussi inconfortable. C'est le fameux dilemme : tu en sais trop ou pas assez. Et moi je dirais : pas assez, ajouta-t-elle avec un sourire.

— Il y a encore beaucoup de choses que j'ignore ?

C'était une question que j'aurais préféré poser à Nathan, il savait donner les bonnes réponses. Mais j'avais fait le choix de le laisser tranquille. Je devais assumer. Elle me regarda avec indulgence. Je sentis sa compassion m'envelopper comme le ferait la caresse du soleil. Elle ne répondit pas vraiment d'ailleurs :

— Tant que tu n'auras pas ressenti ce que ça fait de délivrer une âme perdue, tu auras toujours du mal à t'accepter telle que tu es. Voilà pourquoi François est adepte des formations rapides. Il a déjà perdu des novices pour cette raison.

— Novice ? C'est mon titre ?

— Mouais, je sais, ça fait bonne sœur, gloussa-t-elle. Je parie que Nathan ne l'a jamais mentionné devant toi !

— Non, je ne crois pas.

— Il a vraiment essayé de te préserver de toutes les façons ! Ça ne plaisait pas trop à Clément, qui est du genre pragmatique. Enfin, tu le connais maintenant ! Mais Nathan sentait que tu avais confiance en lui.

— J'ai toujours confiance en lui. J'ai douté, c'est vrai, mais j'ai eu tort.

Le visage de Sophie s'illumina comme si je lui avais annoncé je ne sais quelle bonne nouvelle. Sa joie me causa des picotements très surprenants sur la peau. Je soupirai, ressentant soudain le besoin de me confier :

— Il a une telle patience avec moi !

— Il a peur de te perdre. Il m'a demandé de veiller sur toi.
— Il m'a dit pour Clément et toi.
Mon aveu l'assombrit d'un coup, elle détourna les yeux un moment avant de répondre :
— Il n'aurait pas dû ! Je suis sûre que ça ne t'a pas rassurée.
— Détrompe-toi, ça m'a aidée à comprendre ses réactions. Il pense qu'il est fautif de ne pas en avoir tiré les leçons.
— Il n'y avait pas de leçon à tirer, protesta-t-elle en haussant les épaules. Clément n'est pas Nathan. On ne peut pas dire qu'ils se ressemblent beaucoup. Et toi, tu n'es pas moi ! D'accord ?
Elle n'avait pas très envie d'en parler de toute évidence. Je la sentais bien plus crispée que ce qu'elle affichait. Elle dut percevoir à quel point j'étais gênée, car elle se radoucit.
— Nathan est capable de s'adapter à ce que tu risques de traverser. Même si cette fois, il a réagi à l'extrême. Il a paniqué, c'est humain ! À sa décharge, je ne sais pas ce que j'aurais fait à sa place. Quoi qu'il fasse, tu aurais souffert, et tu te serais posé des questions douloureuses. Mauvais timing, tu comprends ?
Je hochai la tête.
— François lui fait confiance, et crois-moi, il est dur en affaires !
— Je veux bien te croire, oui. Il vous connaît bien !
— C'est vrai. Et puis il nous avait mis en garde, Clément et moi, sur le fait que notre relation ne serait peut-être pas facile.
Elle pinça les lèvres et m'adressa un petit sourire éloquent et un peu triste tout de même. Cette nouvelle révélation me redonna confiance. Pas en Nathan, non, il avait fait ses preuves. Même si parfois je refusais d'ouvrir les yeux, ou plutôt je les refermais dans la panique. Je pouvais donc avoir confiance en moi. Si François n'avait

émis aucune réserve, c'est qu'il croyait que j'étais capable de nouer cette relation toute particulière avec Nathan. Malgré tout ce que j'avais appris de lui sur les difficultés qu'un couple de chasseurs pouvait rencontrer. Et entendre Sophie dire de François, dont la mission était de veiller à ce qu'aucun de nous ne soit jamais en perdition, qu'il croyait possible notre relation, c'était une belle promesse d'avenir pour moi !

Bavarder avec Sophie me permit de me raccrocher doucement à l'idée que je devais avancer au lieu de fuir la réalité. Elle avait sa façon bien à elle de me faire comprendre que j'étais bien des leurs, quoi que j'essaie de faire ou dire. Pas de grandes démonstrations, mais une complicité qui aurait sans doute rendu Mélanie jalouse. Elle s'amusa au cours du repas à commenter ce qui semblait se dérouler chez le couple derrière elle. Elle ne les entendait pas, mais ressentait clairement leurs émotions et me demandait de les confirmer en les observant. Je crois que s'il s'était agi d'un drame, elle ne se serait pas prêtée à ce petit jeu. L'un était jaloux et l'autre un peu trop fier de lui, et cela avait beaucoup amusé Sophie. Et moi aussi...

Elle me raconta ensuite que parfois, lors de ses entretiens professionnels, cela l'avantageait beaucoup. Comme Nathan, et sans doute Clément. Moi, je n'avais eu que ma famille pour éprouver ce don tout de même bien particulier, et c'était moins drôle. Mais je voulais bien la croire quand elle disait que ça lui donnait un sacré avantage dans les discussions.

— Avec ma vie d'ermite, je n'aurai pas souvent l'occasion d'en profiter, lui fis-je remarquer.

— Oh, détrompe-toi ! Si on fait une virée shopping prochainement, tu verras. J'adore quand les vendeuses te disent qu'une tenue te va à merveille et que tu sens leurs réticences à dix kilomètres.

— Dix kilomètres ?

— Oui, bon j'exagère, mais c'est l'idée...

Ce petit intermède me rendit plus légère. J'attendis d'avoir rattrapé mon retard de traduction avant de joindre François, comme Sophie me l'avait suggéré. Même si nos derniers échanges m'avaient montré une facette de lui bienveillante, je ne pouvais m'empêcher de me sentir jaugée, surveillée comme une enfant. Les mots de Sophie m'avaient marquée : je devais donner une légitimité à celle que j'étais. Et pour y parvenir, il me fallait aller jusqu'au bout.

***

— Viens donc déjeuner chez moi demain midi. Les mains vides, avait précisé François, ta présence me suffira, Socrate n'est pas très causant.

Socrate, le chat qui m'avait attaquée par traîtrise quelques semaines plus tôt ! À mon arrivée, le félin au pelage impressionnant, tant il était long et fourni, dormait comme un bienheureux sur le canapé de mon hôte, profitant des rayons de soleil. François intercepta mon regard anxieux et sourit :

— Il coule des jours paisibles, tu vois.

— Je vois ça. Pourquoi les chats nous aiment-ils tous autant ? Ma petite minette, Milady, a littéralement adopté Nathan !

— Je vois deux raisons à cela. Mais seul un chat pourrait te répondre. Je crois qu'ils sont attirés par les énergies négatives que nous transportons. Dans notre cas, avec l'empathie nous en véhiculons un peu plus que la moyenne. On dit qu'ils nous en débarrassent. C'est sans doute vrai. Et puis nous avons cette faculté commune d'éponger les émotions des autres, et ils le sentent.

Milady avait débarqué dans ma vie presque au moment où j'avais eu mon premier malaise, je trouvais ce fait troublant. Pourtant, ma voisine me l'avait donnée parce qu'elle ne pouvait plus la garder. Milady ne m'avait pas choisie, comme cela semblait être le cas pour le chat qui squattait régulièrement chez Nathan. Je n'avais pas cherché à savoir à l'époque pourquoi ma gentille voisine s'était adressée à moi. J'avais fondu dès que j'avais aperçu cette petite boule de poils noirs, avec ses longues chaussettes blanches et ce joli museau blanc orné d'une minuscule tache noire qui lui donnait un air précieux. Je n'étais pas objective quand on parlait de ma minette. C'était évidemment le plus beau chat du monde et elle portait très bien son nom. Mais le mystère demeurait entier à mes yeux.

Par contre, que le départ de Mel coïncidait quasiment avec la première manifestation de mon don n'était sans doute pas un hasard. Est-ce que me retrouver enfin seule, à gérer ma vie, après toutes ces années de galères et de partage, avait suffi ? Fallait-il atteindre un certain degré de maturité pour cela ? Quand je m'en ouvris à François, il eut un sourire un peu paternel, comme s'il était fier que je l'aie deviné toute seule :

— Assez mûre et surtout assez forte pour ça. L'esprit se protège tant qu'il n'est pas prêt à affronter ce que le don exige de toi. Certains ne le sont jamais. Et c'est heureux.

— Que sont-ils alors ?

— De très bons porteurs tout au plus. Ce sont des gens plus sensibles et plus altruistes que la moyenne, ça t'étonne ?

— Non, plus maintenant.

— Mais je n'ai pas dit que tous les gens altruistes et sensibles étaient des candidats potentiels. Heureusement, je serais débordé !

C'est là que j'osai poser la question qui me trottait dans la tête depuis un moment. La formuler n'était pas aisé.

— C'est une vie d'être gardien ?

— Est-ce que tu penses que ta mère se demande si c'est une vie d'être mère ?

— Euh, non, je ne crois pas, répondis-je en fronçant les sourcils.

— Eh bien, c'est un peu pareil pour moi. C'est naturel,

inné si tu préfères. Là aussi, je crois qu'il y a une histoire de maturité ou de maturation de l'esprit. Va savoir...

— Et ça se passe comment ?

— Comment, je ne sais pas. Petit à petit, la relation avec les autres chasseurs change, tu te sens responsable d'eux. On ne devient pas gardien, un matin en se réveillant. Jour après jour, tu développes d'autres aptitudes, ils le sentent et toi tu le sais.

— Nathan a parlé d'un savoir ancestral.

— C'est un peu ça oui. C'est de l'ordre de l'instinct aussi. Personne ne t'apprend à le devenir. J'ai satisfait ta curiosité ?

Provisoirement, oui. Une multitude d'interrogations étaient nées après qu'on ait évoqué Lucie, son réseau de connaissances, mais ce n'était pas urgent. J'avais besoin de temps pour assimiler, tout cela était tellement irrationnel pour moi. J'acquiesçai. Je ne savais pourquoi, je me sentais apaisée par ses confidences. C'était un peu comme s'il m'avait ouvert la porte de son cœur. En tous les cas, il dut deviner qu'il avait insufflé assez de confiance en moi pour aborder le sujet qui le tracassait, lui :

— Sarah, tu n'as pas revu Nathan, n'est-ce pas ?

— Une seule fois depuis son retour, je lui ai demandé un peu de temps, avouai-je, en redoutant ce qu'il en penserait lui.

— Tu n'as pas à te justifier !

— Je connais mes faiblesses, et je... n'ai pas envie qu'il en fasse encore les frais.

— C'est ce que j'aime bien chez toi, la connaissance de tes limites. Cela va beaucoup nous aider.

J'écarquillai les yeux, d'autant qu'il formula mes pensées, dans le même temps.

— Il faut que tu achèves ta formation, c'est important.

Ses prunelles brillaient de sa détermination, je tentai tout de même ma chance, avec une petite grimace contrite :

— Je ne peux pas me contenter d'accueillir une âme et d'appeler quelqu'un ensuite ?

Il eut un sourire compatissant. OK, ma réaction était prévisible et un peu puérile, à vrai dire.

— Ça ne se passe pas tout à fait comme ça, Sarah. Chaque fois que tu le fais sans aller jusqu'au bout, tu prends le risque d'endommager ton esprit. Bien sûr, c'est sur le long terme que tu prends ce risque, ajouta-t-il vite en me voyant me rembrunir. Tu as dû remarquer que ta mémoire garde une trace, chaque fois.

— Les cauchemars en résultent ?

— Oui. Et aller jusqu'au bout permet d'éviter ce sérieux inconvénient.

— C'est le rôle du coup de fouet dont m'ont parlé Sophie et Clément ?

— Ah, ils t'en ont déjà parlé ? Alors oui, cela permet aussi d'effacer de ta mémoire ces souvenirs, qui ne sont pas les tiens.

— Ça marche à chaque fois ?

— À condition de ne pas trop attendre. C'est pour cette raison que je ne peux pas me permettre de te laisser à ce stade. Tu n'auras pas toujours quelqu'un sous la main, et, tu l'as expérimenté, c'est assez stressant d'attendre.

Je hochai la tête. Cela m'avait carrément ôté l'envie de retourner au marché de la rue Mouffetard.

— Et ça va être long ?

— Cela dépend de ta capacité à flirter avec la peur, répondit-il avec un petit sourire mystérieux.

— Pardon ?

— Tu vas comprendre. Quel type de livres et de films aimes-tu ?

Nathan m'avait posé la même question très tôt, je saisissais encore mieux pourquoi et où ils voulaient en venir tous les deux.

— Je ne suis pas attirée particulièrement par les thrillers ou les films d'horreur, mais je ne me cache pas sous le siège quand j'en vois un... Et pour tout dire, là, je traduis un polar vraiment glauque.

Ma réponse l'amusa et il me dévisagea un moment, à l'affût sans doute d'une émotion refoulée. Mais j'étais honnête avec lui.

— OK. Alors, voilà ce qu'on va faire, je vais voir ce qui passe en ce moment au cinéma et si je ne trouve pas mon bonheur à l'affiche, je t'inviterai à venir ici. J'aimerais qu'on regarde quelque chose d'un peu violent et cerner tes réactions. C'est important pour moi de voir comment tu gères les images difficiles, pour t'aider au mieux ensuite. Que tu ne te caches pas sous le siège me rassure un peu, renchérit-il, un pli amusé au coin des yeux. Mais ça ne me dit pas à quel point tu es impactée émotionnellement, tu comprends ?

— Et si je ne suis pas un bon sujet ?

— On trouve toujours un moyen Sarah, mais savoir à qui on a affaire permet de gagner du temps.

Et des crises de panique ou de découragement, j'imaginais aussi.

— Et après ?

— Après, je t'apprendrai à chercher le compromis pour agir au mieux avec l'âme que tu abriteras. Écouter ce qu'elle a à te dire est primordial pour qu'elle te fasse confiance ensuite. Mais tu dois garder ton calme, insuffler suffisamment de sérénité pour que ça marche. Tu vas apprendre à te distancier de ce que tu perçois.

Devant ma perplexité, il commenta :

— Ce n'est pas plus difficile que ce que tu sais déjà faire. C'est quelque chose que chacun d'entre nous devrait apprendre à faire.

— Garder son sang-froid, en sorte ?

— C'est un peu ça, oui. Ne pas se laisser envahir par les émotions des autres, mais savoir les accueillir, avec sincérité et bienveillance.

— On peut gérer l'empathie de cette façon ?

Il eut ce petit sourire de satisfaction qu'il avait eu plus tôt dans notre conversation :

— Ça aide bien oui ! Mais cela marche rarement quand on est très attaché aux gens, malheureusement.

— Comme Sophie l'autre jour ?

— C'est votre talon d'Achille, c'est vrai. Et sans doute, un garde-fou pour ne pas adopter l'insensibilité envers et contre tout. La tentation serait bien trop grande de se protéger de ce qui fait mal. On a toujours besoin d'être là pour ceux qu'on aime. L'esprit est au moins aussi complexe que le corps humain, je crois. Sophie s'attache vite aux personnes qu'elle fréquente, elle a beaucoup de cœur, ajouta-t-il avec le sourire qu'aurait un père de famille.

Je me demandais comment elle pouvait gérer les sentiments que Clément éprouvait toujours pour elle. Il y avait eu lors de notre dernier entretien de la tendresse dans sa voix, lorsqu'on avait parlé de lui. Et pourtant…

— Mais tu sais, Sarah, on peut faire de ses faiblesses un atout ! En commençant par les accepter. Sophie avait juré ses grands dieux qu'elle resterait célibataire toute sa vie et, même si elle a trouvé un compromis inouï, elle a changé d'avis.

Quelque chose dans son regard me fit penser qu'il s'adressait à moi, à celle qui doutait encore d'elle. Il avait retenu tout ce que j'avais dit, choisissant soigneusement le moment de le ressortir.

— Nathan a mieux à faire en ce moment que gérer mes états d'âme, murmurai-je.

— Nathan est celui de vous tous qui a la plus grande tolérance à l'empathie. Il ne s'en protège jamais. Il s'en sert pour comprendre les gens et pour trouver sa place. S'il est allé te chercher, la première fois, c'est qu'il a senti que tu ne savais pas vers qui te tourner. Pas par défi ou par vanité, juste par altruisme. Il a cette générosité en lui, tu peux lui faire confiance. Il saura accepter tes doutes et faire avec. Ceci dit, je suis d'accord avec toi, la situation est tendue et complexe pour lui. Il n'a pas besoin de se sentir écartelé entre toi et sa sœur. On n'a guère d'autre option, pour la tirer de là que celle qu'il a choisie.

— Et si ça ne marche pas ?

— Il ne restera que la solution extrême, que ni sa sœur ni sa mère ne lui pardonneront : la faire interner et me laisser entrer en scène, à son insu.

Il dit ces mots avec une telle gravité. J'en frissonnai. Il conclut, avec un sourire engageant :

— Mais il est patient et fin psychologue, j'ai bon espoir.

Je l'espérais moi aussi, car je me demandais comment il vivrait d'être à nouveau rejeté par sa sœur, et de n'avoir pas su l'aider. Je rendais déjà les choses difficiles de mon côté... C'est vrai, il ne méritait pas d'avoir une vie personnelle aussi compliquée et mouvementée, quand on voyait ce qu'il devait également assumer pour son internat. François eut un petit sourire complice, mais n'ajouta rien de plus. On convint des créneaux possibles pour voir ce film et je ne m'éternisai pas. Cet homme patient et disponible travaillait tout de même, même si je me demandais souvent comment il menait tout de front.

Je ne peux pas dire que le programme qu'il me proposait m'enchantait, mais ses explications avaient été convaincantes. J'aimais presque la logique de sa démarche, elle rendait les choses plus naturelles. Et j'aimais le regard qu'il portait sur Nathan.

Il me manquait, terriblement. Entendre parler de lui me faisait du bien et du mal tout à la fois. Et aujourd'hui, sans doute pertinemment, François avait levé ce doute affreux que j'avais eu sur ses motivations pour me proposer son aide au lieu de m'envoyer vers lui. Il m'avait offert son affection, je l'avais ressentie et elle m'avait une fois de plus apaisée.

Chapitre XXI

*« L'expérience, ce n'est pas ce qui nous arrive.
C'est ce que nous faisons avec ce qui nous arrive. »
Aldous Huxley*

François m'attendait, devant ce petit cinéma qui ne payait pas de mine avec sa grosse clé grise accrochée sur la façade. À l'ombre. L'été était arrivé en grande pompe, avec un coup de chaleur qui avait plongé Paris dans une torpeur fébrile. Travailler dans la pénombre de mon appartement surchauffé n'était pas franchement aisé. M'en échapper avait été un soulagement, tant pis pour mes traductions ! La salle se trouvait tout près du jardin des Plantes, un espace béni de fraîcheur où de nombreuses familles avaient trouvé refuge. C'était plein de vie, de rires et d'insouciance. L'endroit rêvé pour regarder la vie du bon côté avant de plonger dans la peur. Et puis c'était là que j'avais vécu ma première expérience, sous le vieux cèdre du Liban. Ma première victoire, sous les yeux de Clément et Nathan, malgré d'horribles cauchemars.

François avait déjà acheté les billets et à mon air gêné il répondit d'un sourire :

— Je ne t'impose peut-être pas un moment de détente !
— Qui sait ?
— J'en doute un peu. C'est pour les addicts à l'adrénaline ce genre de film ! Si tu as envie de sortir ou de te cacher sous le siège, tu n'hésites pas !

Son petit air moqueur me rappela Nathan et sa façon de faire. Il me manquait beaucoup, de plus en plus... Je n'avais pas résisté, la veille, pendant sa pause, à lui envoyer un message pour prendre de ses nouvelles. Un message qui avait fait plein de *petits*, doux et légers. Comme si rien n'avait changé entre nous. Et que quelque chose de matériel nous empêchait de nous voir. Ce qui n'était pas totalement faux, puisqu'il avait réussi à échanger une garde pour partir rejoindre sa sœur. Quelle patience et quel dévouement il avait avec elle... avec moi aussi ! C'est peut-être ce qui m'a décidé à prendre les choses en main, un peu plus énergiquement. C'est là que j'avais envoyé un message à François, lui expliquant que, finalement, j'étais libre tout le week-end.

Une fois que nous avons été assis dans une salle de taille modeste, tout en longueur, j'ai demandé :

— On a tous droit à une séance de cinéma ?

— Clément y a échappé, il adore ce type de films.

— Comme si ça m'étonnait !

— Sophie en a eu trois ! J'espère que tu ne battras pas le record, j'ai vite ma dose !

Évidemment, j'aurais dû m'en douter, Sophie était bien plus sensible qu'elle ne le montrait. Et pourtant, elle avait tout surmonté ! Elle m'avait bien avoué une fois lui avoir donné du fil à retordre, mais elle avait parlé de concentration. Elle m'épargnait visiblement le récit de ses pires expériences, pour me préserver sans doute. La remarque de François n'était certainement pas innocente : aucune cause n'était perdue pour lui. Savoir également qu'on ne s'insensibilisait pas à ce type d'images me rassurait aussi. Je n'avais pas envie de devenir ce genre de personne. Je glissai en pinçant les lèvres :

— J'essaierai d'être une bonne élève.

Ma réponse l'amusa et il chuchota, avant que la salle ne soit plongée dans le noir :

— Il n'y a pas de mauvais élèves, Sarah, juste des sensibilités différentes.

J'oubliai vite qu'il était là pour se faire une idée sur ma capacité à gérer l'horreur à laquelle j'aurais peut-être affaire. L'ambiance très particulière du film, la façon dont étaient tournées les images, la forêt angoissante où se déroulait l'histoire me nouèrent très vite l'estomac et mes mains devinrent moites sur la robe que je portais jusqu'à l'en chiffonner. Ce ne sont pas les images qui me glacèrent, mais les émotions suscitées par tout ce qui était suggéré sans jamais être montré. À la place des personnages, j'aurais aimé fuir à toutes jambes ! Mais je restai vissée sur mon siège, retenant mon souffle, comme pour me faire oublier cette sorcière, dont tous parlaient sans qu'on ne la voie jamais.

Quand le générique de fin démarra, je poussai un terrible soupir qui fit sourire mon voisin.

— J'ai réussi l'examen ? dis-je d'une toute petite voix, les sourcils froncés.

François s'esclaffa puis afficha un sourire compatissant.

— Oui ! Commence par respirer un bon coup !

— Pas de seconde séance ?

— Pas au cinéma. Viens, je t'offre un verre pour te remettre de tes émotions.

Avec cette chaleur, on eut du mal à trouver une place au frais en terrasse. Mais une fois installés et notre commande passée, il reprit percevant sans doute mon impatience et mon anxiété :

— Ce n'est pas ta façon de réagir aux images difficiles qui m'intéressait en réalité. Cet aspect, on peut le gérer chez moi. Ce film était angoissant comme peut l'être parfois l'accès aux souvenirs d'une âme. C'est peut-être pire, parce que tu n'as pas toujours la clé et que tu dois le subir jusqu'à ce que tu comprennes de quoi il s'agit. La programmation de ce film était une aubaine pour moi.

— Comment certains peuvent-ils se délecter de ce genre d'ambiance ?

— Demande à Clément. Peut-être ceux que la routine insupporte particulièrement, je ne sais pas Sarah. Dans ton cas précis, la peur t'oppresse terriblement. Je peux même dire que tu l'éponges physiquement, mais tu ne la fuis pas.

Pour moi, c'est une excellente nouvelle. C'est quelque chose que je n'aurai pas besoin de travailler avec toi. Ce n'est pas le plus facile !
— Mais c'était un film, trouvai-je bon de préciser.
— Et dans notre cas, ce sera la vie d'un autre. C'est la même chose. Tu sais garder cette distance nécessaire, c'est tout ce qui compte. Tu ne t'identifies pas, tu comprends ?
— Et si je ferme les yeux devant des images trop fortes ?
— Fermer les yeux ne veut pas obligatoirement dire fermer ton esprit, je vérifierai ça la prochaine fois. Ce que tu ne devras pas faire, c'est couper le contact. Et je pense que tu es capable de le faire.
— Et si je le faisais ?
— Eh bien, tu perdrais sans doute la confiance de l'âme que tu abritais, mais dans ces cas-là, tu appelles à l'aide un de tes compagnons ou moi. Ça arrive de temps à autre, ce n'est ni un drame ni un échec. Nathan, Sophie et même Clément l'ont déjà fait. Ceci dit, cela se produit surtout au début. On est parfois déstabilisé par ce qu'on découvre. Après, je crois qu'on s'attend à tout !
— Ça ne doit pas rassurer sur la nature humaine, tous ces cas !
— Il y a souvent des drames qui auraient pu être évités. Tu seras surprise de tout ce qui peut empêcher une âme de lâcher prise. La culpabilité en fait souvent partie.

Il me donna gentiment quelques exemples édifiants pour illustrer ses propos et assez vite, je craignis moins d'avoir affaire aux images violentes que le récit des âmes perdues de la rue Mouffetard m'avait fait imaginer. C'était triste de constater à quel point certaines situations pouvaient dégénérer pour de simples non-dits ou des mensonges. Il insista pour qu'on prolonge la soirée sur la terrasse d'un petit restaurant. C'était curieux, cette relation qu'on nouait, tout en simplicité, et primordiale pour apprendre à me connaître et anticiper sans doute mes réactions futures.

Quand le serveur apporta la note, qu'il refusa évidemment que je partage, je risquai ma question :

— À quand la suite ?
— Serais-tu pressée ?
— Non, pas exactement, mais j'ai besoin d'être au clair avec moi...

Il eut ce petit sourire compréhensif : bien sûr qu'il savait ce que je taisais !

— Que fais-tu demain ?
— Demain ?
— J'ai tout mon temps ! C'est le week-end !

Il avait répondu d'un furtif haussement d'épaules comme si cela coulait de source. L'abnégation d'un gardien me semblait incroyable.

— Je ne fais rien !
— Alors, fais-moi signe quand tu seras prête.
— Prête à quoi ? répliquai-je d'une voix soudain nettement moins assurée.
— À venir voir Socrate ?

Sa réponse matinée de taquinerie me fit froncer les sourcils.

— Socrate ?
— Tu n'as pas appris à gérer ce dont nous avons parlé tout à l'heure. Je vais juste te montrer comment accueillir une âme, sans l'isoler comme tu sais le faire.
— Mais...

Son regard distillait un sentiment curieux de sécurité :

— Certaines âmes sont très agréables à rencontrer, elles sont tristes, tourmentées, mais ne sont pas hantées d'images terribles. Il se trouve que j'en ai une à portée de... chat.

Son expression m'arracha un sourire. Pauvre Socrate quand même... Il poursuivit avec la même assurance tranquille, satisfait, sans doute, de l'effet qu'il allait produire.

— C'est Nathan qui l'a trouvée dans son service, il y a deux jours. Il a tout de suite pensé à toi !
— Il l'a écoutée ?

— Écoutée, apaisée, et confiée à moi en espérant que tu serais prête pour la rencontrer. Juste faire connaissance, tu n'es pas prête pour la suite, je m'en chargerai après. Alors ?

— C'est d'accord, balbutiai-je, aussi émue par l'intention de Nathan que par le trac qui montait sans doute en moi.

Il me dévisagea longuement, avec cette lueur presque paternelle, que je lui trouvais souvent.

— On peut arrêter à tout moment Sarah, il ne faut pas que ça t'inquiète. Si c'est trop pour toi, je le saurai instantanément. Il suffit d'un contact de ma part, et tu seras soulagée. Tu te souviens ?

— J'ai confiance !

— Et tu ne veux pas décevoir Nathan, ajouta-t-il avec espièglerie.

— Non, c'est vrai, admis-je, certaine d'avoir désormais les joues roses.

— Il sera content de l'apprendre.

Je n'arrivais pas à deviner ce qu'il pensait de ma décision, mais clairement, il ne désapprouvait pas notre relation. Loin de là. Il savait ma motivation pour avancer et ne la désavouait pas non plus. Le comprendre me fit un bien fou. Il n'était certes pas devin, il avait pourtant une perception des choses qui me semblait presque surnaturelle parfois. Était-ce parce qu'il avait croisé le chemin de bien des âmes, ou bien sa qualité intrinsèque de gardien ?

***

Toujours est-il que lorsque je le retrouvai le lendemain après-midi, j'arrivai sans avoir la boule au ventre. Juste ce trac qu'on éprouvait parfois quand on rencontrait quelqu'un d'important dans sa vie. François m'ouvrit avec cette chaleur qui lui était propre, visiblement ravi que je ne lui aie pas fait faux bond. Quand j'aperçus Socrate, étalé sur le carrelage pour baigner dans la lumière ardente du soleil, je me figeai tout net, prête à bloquer mon esprit.

— Tu ne crains rien, c'est moi qui abrite l'âme, lâcha tranquillement François. Socrate manque de bonnes manières, je sais, mais je n'ai pas su y faire avec lui.

Sa remarque m'arracha un sourire, me rappelant que Nathan m'avait confié qu'il le taxait même d'avoir mauvais caractère. Je m'approchai et je pris le temps d'admirer le pelage incroyable de ce chat. François me laissa faire et s'absenta pour rapporter un plateau garni de biscuits et jus de fruits. Le sucre, bien sûr... Je n'y avais pas pensé. Il surprit mon air navré et commenta, visiblement blasé et amusé :

— Il faut du temps pour que ça devienne un réflexe. Et par expérience, je sais que les filles évitent le sucre, surtout en été. À moins que tu ne fasses exception, mais j'en doute très sérieusement !

— Je fais tout de même des entorses régulières, avouai-je, amusée par sa façon de me présenter les choses.

— Eh bien tant mieux, parce que là c'est utile, voire nécessaire ! Tu peux même faire une grosse entorse.

S'il avait su que j'avais juste grignoté au déjeuner, je gageai qu'il m'aurait fait tout avaler ! Je me servis donc, débarrassée de mes scrupules de gourmande invétérée et je l'écoutai m'expliquer ce qu'on allait faire.

— Je ne vais rien te dire de ce que tu vas découvrir, parce que tu dois apprendre toute seule à donner l'attention nécessaire. Chacun a son approche, comme dans la vraie vie. Tu trouveras, j'en suis certain. Mais il y a une chose que tu dois garder à l'esprit Sarah : l'endroit où s'est réfugiée cette âme a toujours un rapport avec l'histoire qu'elle veut te raconter.

— Comme le Vel d'hiv et le cimetière Saint-Médard.

— Elles cherchent des réponses, un soulagement ou se sont attachées à ces endroits à cause de ce qu'elles ont vécu, oui. Quand ce sont des histoires très personnelles, il faut faire preuve d'un peu d'imagination.

— Sinon quoi ?

— Sinon, elles ne se sentent pas comprises et le lien de confiance nécessaire pour la suite ne se fait pas. Cette fois encore, là où tu peux échouer tes compagnons peuvent réussir, donc pas de stress ni de culpabilité, d'accord ?

Je hochai la tête, rassérénée par ses derniers mots.

— Tu vas l'attirer, comme tu sais le faire, comme si tu lui tendais la main ou que tu lui ouvrais les bras. Cela semble difficile à concevoir, surtout quand on ne sait pas à qui on a affaire, mais ça n'est que symbolique. Elle doit ressentir que tu es là pour elle, et oublier tout ce qui va se passer à l'extérieur.

Nathan avait procédé de cette façon rue Nélaton. Il avait pris le temps d'écouter ce que cette âme avait voulu me dire de force. Savoir qu'il l'avait fait, au lieu de juste l'enfermer au fond de son esprit, me toucha une fois encore. Il avait en lui une humanité qui me semblait incroyable parfois. En serai-je capable un jour ?

— Une fois le contact établi, poursuivit François, tu laisses faire, sans juger. Tu peux ressentir les choses bien sûr, ne verrouille pas cette capacité que tu as, c'est elle qui montrera à l'âme que tu la comprends.

— Même si c'est de la peur ?

— Peur, tristesse, angoisse, colère, peu importe. Tu t'imagines au cinéma, tu verras, ça marche très bien !

Comme sa comparaison me faisait grimacer, il précisa :

— Une âme ressent, mais ne lit pas dans les pensées, ne t'inquiète pas !

— C'est bon à savoir ! ricanai-je nerveusement.

— Elles sont très faibles, le peu d'énergie qu'elles drainent en toi leur permet juste de s'exprimer.

— Et celle qu'abrite Lucie ? Elle a fait plus que ça ?

— Je t'expliquerai plus tard. Ne t'inquiète pas pour ça. C'est un cas particulier. On y va ?

Je hochai la tête, le cœur battant, essayant de me raccrocher à la bienveillance de son regard et au calme de Socrate qui avait grimpé sur les genoux de son maître, à la recherche de quelques caresses. C'était certain, ce chat-là ne nourrissait aucun ressentiment de servir d'abri de temps à autre. Une sorte de chaleur intérieure m'apaisa. Quelque chose, en tous les cas, qui m'aida à faire ce qu'il m'avait suggéré de faire. Ouvrir les bras, c'était facile à se représenter, sauf que j'imaginai la personne que j'aurais aimé accueillir. Après tout, personne ne le saurait.

Un chien ou un enfant vous ont-ils déjà sauté dans les bras, à vous faire chanceler dans leur élan ? C'est la sensation pour le moins étrange que je ressentis, quand on la transposait aux émotions qui surgirent alors. L'empathie était déjà très déroutante, mais là, c'est un tourbillon qui m'entraîna très vite. Je me laissai porter comme par le courant, et petit à petit, je réussis à identifier ce qui s'imposait à moi, sans que j'en eusse la moindre maîtrise. La culpabilité, très forte, l'inquiétude, le désir impérieux de savoir, la panique. Des images d'accident se greffèrent alors, une glissade en deux roues, à en juger la vision du sol que je vis se rapprocher à toute vitesse. Moi qui détestais les manèges à sensations, j'étais servie. C'était tout à fait ce que je ressentais à cet instant : les montagnes russes ! Je crus entendre des gémissements.

Je crispai mes mains sur le rebord des accoudoirs du fauteuil, emportée par le vertige. Petit à petit, l'afflux se calma, et malgré moi j'essayai de comprendre : un accident de moto ou de scooter, l'âme que j'abritais était le conducteur ? *Oh my God*, il transportait quelqu'un ? C'était pour cela qu'il me donnait l'impression de tourner en rond comme un lion en cage ? Il s'inquiétait pour son passager ? Sa dernière pensée avait été pour celui ou celle qui était avec lui et il voulait désespérément savoir s'il s'en était sorti ?

Un sentiment terrible de pitié et de compassion me serra le cœur. J'imaginai sans peine la torture qu'il ou elle pouvait ressentir. La culpabilité, l'angoisse d'avoir causé pire que sa propre mort. Un sanglot me fit hoqueter et

soudain le poids immense qui semblait écraser mes épaules disparut. À la place, je sentis la main de François posée sur mon genou. C'est là que je pris de nouveau conscience de sa présence.
— C'est fini, murmura-t-il de sa voix chaleureuse. Tu as fait ce qu'il fallait. Tu l'as laissée se confier, ça l'a apaisée.
— Tu crois ?
— J'en suis sûr, oui. Partager son fardeau, c'est ce que tu as fait, tu as pu voir comme il pesait lourd.
— Mais je n'ai pas de réponse...
— Non, et moi non plus. Et ce n'est pas notre rôle de les donner. Tu t'épuiserais à vouloir les chercher. Et elles ne les satisferaient pas forcément, de toute façon.
— Mais c'est dur...
— De les laisser comme ça ? Oui, bien sûr. C'est bien pour ça que notre mission est de les délivrer de ce fardeau. Tu dois pourtant accepter de ne pas être toute puissante. Nous ne sommes que des intermédiaires, ceux qui les aident à lâcher prise définitivement. Nous n'avons aucun autre pouvoir, et surtout pas celui de rédemption. C'est important que tu en sois consciente, sans quoi tu vas plonger comme Lucie l'a fait.

Cette révélation résonna comme un roulement de tambour dans ma tête.

— Elle veut aider son... hôte ?
— Oui, et elle l'a laissé prendre les commandes pour la guider. C'est très dangereux, tu y perds ton âme si ça dure trop longtemps, lâcha-t-il avec gravité.

Un sentiment de compassion m'envahit : je comprenais pourquoi Nathan était prêt jusqu'à jouer sa carrière pour sa sœur, pourquoi il avait mis de côté notre relation et pourquoi ma décision d'attendre avait semblé le soulager. Mes mains commencèrent à trembler et il me tendit un verre de jus de fruits.

— C'était préférable de te l'expliquer après cette expérience, je pense que tu en mesures mieux la portée, n'est-ce pas ? Lucie n'a pas voulu d'aide quand elle a découvert son don. Elle n'a pas été préparée à ce qui l'attendait et comme pour certains, son empathie a pris le dessus.

— Nathan m'a dit que les femmes y étaient plus sensibles.

— C'est vrai, mais ce n'est pas une fatalité. Nathan était déjà un peu inquiet à ce sujet, parce que Sophie a parfois du mal avec certaines émotions. Avec sa sœur maintenant, il l'est encore plus. Je vais être franc avec toi, je pense qu'il était soulagé que j'assure cette partie de ta formation. Il a eu peur de ne pas être à la hauteur.

— Et toi, tu en dis quoi ?

— Je crois qu'il était capable de le gérer. Il te connaît mieux que moi, non ?

Sa moue malicieuse m'arracha un sourire. C'était sûr, d'autant que Nathan avait espionné mes émotions depuis le début, souvent à mon insu. Je m'inquiétai alors.

— Ça veut dire que Sophie est fragile ?

— Non, Sophie en est consciente, elle sait s'arrêter quand il faut ou s'éloigner quand c'est insupportable pour elle. Elle ne parvient pas à se protéger quand elle aime les gens. C'est dans sa nature. Elle est entière, tu as dû le voir ! Et puis, je dois t'avouer qu'elle avait peur que tu prennes une décision définitive et irréfléchie.

— J'aurais pu, grimaçai-je, contente de pouvoir un peu ouvrir mon cœur. Quand la situation m'échappe, je choisis souvent le chemin le plus facile.

— Tu ne l'as pas fait ! Pas cette fois, en tous les cas. Tu as ta place parmi nous Sarah, une vraie place. Tout à l'heure, tu as exactement réagi comme il le fallait. Tu as su le faire toute seule. Avec le temps, les choses se feront beaucoup plus naturellement.

Je levai des yeux étonnés qui l'attendrirent. Il émanait de lui tant de bienveillance qu'il aurait pu, à ce moment-là, me demander de faire ce qu'il voulait. C'était troublant. Je le regardai gratouiller le menton de Socrate qui ne semblait pas s'en lasser. Je compris qu'il attendait patiemment une réponse de ma part.

— Je te crois.

Il ne me laissa pas repartir avant de s'être assuré que j'avais récupéré de ma drôle d'expérience. Il n'avait pas l'air pressé. Pourtant c'était bien lui qui gardait ma rencontre du jour, bien au chaud dans son esprit, à en croire la nonchalance de son chat. Décidément, les gardiens étaient un mystère plus grand encore pour moi. Cette abnégation et cette mansuétude, dont il nous gratifiait tous, me subjuguaient. C'est quand j'eus repris des couleurs, selon ses propres termes, que je rentrai chez moi. Épuisée malgré ses bons soins, je sommeillai jusqu'à la fin de l'après-midi veillée par Milady.

***

C'est mon téléphone qui me réveilla. Ce week-end-là, Mel s'était laissée convaincre par Antoine d'aller faire un tour au frais, sur les plages du Nord. Il lui sortait le grand jeu. Je trouvais cela touchant et je suis sûre qu'elle y était très sensible. Elle était bien aussi fleur bleue que moi, elle le cachait juste sous une épaisse couche de cette légèreté à laquelle personne ne croyait, même pas elle. Je n'avais pas eu besoin de la pousser dans les escaliers, quand il avait prévenu de son arrivée à l'interphone, son sac piaffait déjà à côté de la porte.

Pensant que Mélanie allait me dire qu'elle restait dormir chez Antoine, ce qui arrivait de plus en plus souvent, je décrochai sans m'arrêter d'abord au nom qui s'était affiché. Clément. *Really*[17] ? C'était bien la première fois ! C'est sans doute pour cette raison que je ne le sentis pas bien à l'aise au début. Après avoir pris de mes nouvelles, il se jeta dans le bain :

— Sophie n'ose pas t'en parler, alors je m'en charge !

— Me parler de quoi ?

— Je ne sais pas si tu es au courant, mais c'est

---

17 Vraiment ?

l'anniversaire de Nathan cette semaine. Et on ne s'est pas réunis depuis un petit moment ! Il dit qu'il n'a pas le temps, mais toi et moi on sait que la raison est ailleurs, non ?

— Je suis désolée, c'est moi qui ai mis le bazar et...

— Que je sache, c'est Lucie qui a mis le bazar, pas toi ! Et Nathan réfléchit trop parfois. Mais bon, je ne suis pas là pour faire son procès. Je crois qu'il a besoin d'être entouré en ce moment et je n'ai pas très envie que notre groupe fasse les frais de cette histoire.

— Moi non plus !

— Donc, est-ce que cela te pose un problème si l'on se fait une petite soirée ? Je me charge de dégoter le créneau idéal pour Nathan.

—Tu crois qu'il va accepter ?

— S'il refuse, il sait que notre petit groupe sera en péril. Je ne sais pas où vous en êtes tous les deux, ça ne me regarde franchement pas. Mais personne n'en a envie, et je pense que ça nous empêche de nous soutenir les uns les autres.

— Pas moi, en tous cas, admis-je, touchée par ses arguments.

— À la bonne heure ! Je me charge du cadeau, de trouver le restau et de le convoquer !

L'initiative de Clément me rendit fébrile. Sa crainte avait été la mienne, surtout quand j'avais compris à quel point les liens qu'on avait tous tissés étaient bien au-delà des liens d'amitié. C'était sans doute ce qui expliquait que malgré l'échec de leur relation, ils avaient gardé cet étroit contact. Sophie et lui avaient été capables de dépasser leurs différends. Cela m'impressionnait, d'autant plus que je me demandais également comment il avait vécu la naissance de notre relation. Il m'avait semblé qu'il encourageait Nathan pourtant.

Je trouvais touchant cet intérêt qu'il avait pour lui et sa franchise à notre sujet. Cela me soulageait qu'il ait pris cette initiative, qu'il veille sur le maintien de nos relations, quoiqu'il se passe. Pour être honnête, il me facilitait la tâche. Je n'étais pas très au clair encore avec moi-même. Pourtant j'étais sûre à présent de mes sentiments pour Nathan. Je ne voulais juste pas qu'il fasse à nouveau les frais de mes sautes de confiance chroniques. Et je ne voulais pas lui imposer de s'inquiéter pour moi, il avait bien assez à faire. Et Lucie était encore entre nous, à sa façon.

Chapitre XXII

*« L'espoir, ce n'est pas de croire que tout ira bien,
mais de croire que les choses auront un sens »*
Vaclav Havel

— *As-tu besoin d'une dispense pour ne pas venir me voir souffler cette bougie de plus, jeudi ?*

C'était à croire que Nathan avait deviné ce qui me tracassait, car je reçus ce message dans l'après-midi du lendemain. Depuis l'appel de Clément, je me demandais comment il allait prendre l'idée de passer toute une soirée avec moi, alors que je n'avais pas vraiment bougé depuis notre discussion. D'ordinaire, j'aimais les choses claires, carrées et établies. Et j'étais consciente que, là, je m'enlisais nettement dans l'indécision par peur de me tromper, de souffrir encore et, chose nouvelle, de le faire souffrir. Comment Nathan vivait-il ce que je lui imposais ? Je n'étais pas fière de moi, même si j'étais certaine que le temps était mon meilleur allié dans ce genre de situations.

À ma réaction qui ressemblait fort à un mouvement de panique, je n'hésitai pas à écrire, essayant de rester la plus détendue possible :

— *Non, pas du tout, je veux découvrir ta technique, c'est mon tour après.*

— *Après, c'est quand ?*

— *Tu vas rire, it's THE date[18] !*

Il prit son temps pour répondre, réfléchissant sans doute à toutes les dates possibles. Il n'y en avait pas tant en cette veille d'été...

— *Alors, les feux d'artifice, c'était pour toi toutes ces années ?*

— *Yes !*

---

18   C'est LA date !

Je ne sus rien répondre de plus. Cela me toucha plus que de raison, c'était ce que mon père me racontait quand j'étais encore en âge de le croire. Une blague familiale qui avait cessé quand il avait disparu. Quelque chose que Nathan ne savait pas. Évidemment.

— *Je suis jaloux*, commenta-t-il, m'arrachant un sourire.
— *Ne dis pas ça à Clément, c'est lui qui s'occupe de tout !*
— *Promis !*

Il rajouta quelques secondes plus tard :
— *JE SUIS CONTENT QUE TU VIENNES.*

Je répondis juste d'un petit smiley, mais mon cœur s'était mis à battre à tout rompre. Cette façon de m'assurer de ses sentiments, c'était tout lui, tout en douceur, sans mettre la pression, sans rien exiger. Tout ce qui me plaisait tant chez lui. Je m'en voulus de n'avoir pas assez réfléchi à la situation et de ne pas savoir lui rendre la pareille. Il me restait trois jours pour le faire.

Clément avait dit qu'il se chargeait du cadeau, pourtant je ne parvenais pas à me résigner à juste m'y associer. Je n'étais peut-être pas prête à me lancer, mais j'avais fait du chemin, je le sentais. Mes doutes et ma colère avaient finalement fondu comme neige au soleil, emportés par son plaidoyer, ses messages, sa patience, ainsi que par les explications sans doute soigneusement distillées de François. Je commençai donc par chercher le petit quelque chose, que moi seule pourrai lui offrir, un petit bout d'espoir emballé avec soin que je pourrai lui glisser dans la poche le moment choisi.

Il me fallut tout de même quelques heures pour dénicher le porte-clés idéal, je dus en manipuler une bonne centaine avant de jeter mon dévolu sur un pendentif évoquant le yin et le yang. À lui d'interpréter ce qu'il voudrait : les deux facettes de notre esprit, ou bien... J'étais certaine qu'il comprendrait. Pour une fois, les mots m'échappaient, à moins que les formuler me soit encore difficile à assumer.

***

Deux DVD, posés sur la table, m'attendaient en fin d'après-midi, dans le petit café où m'avait donné rendez-vous François. Il glissa, comme s'il était ennuyé :

— Ne me juge pas sur mes choix de films. Ce n'est clairement pas ma tasse de thé, mais le meilleur moyen que j'ai trouvé pour aborder l'aspect le plus compliqué de notre tâche.

— Les images difficiles ? murmurai-je en observant leur jaquette.

— Ce n'est pas une fatalité, mais on y est confronté de temps à autre. Comme dans le cas de la rue Mouffetard. On ne s'habitue jamais. On peut néanmoins apprendre à se protéger de leur impact. Je voudrais que tu essaies une fois avant de te revoir. J'évaluerai alors ta façon de le faire.

— Et je procède comment ?

— En fait, quelques secondes suffisent généralement à comprendre le drame qui s'est noué, accident, crime, torture, ou je ne sais quoi encore. Une fois que tu as identifié la cause, tu dois savoir laisser passer les images sous tes yeux sans leur permettre de te toucher. Un peu comme lorsque tu regardes défiler le paysage dans un train... C'est différent de les bloquer, tu acceptes qu'elles existent, mais tu ne leur donnes pas un sens. Elles ne t'appartiennent pas, tu comprends ?

— Comme lorsqu'on surprend quelque chose de confidentiel ou d'indiscret ?

— Oui, tu as vu, mais tu essaies de te les approprier. Tu as déjà bien assez à faire avec les émotions.

— Ça tombe bien, le voyeurisme, ce n'est pas mon truc !

Il sourit, amusé et visiblement détendu par ma réaction.

— Comment t'en sors-tu avec la traduction de ton roman glauque ?

— C'est justement le problème. Pour trouver le mot exact, je dois visualiser des horreurs. Je fais pas mal de pauses, à vrai dire. J'ai ma dose, alors je crois que je n'aurai pas trop de mal à faire ce que tu me demandes.

— Ne te force pas aujourd'hui, Sarah. Il n'y a aucun héroïsme à le faire. Si tu n'y arrives pas, que c'est trop difficile pour toi, on tentera une autre approche.

J'acquiesçai, consciente du réel souci qu'il se faisait sur la démarche qu'il me demandait d'entreprendre.

— Tu sais, je ne suis pas sûre de faire du zèle, je ne suis pas une grande téméraire.

— Ce n'est pas mon avis du tout ! J'ai dû, depuis quelques années, m'occuper de pas mal de jeunes comme toi, je trouve que tu affrontes les choses avec courage et détermination. Même si, ajouta-t-il en me voyant hausser un sourcil perplexe, tu as l'impression d'avoir paniqué récemment. C'était humain Sarah ! Je l'ai dit aussi à Nathan, qui s'en est voulu. Personne n'est préparé à cela.

— Ça, non, marmonnai-je.

Il eut un sourire indulgent puis reprit :

— Appelle-moi quand tu auras fini. Tu n'es pas obligée d'aller au bout du film, arrête-toi quand tu penses que tu as trouvé le truc, et que tu le maîtrises, d'accord ? Et évite de le faire ce soir, je tiens à dormir cette nuit.

Son air malicieux acheva de m'apaiser. J'aimais cette façon de procéder chez lui, il allait jusqu'au bout de son idée, puis il trouvait toujours le moyen de me détendre ensuite.

***

Quand je rentrai, Mel m'attendait avec un joli coup de soleil sur le nez. La veille, elle avait passé la nuit chez Antoine, ce qui me plaisait bien. Ces deux-là étaient faits l'un pour l'autre et je me demandais combien de temps encore Mélanie s'entêterait à ne pas écouter son cœur.

Elle me fit le récit de son week-end en amoureux en m'aidant à préparer le dîner.

— Je ne suis pas rentrée, hier, on a eu des bouchons terribles sur l'autoroute et il était tellement tard quand on est arrivés que je n'ai pas voulu te réveiller. Tu ne t'es pas ennuyée au moins ce week-end ?

— Non, pas du tout.
Elle me jeta un regard en coin, suspicieux au possible.
— Tu ne souhaites toujours pas faire le premier pas ?
Je poussai un soupir qui ne la découragea pas le moins du monde. Elle soutint mon regard, avec le même air insistant.
— Dis, ce n'est pas la réputation parfois sulfureuse des internes en médecine qui te retient ?
Parce que lui, il a plutôt l'air de faire plus de zèle côté boulot que... côté soirées.
— Mais non ! Il n'était pas là ce week-end, il s'occupe toujours de sa sœur. Mais c'est son anniversaire jeudi et je suis invitée.
— À la bonne heure ! Je le trouve bien patient avec toi, faudrait pas que ça devienne une habitude de le faire poireauter comme ça.
Évidemment, l'inconvénient de mentir finissait toujours par vous desservir. Et dans ces cas-là, il fallait de l'habileté pour rebondir, et je n'étais pas douée à ce jeu-là. Pas du tout. Je tentai même ma chance :
— Mel, j'ai envie que ça marche cette fois. Je crois qu'il l'a compris. Il sait qu'il me faut du temps.
— Il a une idée du pourquoi ?
— Oui...
Un faux mensonge. Nathan n'avait pas toutes les clés, je le soupçonnais néanmoins de l'avoir tout de même deviné depuis un moment. Je ne m'étais pas tant méfiée au début, lors de nos bavardages.
— Dis donc, toi aussi tu fais mariner ce pauvre Antoine, contre attaquai-je.
— Je savais que tu dirais ça. Mais le problème est différent. On était partis sur de mauvaises bases. On en reconstruit de bonnes. Ça prend du temps. Toi, tu n'oses pas te lancer. Et moi, je te dis que Nathan, il est fait pour toi ! Je n'en connais pas beaucoup d'aussi patients et compréhensifs.

— Si, Antoine, rétorquai-je en haussant un sourcil malicieux.
— Antoine a fait une bêtise, il assume. C'est différent.
— *Oh my God*[19] ! Et tu me dis têtue !
— Tu sais que j'ai raison, n'est-ce pas ?
— Oui, je sais…
— Tu as gardé ses clés ?
— Ses clés, son échiquier, ça te va ?
— Ça m'ira quand tu ne rentreras pas un soir prochain, répondit-elle avec malice.

Parfois, je me demandais si Mel ne restait pas un peu plus longtemps chez moi parce qu'elle se faisait du souci pour moi. Elle en était capable. Quand elle avait déménagé chez Antoine, j'avais déjà ressenti la même chose. Je savais bien que mon boulot à la maison et ma méfiance accrue envers les hommes, ces dernières années, y étaient pour quelque chose. Mais bon, je n'étais pas sœur Marie-Joseph non plus. Et elle le savait !

***

Je rappelai François en début d'après-midi, à l'heure que je pensais le déranger le moins :
— Je crois que c'est bon !
— Déjà ? Tu n'as pas traîné !
— J'aime les situations claires, et ne pas savoir si j'en étais capable m'était insupportable.
— Tiens donc !

Je m'étais mise sans tarder devant le DVD que j'avais choisi, dès le lendemain matin. Je comptais sur le reste de la journée pour évacuer la dureté de ces images. Que certains se complaisent à regarder ce type de film m'échappait totalement. Mais la nature humaine avait des côtés bien obscurs. Ce n'était pas une découverte, mais le vivre presque en *live* depuis quelque temps me donnait un sentiment de malaise diffus. Et pour m'être un peu penchée sur ces tortures orchestrées au XVIIIe siècle par une bande de

---

19 Oh mon Dieu !

fanatiques dans le quartier de la rue Mouffetard, je savais que j'étais bien loin de m'imaginer tout ce à quoi je pourrais être encore confrontée. Bien sûr, François m'avait bien assuré que j'aurais toujours le choix, mais laisser aux autres les pires situations n'était pas non plus envisageable pour moi. Surtout parce que je les connaissais et les fréquentais. On ne souhaitait pas le pire à ses amis.

J'avais mis du temps à parvenir à réussir ce que François m'avait expliqué. J'étais sans doute trop sensible. Mais il m'avait fallu subir la moitié de ce film glauque et violent, pour réussir à laisser défiler les images sans qu'elles me heurtent. Et pour être certaine que j'en serais capable à nouveau, je m'étais enfilé le second film, tout aussi pénible. Je voulais me débarrasser au plus vite de cet aspect. C'était sans doute nécessaire pour aller jusqu'au bout de la tâche qui nous incombait. Pour délivrer quelqu'un de son fardeau, il fallait sans doute l'avoir éprouvé un peu. J'étais reconnaissante envers François de m'avoir laissée faire cette partie du travail seule. Pas de pression, pas de gêne, pas de commentaire à faire dans la foulée...

— Ça t'ennuie que je le vérifie avec toi, en situation réelle ? demanda-t-il alors.

— Non, j'imagine que c'est mieux.

— En effet, ça me permet de me rendre compte aussi si tu peux tout enchaîner : accueillir, écouter, et te préparer à la suite. Mais ne t'inquiète pas, ce ne sera pas dans l'immédiat. J'aimerais avoir le choix.

— Du candidat idéal ?

— Oui, c'est cela, rit-il. Je vais mettre mes chasseurs sur les rangs et je te tiens au courant.

Je n'avais jamais réfléchi à cet aspect des choses. Ce sentiment d'appartenance à une sorte de clan, ou de famille. Et l'entraide y avait une grande part. Il avait également besoin d'eux... de nous. Parce que moi aussi, un jour, j'en ferai partie. Cette révélation me fit frissonner.

***

J'attendais Nathan à l'entrée du restaurant, quand je vis que Sophie et Clément étaient venus les premiers.

— Je vais rester attendre Nathan ici, leur glissai-je quand ils me regardèrent.

Ils hochèrent la tête en chœur. Ils avaient des mines de comploteurs, grand bien leur fasse ! Leur complicité était tout de même touchante. L'anniversaire de Nathan était tombé à point pour provoquer cette réunion vitale pour tous, j'en étais consciente. Mais à sa façon de la défendre, j'avais bien l'impression que Clément y tenait plus que les autres. À vrai dire, c'était peut-être le seul moyen qu'il avait en sa possession pour garder Sophie dans sa vie... L'unique compromis qu'*ils* aient peut-être fait l'un et l'autre ? Essayait-il de me souffler cette solution ? Je trouvais troublant, en tous les cas, que ce soit lui qui se soit chargé d'un sujet que Sophie pensait trop délicat pour me l'imposer.

J'étais bien dehors : un petit vent léger et frais agrémentait ce début de soirée. J'appréciai après la canicule des jours derniers. Je n'avais jamais autant regardé l'heure de toute ma vie. Enfin, cela faisait longtemps, en tous les cas. Et j'étais partie avant le retour de Mel, pour éviter ses recommandations de mère poule et la case *relooking*. Je l'avais assez expérimenté par le passé, c'était plus fort qu'elle, elle se prenait pour ma grande sœur. Je n'avais aucune envie d'aguicher Nathan, il sentirait bien assez de choses pendant la soirée, j'en étais certaine.

Ce dernier arriva tranquillement, il avait visiblement pris le temps de se changer et était d'une rare élégance. Pantalon noir, chemise claire, et blaser. Hum, rien qui allait m'aider à faire taire mon désir et mes sentiments pour lui... Me voir l'attendre seule le surprit et il marqua un moment d'hésitation avant de m'embrasser finalement juste sur la tempe. Je me sentis frustrée, mais j'avais créé cette situation, je ne pouvais en vouloir qu'à moi-même !

Je glissai pour justifier ma présence :

— Je voulais être la première. Bon anniversaire !
— Tu étais déjà la première, ce matin, me fit-il remarquer, amusé, faisant référence au message que je lui avais envoyé de très bonne heure.
— Je n'avais que ça à faire !
Il fit une pause, me dévisageant avec attention. Cette façon de faire m'avait aussi beaucoup manqué. Mettre un mot sur ce qui émanait de lui, alors que j'essayais de museler mes propres émotions était loin d'être facile. Je renonçai, profitant du moment présent.
— Ce n'est pas le travail avec François qui t'empêche de dormir ? s'inquiéta-t-il, avec une pointe de culpabilité dans le regard.
— Non, c'est Mel, c'est une accro de la salle de bain et elle ne sort jamais sans un brushing parfait le matin.
— Je compatis ! Je préfère ça, ceci dit. François nous a tous contactés pour nous demander un coup de pouce. Je me suis dit que vous aviez bien avancé.
— Oui, mais il ne me brusque jamais, il me laisse toujours le choix. Comme toi, ajoutai-je, sans parvenir à masquer une pointe de nostalgie.
— Il sait s'adapter en cas de besoin. Et il a compris que tu voulais aller jusqu'au bout. Il n'a aucune raison de te brusquer.
— Tu as fait le plus difficile. Et je suis contente de l'avoir fait avec toi. Je ne regrette pas.
Un sentiment immense de soulagement m'enveloppa et m'étourdit presque. Le sien, visible jusque dans ses yeux, intensément posés sur moi, avec une retenue que j'avais appris à identifier, chez lui. Je pris conscience alors de toute la culpabilité qu'il gardait encore en lui, et je m'en voulus.
— J'aurais dû te le dire plus tôt ?
— Non, ne t'inquiète pas, sourit-il encore, écartant les mèches rebelles qui me taquinaient le visage.
Je résistai à l'envie de me blottir contre lui, de chercher

ses lèvres, de glisser mes mains dans ses cheveux et de me sentir aimée comme il m'en avait déjà donné la sensation. Il jeta un regard par-dessus mon épaule, et fit la moue. Sans doute l'impatience et l'espièglerie de nos deux amis étaient-elles manifestes puisqu'il murmura, comme à contrecœur, dans mon oreille avec une voix devenue plus rauque :
— On devrait y aller, sinon on va avoir droit à une salve de sarcasmes *made in* Clément.

Ce dernier s'en abstint pourtant et j'interceptai les gros yeux de Sophie posés sur lui. Je retrouvai vite l'ambiance complice habituelle : notre petite entrevue avant d'entrer y était certainement pour beaucoup. Je pus me laisser aller à ce délicieux moment d'amitié.

Clément avait choisi un restaurant digne de ce nom. La carte me rendit songeuse un bon moment, jusqu'à ce que Sophie, assise à côté de moi, me glisse à l'oreille :
— Si tu ne choisis pas vite, Clément va finir par manger sa serviette !
— Ah oui ? Tu n'as pas mangé depuis quand ?
— Comme le commun des mortels, ce midi, bougonna-t-il, justement. Donc là, comme ON m'a fait poireauter un certain temps, j'ai faim.
— C'est mon anniversaire, tu ne vas pas en plus me stresser ! protesta Nathan !
— C'est vrai que tu aimes prendre ton temps ! J'avais oublié. Et je vois que tu as contaminé Sarah !

Nathan leva les yeux au ciel et soupira. Je claironnai avec malice, essayant d'abréger ses souffrances :
— J'ai choisi !
— Chouette, on va pouvoir remplumer notre interne.
— Mes plumes se portent bien, protesta-t-il vivement.

Ils avaient un sacré répondant tous les deux et leur joute nous tira quelques larmes, à nous les filles, pauvres spectatrices, impuissantes à défendre Nathan. Il finit par le supplier :

— Ça y est ?

— Il faut bien qu'on prenne soin de toi, de temps en temps.

— Je vais bien ! se récria-t-il, en me jetant un regard en coin.

— Où en es-tu avec Lucie ? demanda alors Sophie, mettant en doute, à sa façon, son affirmation.

Je sentis sa tristesse fondre sur moi d'un coup, comme un violent courant d'air. Mais il se ressaisit très vite :

— Toujours méfiante et sur la défensive. Elle ne baisse jamais sa garde quand je suis là.

— Tu as essayé de l'approcher la nuit ? souffla Clément. T'as pas moyen de la shooter un peu ?

— Elle s'enferme à clé. Elle a pensé à tout.

— Mais elle doit s'épuiser à lui bloquer l'accès comme ça, s'exclama Sophie, faisant référence à l'âme qu'elle abritait.

— Parfois, je me demande si je ne fais pas plus de mal que de bien. Ma mère est rassurée que je vienne, mais elle ne comprend pas pourquoi Lucie est aussi réticente à me voir.

— Du mal, certainement pas ! s'imposa Clément, discret jusque-là. Tant que tu veilles, elle ne peut pas agir à sa guise, et elle garde assez de lucidité pour ne pas replonger. Mais tu vas t'épuiser à la tâche. Tous ces trajets… et le fric que tu dois y laisser.

Nathan haussa les épaules et finit par poser les yeux sur moi. Mon estomac se noua quand je compris que j'étais ce qui l'ennuyait le plus. Il lâcha avec un soupir :

— Je mise sur le temps. J'ai fait croire que c'était l'été et qu'à défaut de vacances cette année encore, j'aurais des week-ends au bord de la mer.

— Elle t'a cru ? m'étonnai-je.

— Je crois, oui. J'essaie de passer plus de temps dehors qu'avec elle. Quelle ironie, n'est-ce pas ?

S'il y avait une chose que j'avais comprise chez Nathan,

c'est qu'il ne pratiquait pas la supercherie quand les sentiments entraient en ligne de compte. Dissimuler sa nature et ses activités ne l'engageaient pas lui. Et c'était indispensable, pour ne pas dire vital. Un peu comme un équipement de survie. Mais il ne trichait jamais sur ses sentiments. C'était bien pour cette raison qu'il tenait à rester éloigné de moi. Et cacher à Lucie qu'il s'inquiétait pour son intégrité psychique afin de pouvoir l'aider était tout juste acceptable pour lui.

Sophie commenta :

— Ça peut marcher ! Tu as longtemps privilégié tes études, quand même ! Ça ne peut pas lui avoir échappé !

— Lucie n'a jamais eu beaucoup d'indulgence à mon sujet, tu sais. Elle continue de me reprocher de l'avoir fait sortir de psychiatrie. Je ne l'amadouerai jamais, tout au plus, je peux trouver un moment de relâche de sa part. Je vais tenter le ciné, la prochaine fois. Si elle accepte de sortir...

Il me peinait à essayer de faire ainsi le tour de tous les stratagèmes possibles, j'imaginais qu'il en avait testé déjà beaucoup. Il esquissa un sourire triste dans ma direction, navré de ce qu'il éveillait chez moi.

Clément nous regarda tous. Fronçant les sourcils, orienta la conversation sur les films à l'affiche, sur un ton badin dont le but ne trompa personne. Visiblement, Anaïs l'avait souvent traîné dans les salles obscures, ces derniers temps, et l'écouter faire ses critiques, contredit ou raillé par Sophie qui y prenait un malin plaisir, était cocasse. Parfois, un peu comme le feraient des effluves de parfum, les sentiments diffus qu'ils éprouvaient encore l'un pour l'autre venaient jusqu'à moi. Ils essayaient pourtant de les maîtriser, comme Nathan plus tôt avait refoulé sa tristesse. Une nouvelle chose qu'il me faudrait apprendre... parce que là, je savais que j'étais certaine d'être un livre ouvert, et même si mes compagnons se montraient discrets, ils devaient être submergés parfois.

Clément avait fait les choses vraiment bien : au dessert, le serveur, avec une dignité parfaite, apporta un gâteau surmonté d'un festival d'étincelles. Nathan me dévisagea avec un sourire complice. Son petit feu d'artifice à lui. Et ce sourire me fit fondre, une nouvelle fois, attirant spontanément les regards de mes deux autres voisins.

— Tu as une foutue chance que le cuisinier ait refusé de poser tes 28 bougies dessus, lança notre organisateur en chef, après avoir adressé une vile grimace en direction de l'unique bougie plantée au milieu du dessert.

— On n'allait pas abîmer toutes ces jolies framboises, protesta Nathan, amusé. Tu sais, je n'ai pas besoin d'un test de souffle. Je ne fume pas, moi !

Il attendit que Sophie soit prête à immortaliser l'instant avec son téléphone et éteignit son unique bougie, avec une nonchalance qui fit rire son voisin. Ce dernier posa sur la table deux paquets. Nathan attendit patiemment que le serveur finisse de couper le joli framboisier avant de s'attaquer au premier cadeau, intrigué. Il exhiba alors une grosse boîte cartonnée du plus bel effet, et, à la manière de Sophie de se rengorger, je sus que c'était elle qui s'était chargée de la choisir. Et de la remplir : pâtes, riz, chocolat, pâtes de fruits, barres de céréales, du nougat, un énorme paquet de bonbons... Nathan arrêta là l'inventaire et les considéra tous les deux goguenard :

— Un kit d'urgence ?

— Oui, ta trousse de secours personnelle, défense de piocher dedans quand ton frigo est vide ou que tu as une fringale, le prévint Sophie, l'œil sévère. Et tu pioches, tu remplaces !

—Bien chef !

Je le sentis touché de leur prévenance. Il ouvrit ensuite le second paquet. Une lueur de fierté illumina les prunelles de son ami. Nathan en sortit une série de gravures anciennes sur les vieux hôpitaux de Paris : Saint Louis, la Salpêtrière, Saint Antoine, des établissements qu'il avait

fréquentés assidûment. Son émotion nous enveloppa tous. Il les détailla avec soin, avant de balbutier :
— Mais tu as dû galérer pour les trouver !
— Quand on sait où chercher..., répondit l'autre, énigmatique.
— Elles sont superbes ! C'est un beau cadeau. Merci...
Clément eut un petit sourire satisfait, avant d'ajouter, taquin :
— Ramener l'hôpital chez toi, je n'en étais pas certain à vrai dire.
Nathan s'esclaffa, avant de les contempler tendrement.
— C'est un autre regard, j'aime beaucoup.
— Mouais, n'empêche qu'il doit y avoir des recoins assez glauques dans tes hôpitaux, grommela Clément.
— Je croyais que tu aimais ça, m'étonnai-je.
Sophie laissa échapper un petit rire entendu. Il rétorqua, faisant mine de l'ignorer :
— Ceux-là, j'évite, ce n'est pas là qu'on fait les meilleures rencontres ! D'ailleurs, François nous a donné du boulot, cela sous-entend que tu es prête ?
— Je ne sais pas ce qu'il me réserve, cette fois, grimaçai-je.
— Ce qu'il te sentira prête à faire, commenta doucement Nathan.
Je sentis sa frustration, elle avait teinté son regard de regrets. Sophie rebondit presque aussitôt :
— Moi, je regrette presque ces moments-là, il m'offrait toujours un bon repas après.
— C'est pour ça que tu as fait du zèle ? se moqua instantanément Clément.
— Je suis consciencieuse, c'est tout !
Ils repartirent à se chiper le nez, comme deux enfants. Je ne réussis pas à en savoir plus sur cette fameuse mission que François leur avait donnée, ni comment ils comptaient s'y prendre. Ils n'allaient tout de même pas arpenter Paris des soirées durant ? J'aurais pu le leur demander, mais j'avais senti que le sujet peinait Nathan.

Lorsqu'on se sépara, plus tardivement dans la nuit, nous avions finalement beaucoup ri. Clément avait atteint son objectif avoué. Nathan s'était à nouveau détendu, et notre groupe fonctionnait à merveille. Au moment de nous quitter tous, alors que Sophie avait proposé de me déposer en voiture, je glissai dans la poche de Nathan mon petit paquet le plus discrètement possible, profitant qu'il avait les bras chargés. La soirée était passée trop vite, il était difficile de cacher la frustration qu'on éprouvait l'un l'autre. Il suffisait d'un regard pour qu'elle s'enflamme. Ce n'était juste pas le bon moment. Je ne savais pas l'expliquer, mais je le savais. Et la frustration n'était pas non plus une bonne raison.

Je me sauvai rejoindre mon chauffeur, les larmes aux yeux malgré tout, et je poussai ce type de soupir qui en dit trop long. Elle commenta :

— C'était une très belle soirée !

— C'est vrai. Je crois que je n'avais pas mesuré à quel point c'était important de nous retrouver tous les quatre, de cette façon.

— Je ne comprends pas comment François sait que l'alchimie entre les uns et les autres va fonctionner, mais il sait.

— J'aurais pu tout faire foirer...

— J'en doute ! Ce n'est pas Nathan qui est un problème, tu le sais, n'est-ce pas ?

— Oui, bien sûr.

— On le sait tous aussi. Lui y compris. Alors tout va bien !

On ne pouvait pas dire qu'elle manquait de clairvoyance. En même temps, je n'avais pas su ne pas dévorer Nathan des yeux tout au long de la soirée, pourtant j'avais essayé de m'en empêcher. Et cela n'avait pas pu leur échapper...

À mon arrivée, un message s'affichait dans mon téléphone. Il n'avait pas attendu pour ouvrir son paquet.

Merci Sarah. Ça me touche beaucoup. Tu me manques aussi !

Chapitre XXIII

« Exister, c'est oser se jeter dans le monde. »
Simone de Beauvoir

— Tu ne peux pas savoir comme je suis heureuse de t'avoir un peu à moi, murmura Rachel en m'étreignant à la descente du train ! Dire qu'il aura fallu que je sois enceinte pour que tu acceptes de venir à Lyon !
— Mais non, protestai-je ennuyée. C'était juste pas le bon timing !
Ce n'était ni tout à fait vrai ni tout à fait faux. Quand j'avais paniqué quelques semaines plus tôt, j'avais éprouvé le besoin de me raccrocher à des valeurs plus sûres. J'avais accepté d'aller chez ma sœur et son mari. Partager leur bonheur et ressentir des émotions positives ne pouvaient que me faire du bien ! J'avais eu ma dose de stress, d'angoisse et de doutes. Et puis j'avais acquis l'intime conviction que Rachel me semblait détenir des réponses sur notre père, qu'elle avait gardées précieusement pour ne pas me blesser ou me fâcher. J'avais soigneusement évité le sujet pendant des années, et comme ma mère, elle l'avait respecté. L'expérience que je venais de vivre avec Nathan, au sujet de sa sœur, m'avait clairement démontré que les non-dits finissaient par faire souffrir.

Retrouver Rachel, c'était retrouver cette complicité qui remontait à l'enfance. Aussi, quand après avoir fait un tour dans le vieux Lyon, à traverser quelques traboules pour chercher un peu de fraîcheur et admirer les fantaisies qui s'y cachaient, elle profita d'une pause amplement méritée dans un petit bouchon pour me taquiner :

— Alors on ne peut toujours pas savoir qui t'a fait chavirer le cœur ?
— Tout de suite les grands mots !
— Quand tu défends tes secrets, bec et ongles, c'est que c'est sérieux ! Je te connais !
J'admis d'un petit sourire coupable.
— J'ai essayé de cuisiner Maman, mais elle semble acquise à ta cause.
— J'ai compliqué les choses, tu me connais..., avouai-je en plongeant mes yeux dans mon diabolo grenadine, comme s'il allait me protéger de son interrogatoire.
Elle médita mes paroles, sirotant son verre un moment, puis lâcha :
— Compliqué, mais pas gâché ?
— Non, pas cette fois. Je suis tombée sur une perle rare, je crois.
Le soulagement que j'avais ressenti, après cette soirée mémorable, m'avait accompagnée toute la journée du lendemain. Savoir que Nathan avait compris mon message et acceptait d'attendre encore avait valeur de promesse pour moi. Jamais aucun homme ne m'avait accordé autant de patience et d'attention. Involontairement, il était en train de rendre ses lettres de noblesse au mot confiance, un mot auquel j'avais ôté toute crédibilité depuis longtemps...
— Et comment se fait-il que tu sois là ? insista Rachel.
— Parce que j'ai peur de tout gâcher ?
— OK, si tu commençais par me raconter ce qui t'a encore fait douter ?
Ma sœur me connaissait par cœur, même si nous vivions loin l'une de l'autre depuis des années. Elle avait longtemps été ma confidente, parce que je savais qu'elle ne me jugerait pas. Je lui avais raconté la plupart de mes histoires sentimentales et elle avait souvent été là pour m'aider à rebondir. Avec le temps, je m'apercevais qu'elle tenait beaucoup de Maman, avec cette philosophie de vie que je n'avais pas. Je lui racontai donc une version proche

de celle que j'avais donnée à Mélanie, après avoir édulcoré également notre rencontre. C'est sans doute idiot que dans ces moments-là, ce n'était pas mon interlocutrice que j'avais l'impression de trahir, mais Nathan. Cela ne lui rendait pas justice.

Fidèle à elle-même, Rachel se contenta de soupirer quand j'eus fini mon récit. Je rajoutai piteuse :

— J'ai toujours peur qu'on me quitte, alors je prends les devants.

— Eh bien, cette fois, tu as choisi une option plus intelligente et tu as trouvé quelqu'un qui l'est aussi beaucoup !

— Je sais, admis-je, avec un sourire de collégienne.

— Une perle rare, c'est donc le mot ! Je comprends mieux pourquoi tu as peur de toi.

Je grimaçai, l'entendre de la bouche de Rachel c'était pire que de me l'avouer à moi-même.

— Mais Sarah, pourquoi est-ce que j'ai l'impression que tu penses que c'est une fatalité qu'on te quitte ? s'empressa-t-elle de demander avec la même douceur dans la voix que notre mère.

— Je crois qu'il y a un rapport avec le départ de Papa. J'ai toujours associé le mot confiance à Papa. C'est plus fort que moi.

Le visage de Rachel se rembrunit. Comme à chaque fois qu'on évoquait ce pire moment de notre vie. Mais elle se ressaisit aussi vite.

— Papa n'est certainement pas parti à cause de toi. Aucune d'entre nous n'a pu l'empêcher de faire ce qu'il a fait. Et il t'aimait toi autant que nous !

— Je sais, mais il est parti..., murmurai-je sans parvenir à refouler des larmes ressurgi d'un chagrin que j'avais cru avoir enterré. Il est parti quand j'avais encore besoin de lui.

— Et tu voudrais n'avoir jamais plus besoin d'un homme dans ta vie pour ne plus souffrir ? souffla-t-elle, appuyant délibérément là où j'avais le plus mal.

— Au fond de moi, oui sans doute.

— Mais Sarah, on a tous besoin les uns des autres. On a tous besoin de se sentir aimés. Et si tu n'as pas envoyé Nathan balader comme les fois précédentes, c'est bien parce que tu sais, au fond de toi, qu'il a su te toucher plus que les autres. Que tu peux lui faire confiance ?

Elle accompagna ces derniers mots avec un tel sourire que je ris à travers les larmes qui dévalaient toujours, salvatrices.

— Je suis stupide, n'est-ce pas ?

— Non. Juste plus fragile que d'autres. J'ai conscience que le départ de Papa est arrivé au pire moment pour toi. Et puis, tu étais très proche de lui. Tu n'as pas vu que quelque chose clochait. Sans doute a-t-il su te le cacher à toi.

— Pas à toi ?

— Je me rappelle qu'il semblait préoccupé et fatigué. Il était plus nerveux que d'habitude. Et moins patient. Quand Maman essayait de le faire parler, il lui arrivait de s'emporter. C'était tellement insolite chez lui.

— Rachel... tu n'as jamais pensé qu'il... avait peut-être quelqu'un d'autre dans sa vie ?

La question me brûlait les lèvres : cela faisait des années qu'elle me hantait sans que je parvienne à la formuler de vive voix. Ma sœur écarquilla tout bonnement les yeux puis me considéra avec indulgence :

— Sarah, tu as déjà pensé que cette idée pouvait fausser ton jugement sur tous les hommes que tu as pu rencontrer ?

— Réponds à ma question !

— J'ai demandé à Maman quand il est parti. Bien sûr ! Je crois bien que c'est la première chose à laquelle j'ai pensé. Eh bien, pas elle. Je pense même qu'elle n'a jamais eu le moindre doute à ce sujet. D'ailleurs, depuis tout ce temps, elle aurait pu demander le divorce, elle ne l'a jamais fait. Mais cette certitude qu'elle a eue alors a suffi à me convaincre. Je n'aurais jamais pensé que peut être cela t'avait perturbée toi, je suis désolée.

— Tu n'es pas responsable de ce qu'a fait Papa.

— Mais on ne t'a jamais associée à nos discussions, Maman et moi. Tu avais l'air tellement en colère quand on parlait de lui, qu'on a vite évité le sujet. On n'aurait jamais dû... Je m'en rends compte !

Ses regrets me percutèrent violemment. Bien plus que le regard peiné qu'elle posa sur moi. Je lui adressai mon meilleur sourire en guise de pardon.

— Je ne sais pas si j'aurais écouté. La colère m'a aveuglée longtemps.

— Mais j'ai raison quand je me demande si cela n'a pas influencé ton regard sur tes amoureux ?

— C'est bien possible, oui. Accorder ma confiance me pose un réel problème.

J'avais pourtant su donner assez vite ma confiance à Nathan pour me former, mais je devais être honnête, j'avais saisi le premier prétexte pour me méfier de ses motivations et peut-être même de ses sentiments à mon égard. Et si j'avais compris mes erreurs, je ne parvenais pas à dépasser réellement ce problème. Malgré mon envie permanente d'être auprès de lui, mon désir de sentir son regard sur moi avec cette intensité toute particulière comme si j'étais son petit trésor, ou ses mains expertes sur mon corps souvent assoiffé de lui...

Je me réfugiai dans la contemplation de mon verre vide où agonisait un pauvre glaçon, un peu désemparée par cette révélation qui prenait tout son sens. J'en avais eu une vague conscience. L'entendre formuler au grand jour le rendait terrible de vérité. La main de Rachel m'arracha à mes réflexions :

— Sarah, je me trompe si je pense que ton Nathan a malmené tes convictions ?

— Non, je crois que c'est bien le cas. Il est si compréhensif avec moi... c'est presque incroyable ! avouai-je dans un murmure.

— Parce qu'il a su lire en toi. Tu as une photo à me montrer ?

Sa requête me débarrassa du sentiment de culpabilité qui avait commencé à m'envahir. Et apercevoir le visage de Nathan, ne serait-ce qu'en photo, allait me réconcilier avec moi-même. Sophie avait eu la malicieuse idée de m'inonder des clichés pris lors de notre soirée d'anniversaire, j'en avais plein le téléphone. Je m'exécutai, amusée par la curiosité de Rachel qui piaffait presque alors que je farfouillais dans mon appareil.

— Beau gosse en plus, siffla-t-elle en l'apercevant.

— Heureusement que Guillaume n'est pas dans les parages !

— Il me pardonnerait ! Sensibilité exacerbée de femme enceinte, c'est son refrain. Mais à toi je ne pardonnerais pas de le laisser filer ! ! ! ajouta-t-elle en me tançant du regard.

Durant le reste de notre balade, j'eus le droit à une multitude de questions sur Nathan. J'ai reconnu là ma sœur, avec sa curiosité insatiable. Toute femme mariée qu'elle était, et future maman, elle me donnait souvent l'impression de vivre par procuration ce qu'elle n'avait pas osé vivre. Elle avait rencontré Guillaume très tôt et clamé que c'était l'homme de sa vie. Ce dont je ne doutais pas, les voir tous les deux était un régal et une ode à la vie de couple.

Mais il ne m'échappa pas non plus qu'en me faisant parler de lui, elle éveillait ma frustration et testait mes sentiments pour lui. Et ils étaient bien difficiles à dissimuler, d'autant que je ne pouvais pas raconter ce qui nous avait rapproché tous les deux. Nathan me manquait, de toutes les façons possibles, et le poids qu'elle avait levé n'arrangeait rien ! Mais j'avais envie qu'on soit libérés de nos entraves, l'un et l'autre, pour reconstruire quelque chose de solide. Et quelque chose me disait qu'il le souhaitait lui aussi.

— Il a un haut sens des responsabilités, s'exclama-t-elle

lorsqu'on a de nouveau évoqué Lucie. Je sais bien qu'il est médecin, mais... il pourrait s'en remettre à ses confrères, non ?

— Il a pris le risque de poser un autre diagnostic, je crois qu'il veut l'assumer jusqu'à ce qu'elle aille vraiment mieux, expliquai-je, étonnée moi-même de mon discours à double sens.

— Sarah, tu ne comptes pas attendre que ce soit réglé ? Tu ne peux pas le laisser croire que sa sœur est un problème pour toi.

Rachel avait décidément le chic pour mettre le doigt sur ce que j'essayais d'occulter. Mais elle avait raison, je n'avais pas été explicite à ce sujet, avec lui. Ma compassion pour ce qu'il traversait ne suffisait pas. Il méritait que je sois plus claire. Lucie avait été un prétexte pour cacher ma peur. Même si j'étais persuadée qu'il avait vu clair en moi. Je ne pouvais pas toujours me reposer sur sa perception fine des choses et des gens.

***

Nathan se trouvait en Bretagne, mais le soir venu, ma culpabilité d'avoir pu lui laisser croire que Lucie était entre nous et qu'elle puisse être un frein à notre relation, me rongea à nouveau. Je tentai un message tard dans la nuit, il me rappela aussitôt.

— Je ne t'ai pas réveillé ?

— J'avais envie de t'entendre. Et j'aime bien savoir que je te manque.

— C'est ma faute, me lançai-je abruptement, tout de suite moins sûre de moi.

— Qu'est-ce qui est ta faute ?

La voix grave et chaleureuse de Nathan était une invitation aux confidences. Elle regorgeait de patience et d'écoute. Je lâchai un soupir pour me donner du courage et poursuivis :

— Si on en est là, séparés à des centaines de kilomètres, un samedi soir. Je pourrais être à tes côtés.

Son silence me perturba, je le sentis se déplacer, sans doute pour veiller à ce qu'on ne l'entende pas parler. Alors je poursuivis, tant que j'avais encore une once de courage, consciente que je devais être presque inaudible :

— Si j'ai fui quand tu es parti voir ta sœur, la première fois, c'est parce que j'avais peur de te perdre. Peur de ne pas compter assez pour toi.

— Je sais, mais tu te trompes !

— Je fais ça chaque fois, avouai-je encore plus bas. Et je me suis cachée derrière Lucie ces derniers temps encore. Pour la même raison. Je m'en veux de t'avoir laissé croire que ta sœur était aussi un problème. Elle ne l'est pas, c'est moi le problème.

— J'ai toujours aimé résoudre les problèmes, répondit-il d'un ton un tantinet moqueur. Sarah, tu ne m'as rien laissé croire du tout, sois tranquille. Je suis juste conscient que je n'ai pas beaucoup de temps pour t'aider à changer ton opinion sur moi.

— Oh, tu n'en as pas besoin, j'ai compris mon erreur. J'ai mis le temps, mais je sais d'où vient mon problème. Et je n'ai plus envie de me réfugier derrière mes craintes.

— Je peux entendre plein de choses, tu sais...

— C'était à moi de les entendre, je crois. Rachel m'a aidée à ouvrir les yeux.

— Est-ce que tu peux remercier ta sœur pour moi ?

— Oui, je peux, ris-je, soulagée par ce que sous-entendait le ton de sa voix.

On aurait pu parler toute la nuit, j'en mourais d'envie, mais il avait besoin de dormir. À son retour, il prendrait une nouvelle garde. Je ne pouvais pas être égoïste.

Je me faisais du souci pour lui, malgré le change qu'il avait tenté de nous donner lors de notre petite soirée d'anniversaire. Savoir que ses rares week-ends ne lui offraient pas le repos dont il avait besoin me peinait. François l'avait prié de ne prendre en charge aucune âme jusqu'à ce que les choses soient rentrées dans l'ordre. Mais Nathan était d'un altruisme parfois déroutant… Il était tout à fait capable de passer outre les recommandations de son gardien. Et de Clément qui avait claironné, au moment de nous séparer : « Pas de zèle hein ! ».

***

Quand je mis les pieds à la gare, le lendemain matin, j'étais proche de l'insouciance. Je rentrais sur Paris. Dans quelques jours, j'irais trouver Nathan. Ma traduction s'achevait enfin, ce qui n'était pas pour me déplaire, j'en avais eu de plus agréables à faire. C'était oublier qui j'étais.

À ma descente sur le quai, alors qu'une vive bousculade guidait le flot des voyageurs vers les escaliers du métro, je sentis qu'on cherchait à pénétrer mon esprit. Une sensation qui devenait tristement familière. J'eus tout juste le réflexe d'entraîner mon visiteur dans ce petit coin que j'avais appris à créer tout au fond de ma tête. Pour la première fois pourtant, je dus forcer les choses, comme si on me résistait. Était-ce parce que j'avais un peu paniqué ? Je m'adossai au grand poteau publicitaire dans le hall de la gare pour reprendre mes esprits et m'assurer que ma boîte ne s'ouvrirait pas. Je n'aimais pas le sentiment diffus qui m'oppressait.

Une main frappa mon épaule me faisant sursauter et étouffer un petit cri. J'ouvris les yeux pour découvrir le regard alarmé d'un homme aux tempes grisonnantes.

— Ça va mademoiselle ? Vous n'avez pas l'air bien !
— Oui, juste étourdie par la chaleur, je crois.
— Vous êtes toute pâle ! Vous devriez vous asseoir.

Shit[20], je détestais attirer l'attention sur moi de cette façon. Et encore plus ressentir l'inquiétude d'un inconnu cogner à mes tempes. J'espérais vivement que ça n'allait pas affaiblir les défenses derrière lesquelles j'avais enfermé

---

20 Merde

mon intrus. Parce que je ne me sentais pas bien du tout là, et défaillir était la dernière chose à faire. Je balbutiai :
— C'est ce que je vais faire. Ça va aller !
L'homme n'accepta de me laisser seule que lorsqu'il me vit assise à la terrasse d'un café et qu'il m'eut commandé de l'eau fraîche. Je sortis alors mon téléphone de ma poche, consciente que je ne parviendrai pas à rentrer seule. Je tremblais et je sentais poindre une migraine.

Je n'hésitai pas cette fois : c'est François que j'appelai. D'une part, parce que c'était sans doute le plus facilement joignable de tous un lundi matin, d'autre part parce que ce malaise tenace m'inquiétait un peu. Et puis, je tenais une âme, peut-être était-ce le moment d'aller jusqu'au bout ?

La presque légendaire disponibilité de François se vérifia : il me demanda une heure pour venir me rejoindre et m'intima de ne pas bouger. Quand mes yeux se posèrent enfin sur mon verre, je réalisai ma bêtise. Du sucre... j'avais oublié. Je réparai vite mon erreur et essayai de ne pas paniquer. Je n'avais pas eu ce sentiment oppressant rue Mouffetard, ni dans les heures qui avaient suivi. Était-ce parce que je redoutais ce qui m'attendait par la suite ? Ou bien parce que je m'en voulais d'avoir baissé ma garde à ce point ?

J'accueillis François avec un soulagement manifeste, et il ne demanda pas mon autorisation pour me délester de mon hôte. Une main posée sur mon épaule pour me saluer et c'était fini. Ma migraine s'envola presque d'un coup. Je me massai les tempes de soulagement en le regardant s'asseoir face à moi. Son petit sourire voulait faire illusion, mais ses traits ne masquaient pas son inquiétude.

— C'était quoi ce mal de tête ? demandai-je.
— Une réaction naturelle, tu as forcé le passage ?
— J'ai eu cette impression, oui. J'ai un peu paniqué aussi.

Il me sembla prendre un instant d'introspection, chose que je ne l'avais jamais remarqué faire, les fois précédentes, et il secoua la tête avant de lâcher :

— Bonne réaction de ta part. Certaines âmes sont récalcitrantes, parfois, quand elles sentent qu'on refuse d'établir le contact.

— Et ce sentiment oppressant que j'ai ressenti, c'est aussi pour cette raison ?

— Tu n'as pas encore construit des barrières totalement hermétiques, alors, ton corps a réagi un peu à ce que tu fais subir à ton esprit. Cette réaction s'atténuera petit à petit.

— Cette âme, on peut s'en servir pour achever ma formation ?

François se rembrunit d'un coup puis s'excusa d'une moue navrée :

— Pas celle-ci, non, Sarah. Ce serait une très mauvaise idée.

— Parce qu'elle m'a donné un peu de fil à retordre ?

— Non, parce que ce qu'elle a à te raconter n'est pas joli joli, et que pour une première fois, ce n'est pas terrible.

— Tu l'as déjà écoutée ?

— Elle parle un peu fort !

Je devinai qu'avec cette réponse narquoise, il essayait de me faire oublier ses dernières paroles et tout ce qu'elles signifiaient. Mais je dardais mon regard sur lui. Il s'expliqua alors :

— Je vérifie toujours.

— Je peux savoir pourquoi elle voulait tant que je l'écoute ?

— Sarah…

— Un jour, j'y serai confrontée seule, j'imagine ?

— J'aurais pensé que tu n'étais pas pressée, me fit-il remarquer, un pli amusé au coin des yeux.

— Et je t'appelle à la rescousse le cas échéant ? Ça peut durer longtemps, tu sais ! Il ne faut pas toujours me laisser le choix.

— Je m'en souviendrai. Mais je t'assure que ce n'est pas le bon candidat pour une première expérience. Écouter peut parfois suffisamment te bouleverser pour que tu ne puisses plus aller jusqu'au bout. Tu n'as pas l'endurance nécessaire pour tout affronter, tu comprends ?

Il y avait quelque chose de paternel dans son regard et dans son attitude bienveillante.

— C'est une victime de viol, lâcha-t-il alors, contrit. Définitivement pas un cas pour toi ni pour Sophie, d'ailleurs.

Je frissonnai et compris soudain pourquoi je m'étais sentie oppressée tout à l'heure. Une mise en garde naturelle sans doute. Il s'empressa d'ajouter :

— Je vais te trouver le candidat idéal, je te promets. Je te pense prête. Et attendre ne semble plus te convenir. Eh bien, je vais m'activer. Garde la forme d'ici là, c'est mieux.

J'acquiesçai et je le regardai finir le verre de jus de fruits qu'il s'était commandé. Il ne dérogeait pas à la règle lui non plus, tout gardien qu'il était. Une dernière idée me traversa l'esprit et me peina presque pour lui. Il la sentit avant que je ne le formule à voix haute, car il posa soudain ses yeux attentifs sur moi, m'invitant à m'exprimer.

— C'est toujours toi qui assures les tâches les plus ingrates ?

— C'est une victime Sarah, je me focalise là-dessus, pas sur ce qu'elle va me raconter. Cela demande effectivement pas mal d'expérience, mais Nathan et Clément l'ont déjà fait. Il faut juste savoir verrouiller un peu de son empathie, et ça, c'est beaucoup plus difficile pour les femmes.

Il eut un sourire compatissant et regarda sa montre. Puis comme toujours, il s'assura que j'étais en état de rentrer et régla nos consommations avant de disparaître dans les escaliers du métro.

Verrouiller son empathie, était-ce comme museler ses émotions ? J'avais senti Clément le faire à l'anniversaire de Nathan. Décidément, j'avais encore beaucoup de choses à apprendre, plus subtiles de toute évidence, et moins urgentes. J'aimais savoir que dame Nature avait à sa manière fixé nos limites. Que le corps nous alerte, quand la situation devenait difficile à gérer, me rassurait. Je n'aurais pas toujours François sous la main pour l'évaluer ! L'empathie avait décidément de nombreuses facettes, avantages et désavantages… et il me faudrait du temps pour l'apprivoiser.

***

François tint sa promesse avec une rapidité déconcertante. Le lendemain, il me convoquait dans un petit café près du square La Roquette, en fin d'après-midi. Il n'avait pas été plus bavard au téléphone, il semblait pressé. Il avait de l'humour le bougre parce que, clairement, je ne croyais pas au hasard : il m'attendait à la terrasse du café des Anges. Pour un rendez-vous final avec une âme, c'était pour le moins cocasse ! Ce parfait archétype de petit bistrot parisien proposait une carte alléchante sur une longue ardoise élégante, placardée sur le mur, sauf qu'il aurait fallu me supplier pour avaler quelque chose. Et mon ange gardien m'avait déjà commandé un soda. J'avisai l'enseigne, un sourire moqueur sur les lèvres.

— C'est un choix délibéré ?

— Il est surtout bien placé ! N'y vois aucun message de ma part ! Nous n'avons rien à voir avec les angelots à plumes. Ou alors je ne suis pas au courant et j'ai perdu toutes les miennes ! ajouta-t-il, narquois.

— Tant mieux, j'ai eu mon lot de révélations !

— Tu ne t'es jamais demandé pourquoi nous avions ce don ?

— Oh, si un bon milliard de fois ! Et aussi pourquoi moi ? Mais j'imagine que tu n'as pas non plus la réponse ?

Il eut un petit sourire aux allures de mystère.

— À pourquoi certains d'entre nous le sont, non. Au pourquoi *toi*, si peut-être. Cela fait partie de ton patrimoine génétique, une prédisposition que tu développes ou pas. Mais si tu avais une bonne connaissance de tes ancêtres, tu trouverais certainement des indices qui vont dans ce sens.

Mais il faut savoir questionner subtilement, et c'est loin d'être facile. Dans mon cas, j'ai des doutes sur mon grand-père maternel. Je n'ai jamais eu l'occasion de l'interroger, il est mort avant que je ne découvre mon don.

— Nathan et Lucie, c'est si rare que ça ?

— Je ne suis pas certain que Lucie aurait réveillé son don si elle n'avait pas eu connaissance de son existence. Il n'y a rien eu de spontané ou de naturel dans son développement. Elle a forcé les choses et c'est sans doute ce qui complique la situation, elle a une idée fausse de ce qu'est ce don. Elle l'a approché du mauvais côté, si je puis dire. Et Nathan n'est pas idéalement placé pour changer tout ça. Tu comprends pourquoi il est indispensable de rester discret, même au sein de nos propres familles ?

— Oui, bien sûr ! Je crois que je m'y ferai.

— Au-delà de ces considérations qui sont exceptionnelles, cela préserve notre tranquillité, et elle est importante, tu verras ! Tu vas trouver ton équilibre, ne t'inquiète pas trop.

À vrai dire, là, ce qui m'inquiétait, c'était ce qui allait se passer, quand j'aurai vidé mon verre. François affichait une décontraction qui contrastait très sérieusement avec le trac qui me faisait presque frissonner de froid. Pourtant, le soleil était généreux et je n'avais pas retiré mon gilet.

— On va aller au square ? demandai-je alors me rappelant qu'il nous faudrait un endroit calme et peu fréquenté.

— Oh non, on va éviter ! Tu sais qu'il y avait, à cet emplacement, une prison autrefois ? On y a guillotiné à tour de bras au dix-neuvième siècle, et, pendant la dernière guerre, on y a enfermé un certain nombre de prisonniers politiques. C'est un endroit qu'il te vaut mieux éviter.

— Je comprends pourquoi Nathan se passionne pour l'histoire de Paris.

— Ce n'est pas une obligation du tout ! Mais quand on vit dans la capitale, c'est préférable d'avoir une idée des lieux qui ont eu un passé un peu chaotique. Pour te répondre, nous allons au Père-Lachaise, il est tout près.

Une vague de culpabilité et de regrets me submergea tout à coup. Nathan m'avait parlé de cet endroit, avec une sorte de tendresse.

— Tu es prête ? s'inquiéta François.

Je hochai la tête, non sans avoir jeté un regard lourd de reproches à mon verre déjà vide. Ce qui fit sourire François. Il prit son temps pour m'expliquer ce qui allait se passer. Je crois bien qu'il guettait chacune de mes réactions.

Nous empruntâmes le chemin de l'illustre cimetière où je n'avais jamais mis les pieds. Une balade peut-être trop mélancolique pour moi ? C'était une sorte de musée à ciel ouvert, sans doute que cela m'avait rebutée aussi. Nathan avait éveillé ma curiosité et j'allais y pénétrer avec des préoccupations qui n'avaient rien de touristique. Lorsque je pénétrai dans les allées bordées d'arbres centenaires, je compris ce que Nathan pouvait aimer dans cet endroit : l'odeur des aiguilles de pin chauffées par le soleil de juin, la sérénité des pierres savamment organisées, silencieuses et marquées de la nostalgie que confère souvent le temps qui passe...

Je m'arrêtai tout net quand François quitta une allée large, dallée de pavés réguliers pour nous diriger vers un sentier plus tortueux, où les racines semblaient les reines des lieux. Un endroit beaucoup plus intime...

— Je ne peux pas, murmurai-je, sentant les larmes affleurer.

François me dévisagea longuement, cherchant sans doute à comprendre ce que je n'arrivais pas à formuler. Mais je doutais qu'il le saisisse clairement, je n'avais pas peur de ce qui allait se produire, non ! Navrée, je finis par balbutier :

— C'est avec Nathan que je devrais faire ça. Je crois que ça comptait beaucoup pour lui...

Je perçus du soulagement dans le regard de mon gardien, un sourire compréhensif éclaira son visage. Il souffla :

— Et tu as l'impression de le trahir ?

— C'est un peu ça, oui.

Je n'en revins pas ! François se contenta de rebrousser chemin spontanément, avant de me dire, à l'entrée du cimetière :

— Je confierai mon hôte à Socrate, en attendant que tu puisses le faire avec Nathan, mais je voudrais que tu me préviennes du jour et de l'heure. Je ne serai pas loin. Si tu flanches en route, je veux être là, je connais Nathan, il va vouloir finir le travail et je ne le souhaite pas. Il a besoin de garder ses forces pour sa sœur, d'accord ?

J'acquiesçai bien sûr. C'était du bon sens. Je ne m'attendais pas à autant de patience et de mansuétude de sa part. J'avais dû lui faire perdre bien deux heures de son précieux temps, j'avais rejeté son aide et il n'avait rien opposé à mes réticences. Rien ! Ni même un soupir, ou bien la moindre déception. Je demandai, enhardie par son indulgence et ennuyée pour ce pauvre chat, décidément bien sollicité.

— Pourquoi Socrate, et pas le vieux robinier par exemple ?

— Parce qu'un passant pourrait se retrouver porteur par inadvertance et nous n'aurions plus qu'à reprendre nos recherches. Or, je te sens prête, et tu sais ce qu'on dit ?

— Il faut battre le fer tant qu'il est chaud ?

— C'est une expression qui te va bien, commenta-t-il avec un air bienveillant. Tu sais ce que tu veux, j'aime ça.

— Pas aujourd'hui.

— Je crois bien que si justement, répondit-il, avec un sourire amusé, voire carrément taquin.

J'eus franchement l'impression qu'il était soulagé de me voir retourner vers Nathan. C'était sans doute ce qui plaidait ma cause et excusait aussi facilement mon caprice.

Caprice n'était pas le mot adéquat. L'évidence m'avait frappée brutalement lorsque les lieux m'avaient en quelque sorte apprivoisée. La sérénité dégagée par ces lieux séculaires y était-elle pour quelque chose ? Là, j'avais su. Nathan avait été présent dès le début, sa place était donc à mes côtés pour achever la tâche. Je savais qu'il regrettait de ne pas le faire, je l'avais senti à son anniversaire, lorsque Clément avait évoqué cette dernière étape. Et c'était quelque chose que je voulais vivre avec lui. Comme la consécration de tous ses efforts de patience, de pédagogie et d'écoute. Parce que peut-être, pour la première fois depuis que mon père était parti, je me sentais en sécurité auprès d'un homme. Parce que sa place dans ma vie était déjà acquise même si j'avais eu peur d'y croire, ou de l'espérer.

Chapitre XXIV

« L'esprit cherche, et c'est le cœur qui trouve. »
George Sand

Déterminée, je repris le métro, après avoir pris congé de François, pour gagner le Quartier Latin. Dans le fond de mon sac, je retrouvai ses clés. Cela faisait un moment qu'elles y avaient élu domicile. Cela me donnait espoir de les savoir là. Il y avait bien peu de chance que Nathan soit déjà rentré. Même s'il avait été de garde la nuit précédente, j'avais décidé d'aller au bout des choses. Il m'avait attendue patiemment, eh bien j'en ferai autant. Même si cela devait me coûter quelques heures. Parfois, certaines heures duraient des siècles, mais elles avaient du bon...

Je n'étais venue que deux fois chez lui, alors déverrouiller sa porte, en son absence, c'était comme rentrer dans une intimité qui ne m'appartenait pas. Mais lorsqu'il avait laissé ses clés à Mélanie, il espérait visiblement que je le ferais, non ? Quitter le confort douillet de mon appartement pour me lancer dans une autre vie, la sienne. Je crois bien que Nathan aimait la symbolique de certains gestes. Il y accordait plus d'importance qu'aux mots.

Je retrouvai la même ambiance dès que j'eus poussé la porte : tout était à sa place, propre, rangé et je n'ai pu m'empêcher de sourire en voyant deux modestes pommes se battre en duel sur la petite table où il prenait ses repas. Je soupirai et gagnai la pièce inondée de soleil où il travaillait plus qu'il ne se détendait. C'est la photo de son anniversaire, épinglée au-dessus de son large bureau qui attira aussitôt mon attention. Sophie avait prié le serveur de nous prendre tous les quatre. Qu'il l'ait imprimée, si vite, et punaisée avait quelque chose de touchant. Comme si nous étions sa vraie famille, à en croire le reste des étagères qui ne recélaient aucune photo de ses proches. Je jetai un œil perplexe sur les notes éparpillées sur son vaste plan de travail et sur les ouvrages qui étaient remplis de marque-pages. Je ne sais pas combien de temps je restai ainsi, à m'imprégner de cet endroit qui parlait de lui. Et puis, je ramassai machinalement ses tasses de café disséminées çà et là pour aller les laver.

Le bruit de la clé tournant dans le vide dans la serrure me fit presque sursauter alors que je venais de tout essuyer, contente de moi. Nathan poussa la porte et dès qu'il m'aperçut toute proche, son émotion vive me percuta violemment. Un peu secouée par son intensité, je vis son sourire illuminer son visage. Il jeta sans trop d'égards ses affaires sur la petite chaise toute proche.

— Ah enfin ! murmura-t-il, en venant me serrer dans ses bras.

Nos émotions conjuguées me paralysèrent un peu. Son étreinte m'avait manqué, et ce sourire-là, peut-être aussi son parfum et puis le son de sa voix... Sa tendresse également. Il me poussa doucement contre le mur, comme s'il voulait être certain que je ne changerais plus d'avis. Il enserra mon visage entre ses mains. Un peu piteuse de l'avoir fait attendre si longtemps, je fis la moue, ce qui le fit rire doucement avant de fondre sur moi. Bientôt, aucune parcelle de mon corps n'échappa à ses baisers. Si c'était sa vengeance, elle me plaisait bien : pas d'explication à donner, pas de reproche, pas de question. Juste l'évidence, celle qui nous avait déjà poussés dans les bras l'un de l'autre la première fois. Celle qui m'avait télescopée quelques heures plus tôt au Père-Lachaise. Celle dont je n'aurais jamais dû douter.

Il m'entraîna du mur à sa chambre, en me dépouillant de mes vêtements, grognant quand il butait sur un bouton, ou gémissant de plaisir lorsqu'il atteignait une nouvelle parcelle de mon corps. Chaque caresse m'enflammait comme jamais, comme si mon corps avait été en manque de lui tout autant que mon âme. Quand il obtint gain de cause et réussit à me dénuder entièrement, je l'arrêtai, mutine : lui était encore habillé. Je n'allais pas lutter à armes inégales. Il me désirait, et moi donc ! Je pris un malin plaisir à défaire avec une lenteur exagérée chacun des boutons de sa chemisette, scandant chacune de mes réussites d'un baiser gourmand. Quand j'attaquai son jean, son impatience se lisait dans ses prunelles que le désir faisait briller. Il fit mine de m'aider parce que je luttais contre la boutonnière récalcitrante, mais j'attrapai ses deux mains pour les lui mettre dans le dos, le regard sévère. Son rire sensuel et grave faillit me décider à accélérer les choses. Néanmoins, je m'appliquai à le dévêtir lentement, savourant le spectacle.

Il finit par se plaindre, stoppant mes caresses. Si son esprit était d'une patience redoutable, son corps ne l'était pas. Sa bouche s'est faite curieuse, impatiente et terriblement experte. Ses mains me rendirent tellement fébrile que je le suppliai littéralement d'abréger le supplice qu'il s'amusait à m'infliger. Chaque fois qu'il me menait au sommet, il changeait son approche, me laissant frustrée et pantelante. Son désir m'envahissait jusque dans les pores de ma peau qui me picotaient avec une intensité nouvelle. Je n'avais jamais connu cela, même pas avec lui ! Je fus obligée de serrer les draps dans mes poings pour ne pas crier quand il s'enfonça au plus profond de moi.

— Pitié ! Je me rends, susurrai-je au bord du gouffre.

Il accéléra la cadence de ses mouvements et de ses baisers devenus plus voraces encore, et le plaisir nous emporta d'un coup, sans prévenir, par vagues successives, de plus en plus intenses.

Quand cette espèce de tempête émotionnelle s'apaisa enfin, Nathan s'endormit à mes côtés, le souffle paisible. J'eus du mal à résister à l'envie de me lover contre lui, pour l'écouter respirer, et profiter de cet instant présent libéré de toute entrave. Mais il avait droit à un peu de repos. Sa joie à son arrivée n'avait pas occulté la fatigue sur ses traits. Je me levai sans faire de bruit et je ramassai mes vêtements éparpillés entre la cuisine et la chambre. J'avais semé un joyeux bazar dans son univers bien rangé et cela me fit sourire.

Qui savait si je n'avais pas moi-même semé le même bazar dans sa vie ces derniers temps ?

***

J'AI FAIM, afficha mon téléphone un petit moment plus tard.

Mon ventre criant famine, j'avais décidé d'explorer ses placards à la recherche d'un trésor. Pas de quoi faire un festin, mais bien mieux que ce à quoi je m'attendais. Après un coup d'œil sur l'heure, j'avais alors fouillé la poche de sa veste abandonnée à son arrivée pour en extirper son portable. Et après lui avoir envoyé un message dans lequel j'expliquais que j'allais rendre une visite à l'épicier du quartier, j'étais allée le déposer sur l'oreiller voisin du sien. Ce petit procédé de son invention m'avait attendrie la première fois. Et puis je n'avais pas envie qu'il pense que j'avais encore pris la poudre d'escampette. On disait : jamais deux sans trois… J'espérais bien être l'exception cette fois ! Les petits épiciers de quartier faisaient des miracles aux heures tardives du soir : j'étais revenue toute guillerette, les bras chargés de fraises odorantes, de mozzarella, de champignons et de pain frais. Un repas frugal, facile à préparer sans faire trop de bruit, quand la cuisine se trouvait à peine à un mètre de la chambre.

Quand je levai les yeux, amusée par son message, je découvris Nathan, le regard tout ensommeillé, brillant de gourmandise ; et je n'étais pas du tout sûre qu'il convoitait le plat de tomates que j'avais préparé. Je balbutiai un peu troublée, essayant de rester concentrée sur ma tâche.

— Tes placards étaient vides...
— Je sais, j'ai vécu au jour le jour ces derniers temps, marmonna-t-il en me prenant des mains le couteau avec lequel je tentais d'équeuter mes malheureuses fraises, avant de m'attirer contre lui.
— Je croyais que tu avais faim...
— Très oui ! répliqua-t-il, avec une lueur taquine dans le regard.
— Tu es insatiable !
— Non, amoureux, terriblement amoureux, et là, tout de suite, je ne trouve pas d'autre moyen de te le prouver. Désolé...

Nous ne mangerions pas de bonne heure ce soir-là, il avait soif de tendresse et je ne m'en plaignis pas. Il m'avait manqué au-delà des mots et pour Nathan, les mots n'étaient pas les meilleurs alliés, je le savais. Pour moi non plus ce soir-là. Lorsque nous nous attablâmes, il était plus de 22 heures. Il était affamé et moi sur mon petit nuage. Un moment de bonheur simple. Cela faisait longtemps !

Cependant, je savais aussi que s'il ne posait aucune question, ce n'était pas une raison pour ne pas lui donner de réponse. Et puis, j'avais besoin de retrouver celle que j'étais vraiment. Celle qu'il avait eu envie d'aider, un beau jour de février. J'avouai alors qu'il avait terminé les dernières fraises :

— François m'a emmenée au Père-Lachaise cet après-midi. Et je n'ai pas pu...

Il leva un sourcil perplexe et épongea sans doute mes restes de culpabilité. S'il avait compris où je voulais en venir, il me laissa poursuivre.

— Tout ce que tu m'avais dit au sujet de cet endroit m'est revenu en tête, je crois que j'ai trouvé ce que tu lui trouvais.

— Tu sais, c'est aussi l'endroit que François préfère.

— En fait, c'est là que j'ai compris que j'avais envie que ce soit avec toi que je souhaitais vivre ça, m'empressai-je d'ajouter, de peur qu'il ne me renvoie vers lui.

La vague de soulagement et de reconnaissance qui m'enveloppa me submergea un court instant.
— Tu veux bien ? balbutiai-je encore, pressée qu'il rompe le silence.

Il repoussa sa chaise et m'invita à le rejoindre comme pour ôter la distance qui subsistait entre nous. Nathan passait par toutes sortes d'émotions depuis que nous nous étions retrouvés et je n'arrivais plus à suivre. Il fallait que j'apprenne à ne pas m'y attarder, elles ne m'appartenaient pas. Et je n'avais pas besoin de les identifier, il ne cherchait rien à dissimuler. Il prenait tout simplement son temps. Il parla enfin :

— Rien n'a changé en ce qui me concerne. Je t'ai dit que je serai toujours là. Je suis content que tu aies pu faire un bout de chemin avec François. Tu as appris à lui faire confiance, et c'est important.

— Je sais, je m'en suis rendu compte. J'ai dû l'appeler lundi matin...

Je le vis froncer les sourcils d'inquiétude lorsque je commençai à lui raconter l'épisode de la gare de Lyon. Il commenta, avec une once de taquinerie :

— Tu as le don de choisir des endroits mal famés.

— Je vais finir par le croire. Il s'inquiète pour toi, tu sais. Il m'a demandé de le prévenir quand on irait, pour prendre le relais si je flanchais.

— Tu ne flancheras pas. J'en suis certain. Tu n'as jamais flanché jusque-là. Tu sais, je suis au courant de chacun de tes progrès.

Cela m'étonna et me toucha tout à la fois : François ne m'en avait rien dit. Pensait-il que je reviendrais vers Nathan avant la fin ? Ou Nathan l'en avait-il prié ? Il dut sentir mon questionnement, car il ajouta :

— François ne me lâche pas beaucoup depuis quelque temps. Je sais qu'il s'inquiète. Je crois qu'en me parlant de toi, il m'a empêché de me focaliser sur Lucie uniquement. Et il a eu raison... Tu es un bon antidote aux problèmes insolubles.

— Tu vas y arriver !
— Tu as confiance en moi depuis longtemps, Sarah, pas ma sœur. Elle reste suspicieuse. Je n'ai pas su dissimuler mon inquiétude à son égard au début. Ni ma colère. Deux preuves qui lui montrent que je ne suis pas son allié, quoi que j'essaie de faire croire maintenant.
— On ne va pas laisser Lucie gâcher ce moment ! Ça a suffi d'une fois ! Ne lui en veux pas pour ça, elle ne pouvait pas savoir ! Elle finira bien par comprendre que tu tiens énormément à elle, j'en suis sûre. Si elle ne croit pas aux actes, elle le sentira aussi. Mets juste ta colère au fond de ta poche. Je crois qu'elle parle trop fort !

Mes mots l'amusèrent puis ses traits se défroissèrent et s'illuminèrent comme si j'avais trouvé *the solution*. On ne parla plus de Lucie ni du Père-Lachaise, de rien. On laissa notre bonheur de s'être enfin retrouvés s'exprimer et c'était très bien ainsi !

***

Le lendemain, alors que je prenais mon petit déjeuner avec Nathan, une salve de messages, lourds de reproches et de sarcasmes, troubla notre tendre tête-à-tête. Elle me rappela, avec consternation, que j'avais oublié de prévenir Mélanie. Le dernier fit s'esclaffer Nathan.
— *Tu prends aussi ton petit déjeuner avec ton éditeur ?*
— *Tu es bien curieuse !* répondis-je.

Cela lui suffit sans doute, car elle n'insista pas, mais je savais que ce n'était que partie remise.
— Pourquoi tu ne lui as pas dit la vérité ?
— Tu connais Mel. Une question en appelle une autre. Et là, j'ai juste envie d'un tête-à-tête avec toi.

Un sourire radieux accompagna l'afflux de tendresse que je sentis m'inonder tout entière. Un tourbillon de sensations divines. C'était bon, bien meilleur que n'importe quel mot. Il ajouta pourtant au bout de... quelques minutes ?

— Tu sais, il peut arriver qu'on se couvre les uns les autres. Passer la nuit chez Sophie aurait été plus facile à assumer...

— Et tu me le dis maintenant ?

— Eh ! Je ne vis pas avec Mélanie, je n'ai pas ce genre de problème.

Je tentai de lui lancer un regard noir, mais je ne fus apparemment pas convaincante. S'il y avait une chose dont j'étais certaine, c'était de sa joie de m'avoir à ses côtés, à son réveil. Sa bonne humeur était contagieuse. Au sens propre du terme : c'est-à-dire physiquement ! Elle irradiait de lui à me donner parfois le tournis.

Nous n'avions pas eu d'explication sur les dernières semaines passées, éloignés l'un de l'autre. Ni sur mes réactions, mes doutes ou ma requête. Rien ! Nathan semblait avoir tout accepté sans condition. La veille, il s'était déclaré terriblement amoureux et il l'avait prouvé à merveille, me faisant réaliser à quel point il s'était montré prudent jusque-là. Pour ne pas m'effrayer ? Pour me donner le temps de lui faire confiance ? Avec lui, tout était possible. L'empathie guidait chacun de ses pas, je l'avais bien compris. Il s'en servait habilement au lieu de la subir, comme moi. Cela paraissait tellement naturel chez lui.

***

Mélanie annonça la couleur dès son retour du travail ; elle ne s'y était pas éternisée. Et je savais pourquoi. Elle débarqua dans mon bureau, des éclats de colère dans les yeux.

— J'ai eu droit à un mensonge et des angoisses pas possibles, je te remercie !!!

— Ce n'était pas prémédité.

Elle plongea son regard inquisiteur dans le mien, sans le moindre sourire.

— Si tu as besoin d'intimité, tu me le dis. Je crois qu'Antoine sera ravi que je débarque à l'improviste, un soir !

— J'avais prévu de rentrer hier, je t'assure !
— Ton *éditeur* t'a fait du charme ?

Sa façon d'insister sur ce mot me prouva que, non seulement elle n'était pas dupe, mais qu'elle ne me pardonnait pas de l'avoir tenue à l'écart. Je n'en étais pas fière, mais je n'avais pas prévu d'aller voir Nathan si vite... ni que les choses allaient tourner de la sorte. M'approcher le plus près possible de la vérité était la seule façon de m'en sortir face à sa vindicte :

— J'ai eu envie d'aller voir Nathan, hier soir. J'ai pris conscience que j'avais besoin de lui. Et j'ai oublié de te prévenir, je suis désolée.

— Ah quand même ! Tu auras mis le temps !

— Je sais !

— Et à en voir ton sourire, là, il t'a ouvert grands les bras ?

Je me contentai d'une petite moue complice.

— Si tu lui refais un coup comme la dernière fois, je fais changer tes serrures, tu sais !

— Tu oserais me mettre à la porte de chez moi ?

— Oh oui, j'oserais ! Cet homme a été trop patient avec toi ! Il mérite une médaille !

— Je lui dirai qu'il a une nouvelle fan à son palmarès !

Elle haussa les épaules, mais ne se départit pas de son sourire ravi. C'est le moment que Nathan choisit pour s'annoncer et quand Mel entendit sa voix dans l'interphone, elle prit son imperméable et son sac à main, d'un air complice, avant de lui ouvrir la porte, sans me laisser le choix.

— Ah Nathan ! Tu es médecin ou éditeur, ce soir ?

Il s'esclaffa et répondit, cabotin :

— Devine !

— Mets-lui la camisole si elle recommence, lui souffla-t-elle avant de disparaître dans la cage d'escalier.

— Si tu recommences à faire quoi ? me demanda-t-il alors, narquois.

— À douter de tout, avouai-je, piteuse, en venant me blottir contre lui pour éviter à son regard.

Moi qui pensais échapper à une explication en règle, Mel l'avait amenée sur un plateau. Elle était terrible ! Mais il ne commenta pas, préférant visiblement me serrer contre lui. Et m'offrir de cette tendresse toute particulière qui me faisait vite perdre la tête. Combien de temps nous faudrait-il pour rattraper tout ce temps perdu qui nous avait autant manqué à l'un comme à l'autre ? Je n'avais pas vraiment besoin d'une réponse. Cependant, le voir débarquer naturellement comme avant, et aussi spontanément, était la seule dont j'avais besoin moi.

Je risquai juste de rompre le charme dans la soirée, après notre petit repas, alors que Milady investissait les genoux de Nathan et qu'elle se régalait de ses caresses.

— Est-ce qu'on peut soulager Socrate assez vite ?

Nathan leva des yeux étonnés, avant de répondre :

— François a raison, tu es sacrément déterminée !

— Ce n'est pas vraiment le mot. Je crois que j'ai besoin de savoir. Et de délivrer ce pauvre chat de ce fardeau !

— Socrate ne souffre pas, il dort juste un peu plus que d'habitude, je ne pense pas que ça déplaise à François.

— Ça me déplaît à moi ! grognai-je en fronçant les sourcils.

— Milady, ta maîtresse va ouvrir la ligue de protection des chats maltraités par les chasseurs d'âme !

— Ne te moque pas, je déteste cette idée.

— On ira demain soir, je préviendrai François. Grâce à toi, je me verrai offrir un délicieux repas, après ! ajouta-t-il, avec une pointe d'espièglerie.

Son enthousiasme inattendu ne visait qu'à m'apaiser, je le sentis bien plus tendu qu'il n'en avait l'air. Il craignait sans doute que l'expérience ne m'affecte à nouveau ou remette en péril notre relation. Mais moi, j'avais confiance en moi, en lui, en l'avenir. Je ne serai pas seule. Et tous semblaient l'assumer tellement bien que je voulais croire que ce serait également mon cas. Il ne me restait qu'un dernier pas à franchir pour savoir qui j'étais vraiment.

***

Quand il nous vit nous approcher le lendemain soir, main dans la main, de la terrasse du café des Anges, François eut un sourire en coin. J'étais allée chercher Nathan à sa sortie de l'hôpital pour profiter d'un petit moment de solitude. Enfin, si on savait faire abstraction du monde sur les trottoirs, des bousculades sur le quai du métro et du bruit ambiant. L'été mettait la capitale dans une ébullition permanente. Mais l'heure n'était pas à la balade même si nous allions emprunter les allées que des centaines de touristes sillonnaient chaque jour. Évidemment, boissons sucrées et paquet de viennoiseries nous attendaient déjà sur la table. Et je voyais bien que mes deux mentors me surveillaient du coin de l'œil. Deux pour le prix d'un, c'était quelque chose !

Je ne vis rien du tour de passe-passe qui se joua entre ces deux-là. Soudain, François extirpa un gros roman de son sac et déclara qu'il restait là. Je poussai un long soupir, presque malgré moi, mais sortis la première.

— Prenez votre temps, dit juste notre gardien avant de se plonger nonchalamment dans sa lecture.

Nous prîmes le chemin du cimetière tout proche. Il y avait quelque chose de romantique dans cet endroit sur lequel veillaient majestueusement les grands arbres. Le temps semblait s'y être arrêté, peut-être sous le poids des décennies de silence. Nos premiers pas y furent sereins sur le pavé séculaire. Nathan émailla de commentaires notre trajet, qui devenait étroit, sur les tombes parfois déroutantes.

— Tu ne t'es jamais perdu ? m'exclamai-je en découvrant qu'il prenait une direction différente de François.

— Il fait nuit tard en ce moment, ne t'inquiète pas !

— Je ne m'inquiète pas, je me demande comment tu te repères !

— Moins les allées sont larges et entretenues, moins c'est fréquenté. Mais c'est là aussi que tu découvres des tombes remarquables dont je me rappelle facilement. Je prends toujours le même chemin, ça te tranquillise ?
— Ce n'est pas un mot de mon vocabulaire aujourd'hui.
— Ah non ? Lequel a ta préférence ?
— *A little anxious*[21], murmurai-je, en pinçant les lèvres.
— Et quand c'est le cas, tu causes anglais ? Tu aurais dû me dire de prendre mon dictionnaire !
— *Very funny*[22] ! souris-je, m'accrochant à son air tranquille au fur et à mesure que le chemin devenait étroit et sinueux.

Nous n'avions croisé personne depuis dix minutes quand il bifurqua vers une petite chapelle dont le sol paraissait affaissé et les vitraux cachés par d'imposantes toiles d'araignées. Il fallait oser venir se perdre jusqu'ici. Il y avait tout près un vieux banc, dissimulé par les tombes alentour clairement abandonnées.

— *Ready*[23] ? me demanda Nathan, avec une lueur malicieuse dans les yeux.
— *Probably*[24], grimaçai-je en m'asseyant à côté de lui.

Le rappel soudain qu'il abritait cette âme pour moi, depuis que nous étions partis, me poussa à me redresser et à paraître décidée. Je n'étais pas certaine de parvenir à le duper de la sorte, mais attendre ne m'aiderait pas à franchir le pas. Sentant le stress monter en moi, Nathan prit ma main dans la sienne.

— Tu te rappelles ? Tu l'accueilles en douceur et tu la laisses te raconter.
— En restant le plus spectatrice possible...
— C'est ça. Plus tu te montreras complaisante et attentive, plus elle te fera confiance. Laisse parler ta compassion naturelle sans jamais lui permettre de te submerger.

---

21 Un peu inquiète
22 Très drôle
23 Prête ?
24 Probablement

— Me submerger ?

— Prendre le dessus, tu dois toujours avoir l'impression que c'est toi qui tiens les rênes ! Tu dois t'en assurer de temps en temps. Rappelle-toi qui tu es, où tu es et pourquoi tu es là.

Il s'arrêta un moment et sonda mon regard, pour vérifier sans doute que j'étais toujours prête.

— Et après ?

François m'avait déjà expliqué les grandes lignes, mais l'entendre une seconde fois, m'imprégner du ton qu'employait Nathan, me semblait urgent là. Parce que la suite était presque surréaliste pour moi : je n'imaginais pas que quiconque soit capable de faire ça. D'une simple pensée, par la simple volonté.

— Tu vas sentir l'âme s'apaiser, ta compassion va comme l'anesthésier. Les images seront plus floues, un peu comme lorsqu'un écran grésille ou qu'il y a des interférences. C'est ce moment de répit qu'il faut saisir, pour l'arracher à ce qui la tourmente.

— François n'a pas été jusque-là dans ses explications…

— Et je vais m'arrêter là pour l'instant. Je te guiderai le moment venu. C'est mieux.

— Pourquoi ? m'inquiétai-je, supportant mal la dose de mystère dans sa voix et son regard.

— Parce que c'est la première fois, que tu vas sans doute hésiter, douter, culpabiliser… On passe tous par là. La méthode de François est la plus facile. Quand tu sens que c'est le moment, tu serres très fort ma main et je te soufflerai quoi faire.

Et si je ne savais pas faire, et si je paniquais et si… une multitude de questions jaillirent dans mon esprit, incontrôlables. Nathan les fit stopper d'un baiser inattendu, me ramenant à lui. À nous… Il ne me laissa pas le choix, je sentis frapper à la porte de mon esprit juste après, et je me lançai, réconfortée par son bras passé autour de mes épaules et le contact de sa main.

La première étape me sembla plus facile que la

première fois : une succession de visages défila, sans que je parvienne à saisir ce qu'on essayait de me dire. Ils étaient l'objet de l'inquiétude : des enfants pour la plupart, et à leur ressemblance évidente, d'une même famille. Une fratrie peut-être... et puis une suite de bruits insolites que je mis du temps à identifier, des bruits sourds – des pas peut-être – des cris, des pleurs. Et soudain cette sensation terrible de vide et de solitude contre laquelle je dus lutter pour qu'elle ne devienne pas mienne. Une séparation, une famille ?

Je ne cherchai pas à comprendre les circonstances, je fis ce que Nathan m'avait indiqué. Donner sa légitimité à l'inquiétude et à la peine, en l'accueillant. Je ne saurais pas expliquer comment je parvins à le faire : sans doute cela faisait-il partie de notre don... Un geste inné, comme d'autres avaient un coup de crayon extraordinaire ou l'oreille absolue... Le mystère de l'être humain !

Mais ensuite, tout s'affadit dans mon esprit, l'étau qui me comprimait le cœur se relâcha, les images se brouillèrent. Je serrai alors la main de Nathan.

— Visualise le fardeau qu'elle t'a confié comme si tu le lui prenais, en douceur, c'est important. Donne-lui l'aspect que tu veux, mais imagine que tu le portes dans tes bras, contre ton cœur. Accueille-le avec bienveillance et intérêt. Serre ma main quand tu y seras parvenue.

Un gros carton s'imposa à moi, alors je m'exécutai. À ce stade, je tremblais comme une feuille.

— Maintenant, essaie de donner à cette âme un visage ou une silhouette et concentre-toi sur elle, et..., imagine que tu souffles sur une bougie lentement, comme pour l'éteindre. Elle doit doucement sortir de ton esprit, disparaître...

L'idée me fit frémir, mais j'essayai de toutes mes forces. Un violent vertige, alliant chaleur et quelque chose de plus tumultueux, impossible à décrire tant c'était puissant, me poussa à me raccrocher comme je pus à Nathan et puis, plus rien ! Je perdis tout contact avec lui et le monde extérieur.

Chapitre XXV

*« Il faut savoir risquer la peur, comme on risque la mort,
le vrai courage est dans ce risque. »*
Bernanos

L'inconfort du banc me fit sortir de la torpeur dans laquelle j'étais prisonnière depuis un moment. Incapable de bouger, de parler, j'étais restée de longues minutes à essayer de comprendre ce que les deux voix graves murmuraient près de moi. En vain. Et c'est en tentant de gagner un peu de confort que, petit à petit, je réussis à reconnecter mon esprit à mon corps. Une sensation très étrange qui me coûta une énergie considérable. J'avais l'impression d'en être totalement privée. Je frissonnai d'abord, saisie par la fraîcheur du soir. Pourtant quelqu'un avait mis un vêtement sur moi. Un long soupir accompagna mes efforts pour ouvrir mes yeux lourds et je sentis une main chaude se poser sur mon visage :

— Sarah, tu m'entends ?

Nathan… sa voix était devenue étrangement rauque. J'acquiesçai avant de forcer mes paupières à se soulever. Deux paires d'yeux étaient rivées sur moi. Ceux de Nathan qui avait posé ma tête sur ses genoux et ceux de François qui se voulaient bienveillants. Il prit la parole :

— Tu as fait du zèle, on dirait.

— J'ai réussi ?

— Oh oui. Avec les félicitations du jury.

Je cherchai le regard de Nathan, trop silencieux à mon goût. Il était fermé, muré dans une inquiétude que je commençais à ressentir au fur et à mesure que mes sens se remettaient à fonctionner. Seuls ses doigts caressaient doucement mes tempes. Percevant mon incompréhension, il finit par me lâcher un sourire pour me demander :

— Comment tu te sens ?

— Engourdie. Qu'est-ce qu'il s'est passé ?

Je fis mine de me relever. Il m'en empêcha, prenant un air que je lui reconnaissais, très professionnel.

— Tu as fait un malaise vagal, attends un peu encore !

— Et c'est normal ?

— Pas vraiment non.

— Ça peut arriver la première fois, le contredit doucement François. Trop d'émotions, je pense. Nathan s'en veut, il s'accuse de ne pas t'avoir assez préparée. Mais, moi, je crois que tu es juste très émotive.

Je devinai que cette discussion déplaisait à mon médecin particulier qui poussa un soupir. Je sentis une pointe de culpabilité me chatouiller. François insista, ignorant délibérément le regard ennuyé de son chasseur.

— Tu te rappelles ce que tu as ressenti les dernières minutes ?

— Un gros stress, j'ai... j'ai eu peur de lui faire mal.

— Tu l'as délivrée de mois et de mois d'angoisse, sourit-il à nouveau, avec ce regard qui n'appartenait qu'à lui.

— Je sais, mais j'ai eu peur de mal faire. Et si j'avais su avant ce que je devais faire, ajoutai-je à l'intention de Nathan qui restait muet et que je sentais tendu comme un arc. Ça n'aurait rien changé. Je n'ai jamais été responsable de quiconque, et là j'ai eu l'impression d'avoir sa vie entre mes mains...

— Sa vie, non, rectifia François, mais son âme malade, malheureuse et blessée. Tu lui as épargné de rester enfermée dans ses tourments. C'est ce qu'elle cherchait, qu'on l'apaise et tu ne pouvais pas faire plus, ni autrement.

Une fois de plus, je compris pourquoi son rôle était si important. Et pourquoi Nathan demeurait aussi silencieux, le laissant agir. Je ne saisissais pas pourquoi il s'en voulait, il m'avait bien guidée. Je ne voyais pas ce qu'il aurait pu faire de plus ? Avait-il eu peur que la situation lui échappe ? Une fois de plus ? Mon inquiétude à son sujet ne passa pas inaperçue ni pour l'un ni pour l'autre. Ils échangèrent un long regard que je ne sus pas interpréter. Sans aucun doute, la suite de la discussion qu'ils avaient eue avant que je ne revienne à moi. Alors je bredouillai à son intention, en essayant de lui sourire.

— Mais ça va, maintenant. Tu n'es pas responsable de mes états d'âme.

— Parfois, si, grimaça-t-il.

— Pas cette fois, tu m'as très bien guidée. Cela m'a semblé facile jusqu'à cette dernière minute. Ça m'a coûté de le faire et tu n'y peux rien ! Je m'y ferai sans doute.

— Non, on ne s'y fait pas, on accepte simplement que ce soit la seule chose possible.

— Nathan, je ne suis pas ta sœur, lâchai-je alors dans un éclair de lucidité, me redressant en même temps pour donner du poids à mes paroles. Cela me semble juste et logique d'agir ainsi avec ces âmes, même si je trouve ça difficile émotionnellement !

Un bref coup d'œil vers François me conforta dans l'idée que j'avais bien deviné. Et le soulagement que Nathan ressentit alors me transperça de part en part. Je le vis inspirer longuement. Puis il se pencha pour sortir une barre de céréales de son sac à dos posé à ses pieds, et me la tendit, en intimant :

— Il faut que tu reprennes des forces.

— Tu me crois, n'est-ce pas ? insistai-je sans lâcher ses yeux.

— Oui, je te crois ! sourit-il, en me promenant l'emballage sous le nez, avec la même détermination.

— Elle est plus douée que moi, ricana François en arquant un sourcil narquois.

Nathan se contenta de hausser les épaules et m'appuya contre lui, le temps que je grignote ma ration de sucre. Je me sentais encore nauséeuse. Mais rester dans ce lieu, que les ombres du soir commençaient à rendre inquiétant, ne me disait rien.

On ne quitta pourtant cet endroit qu'un petit moment plus tard, Nathan voulait s'assurer que j'allais bien. Il devinait ce que je ne disais pas, habitué sans doute, à lire les symptômes sur les visages de ses patients. Déambuler dans les allées devenues désertes me faisait l'impression d'être une intruse. Ce lieu m'inspirait un profond respect. Je pensais à cette âme que j'y avais abandonnée. Et j'ai eu le sentiment qu'elle n'était pas seule, là. Tout éteinte qu'elle soit. Je compris pourquoi les deux hommes à mes côtés, veillant sur chacun de mes pas, avaient choisi de venir ici. Et malgré la pénombre un peu lugubre, cette longue marche m'apaisa. Et elle apaisa celui dont je tenais la main.

François nous conduisit jusqu'à sa voiture, garée à deux pas de la sortie, tout prévoyant qu'il était. Il nous déposa dans le Quartier Latin, devant l'immeuble de Nathan. Il ne m'avait pas laissé le choix, je le sentais préoccupé par mon état. J'étais épuisée. Je ne pouvais pas le nier, et ce, malgré le coup de fouet que m'avait donné la boisson énergisante et la seconde barre de céréales qu'il m'avait proposée.

La montée de ses trois étages m'acheva, je m'écroulai sur son canapé. Je balbutiai en cherchant mon téléphone :

— Il faut que je prévienne Mel.

— Tu me laisses écrire le message ? souffla Nathan, en me le prenant des mains.

Je faillis protester quand la lueur malicieuse dans ses yeux me stoppa tout net. Intriguée, je le regardai faire, un sourire en coin.

Je passe la nuit avec mon éditeur, ne t'inquiète pas.

— Tu aimes la taquiner, hein ?

— J'aime son indulgence. Je vais nous faire à manger.

Je n'avais aucune idée en réalité de ce que Nathan avait ressenti pendant ces longues semaines que nous avions passées l'un sans l'autre. Il était sans doute trop pudique pour me l'avouer. Je savais néanmoins que Mel avait marqué des points lorsqu'il était venu la voir. En tous les cas, sa réponse me fit rire : *Nathan va être jaloux* !

Ce dernier passa la tête par la porte alors qu'il s'activait dans sa petite cuisine.

— Tu assumes ton mensonge maintenant ?

— Il va me suivre longtemps ! C'est malin !

Il s'esclaffa, disparut à nouveau. Il revint muni de sa sacoche de médecin, en extirpant son tensiomètre. Je protestai avec tendresse :

— Tu t'inquiètes pour rien, je suis juste fatiguée, comme vous l'êtes tous dans ces cas-là.

— Tu me laisses m'en assurer ? insista-t-il doucement.

— Oui, bien sûr... tu es nostalgique de notre première rencontre ?

— Tu m'as donné un sacré fil à retordre ! Tu étais morte de trouille et tellement sur tes gardes.

— C'est injuste cet avantage que tu as eu sur moi !

Il eut ce petit sourire charmeur, celui qui excusait tout, puis se concentra sur des gestes qui lui étaient familiers. L'observer faire m'émut beaucoup. Je pris la mesure de tout ce qui s'était joué pour lui quelques heures plus tôt. Voire depuis des mois ; il veillait sur moi depuis le début, quelles que soient nos relations. Et ce, malgré Lucie qui le hantait, à sa façon. Comme si c'était plus fort que lui...

Mon regard et, sans doute, l'émotion qui me trahissait une fois de plus, le firent lever les yeux du cadran du tensiomètre et là, je sus que j'avais vu juste. Je repoussai le matériel et l'attirai contre moi. Les mots ne seraient jamais assez puissants pour exprimer ce que je ressentais là...

Je dormis comme un bébé : pas l'ombre d'un cauchemar. Je m'étais écroulée très tôt après le dîner. Un mot pompeux pour une belle assiette de pâtes pleines de gruyère fondu, mais que j'avais dévorée malgré tout ce que j'avais déjà avalé. J'avais à peine senti Nathan me porter dans son lit. À mon réveil, je n'étais pas dans une forme olympique, mais le chiffre que mon médecin préféré lut

sur son tensiomètre, mon nouvel ami, eut l'air de mieux lui convenir que celui de la veille. Il décréta tout de même :
— J'aimerais que tu restes tranquille, aujourd'hui.
— Ça me va bien ! On ne peut pas dire que mes dernières sorties aient été de tout repos !
Il me jeta un regard en coin, mais ce furent des regrets que je sentis m'étreindre physiquement. Je me hissai sur ses genoux l'obligeant à renoncer à m'examiner davantage. Il poussa un soupir résigné, et je me lançai :
— Je ne regrette rien, Nathan ! Tu n'as aucun reproche à te faire. Arrête vraiment de t'inquiéter pour moi. Combien de temps va durer cette fatigue ?
— Quelques jours peut-être, elle va s'estomper petit à petit.
— Et tu arrives à bosser toi, quand c'est le cas ?
— J'assure le minimum. C'est tout !
— Tu t'es occupée de moi des jours comme ceux-là, lui fis-je remarquer sur le ton des reproches.
Il sourit, effleura mon menton puis mes lèvres, comme nostalgique, avant de murmurer :
— J'avais une bonne raison. J'aime m'occuper de toi, et j'ai fait ce que tu me laissais faire. Je n'allais pas rater une occasion tout de même !
Ses yeux charmeurs et la tendresse, à laquelle il donna enfin libre cours, me firent fondre. Dans ses bras, j'oubliais tout. Une sensation grisante que je n'avais ressentie avec personne auparavant. Il savait me faire perdre mes esprits très vite, m'enflammant de simples caresses.

***

L'interphone me tira de mes pensées et de la somnolence désagréable dans laquelle je m'étais enfoncée : c'était Sophie ! De retour chez moi, le sommeil récupérateur que j'avais espéré trouver n'était pas venu. À sa place, des images et des sensations de ce qui s'était passé la veille m'avaient assaillie. Le souvenir de cette peur intense, au moment de souffler sur cette âme qui me faisait confiance, le doute furtif balayé par le ton encourageant et chaleureux de mon guide, et le soulagement lorsque j'avais senti l'âme se détacher de moi.

J'étais allée jusqu'au bout, certes, mais j'avais été secouée bien davantage que ce à quoi s'était attendu Nathan. Je n'aimais pas avoir causé cette inquiétude chez lui. Il avait ressenti, j'en étais certaine, ce moment de doute que j'avais éprouvé. Mais les explications que j'avais reçues de François quelque temps plus tôt m'avaient suffisamment persuadée pour que j'obéisse docilement. J'aimais l'humilité du geste et sa générosité. Je m'y étais accrochée au moment de souffler sur cette âme pleine d'espoir. Une multitude de questions avaient tournoyé dans ma tête. Pourquoi Lucie ne s'était-elle pas laissée convaincre que c'était la meilleure chose à faire ? Comment parvenir à la faire changer d'avis ? Avait-elle encore assez de libre arbitre pour le faire ?

Suspicieuse, je demandai après avoir embrassé ma visiteuse :

— C'est Nathan qui t'envoie ?

— Tu le connais bien ! Il ne m'envoie pas, mais il avait besoin d'être sûr que tu allais bien, je crois.

— Hum, c'est encore pire, grognai-je.

Elle me tendit un assortiment de sushis tous appétissants, avec une moue enjôleuse. Je demandai d'une voix soupçonneuse :

— Tu es venue me faire parler ?

Elle éclata de rire et déclara innocemment :

— Non, manger ?

— C'est vraiment une obsession chez vous tous ! grommelai-je en saisissant le paquet qu'elle me tendait avec insistance.

— Pas faux, mais nécessaire pour récupérer vite. Surtout si tu n'as pas envie d'éveiller les soupçons de Mélanie, crois-moi.

— Il ne manquerait plus que ça !

Sophie me considéra avec compassion et m'aida à nous installer. Milady vint lui faire un numéro de charme et cela me détendit. Cette complicité insolite, qu'on avait tous avec les chats, me touchait de plus en plus. Poussée par la curiosité, je demandai :
— Pourquoi tu n'en as pas adopté un ?
— Parce que Nicolas n'aime pas les chats.
— Il n'est pas souvent là.
— Je lui impose déjà mes placards pleins de fringues et de godasses, et crois-moi, il fait un effort. C'est un maniaque du rangement, et moi... pas du tout. J'aime le désordre, c'est la vie !
Mon sourire la fit s'arrêter et, après m'avoir dévisagée un instant, elle commenta l'air narquois :
— Assez parlé de moi. Dis-moi qu'a fait Nathan pour te faire changer d'avis ?
— Rien, tu le connais mieux que moi, c'est la patience incarnée !
— Peut-être trop parfois. Mais sa sœur le tracasse tellement qu'il ne prend plus aucun risque, je crois.
— C'est pour ça qu'il t'envoie ? Il a peur que je n'aie pas supporté hier ?
— C'est une étape délicate, j'imagine que François a dû essayer de le rassurer à ton sujet. Mais il se sent responsable de toi, bien plus que François... tu sais pourquoi, je pense ?
Bien sûr que je savais. Ne pas percevoir les émotions qui émanaient de lui, quand nous étions ensemble, était impossible. Il ne cherchait pas à les cacher. Les laisser se manifester sans mettre de mots dessus pour gagner ma confiance. Je hochai la tête, un peu intimidée par son regard pourtant indulgent.
— Si je n'avais pas eu ce malaise, il ne serait pas si inquiet. Ce matin, au réveil, je l'ai senti soucieux ! Et je sais que ce n'est pas ma fatigue qui en était la cause, même si c'est ce qu'il a essayé de me faire croire.

— Il n'y a que toi qui pourras le rassurer, Sarah. Tu te sens comment par rapport à ce que tu as dû faire hier ?

— Je n'ai pas aimé le faire, mais je sais que c'est la seule chose qu'on puisse faire.

— Personne n'aime le faire… Mais si tu n'avais pas eu ce malaise, tu n'aurais pas gardé le souvenir de ce moment déplaisant. Tu en aurais tiré le bénéfice de ce bien-être extraordinaire qu'on ressent alors. C'est ce qui te pousse à recommencer la fois suivante, je ne peux pas t'expliquer pourquoi… mais c'est le cas. Nathan craint certainement que tu ne veuilles plus le faire…

— Ou bien que je fasse le choix de Lucie ?

— C'est le risque. Il ne t'a jamais confié ce que Lucie avait dit de nous ?

— Non, en fait, il ne me parle pas beaucoup d'elle. Encore maintenant.

— Alors, c'est en discutant d'elle avec lui que tu comprendras comment lever son appréhension. Si François avait décelé une faille chez toi, il serait venu chez toi, dès ce matin ! Et tu n'as pas eu de ses nouvelles ?

— Non, rien.

— J'aimerais que Nathan sache renoncer à l'affection de sa sœur, qu'il laisse François agir et qu'il passe à autre chose. Mais ça n'arrivera pas. Il ne renoncera pas ! Elle a été très dure avec lui, mais il l'aime toujours autant.

Il n'y avait pas l'ombre d'un reproche dans sa voix, mais un profond respect, de l'admiration même. Elle reprit :

— Pousse-le à te parler d'elle. Je crois que c'est le bon moment.

— Je n'arriverai pas à le faire changer d'avis…

— Non, je sais, François s'y est cassé le nez ! Mais tu le comprendras mieux encore ?

— Je vais essayer…

— Sarah, il faut que je te dise, Clément a eu le même malaise que toi, la première fois.

— Clément ?

Mon étonnement la fit sourire. Nathan, je l'aurais admis plus facilement, mais Clément... il avait l'air si fort.

— Nathan n'est pas au courant. Clément a sa fierté et son orgueil de mec, tu sais bien. Mais il a un cœur tendre, trop tendre parfois, et il essaie de le cacher. Alors si tu as besoin de te confier à ce sujet, tourne-toi vers lui. Il me pardonnera de te l'avoir dit, ne t'inquiète pas.

***

La tentation d'appeler Clément enfla au fil des heures. Lui et moi, on ne se parlait jamais beaucoup. Il me taquinait souvent, je ripostais parfois. Notre relation s'arrêtait là, la plupart du temps. Il avait un côté direct qui me poussait à l'écouter plutôt que le chercher à mon tour ou le questionner. C'était pourtant quelqu'un de très intéressant derrière la façade de pitre qu'il s'était forgée. Et de très sensible, à en juger ce que j'apprenais de lui au fil des semaines.

J'étais bien consciente que je retournerai au Père-Lachaise, que je recommencerai mon travail. Je n'avais pas l'ombre d'un doute. Mais j'avais besoin de savoir comment lui avait surmonté l'appréhension que je devinais inévitable. Je dus écrire puis effacer au moins dix messages avant d'envoyer celui-ci :

Tu aurais un petit moment pour discuter avec moi de ta première expérience au Père-Lachaise ? La mienne s'est soldée par un malaise.

Sa réponse me parvint un peu plus tard, me livrant enfin son état d'esprit :

— Bien sûr. Un café chez toi demain midi te conviendrait ?

— Très bien oui !

— En attendant, sache que ce n'est pas une fatalité !

Décidément, chacun de mes compagnons répondait présent sans la moindre hésitation. Et cette petite phrase avec laquelle il avait conclu me rasséréna. Le meilleur moyen de convaincre Nathan que je serai capable de recommencer était de lui prouver que je surmonterai la mienne. Mais ce ne serait pas possible avant un moment, je voulais être prête quand l'occasion se représenterait.

Mes préoccupations s'envolèrent un peu avec le retour de Mélanie qui avait roulé de gros yeux perplexes en me rejoignant. Je n'avais pas quitté mon canapé de l'après-midi, cela n'avait apparemment pas suffi pour effacer les stigmates de la fatigue tenace.

— Tu me caches quelque chose ?
— Rien qu'une vilaine migraine, mentis-je.
— Tu sais qu'il faut dormir la nuit ? rétorqua-t-elle, l'air goguenard.

Mais elle retrouva vite son regard pénétrant, et son inquiétude me saisit, précédant ses paroles.

— Nathan te suit encore pour tes vertiges ? Il n'a pas pu le faire quand vous étiez séparés, n'est-ce pas ?

Un mensonge en entraînait toujours un autre, je retins avec peine un soupir, puis je me souvins avec quel soin il s'était occupé de moi, le matin encore.

— Je lui avais promis de l'appeler si ça n'allait pas. Il est très consciencieux, ne t'inquiète pas pour ça. Il ne va sans doute pas tarder.

— Tu as vraiment mauvaise mine ! insista-t-elle.
— Je sais, mais je me sens beaucoup mieux. Une bonne nuit et ce sera envolé.

Du moins, je l'espérais. Je vis que Mel était dubitative. Elle m'intima l'ordre de ne pas bouger et alla s'occuper de nous préparer à dîner. Décidément, cela devenait une habitude. Je n'aimais pas inquiéter tout mon petit monde. Je ne pouvais donner le change à personne, même pas à Milady qui était scotchée à moi. Et telle que je connaissais mon amie, elle allait bombarder Nathan de questions, le contraignant à mentir lui aussi. L'exercice lui était certes coutumier, mais le lui faire faire pour moi m'ennuyait.

Il arriva tard, retenu dans son service, pour une admission compliquée. Et à son regard anxieux, je compris que cela lui en avait coûté. Mel lui sauta pratiquement dessus, à son entrée, sans que j'aie pu le prévenir.

— Elle a vraiment mauvaise mine pour une simple migraine, ça ne t'inquiète pas ?

— Tu me laisses l'examiner ?

— Oui, oui, bien sûr ! s'excusa-t-elle, en disparaissant dans la cuisine, avant de claironner : tu as mangé ?

— Non pas encore !

— Une consultation à domicile contre une omelette aux tomates et des cerises bien noires, ça te va ?

— Ça marche ! répondit-il, en me volant un baiser pas professionnel du tout.

— Tu vas lui servir quoi, toi ? chuchotai-je.

— Du jargon de médecin. Tu as vraiment mal à la tête ?

— Non, je n'ai trouvé que ça comme excuse.

— Ça me va bien, c'est mon rayon, ne t'inquiète pas. Comment te sens-tu depuis ce matin ?

— Juste fatiguée et pas grand courage ! Sophie est venue me gaver de sushis, ce midi, c'était ton idée ?

— Je n'aime pas les sushis !

— Mais c'était ton idée ? insistai-je, en lui faisant les gros yeux.

J'adorai son petit air contrit, il me fit songer à un enfant pris en défaut. Mais il n'était pas désolé pour deux sous !

— Ben, oui... j'ai pensé que Sophie pourrait un peu te distraire.

— Hum, il se trouve que, désormais, je sens que tu me mens.

— Ah, zut, j'avais oublié, grimaça-t-il.

— Je vais bien, Nathan, c'était difficile hier, c'est vrai, mais ça va. J'ai accepté l'idée, m'empressai-je de répondre à voix basse, serrant ses deux mains pour l'en convaincre. Je suis bien entourée, tu sais ! Arrête de t'inquiéter ! Et va rassurer Mel, ça me stresse de lui mentir... et... ce n'est pas bon pour ma migraine !

Il s'esclaffa doucement et alla s'acquitter de sa tâche sans ciller. Je sentis son soulagement avant qu'il ne s'éloigne.

Dans la cuisine, je l'entendis parler de migraine ophtalmique, de ses phénomènes neurologiques impressionnants, mais sans gravité, de mes symptômes qui ne lui laissaient aucun doute. Et au ton de sa voix, très professionnel, Mélanie n'osa poser aucune question ni manifester la moindre suspicion. Il en imposait quand il se glissait dans sa peau de médecin.

Quand ils ressortirent, un moment plus tard, Nathan avait une petite lueur de connivence dans les yeux et elle m'était destinée. Il avait accompli sa mission avec brio, Mel ne me regarda plus de la même façon. Elle semblait plutôt fière de le nourrir. Pour un peu, Antoine aurait pu être jaloux : elle avait eu plus d'indulgence pour Nathan que pour lui.

Je réussis à le retenir pour la nuit. Je savais qu'il voulait que je dorme. J'avais somnolé une partie de la journée, et les paroles avisées de Sophie tourbillonnaient dans ma tête. J'avais certes tenté de lever son inquiétude, quand il avait fait mine de m'examiner, mais je soupçonnais son angoisse de revenir encore à la charge. Parce que c'était comme une vieille ennemie, tapie dans l'ombre... et il valait mieux parfois bien connaître ses ennemis pour savoir les combattre et parer les coups. Il ne se fit pas vraiment prier, comme si m'avoir à l'œil, ou plutôt dans ses bras le rassurait.

Je le laissai donc terminer sa lecture urgente, d'une publication médicale, blottie contre lui avant d'attaquer le sujet qui m'intriguait depuis quelques heures.

— Nathan, j'aimerais bien que tu me parles de ta sœur.

Il se figea contre moi et un voile de tristesse nous enveloppa.

Chapitre XXVI

« La chute n'est pas un échec. L'échec est de rester là où on est tombé. »
Socrate

— Nathan, s'il te plaît…

Ma voix soudain hésitante se perdit en un chuchotement. Un infime soupir qu'il aurait sans doute voulu m'épargner meubla d'abord le silence. Puis il bougea pour pouvoir me faire face. Ses yeux s'étaient voilés de tristesse.

— Tu t'inquiètes pour moi, mais je ne sais pas pourquoi. Enfin si, je le devine, expliquai-je alors, en essayant de ne pas être trop intrusive. Mais si j'ai une petite place dans ta vie, c'est aussi pour partager tes peines et tes craintes.

— Je crois qu'il va falloir qu'on parle de ta définition du mot *petite*, riposta-t-il, soudain plus à l'aise et visiblement d'humeur taquine.

— La sémantique t'intéresse ?

— Dans certains cas, oui. Et là, ça me semble carrément urgent. J'émets de sérieux doutes sur ta capacité à choisir les bons mots en ce qui concerne ta vraie vie.

Je craignis un instant de ne pas réussir à atteindre mon objectif. Je me perdis un long moment dans son regard intense, enveloppée par cet afflux de tendresse qui avait fondu sur moi au même instant. C'était tellement plus puissant que les mots. Je finis par bredouiller avec un sourire timide :

— La vraie vie a pris une tournure inattendue ces derniers mois.

— Donc, tu as besoin d'aide pour y voir clair ?

— Peut-être, essaie…

— Disons que le mot *petite* n'est pas le mot que j'utiliserais moi, le principal intéressé dans cette affaire. J'aurais choisi : importante, essentielle, précieuse, décisive même ?

Il feignit d'y réfléchir encore. Comment pouvais-je résister à une telle déclaration ? Je n'étais pas sûre qu'il accéderait à ma requête après ça. Il s'arrêta pourtant tout net, après m'avoir enivrée de cette tendresse silencieuse, et s'installa au mieux pour ne pas me quitter des yeux :

— J'aurais préféré que tu dormes là. Es-tu sûre de vouloir que l'on ait cette conversation maintenant ?

— Nathan, quelque chose t'inquiète à mon sujet et je sais qu'il y a un rapport avec ta sœur. Tu ne l'as pas nié hier, mais... tu ne m'expliques pas quoi. Et je crois que c'est plus important que mon sommeil.

— Perspicace hein ? commenta-t-il avec un sourire que je sentis forcé.

— C'est un défaut pour toi ?

— Non, bien sûr que non ! Il va falloir que moi aussi j'apprenne à accepter que tu saches lire en moi.

— J'aime les choses équitables, ça tombe bien !

Il soupira et se lança, son regard se fermant petit à petit, au fil des mots comme s'il s'éloignait de moi.

— Quand François a expliqué à Lucie qui nous étions, et quelle était notre mission, elle ne savait pas qu'elle était comme nous. C'est si rare dans une fratrie que ça ne nous a même pas traversé l'esprit. Elle nous a traités d'illuminés et s'est définitivement éloignée de moi. Seulement, sa curiosité l'a poussée, je ne sais comment, à explorer le sujet. Et à découvrir qu'elle avait ce don elle aussi. J'ai fait la bêtise de lui expliquer ce qu'on en faisait, nous. Sans l'y avoir préparée comme je l'ai été, et toi aussi, par François.

— Que s'est-il passé ?

— Elle considère que nous sommes des assassins, que nous ne leur donnons aucune chance de rédemption, que nous sommes de simples bourreaux... Elle refuse de faire ce qu'elle appelle une mise à mort et...

Sa voix avait de tels accents de colère, de chagrin et de désarroi que je posai ma main sur lui pour le ramener à moi.

— Tu l'as dit toi-même, elle n'était pas prête à l'entendre, tu ne pouvais pas savoir...

— Une poignée d'entre nous ne l'est jamais et pense comme elle.

— Et tu as peur que ce soit mon cas ? Parce qu'hier j'ai parlé de la peur que j'avais ressentie ?

— Parce que tu as hésité et que tu as douté Sarah, tu t'en es voulu de devoir le faire, je l'ai senti.

— Et pas toi ?

Son regard se troubla. Il pinça les lèvres et inspira longuement, visiblement ennuyé.

— Je ne m'en rappelle pas... Ce que j'ai pu éprouver s'est effacé, il ne m'est resté que cet intense soulagement à la fin. Celui que tu n'as pas pu ressentir.

— C'est pour ça que tu t'inquiètes ? Tu as peur que je vous juge comme l'a fait ta sœur ? Que je refuse de recommencer ?

J'aurais voulu parler de Clément, mais je n'en avais pas le droit, d'autant que je ne savais rien de précis. Une lueur coupable traversa son regard :

— François ne te l'a pas dit, mais peu de femmes passent ce cap, Sarah. L'empathie est plus forte chez vous, et c'est un handicap à ce moment-là.

— Mais François t'a laissé faire hier...

— Je sais...

— J'y arriverai, j'en suis certaine. Et je sais que c'est important pour toi !

Nathan appuya son front contre le mien, son soulagement était intense, presque étouffant. J'avais presque peine à respirer. Il murmura d'une voix étrangement rauque :

— Je ne peux pas t'y obliger.

— Mais je sais que c'est juste. J'ai ressenti le tourment de cette âme, c'était une torture. Si on a le pouvoir de la lui éviter, je veux savoir le faire. C'est ce que fait un médecin pour le corps, non ?

Un sourire illumina lentement son visage crispé jusque-là et il prit le mien entre ses mains.

— Je t'aiderai, je ne te laisserai pas seule. François va vouloir être présent, j'en suis sûr, mais je serai là aussi.

Il n'était pas difficile de comprendre à quel point les paroles de sa sœur l'avaient affecté. L'accusation était rude et injuste. Je saisissais d'autant mieux sa méfiance à son égard et son entêtement à vouloir protéger l'âme qu'elle abritait. Mais comment pouvait-il encore espérer nouer un jour une relation sereine avec sa sœur, alors qu'elle avait un tel regard sur lui ? Quand elle l'accusait de telles choses ? Malgré moi, mes yeux se voilèrent de larmes d'émotions irrépressibles. Il les essuya sans rien dire.

— Je sais, Nathan. J'ai confiance en toi, en ton jugement et dans ta façon de faire.

— Merci, ça me touche, tu sais. Quand j'ai compris à l'hôpital que tu étais des nôtres, la première fois, j'ai eu peur...

— ...que je suive le chemin de ta sœur ?

— Tu avais le même regard farouche. Et tu étais sur la défensive.

— Et tu avais besoin d'exorciser ce qui s'était passé avec Lucie ? suggérai-je, contente d'aborder ce sujet qui m'avait tracassé un temps.

— Peut-être un peu aussi, oui... au début, ajouta-t-il, avec son regard charmeur. Ce n'est plus le cas depuis longtemps, tu le sais ?

— Oui, souris-je, soulagée qu'il le dise avec des mots cette fois.

La fatigue, l'émotion suscitée par toutes ces confidences et l'intensité de ce qu'il dégageait, depuis que nous avions cette conversation, firent rouler de nouvelles larmes qu'il essuya avec tendresse.

— Tu ne t'inquiéteras plus ?

— Je vais essayer, c'est promis !
— Tu sais que je le saurai si c'est le cas ?
— Oui, je sais que tu devines tout désormais. Mais est-ce que je peux quand même te le dire ?

Vu comme mon cœur s'emballait, je n'avais aucun doute sur ses prochaines paroles, mais, mutine, je balbutiai tout de même :

— Me dire quoi ?
— *I love you*[25], articula-t-il, peinant, je crois, à garder l'éclat de taquinerie causé par le choix espiègle de la langue.

Je ne pus rien répondre, submergée une fois de plus. Ce tourbillon émotionnel auquel je n'étais pas encore habituée m'étreignait fortement en cet instant. Je me contentai de baisers qu'il accueillit avec gourmandise.

Les émotions et ses confidences eurent raison de ma résistance. Je m'effondrai dans ses bras peu après. Et à mon réveil, le lendemain, l'appartement avait été déserté par Nathan et Mel, partis travailler. Je mis un bon moment avant de trouver le chemin de mon ordinateur, pour reprendre ma traduction. J'avais pris un sacré retard !

Mais ce ne fut pas sans mal. Ma concentration n'était pas des meilleures. Découvrir à quel point les relations entre Nathan et sa sœur pouvaient être affectées me peinait beaucoup. Ce don tombé du ciel avait des facettes pour le moins déroutantes et des effets parfois pervers. Et nous n'avions pas d'autres choix, tous, que de les assumer. Et dans le cas présent, je trouvais cela parfaitement injuste. Nathan vivait mal l'accusation de sa sœur, me l'avouer l'avait perturbé. Il aimait Lucie malgré tout ce qui les séparait. Une idée germa au fil de la matinée, mais je tentai de la refouler. Il fallait que je voie François avant d'espérer quoi que ce soit.

***

Comme promis, Clément se présenta chez moi. Il m'impressionnait toujours quand il se présentait habillé

---

25 Je t'aime

de la sorte : chemisette, cravate et blaser sur un pantalon aux plis impeccables. Cela lui donnait un air très sérieux et j'étais certaine que c'était délibéré. Pour moi, le contraste était énorme avec l'homme que j'avais appris à connaître au fil de nos soirées et qui semblait le plus désinvolte des quatre. Il demanda aussitôt la porte refermée et que je l'eus remercié d'être venu :

— Remise de tes émotions ?

— Je crois, oui. Juste des rêves un peu pénibles.

— Normal. Sois tranquille, ça n'arrivera plus par la suite.

— Plus jamais ?

— Sauf si tu es un cas particulier, rétorqua-t-il en haussant des sourcils moqueurs.

Une fois le café servi et Milady venue folâtrer contre ses jambes. Il rentra dans le vif du sujet, fidèle à lui-même et sans doute aussi pressé par le temps.

— C'est difficile, n'est-ce pas, d'être celui qui décide de tout arrêter et d'avoir la certitude que c'est le bon moment ou le bon choix.

Touchée par l'exacte description de la sensation perturbante que j'avais eue et que je n'aurais sans doute pas su formuler aussi bien, je me contentai de hocher la tête.

— Dans mon cas, expliqua-t-il, changer de lieu a rendu les choses moins difficiles la fois suivante. Une fois ce cap passé, la question ne se pose plus. Cela devient une évidence qui ne s'explique pas.

— Tu es allé où la seconde fois ?

— Au bord de la Seine. Je crois que la vue des tombes, toutes artistiques qu'elles soient, m'a impressionné la première fois. L'eau c'est sans doute plus apaisant. Et l'eau, c'est la vie.

— Tu n'es jamais retourné à Lachaise ?

— Si, ça m'arrive. Ce n'est plus un problème. Cela dépend des opportunités que j'ai. La forêt, c'est bien aussi. Mais si tu veux mon conseil, change d'endroit la prochaine fois. François comprendra très bien.

Il dut sentir mon désarroi, car il me dévisagea, puis arbora un petit sourire complice :

— C'est à Nathan que je dois filer le tuyau ?

— François doit pouvoir le convaincre.

— Non, je vais lui parler. J'imagine qu'il n'est pas très serein là, je me trompe ?

— Non, tu le connais bien ! Mais je sais pourquoi, Lucie perturbe un peu son jugement.

— Il te l'a raconté ? siffla-t-il, visiblement surpris.

— J'avais besoin de comprendre pourquoi il était si inquiet…

— Alors raison de plus pour que je le fasse. Et, toi, tu en penses quoi ?

— J'y ai longuement réfléchi ce matin. Je pense qu'on ne peut pas prétendre faire mieux. À moins de remonter le temps. On ne peut pas endosser tous les maux et toutes les misères des autres. Et encore moins résoudre tous les problèmes. On n'est pas responsables des âmes qu'on rencontre.

— Y aurait-il un esprit rationnel dans cette tête ? me taquina-t-il en me tapotant gentiment la tempe.

Sa remarque me fit sourire :

— Ça m'arrive, oui.

— Alors tout ira bien, la prochaine fois. Tu n'as pas basculé du côté obscur, gloussa-t-il avec un clin d'œil.

Je reconnaissais bien là le pitre de notre petit groupe. Il avait su livrer ce que j'avais besoin de savoir sans jamais vraiment parler de ce que lui avait vécu. Mais ce n'était pas utile. Je l'imaginais fort bien. Qu'il préfère abandonner une âme à l'eau, parce qu'elle représentait la vie, m'avait émue. Sophie avait raison, il dissimulait une sensibilité incroyable quand on le fréquentait juste comme moi. Le voir aussi confiant à mon sujet me suffit. Et plus que jamais, j'aimais cet esprit de corps fait de compréhension mutuelle, qui régnait entre nous.

***

— Nathan ne va pas être d'accord, affirma François que je venais de joindre au téléphone pour lui exposer ma petite idée.
— Je sais, c'est pour ça que je t'en parle. Il n'y a pas d'autre solution. Je peux plaider non coupable et peut-être sauver leur relation.
— Tu es bonne comédienne ?
— J'ai appris ces derniers mois...
— Oui, c'est vrai, Nathan dit que tu te plains de devoir souvent mentir ! Là, c'est un très gros mensonge.
— Par omission seulement. Pour le reste, elle devrait être convaincue sur pièce.
— Je confirme. Aucun doute possible.
J'appréciais que la conversation soit téléphonique, sinon il aurait vu mes joues virer au cramoisi.
— C'est jouable, reprit-il, beaucoup plus grave. Périlleux, compliqué, mais jouable. Mais on va devoir travailler tous les trois !
— Certainement. Je vais juste devoir trouver une excuse pour Mélanie : le ciné plusieurs soirs de suite, elle ne va jamais gober ça.
— Je peux me faire passer pour le père de Nathan, on se verrait quelques soirées pendant que je suis de passage à Paris ?
— Décidément, vous êtes tous très doués pour... bluffer.
— Oui, ça s'apprend sur le tas, comme le reste. Tu t'en rendras vite compte.

***

Lorsque Nathan débarqua en toute fin d'après-midi, curieusement élégant pour une journée passée à l'hôpital, je renonçai à lui en parler. Rassérénée par François, j'avais donc attendu ces deux jours avec autant d'impatience que d'appréhension. Je n'avais pas revu Nathan. Il avait fait une garde. Il en était sorti si fatigué que je lui avais interdit de venir, sachant qu'une fois le palier franchi, nous ne saurions plus nous passer l'un de l'autre.

Il me fallait trouver le bon moment pour lui parler, si François ne m'avait pas devancée entre temps. Je redoutais sa réaction. Je me faisais soudainement intrusive dans sa vie, le supporterait-il ? Et étais-je capable de faire ce que j'allais lui proposer ?

Une lueur mystérieuse faisait briller ses yeux et parler ne semblait pas du tout être sa priorité. Bon, je lui avais manqué, et à ce point, c'était touchant et adorable. Je crois n'avoir jamais manqué à quiconque de cette façon. Mélanie surgit, rompant une intimité délicieuse, et comme elle détaillait Nathan avec une curiosité non dissimulée, il s'empressa de dire, me surprenant au passage.

— On sort, on a quelque chose à fêter.

— Ah oui ?

— Mes récents progrès en anglais, dit-il avec un sérieux déconcertant.

— Il y a des choses que je ne sais pas ? répliqua Mel en fronçant des sourcils.

— Ça, c'est certain, répondit-il avec le même aplomb.

Je crus m'étouffer à me retenir de rire entre la mine déroutée de mon amie et celle tout à fait tranquille de Nathan. Je m'éclipsai lâchement pour aller enfiler une robe et faire honneur à la tenue soignée de mon chevalier servant. Il ne voulut rien me dire sur l'endroit où il m'emmenait, une fois partis. Mais, très vite, je reconnus le quartier de la Bastille où vivait François, et là, je devins carrément perplexe. Il ne lâcha rien jusqu'à notre arrivée devant son appartement.

Quand la porte s'ouvrit, dévoilant la présence insolite de Sophie et Clément, je restai sans voix, abasourdie. François eut un sourire compatissant.

— Je vois que Nathan a su préserver notre petit secret.

— Oui, m'exclamai-je, en me tournant vers ce dernier, comment t'y es-tu pris pour que je ne ressente rien ?

— Je me suis concentré sur autre chose, ça marche… parfois !

Autre chose, oui. La jolie balade par les quais, main dans la main. Je l'avais senti attentif à notre environnement, veillant à ce qu'aucun contact ne nous effleure. L'été, la foule de touristes qui venaient s'intéresser aux articles hétéroclites et aux pacotilles sur les étals des bouquinistes rendait la promenade plus risquée. Je demandai, en plissant les yeux :

— On fête vraiment quelque chose ?

— Il y a un petit moment que tu fais partie de la famille des chasseurs d'âmes, mais tu aurais pu choisir de t'en éloigner récemment. On a pour habitude de fêter la fin d'une initiation réussie.

Je tiquai à l'utilisation de ce dernier mot. Nathan glissa son bras autour de mes épaules et déposa un baiser furtif sur ma tempe, comme pour me contredire. Et là, je pensai à Lucie, aux regrets qu'il devait éprouver. Ce qui s'était passé avec moi était un moindre mal. Une boule d'émotion vint s'échouer dans ma gorge. Je compris le but inavoué de cette petite réunion amicale. Ne pas rester sur les mauvais souvenirs de ma dernière expérience. Mais valoriser ma détermination et cette espèce de courage qu'il m'avait fallu aller chercher dans le tréfonds de mon âme, pour accomplir ma mission jusqu'au bout, quoi que je ressente. J'essuyai d'un revers de la main mes larmes d'émotion et me laissai porter par leur amitié.

François avait bien fait les choses. C'était la première fois que je le voyais en présence de tous et son affection pour chacun était bien visible. Il nous écouta tous parler, comme un père le ferait, les yeux teintés de fierté ou de tendresse. Une famille, c'est le mot. C'était ce que je ressentais parmi eux. J'avais fait appel à Clément comme à un grand frère, et Sophie s'était manifestée au bon moment. Quant à François, sa présence inconditionnelle et attentive ne faisait plus de doute, je l'avais adopté, lui aussi !

Quand il sortit un petit sac de la poche de sa chemisette et qu'il me le tendit, je sentis quelque chose de solennel émaner de la tablée tout entière. Il expliqua en me voyant dubitative :

— C'est la clé d'une des portes de Lachaise. Je la donne quand l'initiation est terminée. C'est l'endroit le plus accessible que je connaisse et le gardien de nuit est au courant de ce qu'on vient y faire.

J'écarquillai les yeux et il s'empressa de poursuivre :

— Il a été des nôtres, un moment. Il a choisi d'arrêter, comme tu le feras sans doute, un jour. On n'est pas condamnés à être des chasseurs d'âmes toute sa vie.

— Je n'aime pas trop ce mot.

— Sarah pinaille souvent avec les mots, commenta Nathan, un brin moqueur.

— Je vois ça, sourit notre gardien, sans perdre sa bienveillance. Et tu dirais quoi ?

J'hésitai. Qui étais-je pour remettre en question des termes ancestraux que les autres avaient apparemment acceptés sans ciller ? Nathan m'encouragea d'une pression de sa main, posée sur la mienne.

— C'est un peu présomptueux de ma part, bredouillai-je.

— Je ne trouve pas, remarqua Sophie. Je n'ai pas l'impression non plus de partir à la chasse.

— Surtout habillée comme ça, gloussa Clément, moqueur.

C'est sûr. Elle arborait un short en jean et une petite blouse en liberty des plus coquettes, et des escarpins que je trouvais vertigineux. Elle lui décocha un regard noir auquel il répondit d'un clin d'œil. Hum, ces deux-là, décidément, m'amusaient et m'intriguaient beaucoup.

— Alors ? insista François, un sourire en coin.

— Passeur ou souffleur d'âmes me semble plus approprié, lâchai-je prudemment.

— Moi, j'aime bien souffleur, reprit Sophie, c'est poétique en plus d'être juste.

Nathan acquiesça d'un nouveau baiser furtif et Clément sourit avant de commenter :

— Pas faux, moi, j'ai toujours eu l'impression qu'on nous demandait de les chasser de notre monde, et ça m'a gêné parfois.

— Il y a un tas de mots dans la langue française qui me font le même effet, m'excusai-je alors.

— Tu y es sensible parce que tu as essayé de mettre du sens sur ce que tu viens de traverser, c'est normal. Chasseur, c'est sûr, a une connotation peu sympathique.

— À ce sujet, intervint Clément, je crois qu'il serait judicieux que Sarah change d'endroit la prochaine fois. Le cimetière, pour une première expérience, ça peut être très impressionnant. C'est ce qui m'a posé problème à moi.

Nathan lui décocha un regard surpris et chercha très vite celui de François qui renchérit aussitôt :

— Tout dépend de la relation qu'on entretient avec la mort. C'est une question que j'ai négligée, je l'avoue. Tu as raison, Clément.

— Et tu proposes quoi ? demanda Nathan, avec un vif intérêt.

— Eh bien, au début, j'ai souvent privilégié les bords de Seine. Il y a des coins très tranquilles où on ne croise pas un chat, je te montrerai. L'eau calme le stress, ça aide bien.

Ils se dévisagèrent un court instant, évaluant chacun la réponse de l'autre.

— On essaiera alors ! promit Nathan, visiblement reconnaissant.

Je tournai la petite clé entre mes mains, mesurant ce qu'elle signifiait pour François et pour moi. J'étais des leurs. Il n'avait pas attendu que je fasse mes preuves une nouvelle fois pour me la donner. Si les choses semblaient évidentes pour lui, c'est qu'il me faisait confiance. Je croisai son regard et échangeai un sourire ému.

Le temps s'était alourdi considérablement, au point de faire craindre à un orage imminent. Clément proposa de ramener Sophie chez elle, après s'être moqué une nouvelle fois, de sa tenue tout terrain. Quand Nathan fit mine de leur emboîter le pas, François l'arrêta d'une main posée sur le bras.

— Un instant, Sarah et moi, on voudrait te parler de quelque chose.

— Sarah et toi ?

Je sentis son inquiétude monter en flèche et je bredouillai, espérant que j'avais bien compris ses raisons.

— À propos de ta sœur...

— Vous complotez à propos de Lucie ?

— On n'a pas comploté, on a échangé autour d'une idée que j'ai eue !

— Viens t'asseoir, proposa François.

Il nous regarda, l'un et l'autre, un pli soucieux sur le front

— Où en es-tu des relations avec ta sœur ?

— Inchangées, soupira-t-il. Elle se méfie toujours de moi.

— Se méfierait-elle de Sarah si elle t'accompagnait ?

— M'accompagner ? Tu penses que si tu viens, elle va arrêter de me suspecter ?

— Non, ça, j'en doute, murmurai-je. Elle a l'air tellement suspicieuse...

— Alors ? Ton idée c'est quoi ?

Il me sentait certainement fébrile ; j'avais peur qu'il refuse. Peur qu'il m'en veuille et peur que ça ne marche pas.

— Elle ne se méfiera pas de Sarah, intervint François. La présenter à ta mère, c'est tout à fait légitime, non ?

Nathan m'examina, incrédule. Je pinçai les lèvres, mal à l'aise. Faire connaissance de sa mère et sa sœur n'était pas anodin. C'était en plus la condition nécessaire pour que mon plan ait une chance d'aboutir. Je balbutiai, embarrassée :

— Ça te pose un problème ?

— Te présenter à ma famille ? Non, sourit-il avec tendresse. Cela lèverait certainement les inquiétudes de ma mère.

— Si Lucie ne se méfie pas de moi, et que tu nous laisses seules toutes les deux, je pourrais accueillir cette âme. Temporairement, ajoutai-je en le voyant se fermer brutalement.

— Non, gronda-t-il avec une fermeté que je ne lui connaissais pas. C'est hors de question !

Chapitre XXVII

« L'espoir est né de la crainte du lendemain. »
G. Braque

Son refus me fit frémir. Un instant, je crus l'avoir blessé, vexé même. François soupira à mes côtés. Le regard de Nathan incrédule et teinté de colère m'hypnotisait presque. Je sentais une colère sourde m'envahir. Déroutée par tous ces sentiments que je percevais sans les comprendre, je repris fermement pour tenter de les tenir à distance :

— Tu m'as bien dit que les âmes étaient attirées par l'énergie abondante qu'on pouvait dégager ? C'est crédible, non ? Ce serait accidentel, pour elle. Elle ne pourrait pas t'accuser de l'avoir prémédité.

Il ferma les yeux un instant après mon plaidoyer. Je le sentais tiraillé, écartelé. François s'imposa :

— Le temps passe Nathan ! D'une part, ta sœur va finir par rentrer à Rennes et tu sais comment ça se terminera. D'autre part, c'est la seule solution qu'on ait si tu refuses toujours que je m'en mêle. C'est une bonne alternative. Si elle ne soupçonne pas les dons de Sarah, elle comprendra plus facilement que tu cherches à la soulager et que tu interviennes.

— Sarah est trop vulnérable pour l'héberger ! Tu as vu toi-même ce qui s'est passé à la gare l'autre jour ! répliqua-t-il vivement. Et c'est trop tôt ! Beaucoup trop tôt !

— Sarah est capable de tenir quelques minutes, il faut préparer avec soin ce moment. Je vais l'aider à se protéger davantage. Ce n'est pas ce qui m'inquiète.

— Et qu'est-ce qui t'inquiète ? demanda-t-il, d'un ton sec que je ne lui connaissais pas.

— Toi, ton appréhension, tes réticences. Si ta sœur les perçoit, ça ne marchera pas, déclara François, avec une fermeté sans appel.

Nathan me considéra longuement, en silence. Il passa par toutes sortes d'émotions, plutôt contradictoires, puis il soupira, plaçant sa tête entre ses bras.

— Tu sais qu'on a raison, ajouta François. C'est une approche qu'il faut tenter, tu n'as plus trop le choix maintenant. Tu as laissé sa chance à Lucie, et tu vois bien qu'elle ne la saisira pas.

— Elle va haïr Sarah…, murmura-t-il défait.

— Mais la cause est juste, alors je m'en fiche complètement, répondis-je, en tapotant son bras pour qu'il consente à me regarder à nouveau.

— Si je viens, et que je m'occupe de la suite, tu ne la laisseras pas seule avec ta sœur, suggéra François, d'une voix douce et d'une chaleur inouïe.

Nathan soupira encore, posa sur moi des yeux tristes et agrippa mes doigts pour les serrer entre les siens.

— Ce n'est pas comme ça que j'imaginais te présenter à ma mère.

— Mais le sort de ta sœur est plus important Nathan ! C'est bien pour ça que tu ne la laisses pas tomber.

C'était aussi pour cette raison qu'il était parti, quelques semaines plus tôt, sans même me donner la moindre explication. Je n'avais pas besoin de le lui rappeler, il s'en voulait bien assez comme ça. François intervint de nouveau, avec une bienveillance extrême.

— Nathan, c'est mon rôle de protéger Sarah. On ne prendra aucun risque. Si tu veux que ta sœur ait une chance de sortir indemne de cette histoire, il faut agir maintenant. C'est parce que Sarah me l'a suggéré, que c'est son idée, que je me permets d'insister.

— Je sais…, capitula-t-il, la voix lasse.

Sa façon de me regarder, avec une telle tendresse, me coupa le souffle. De toute évidence, il s'en voulait de m'imposer cela, de profiter de moi. Sans doute craignait-il aussi l'impact qu'aurait cet évènement sur moi. François s'éclipsa discrètement, prétextant finir de débarrasser la table que Sophie et moi avions commencé à desservir, à la fin du repas. Il me laissait la main. Nathan savait qu'il pouvait compter sur lui. C'était moi son problème.

— Laisse-moi t'aider, murmurai-je en serrant plus fortement ses doigts. Cesse de me mettre de côté. Fais-moi un peu confiance !

Sa voix me sembla brisée quand il reprit la parole :

— Tout ça, c'est nouveau pour toi ! Tu es à peine remise de ce qui vient de se passer. Tu vas vivre quelque chose d'agressif...

— ...et tu as peur qu'après ça je prenne la fuite en courant ? Que je t'en veuille ?

— De te perdre, oui, admit-il dans un murmure.

— Cela n'arrivera pas, Nathan. Je ne fuirai plus. Tu as toujours été là pour moi, c'est à mon tour de t'aider. J'ai vraiment envie de le faire. Non par reconnaissance, mais parce que je t'aime. C'est tout.

Mes derniers mots, énoncés avec une simplicité choisie pour balayer la gravité de ce moment-là, lui arrachèrent un sourire tendre qui me redonna espoir. Peut-être que finalement, les mots comptaient eux aussi pour lui... Peut-être ? Non ! Parce qu'il leva enfin les yeux et cessa de combattre mon idée. Dans son regard, il y avait de la résignation et cette émotion particulière que j'avais déjà ressentie, quand il m'avait trouvée à l'attendre chez lui. Vive, étouffante, je dus inspirer longuement pour ne pas la laisser me submerger.

— Tu ne la connais même pas, murmura-t-il.

— Non, c'est vrai. Mais elle est de ta famille. Tu tiens à elle assez pour lui consacrer tous tes week-ends et c'est important pour toi, alors ça suffit ! Tu as gagné ma confiance, laisse-moi gagner la tienne. *Please*[26] !

— J'ai confiance ! Ce n'est pas le problème.

---

[26] S'il te plaît

— Le seul problème que je vois moi, ce sont tes scrupules, ta conscience. Laisse-les tomber ! Ils ne t'aideront pas !

— Je comprends que tu les aimes tant tes mots...

— Ce sont mes armes ! souris-je avec malice.

— Alors je m'avoue vaincu ! Tu as bien réfléchi ? À tout ce que ça impliquait ?

— Oui, j'en ai suffisamment parlé avec François ! Il est plus objectif que toi !

Son soupir résigné me peina un peu. Il déclara à notre gardien qui venait de réapparaître :

— Il ne nous reste qu'une semaine.

— Quelques soirs suffiront, j'en suis sûr. Sarah apprend vite.

— Tu ne vas pas l'exposer pour la tester ?

— L'exposer nuirait à son endurance, tu le sais comme moi. Arrête de te tracasser. C'est toi qui as un gros travail à faire, pas elle !

Il grimaça, encaissant le reproche sans protester. C'était certain, on lisait en lui comme dans un livre ouvert et Lucie ne mettrait pas longtemps à sentir le piège.

— Tu as deux ou trois soirs à me consacrer la semaine prochaine ?

— Oui, évidemment ! Tu veux vraiment venir avec nous ?

— Je crois qu'on n'a pas le choix, Nathan. Tu ne sais pas à quoi on a affaire. Tu vas devoir gérer ta sœur et ta mère sans doute. C'est mon job, et tu le sais. Et puis, il paraît que Paimpol c'est très joli ! ajouta-t-il avec légèreté. Pour une fois que je peux m'offrir quelques jours de congé pour la bonne cause.

Nathan dut le submerger de sa reconnaissance, parce qu'à moi ses sentiments me donnèrent clairement le tournis ! Ils échangèrent autour de son planning, décidément bien chargé. Le retour le rendit songeur et je ne cherchai pas à le distraire de ses pensées sombres. Les nier n'aurait servi à rien ! Il faut souvent du temps pour accepter l'impensable. Le plus dur était sans doute les regrets qu'il éprouvait. Il me ramena chez lui et m'aima avec une tendresse fougueuse et touchante. Comme si c'était la dernière fois.

***

À mon réveil, le lendemain matin, Nathan dormait encore, m'emprisonnant contre lui. Un soleil ardent perçait à travers les volets. Au moins, la journée s'annonçait belle et nous pourrions sortir un peu. J'avais besoin d'air pour évacuer toutes les tensions de la semaine. Besoin de renouer avec la vie trépidante de Paris pour oublier toutes les émotions qui m'avaient malmenée ces derniers jours. Ce petit moment intemporel, là, me plaisait bien. Je nous sentais à l'abri de tout. Et c'était bon. Je dus soupirer d'aise un peu trop fort, car je vis un lent sourire s'étirer sur les lèvres de Nathan que je regardais dormir, attendrie.

— Tu trouves le temps long ou tu savoures le moment ?
— À ton avis ? Je suis sûre que tu le sais !
— Peut-être, minauda-t-il. Mais j'aime t'entendre le dire.
— Je voudrais ralentir le temps pour que cette journée soit la plus longue possible. Dis-moi que tu n'as pas un travail urgent !
— Je le ferai cette nuit, ne t'inquiète pas pour ça. Tu veux une journée, rien que pour nous ? Je suis à ton service !

Le bonheur était un rayon de soleil qui vous réchauffait les os, la peau et l'esprit à vous faire sentir légers comme des papillons. Quand Nathan laissait tomber toutes les responsabilités qui lui incombaient, il était un compagnon délicieux. Un artisan de la bonne humeur et de la tendresse à qui on avait envie de tout donner pour qu'il ne s'arrête jamais. Il avait autant besoin que moi de ce pur moment d'insouciance que l'on s'offrit. Pas une minute, les tracas causés par sa sœur et par ma prochaine implication ne vinrent troubler son sourire et ses regards tendres. Cette journée, passée à nous aimer, à flâner, à bavarder et à rire comme deux enfants, l'aida à partir le soir travailler plus sereinement. Pas une fois nous ne parlâmes de Lucie.

***

J'en avais presque oublié que j'avais invité le lendemain ma mère à venir le temps d'une journée avec moi, honte à moi ! Mon appel tardif, en rentrant chez moi pour le lui confirmer, lui mit la puce à l'oreille. Elle me susurra d'un ton lourd de sous-entendus :

— Tu es sûre que tu n'as rien d'autre à faire ?

— Demain ? Non ! Et puis il y a des choses qu'on ne raconte pas au téléphone...

Titiller sa curiosité de mère acheva de la convaincre et effaça l'attente qui avait dû la froisser un peu. Le bonheur a tendance à me propulser sur un petit nuage insouciant, loin du monde... Cela m'était arrivé si rarement, ces derniers temps, que je m'étais laissée porter naïvement. Décidément, ma vie quittait ce long chemin paisible dont je ne voyais jusque-là pas le bout, mais dont je pensais maîtriser l'itinéraire. Je ne maîtrisais plus rien du tout, mais c'était moi qui tenais la barre.

Quand soudain, le silence de l'appartement me frappa, me rappelant à la réalité. Je m'inquiétai de ne pas avoir vu Milady venir se frotter à moi, en chipotant, ce qu'elle faisait quand je sortais. Ces derniers temps, je m'en remettais à Mélanie pour s'occuper d'elle, chaque fois que je m'absentais. Sauf que cette dernière était partie la veille, passer le week-end avec Antoine. Et que cela aussi, je l'avais oublié.

Inquiète, je l'appelai faisant en vain l'inspection de ma modeste demeure. Son bol de croquettes était plein, mon lit déserté, et... la porte de la chambre de Mel entrouverte, sa fenêtre aussi ! *What the hell ?*[27] ! Mon sang ne fit qu'un tour ! Milady n'allait jamais plus loin que sur les rebords des fenêtres, lorsqu'elles étaient ouvertes. C'était une chatte craintive et prudente, habituée, depuis toute petite, à rester

---
27 Bon sang

enfermée. Elle regardait toujours le monde extérieur, d'un air suspicieux et sceptique qui me faisait sourire. Pourquoi serait-elle partie cette fois, et où ? Depuis quand s'était-elle enfuie ? La chambre donnait sur une modeste cour intérieure et l'accès au toit et aux appartements voisins était périlleux, même pour un chat. Surtout pour une minette inexpérimentée, préférant de tout temps se languir au soleil.

J'ouvris toutes les fenêtres chez moi et je ressortis dans le quartier, à la recherche de ma petite boule de poils, l'imaginant affolée entre les voitures et les chiens sur les trottoirs. Je dus en faire rire plus d'un, à garder le nez levé sur les toits, les balcons ou les fenêtres. Mais à la nuit tombée, pas la moindre trace d'elle. Ma colère contre Mel enfla d'un coup. Sans doute parce qu'elle faisait un coupable tout désigné. Pourquoi, sachant que je passerai certainement la nuit avec Nathan, et qu'elle partait, n'avait-elle pas fermé sa fenêtre ? En plus, l'orage menaçant, l'appartement aurait pu prendre l'eau. Tous les griefs possibles traversèrent mon esprit et l'espoir de revoir ma douce minette s'amenuisa encore.

Tard dans la nuit, alors que je guettais le moindre bruit dans la petite cour et dans l'appartement, complètement désarmée, j'envoyai un message à Nathan, lui racontant mon malheur. Il me rappela presque aussitôt. Je lui demandai en essayant de déguiser ma détresse :

— Tu n'as pas un truc de chasseur d'âmes pour attirer un chat ?

— J'aimerais bien, mais on ne m'a rien appris de la sorte. La faim va la faire revenir. Elle ne sait pas chasser, tu ne devrais pas tant t'inquiéter.

— Elle ne se plaît plus avec moi, tu crois ?

— Arrête de dire des bêtises !

— Regarde, tu as bien la visite régulière du chat de ta voisine ! C'est qu'il se plaît plus avec toi, non ?

— Je te rappelle que si on suit ta théorie, elle ne peut

pas te quitter : tu es aussi une chasseuse d'âme ! Elle n'a pas dû aller bien loin. As-tu interrogé tes voisins ? Tu ne m'as pas dit que c'était une voisine qui te l'avait donnée ?
— Non, j'ai pensé au pire tout de suite.
— Au pire… ? Ta minette n'a jamais mis le nez dehors, Sarah !
— Je sais… j'ai paniqué.
— Et chaque fois que tu t'inquiètes, tu penses au pire ?
— Je crois bien, oui…
Il eut un petit rire tendre et commenta :
— Je tâcherai de m'en rappeler, alors. Tu devrais aller te coucher et aller voir ta voisine demain matin ! Elle doit te croire partie en week-end.
— Toi aussi tu devrais dormir…
— Je finis de rédiger ma publication et je vais essayer oui. L'étage est calme….
Il ajouta dans un murmure, sans doute pour qu'on ne risque pas de l'entendre :
— Sarah, tu sais, j'aime quand tu as besoin de moi, même à deux heures du matin.
Ses paroles me firent l'effet d'un baume et effacèrent, du même coup, tous mes scrupules.

***

Lorsque ma voisine déverrouilla sa porte le lendemain matin, elle devina instantanément l'objet de ma visite :
— C'est Milady que vous cherchez ? Elle est venue miauler sur la fenêtre hier matin, je suis montée pour vous le dire, mais vous n'étiez pas là !
— Ma colocataire a laissé une fenêtre ouverte et je ne suis rentrée, qu'hier soir.
— J'avoue que l'avoir avec moi m'a fait plaisir… J'en ai profité, vous ne m'en voulez pas ?
Je secouai la tête, bien contente qu'elle ne ressente pas ma rogne. Elle aurait pu me laisser un mot, elle le faisait bien quand elle réceptionnait un colis pour moi… Elle s'effaça

et me mena jusqu'à ma petite boule de poils, abandonnée sans vergogne sur le divan de la vieille dame. Un immense soulagement me fit briller les yeux. Je me jetai presque sur elle pour lui voler quelques caresses. Elle ouvrit un œil, ronronna, mais ne bougea point. Traîtresse ! Ma voisine commenta, avec une pointe de satisfaction dans la voix :

— Elle a repris ses habitudes.

J'eus honte soudain. Comment lui en vouloir ? Après tout, elle l'avait aimée bien avant moi et me l'avait confiée que parce que sa santé fragile l'exigeait ! La retrouver avait dû lui faire du bien, comme moi à l'instant. Une idée me traversa l'esprit.

— Elle vous manque n'est-ce pas ? Je pourrais vous la laisser de temps en temps, quand je m'absente, si vous voulez ? Je vais vous déposer une clé demain, comme ça, si l'allergie vient vous chatouiller, vous pourrez la remettre chez moi, qu'en dites-vous ?

— On pourrait essayer, oui. Ça me ferait plaisir ! balbutia-t-elle, les yeux brillants de joie. Elle avait l'air contente de me retrouver. Il faut dire, elle était en fâcheuse posture sur la gouttière, vous l'auriez vue !

Je la laissai me raconter les mésaventures de Milady qui avait bravé sa curiosité ou ses craintes pour aller chercher un peu de chaleur humaine. Mais elle était bien paisible là, alors je la lui confiai pour la journée. *Well*[28], je devais l'avouer maintenant, j'adorais ressentir la joie des autres. C'était ma petite poussée d'adrénaline à moi. Ma compensation à devoir gérer une empathie parfois trop envahissante.

***

— Je croyais que tu avais beaucoup de choses à me raconter ! me fit remarquer ma mère alors qu'on venait de s'installer pour manger, place du Tertre, un endroit que j'affectionnai dans la capitale.

---

28 Bon

— Beaucoup, peut-être pas, minaudai-je, le temps de chercher mes mots.

La gaieté de ma mère, conjuguée à ce petit examen discret qu'elle avait fait de ma personne lorsque je l'avais retrouvée sur le quai, avait donné le ton de la journée. J'avais veillé autant que possible à verrouiller tout contact chaque fois que la foule se densifiait. Un exercice que je ne pratiquais plus très souvent et difficile en sa présence. Mais contente de me faire part des dernières nouvelles de Rachel, qui avait passé une nouvelle échographie, elle n'était pas suffisamment attentive pour remarquer ma crispation. J'allais devoir m'améliorer pourtant.

— Rachel m'a dit que vous aviez beaucoup discuté toutes les deux, renchérit-elle.

— Elle m'a tiré les vers du nez. Et ouvert les yeux... et j'ai décidé d'arrêter de fuir.

Son sourire parla pour elle. Bien sûr qu'elle savait, elle aussi, mais l'aurais-je écoutée alors qu'elle avait toujours défendu mon père ? Pas sûr du tout... Je poursuivis :

— Je n'ai jamais rencontré quelqu'un de si patient. Et compréhensif.

— Ça aurait dû te rassurer.

— Tu me connais, j'imagine toujours...

— ...le pire ? Oui, je sais ! Pour ne pas te faire d'illusions. Tu m'as fait le coup pour ton brevet, le Bac, tes examens à la fac. Tu es guérie là ?

— Peut-être pas pour tout. Mais en ce qui concerne Nathan, oui, je crois.

— Tu crois ? releva-t-elle haussant un sourcil.

— Non, je suis sûre. J'ai confiance en lui.

— Et en toi ?

Vu ce que je m'apprêtais à faire, je pouvais dire oui. Nathan et François m'avaient appris cela aussi au fil des mois. Ils m'avaient appris à me dépasser, à puiser dans des ressources que je ne me connaissais même pas. Et si je voulais aider Lucie, c'est que je m'en sentais capable.

— J'ai fait de gros progrès, ironisai-je.

— Sarah, ton pire ennemi, c'est toi-même, tu sais !

— Je sais, oui. J'ai bien fini par comprendre qu'en ce qui me concerne, c'est souvent le cas.

— Alors tout va bien ?

— En fait, Nathan m'emmène voir sa mère et sa sœur à Paimpol, le week-end prochain.

— Alors tout va bien ! Ce n'est pas tout près, j'imagine que ça compte beaucoup pour lui.

My God[29], si elle savait à quel point... Je hochai la tête, ne préférant pas m'enfermer dans un mensonge. Après tout, pour Nathan, je ne pouvais qu'imaginer, mais pour moi, oui. Parce que la seule chose qui l'avait chagriné, lui, c'était la tâche que je m'étais assignée. Pas de m'amener dans sa famille.

— Je suppose que tu aimerais bien faire sa connaissance ?

— Sans sa blouse blanche ? Oui, bien sûr. Les mères sont curieuses, tu sais. Tu pourrais l'inviter pour ton anniversaire, qu'en penses-tu ? Rachel a parlé de venir elle aussi.

— On pourrait, oui. Si mes calculs sont bons, il ne sera pas de garde.

J'espérais juste que notre voyage à Paimpol serait un succès, et qu'il aurait enfin l'esprit libéré pour accepter et pour envisager de vivre un peu sa vie. Pour que notre relation soit plus sereine aussi...

Après un bel après-midi passé sur la Butte dont elle avait su goûter les moindres trésors, malgré l'affluence des touristes, je raccompagnai ma mère à la gare. Elle était clairement rassurée sur mon cas. Nous avions bavardé sans détour, et je m'étais détendue au fil des heures, relâchant ma garde petit à petit, prête à repousser tout contact le cas échéant.

*****

---

[29] Mon Dieu

Milady était étendue, nonchalamment, devant la fenêtre, profitant des derniers rayons du soleil couchant. À son arrivée, Nathan s'en approcha et, accroupi à ses côtés, la gourmanda :

— Tu as conscience du souci que tu as donné à ta maîtresse ? J'ai cru que j'allais passer la nuit à la consoler.

Elle ouvrit un œil, s'étira de tout son long, et l'ignora, lui préférant la caresse du soleil. J'intervins alors :

— Tu sais, ce soir en t'attendant, j'ai réfléchi. Tu crois qu'elle a senti à quel point elle manquait à ma voisine ? Si tu avais vu comme elle était contente que je la lui laisse encore un peu !

— Possible. Si je savais, moi, pourquoi le chat de ma concierge fait un tel cinéma pour rentrer chez moi.

— Il va trouver le temps long, alors...

— Il se trouve que j'aime bien fuguer moi aussi. Et je n'aime pas non plus dormir seul. Tu m'offres l'hospitalité ?

— Toutes les nuits que tu voudras, Nathan, soufflai-je en venant me blottir contre lui.

Chapitre XXVIII

*« Je ne sais où va mon chemin,
mais je marche mieux quand ma main serre la tienne. »
Alfred de Musset*

Mélanie rentra le lendemain midi déposer ses affaires du week-end. Peut-être que la voir surgir avec une espèce de désinvolture m'agaça ? Peut-être que le rappel qu'elle partageait cet appartement, qui avait été quelques heures durant notre petit nid douillet, loin de toutes vicissitudes à Nathan et à moi, me crispait aussi ? Sans doute aussi son récit enjoué de son séjour chez les parents d'Antoine, qui s'était déroulé sans le moindre grain de sable me rendait-il amère…. Bref, j'écoutai poliment Mélanie me raconter tout et elle finit par deviner mon humeur maussade.

— Tu as ta tête des mauvais jours !

— Peut-être que si je n'avais pas passé ma soirée de samedi et une partie de la nuit à chercher Milady, j'aurais meilleure mine.

Elle jeta un regard inquiet en direction de ma minette, indifférente, et fronça les sourcils. Je poursuivis :

— Tu as laissé ta fenêtre ouverte. Elle n'était plus là quand je suis rentrée. Je me suis fait un souci monstre.

— Je suis désolée…

— Tu peux.

— Quand l'as-tu retrouvée ?

— Hier matin, chez la voisine qui me l'a donnée. Je vais la lui confier dorénavant quand je m'absenterai.

Elle accusa le coup, pinçant les lèvres et laissant échapper un soupir, bredouilla :

— C'est toi qui t'occupes d'elle, pas moi. Je n'ai pas

l'habitude. Antoine voulait qu'on prenne la route le plus vite possible... Je n'y ai pas pensé.

— Un jour, il faudra que tu décides pour Antoine, grommelai-je, agacée par son dernier argument.

Mélanie me lança un regard perplexe. C'est sûr, ça n'avait aucun rapport avec mon chat. Mais je n'avais aucune envie de m'expliquer avec elle. J'ajoutai :

— Je ne serai pas là ce soir, je vais manger avec Nathan et son père.

— Nathan et son père ?

— Nathan et son père, oui. Il est de passage à Paris.

— Mais...

— Mais rien, Mel, ne commence pas !

Je n'avais pas la patience de supporter ses élucubrations ni l'envie de m'enferrer dans un nouveau mensonge, même si la colère m'avait aidée à glisser celui-là. Je préférais encore qu'elle me croie rancunière. Un acte de lâcheté dont je n'étais pas fière, mais j'avais besoin d'un peu de liberté pour gérer tout ce qui m'attendait les jours à venir.

— Tu veux que je dorme chez Antoine ?

— Tu ne peux pas y aller juste quand ça t'arrange, si ?

— Tu es vraiment de mauvais poil. Je ne sais pas si c'est ton dîner de ce soir qui te stresse, mais tu n'es pas drôle. Je te croyais plus compréhensive.

— Je suis compréhensive ! Sauf quand on néglige mon chat ! grognai-je, en haussant les épaules.

Cette fois, elle comprit que je boudais. Elle alla poser ses affaires dans sa chambre, en se faisant la plus discrète possible. Et moi je me replongeai dans mon travail qu'il me fallait absolument terminer pour la fin de la semaine. Je ne jetai même pas un regard à Mel lorsqu'elle partit. Mais je sentis qu'elle était contrariée par ma réaction.

Lorsque je le racontai à Nathan, à sa sortie de l'hôpital, alors que nous nous rendions chez François, il afficha un sourire moqueur :

— Milady a bon dos !

— Cela m'évitera l'interrogatoire général demain sur ma soirée *with your daddy*[30], grimaçai-je.
— Et pour les soirs suivants ?
— Tu n'as pas besoin que je traduise ta prochaine publication ?
Il rit de bon cœur. Je savais qu'il en rédigeait certaines en anglais et il maîtrisait son sujet, le bougre !

***

Socrate m'amusait : il avait grimpé sur la chaise vide à côté de la mienne et me regardait dîner d'un œil curieux. Pour un peu, j'aurais pensé que lui aussi essayait de décrypter ce que je ne disais pas. Je finis par glousser :
— Ma parole, il sait que je me méfie de lui ?
— Peut-être bien, oui, ricana son maître. Sans doute une caresse de ta part lui ferait-elle plaisir ?
Je m'acquittai de ce petit geste de paix, guettant la réaction de ce gros matou aux poils longs. Il ferma les yeux et j'entendis Nathan s'esclaffer à mes côtés ; ils se moquaient de moi ces deux-là. François avait tout fait pour rendre ce moment agréable. Nous avions mangé tranquillement sans aborder le sujet qui nous réunissait.
La détente fut de courte durée, car une fois le café servi, François rentra dans le vif du sujet, sans détour. Il s'intéressa à la manière dont nous pensions passer le séjour à Paimpol et, très vite, stoppa net Nathan :
— Une minute, veux-tu ? Tu es dans cet état d'esprit chaque fois que tu y vas ?
— C'est bien possible, avoua-t-il en nouant les mains sur la table, pris de remords.
— Nathan, je sais que, jusqu'à présent, tu n'y as accordé aucune importance, mais tu dois vraiment apprendre à verrouiller plus fermement tes émotions. Pas seulement pour la réussite de notre entreprise, mais aussi pour Sarah.
— Je sais.

---

30 Avec ton père

Je ne pus m'empêcher de poser ma main sur les siennes pour l'apaiser. François ajouta, sur un ton plus conciliant :

— Tu as une semaine pour t'y entraîner. Sarah saura bien te dire si tu y parviens ou pas. Je compte sur toi pour le malmener un peu, glissa-t-il en m'adressant un sourire espiègle.

— Malmener ? Ce n'est pas franchement mon objectif quand je le retrouve.

— Il y a mille et une manières de titiller Nathan émotionnellement. Je suis sûre que tu trouveras.

Mes joues durent arborer toutes les nuances de rouge possibles et mon compagnon sourit enfin.

— On recommence et verrouille-moi tout ça ! grommela pourtant François avec autorité. Imagine-toi avec un de tes patients à qui tu caches ton diagnostic ou ton inquiétude. Tu ne fais jamais ça ? Si tu es capable de le masquer dans ta voix et ton regard, tu peux le faire émotionnellement. C'est le même travail.

Je compris que ces explications m'étaient aussi destinées. Même si mon appréhension pouvait sans doute être prise pour le trac d'être présentée à sa famille et de déplaire. Après tout, je n'avais pas vécu cette situation très souvent, mais je n'avais jamais aimé ça.

Mettre au point le week-end nécessita du temps. Nous dûmes imaginer différents scénarios, compatibles, exigeant tous de François d'être proche de la maison le dimanche, jour choisi pour opérer. Je le soupçonnai de vouloir préserver la première journée, un moment teinté d'intimité, même si cela ne nous laissait plus une grosse marge de manœuvre le lendemain. Il ne savait pas exactement comment Lucie allait réagir, lorsqu'elle serait délestée de cette âme invasive.

Nathan fit de son mieux pour ne rien laisser filtrer. Mais si je ne percevais pas vraiment ses émotions, son corps était tendu comme un arc. J'allais devoir lui apprendre à détourner son stress sur moi, en espérant qu'il me le permettrait. Peut-être serait-il pudique en présence de sa mère, il l'était parfois avec Sophie et Clément. Nous n'avions pas encore abordé vraiment mon rôle. Je me rendais bien compte à quel point François essayait d'amener les choses en douceur, pour les rendre les moins stressantes possible pour lui. Nathan était son propre ennemi dans sa relation avec sa sœur. Et ses sentiments pour moi, un atout autant qu'une entrave.

— Et comment feras-tu pour aider Sarah ? intervint-il quand nous eûmes terminé.

— Je me suis entraînée hier à me protéger, ne t'inquiète pas pour moi.

Comme ils me regardaient tous les deux avec une mine dubitative, j'expliquai ce que j'avais vécu avec ma mère et je vis François hocher la tête de contentement :

— Bon réflexe de ta part ! Ce trajet que tu visualises vers cette boîte virtuelle doit devenir naturel d'ici dimanche. Parce que tu pourras te concentrer plus facilement sur le reste. Comme Nathan, j'aimerais mieux que Lucie ne soupçonne pas que tu es l'une des nôtres. Un simple porteur n'a guère plus de réactions que s'il éprouvait une douleur fugace.

— Le reste, qu'est-ce que c'est ?

— Lucie va sans doute essayer de réagir lorsqu'elle va ressentir cette perte, et toi tu vas devoir bloquer le transfert sans que cela se voie.

— L'âme risque de se montrer virulente, commenta Nathan d'une voix blanche.

— Sauf si Sarah est bienveillante avec elle.

— Non, tu ne peux pas lui demander ça, tonna Nathan avec une fermeté qui m'a presque effrayée.

— Sarah est douée pour subir des images sans se laisser impressionner. Je l'ai vue à l'œuvre Nathan, rétorqua tranquillement François. On va reprendre cet exercice et tout en le faisant, elle va également s'entraîner à travailler sur la démarche d'accueil. Cela va rester très théorique, je sais, mais elle apprend vite.

— On va regarder des films d'horreur toute la semaine ? bredouillai-je perplexe.

Nathan laissa de nouveau échapper un soupir bruyant à mes côtés, l'idée lui déplaisait plus encore qu'à moi.

— Pas obligatoirement des films d'horreur, corrigea notre gardien. Il existe de bons thrillers qui feront très bien l'affaire. Ce qui compte ce n'est pas la virulence des images Sarah, mais le travail que tu vas faire en les regardant. Le rôle de Nathan, ou le mien s'il n'en a pas le temps, sera de vérifier que tu as prêté l'attention nécessaire à ces images.

— Je le ferai, décréta ce dernier.

— Je vous revois alors jeudi. On fera une simulation, pour Sarah et pour toi. Je tiens à m'assurer que tu auras travaillé sur ton point faible toi aussi !

Cela nous laissait deux soirs pour nous entraîner. Sans doute réussirai-je, de mon côté, à en faire un peu plus, dans la journée. Nathan se contenta de hocher la tête et se leva pour se diriger vers une grande étagère dont un des rayonnages était empli de DVD. De toute évidence, elle n'avait aucun secret pour lui et il avait déjà dû s'y approvisionner. François en profita pour m'adresser un regard bienveillant. Il lâcha, avec un petit sourire :

— Il a bon goût, tu verras.

— C'est toi qui lui as prêté Ghost ?

François posa un regard amusé sur son protégé :

— Non, mais habile choix de sa part ! Je devrais peut-être lui demander d'autres tuyaux.

Se détendant enfin, Nathan ricana et se retourna, ayant fait son marché, puis dévisagea notre gardien, l'œil goguenard.

— Je ne crois pas, non !

— Tu n'as pas aimé le film, Sarah ?

— Si, si, ris-je, redoutant de rougir à nouveau.

Je me rappelais bien que Nathan était resté stoïque. Avec

le recul, j'imaginais qu'il avait dû souffrir un peu de mes réactions très féminines. François s'esclaffa discrètement. À voir la pile dans les mains de mon compagnon, je devinai qu'il me laisserait le choix, délicate intention de sa part. Il me les tendit pour que je les glisse dans mon sac, une lueur de regret dans les yeux. Son effort pour verrouiller ses émotions payait. C'était la seule chose qui le trahissait, j'étais certaine que c'était volontaire de sa part.

Il marmonna une fois qu'on se fut retrouvés assis l'un à côté de l'autre dans la rame de métro :

— Je déteste t'imposer ça !

— Je sais. Mais j'imagine que ça me servira plus tard, non ? Il faut voir le verre à moitié plein ! Je ne renoncerai pas, alors arrête de chercher des prétextes.

Je dus marquer des points, car je le vis pincer les lèvres. Pour le reste, il appliquait les conseils de François à la lettre, il verrouillait.

— Je le fais pour ta sœur, c'est mieux que pour un illustre inconnu. C'est une bonne motivation pour la débutante que je suis.

— Elle ne t'en sera pas reconnaissante, tu sais.

— Mais toi, oui ?

— Moi, oui, sourit-il avec tendresse.

— J'ai besoin qu'on me fasse confiance, Nathan. Ça m'aide à me faire confiance à moi.

— Je sais que tu en es capable !

— Alors, cesse de trembler pour moi ? suggérai-je en haussant les sourcils.

— J'ai vraiment des progrès à faire, fit-il piteusement.

— Ça dépend quand même. De ce que tu ressens. Moi j'aime bien sentir que….

— …je t'aime ? me coupa-t-il, oubliant que nous n'étions pas seuls dans le wagon.

— Oui, j'avoue ! Tu as raison, c'est parfois bien mieux que les mots.

— C'est toi qui dis ça ?

— Oui, moi, ris-je, soulagée de le voir se détendre réellement. Et je suis sûr que ça rassurera Lucie sur tes intentions, de le sentir aussi.

Un sourire mutin joua sur ses lèvres.

— Si je te dis que je n'y ai pas pensé.

— Tu n'es pas une fille ! Si tu verrouilles absolument tout, elle va se poser des questions, non ?

— Possible, oui. Tu sais Sarah, je ne veux rien te cacher, j'ai bien conscience que tu en as besoin.

La soudaine gravité de son regard et de sa voix me donna des frissons. Oui, c'était vrai, savoir ce qu'il ressentait, sans qu'il l'enrobe de mots, me plaisait bien. Pour moi, c'était une preuve de confiance et d'honnêteté extraordinaire.

***

— Je peux regarder avec vous ? demanda Mélanie quand nous nous installâmes pour la deuxième soirée de suite devant la télé.

— Bien sûr, fit Nathan.

Mel grimaça en regardant la jaquette du DVD, mais ne dit rien. Blow out. Brian de Palma ayant bonne presse, elle ne se risqua pas à une critique. Il faut préciser que depuis la salve de reproches que je lui avais faite, elle se faisait discrète. J'interceptais souvent ses regards interrogateurs posés sur moi. Elle cherchait visiblement à saisir ce que je désirais au juste. Un peu de liberté. Comment le lui faire comprendre alors qu'elle s'obstinait à rester ici, tout en entretenant une relation suivie avec Antoine ! C'était mon amie, je me devais d'être compréhensive et patiente. Je connaissais ses faiblesses bien dissimulées sous sa carapace.

Nathan dut me recentrer plusieurs fois au cours du film pour que je sois plus discrète, *blimey* ! Paraître insensible n'est jamais facile lorsqu'on est loin de l'être. Mais face à Mélanie, dont la présence était une bénédiction pour cet exercice, c'était pire. C'était comme jouer un mensonge en direct. Le travail suggéré par François n'était pas simple : se concentrer sur deux choses à la fois, en essayant de rester indifférente à tout ce que cela suscite en vous.

La première soirée, nous l'avions passée chez Nathan, à l'abri des regards de Mel. Certes, le film choisi n'avait pas été une monstruosité dans son genre. Mais soutenir mon attention si longtemps sur des images et des émotions qui n'étaient pas ma tasse de thé avait été difficile. Nathan m'avait encouragée patiemment en évitant de manifester son inquiétude. Je l'avais devinée pourtant à travers ses gestes. Lui raconter ensuite les images m'avait pesé, j'aurais aimé les oublier. Mais en parler permettait d'exorciser un peu cette histoire de tueur en série qui terrorisait une psychiatre capable de l'identifier. Il savait ce qu'il faisait, en plus de vérifier que j'avais été attentive.

Quand le générique sonna la fin de mon supplice, Mélanie nous regarda l'un et l'autre, perplexe, puis se tourna vers moi.

— Je croyais que tu avais hâte de finir de traduire ton polar glauque pour changer d'univers ?

Une fois de plus, Nathan intervint pour me tirer d'affaire, à sa manière, ce qui faillit m'arracher un sourire, tant il s'amusait à flirter avec la réalité.

— Ma sœur adore ça, et j'avais promis de le regarder avant de retourner la voir ce week-end, pour le lui rendre.

— Et alors tu aimes ?

— J'aime quand c'est fini, répondit-il avec un sourire à double sens. Le calme après la tempête... Et puis, je voulais que Sarah s'habitue aux goûts de ma sœur.

Là, je faillis carrément m'étouffer de rire et j'évitai son regard. Mel nous contempla éberluée, sans oser formuler ce qu'elle en déduisait.

— Nathan m'emmène dans sa famille ce week-end, en Bretagne, précisai-je, prise de pitié.

Je savais ce que le haussement subtil de ses sourcils soigneusement épilés voulait dire : après le père de Nathan, sa mère et sa sœur. Elle en cherchait les raisons. Et pour ce genre de choses, elle avait une imagination débordante. J'en étais certaine, je passerai sûrement à la question, le lendemain, dès qu'on se retrouverait seules. C'est-à-dire dans le vestiaire de l'aquagym, même si Sophie était dans les parages. Elle n'insista pas et lâcha prudemment :

— L'aller-retour dans le week-end ? Vous allez passer du temps sur la route ! Tu n'as pas quelques jours de vacances cet été ?

— Peut-être que je n'ai pas envie de les passer avec ma famille ? répondit-il avec une espièglerie, qui la fit renoncer instantanément à d'autres questions.

C'était certain là, elle se sentit indiscrète et piteuse. Elle n'insista pas, Nathan ayant parfois le don de l'intimider avec son regard pénétrant. Et il en jouait clairement.

***

Mel n'attendit pas la piscine pour me cuisiner. Non, juste le départ de Nathan, le lendemain matin. Elle s'assit en face de moi, alors que je sirotais mon deuxième bol de café et me dévisagea longuement, sans dire un mot. L'effet escompté ne traîna pas, elle me connaissait par cœur :

— Quoi ? aboyai-je.

— Tu ne me caches rien, au moins ?

— Comme ?

Elle fronça le front, contrariée par mon mode de communication très lapidaire. Puis elle se lança, en arquant des sourcils perplexes :

— Ben, vous vous êtes remis ensemble, il y a quinze jours à peine et il te présente déjà à ses parents.

— Et pour toi, c'est un problème ?

— Curieux, c'est tout !

— Mel, je ne suis pas enceinte. Nathan souhaite juste qu'on passe le peu de temps qu'on a ensemble ! Et ces temps-ci, c'est compliqué, surtout avec sa sœur.

— Je m'étonne, c'est tout !

— Et si je le présente à ma mère, à mon anniversaire,

aussi ? J'ai mal géré quand il est parti aider sa sœur. Il le sait, je le sais. Il n'y a plus de problème entre nous.

— OK, OK, je préfère ça, c'est sûr ! Nathan fait des miracles avec toi !

— Tu es méchante, Mel.

— Désolée, s'excusa-t-elle, les yeux humides. C'est juste que je ne vous suis pas trop, depuis le début, tous les deux et soudain, vous avez l'air si sûrs de vous !

— Et toi non ? soufflai-je, intriguée de la voir si bouleversée.

Elle pinça les lèvres en guise de réponse.

— Mel, si tu ne peux pas pardonner une bonne fois pour toutes à Antoine, alors demande-toi si tu dois rester avec lui ! Traîner ici ne t'aide pas. Tu maintiens une distance que moi je ne trouve pas saine. Ce n'est pas comme si vous n'aviez jamais vécu ensemble ! Tu rentres radieuse de tes week-ends. Donc, où est le problème ?

— Ici, j'ai encore le choix, murmura-t-elle, comme si elle avait honte de me l'avouer. Si je reviens... je crois qu'Antoine va vouloir s'engager plus.

— Il a peur de te perdre Mel !

— Mais ce n'est pas une bonne raison !

— Sans doute pas non, mais ça l'a certainement fait réfléchir et tu devrais en faire autant. Que ferais-tu si tu le perdais parce qu'il perd patience ?

Une lueur alarmée traversa ses yeux, j'avais touché juste. Elle soupira, posa son bol vide dans l'évier, jeta un regard agacé sur la pendule du micro-ondes et demanda :

— Tu dors où ce soir ?

— Sans doute chez Nathan, il va devoir préparer ses affaires, on s'en va demain midi, il a réussi à poser son après-midi.

— Je m'occupe de Milady, ce soir ! À ce midi !

Après son départ, je terminai de relire ma traduction afin de pouvoir l'envoyer : j'étais moins étourdie d'ordinaire. Des fautes de frappe restaient çà et là. Mais rarement ma vie avait été autant perturbée ! Le texte glauque me rappelait sans cesse ce qui m'attendait peut-être. Jusque-là, François et Nathan s'étaient efforcés de me protéger du pire, mais là, j'allais vivre le baptême du feu. Je sentais l'angoisse monter. Et ça, je devais à tout prix l'éviter. Si Nathan le percevait, il ferait machine arrière, j'en étais certaine. La veille encore, lorsqu'il m'avait questionnée sur le film sur lequel nous avions travaillé, à l'insu de Mel. Je l'avais senti inquiet. Je n'étais pas prête de toute évidence, même s'il refusait de le formuler.

***

Comme je m'y attendais, la veille, Sophie me coinça à la sortie des vestiaires de la piscine, alors que Mel retournait à son travail, et proposa de boire un café ensemble.

Boire un café certes, mais surtout me questionner de toute évidence, à en croire le regard trop grave qu'elle posa sur moi dès qu'on se fut assises.

— François nous a prévenus, Clément et moi, qu'il serait absent ce week-end. C'est la règle !

— Il vous a dit pourquoi ?

— Il est toujours discret. Disons que j'ai deviné, c'est le week-end où Nathan va à Paimpol et je t'ai sentie anxieuse toute la séance. Est-ce que tu es aussi du voyage ?

— C'est mon idée, mais je ne sais pas si je serai à la hauteur.

— À la hauteur de quoi ?

Elle écouta mes explications attentivement, arrondit des yeux gros comme des soucoupes, mais ne lâcha aucun commentaire. C'était inutile, elle transpirait la perplexité. Je balbutiai, perturbée par son regard :

— Tu crois que je n'y arriverais pas ?

— Je ne sais pas. À vrai dire, mon avis importe peu. J'imagine que si François vous accompagne c'est qu'il pense que oui.

— Mais toi ?

— C'est un homme, qui raisonne... comme un homme, lâcha-t-elle avec un petit sourire moqueur.
— Et ?
— Tu sais à quel point les relations entre Nathan et sa sœur se sont envenimées ?
— Pas vraiment. Il n'en parle pas.
— Quand il est revenu après l'avoir fait sortir de l'hôpital, et que tu n'étais plus là, on a bavardé un peu tous les deux. Il avait besoin de vider son sac et je crois qu'on approuve son choix. Il a sacrifié ce qui restait de leur relation pour la tirer d'affaire.
— Et c'est encore ce qu'il s'apprête à faire...
— Elle est en danger mentalement, s'il ne fait rien... Mais il faut que tu te prépares à subir tout un tas d'émotions assez destructrices de sa part. Que tu t'y attendes, c'est certain. Mais si tu réagis intérieurement, Lucie ne se laissera pas davantage approcher par toi. François raisonne de façon pragmatique, mais il oublie que, nous les filles, on a des réactions émotionnelles très différentes. Factuels ou pas, ces sentiments vont te heurter, tu vas souffrir pour Nathan. Si elle le sent...
— C'est fichu, fis-je dans un soupir.
— C'est le risque pour moi, oui, conclut-elle, avec un petit sourire attristé. De ce que je sais, elle est odieuse avec lui... et je ne suis pas sûre qu'elle sera différente parce que tu es là... Elle me semble bien jalouse de sa réussite, par exemple !
— Si je ne ressentais rien, ce serait plus simple...
— Peut-être pas, me contredit-elle, après un temps de réflexion. Parce que ça marche dans les deux sens. Elle risque de te tester de cette façon, mais tu peux gérer tes émotions. Je ne dis pas que c'est facile. Mais là, tu le sais. Tu sais à quoi t'attendre. Ne laisse pas la colère t'envahir et laisse-lui le bénéfice du doute.
— Le bénéfice du doute ?

— Mets-toi à sa place... Si tu parviens à le faire, alors ça peut marcher.

— *Well*[1], ça fait beaucoup de si.

— Une alliée, c'est ce qui manque à Lucie, tu arrives toute neuve dans cette famille, c'est un atout !

— J'ai intérêt à prévenir Nathan, il va tomber de haut !

— Surtout pas ! C'est sa surprise, voire son incompréhension, qui peut t'aider.

— Tu as vu ce que tu me demandes de faire ? Il a déjà des doutes sur ma capacité à être active un jour, à vos côtés. Donc si je prends le parti de sa sœur, il va être complètement déboussolé ! Voire s'affoler et refuser que j'aille jusqu'au bout.

Sophie grimaça, j'avais touché juste.

— Alors, demande-lui simplement de te faire confiance et de ne pas trop s'inquiéter de ce que tu pourrais dire ou faire ?

— Tu sais quoi ? J'ai l'impression de jouer le rôle de ma vie !

— Un rôle oui, pas ta vie ! Garde à l'esprit que ce n'est qu'un rôle justement...

---

31 Bon

Chapitre XXIX

« Il y a des instincts pour toutes les rencontres de la vie. »
Victor Hugo

Sirotant son café, les traits tirés et le regard troublé, Nathan finit par demander, après m'avoir dévisagée un moment de ses yeux inquisiteurs :

— Tu n'as pas changé d'avis ?

Il n'avait pas fermé l'œil de la nuit, surtout après que je lui ai glissé ces mots sibyllins soufflés par Sophie. J'y avais longuement réfléchi et je savais qu'elle avait raison. C'était traître, mais indispensable pour réussir à approcher Lucie. Et j'avais peu de temps pour y parvenir. C'était le genre de manœuvre qui m'échappait complètement. Depuis la fac, on ne pouvait pas dire que j'avais des relations sociales très développées ni une grande expérience des rapports humains. Alors bien sûr, Nathan avait intercepté mes doutes... Il devait être sur le qui-vive de la moindre émotion perceptible. Il fallait coûte que coûte que je parvienne à canaliser mes pensées.

— Changé d'avis, non !

— Tu ne veux toujours pas m'expliquer ce qui t'est passé par la tête ?

— Non plus. Tu sais, c'est l'idée de Sophie. On a pris en compte toutes les deux des facteurs typiquement féminins.

— Comme si ça allait me rassurer, ironisa-t-il d'une grimace.

— Ça devrait oui ! Garde tes neurones pour tes patients ce matin ! S'ils te voient soucieux, tu vas les paniquer !

Il se renfrogna et laissa échapper un soupir. Hum, je n'aimais pas bien le voir tourmenté de la sorte !

— Nathan, si je m'inquiète de ce que tu penses, de ce que tu crois, je n'y arriverai pas, dis-je alors, lui ôtant la tasse des mains pour attirer à nouveau son attention. Laisse-moi réagir face à ta sœur sans tirer de conclusion hâtive.

— Je vais essayer.

— C'est ton challenge ! Rappelle-toi, tu es heureux de me présenter à ta mère !

— Mais c'est le cas ! protesta-t-il, piqué au vif. Je regrette juste que tu aies eu l'idée la première.

Sa moue dépitée me fit sourire. J'avais certes eu l'idée, la première, mais ce jour-là, je n'y avais certainement pas mis ce que lui y mettait là, maintenant. Parce qu'à cet instant, il ne filtrait aucune des émotions qu'il ressentait... Ce moment-là, Lucie ne me le volerait pas, quoiqu'il arrive ! Je me déplaçai pour venir m'asseoir sur ses genoux et lui voler un baiser qui s'éternisa. Je prenais goût à ce volcan émotionnel que suscitait chaque moment tendre ou sensuel et Nathan avait un don particulier pour me faire perdre les pédales très vite. Je ne l'en aimais que plus.

***

Nous prîmes la route en début d'après-midi : François passa me chercher à l'appartement après que j'eus déposé Milady chez ma voisine, radieuse. Il avait insisté pour utiliser sa voiture, une berline plus spacieuse. Il profita du court instant que nous avions, avant de prendre Nathan à son tour, pour mettre les choses au point :

— Sarah, si tu ne parviens pas à sauver les apparences, ta priorité reste de bloquer l'âme au fond de toi. Je sais que tu voudrais préserver un peu la relation de Nathan et sa sœur, mais si tu n'arrives pas à donner le change, tant pis ! Elle risque de te déstabiliser. Je n'ai aucune idée des dégâts qui ont été causés à son esprit depuis tout ce temps.

— Tu crois que c'est irréversible ?

— Je ne sais pas, je n'ai pas assez d'expérience en la matière.

Comme je ne pouvais masquer mon étonnement, il m'avait toujours semblé sûr de lui, il eut un petit air amusé.

— M'idéaliserais-tu ?

— Sans doute, oui. Plus novice que moi, tu n'as pas !

— Pas en ce moment, c'est vrai. Mais tu ne le resteras plus bien longtemps, je crois.

— Et si Lucie se révèle incontrôlable ensuite ? Nathan en a parlé avec toi, n'est-ce pas ?

— Il essaiera de la ramener avec nous et de l'hospitaliser dans son service. Il doit emmener de quoi la neutraliser si c'est le cas. Mais son état ne s'est pas dégradé depuis qu'elle vit chez leur mère, c'est plutôt une bonne chose. Ça veut dire qu'elle a gardé assez de lucidité.

— J'espère... Nathan mérite un peu de répit !

Comme il ne répondait pas, et que nous étions bloqués dans la circulation déjà dense, je me tournai vers lui et lui trouvai un air trop soucieux pour coller avec ses dernières paroles. Il intercepta mon questionnement silencieux et finit par lâcher :

— Tant que Lucie persistera à penser qu'elle peut sauver ces âmes, ce que je crois, elle sera potentiellement en danger. Et Nathan anxieux. Je vais essayer de la faire entrer en contact avec un ami qui est déjà au courant de la situation. Il pourra la surveiller. Et Nathan, souffler un peu. Je suis d'accord avec toi, il le mérite, ajouta-t-il chaleureusement.

— Il est très inquiet là, n'est-ce pas ?

— Tu ne l'as pas senti ?

— Non, il a bien fait les devoirs que tu lui as donnés ! Je n'ai pas perçu grand-chose ces jours derniers. Mais il n'a presque pas dormi cette nuit.

— Ça ne m'étonne pas ! À toi de jouer pour que, ce week-end, il n'oublie pas son alibi ! me taquina-t-il, sachant pertinemment qu'il me ferait rougir !

Damnit[32] ! Je ne connaissais pas la famille qui allait m'accueillir et j'allais devoir me montrer câline et amoureuse pour rappeler Nathan à l'ordre. Non que cela soit un problème en soi. Il allait falloir aussi jongler avec les réactions de Lucie pour attirer un peu de sa sympathie. Un rôle de composition subtile. Depuis quelques semaines, mentir, manier le double sens, arranger la vérité étaient devenus de nouvelles armes, alors…

Comme je l'avais deviné, Nathan était épuisé. Il monta à l'arrière à sa sortie de l'hôpital et dormit plus de la moitié du trajet. À vrai dire, avec une autorité toute paternelle, François ne lui avait pas laissé le choix. Il ne négligeait aucune option, et parmi toutes celles qu'on avait envisagées, il y avait toujours la possibilité pour Nathan d'intervenir à ma place. Surtout si malgré tous mes efforts, je ne supportais pas la présence de cette âme tumultueuse dans ma tête de novice. L'expression avait beaucoup amusé François.

— Et moi, je suis le père supérieur ?
— Un peu oui.
— Punaise, Sarah et moi on va brûler en enfer, avait ri Nathan !

Mais quand je réalisai la portée de son geste, son dévouement et son abnégation, eh bien, je trouvais qu'il avait en lui quelque chose de cet ordre-là. Quelque chose qui me dépassait carrément. Je l'avais longtemps occulté. Tout comme cette question sans réponse : qui étions-nous pour avoir ce don si particulier ? Et pourquoi nous ?

Je l'observai à la dérobée pendant un moment. Il avait la conduite souple et efficace des gens qui aimaient conduire. Lorsqu'on savait qu'il restait à Paris pour jouer son rôle, cela avait de quoi surprendre. Dans la capitale, la circulation était plutôt chaotique, stressante et éprouvante ! On aurait cru qu'il avalait les kilomètres avec un plaisir particulier. Quand la route devint plus paisible, je me risquai à lui

---

32 Diantre

demander, titillée par une curiosité libérée par ce voyage à huis clos et une inactivité qui lui était propice :

— Ça ne te fait pas peur tous ces kilomètres ?

— Ça ne m'arrive pas souvent, tu sais, alors je le prends plutôt comme un plaisir ! En plus, je vois du pays, ajouta-t-il avec un clin d'œil.

— Mais ça ne te pèse pas de rester toujours à Paris ? Tu sacrifies tout ton temps libre pour... nous ?

— Ce n'est pas un sacrifice, Sarah. Ça met du piment dans ma vie, tu sais !

— Oui, j'imagine ! Mais quand même...

— Je ne suis pas gardien depuis si longtemps, j'ai commencé peu après la mort de ma femme, il y a sept ans, me confia-t-il, me surprenant du même coup. Ce nouveau rôle a donné du sens à ma vie et depuis j'ai l'impression d'avoir une grande famille.

Son sourire sincère me soulagea sans que je comprenne pourquoi.

— Et tu as hérité de beaucoup d'enfants comme nous ?

— Actuellement onze. J'ai une grande famille comme tu vois !

Really [33] ? Onze ! ! Mais comment faisait-il ? Il sourit en sentant mon étonnement. Il commenta, amusé :

— Certains sont très sages.

— Tu les as bien élevés !

— Ça doit être ça oui ! Mais du coup, je ne les vois pas souvent et ils ne m'offrent pas un week-end de vacances.

Je comprenais mieux pourquoi, une fois, Nathan m'avait dit que François avait ses préférences. Je n'étais pas certaine que ce fut le mot. Une affection particulière, oui, même si je ne pouvais le deviner que dans la lueur de ses yeux.

— Sarah, j'ai réfléchi à la proposition de Clément te concernant !

— Aller au bord de la Seine ?

— Oui, c'est ça ! C'est une excellente suggestion, mais

---

[33] Vraiment ?

pas en été. L'afflux de touristes ne nous aide pas. On ne peut pas prendre le risque d'une présence humaine, et attendre plus longtemps n'est pas non plus une bonne idée.

Il jeta un regard furtif en direction de Nathan. Bien sûr, sa sérénité lui importait autant qu'à moi !

— Alors je me suis dit qu'une escapade en bord de mer, un soir, serait une solution alternative.

— Une escapade d'au moins 200 km ! m'exclamai-je, incrédule.

— Tu sors souvent de Paris ?

— Non, pas vraiment.

— Donc, tu n'as rien contre ?

— Non, bien sûr que non !

— Tu me sers sur un plateau une bonne excuse pour m'évader de la capitale, sourit-il encore, sans doute pour me déculpabiliser. Et puis cela vous fera du bien à tous les deux aussi !

Son petit air complice, et franchement paternel à mon goût, acheva de me convaincre. Derrière moi, Nathan s'agita et passa sa tête entre les deux sièges, la mine chiffonnée.

— Qu'est-ce que vous complotez encore ?

— Un autre prétexte pour aller s'aérer au bord de la mer, répondit François, le regard fixé sur la route. Tu ne vas pas t'en plaindre, si ?

—Tu fais du zèle ?

— C'est une bonne chose parfois, ça me change de mon ordinaire, plaida tranquillement notre chauffeur. Et ça décrasse un peu ma voiture.

— Il a toujours le dernier mot, rit Nathan en glissant une main sur mon épaule pour la caresser doucement.

Je savais pourquoi il n'avait posé aucune question : l'idée de François me plaisait beaucoup et il l'avait senti. Et je savais également pourquoi sa présence était nécessaire : il refusait que Nathan se charge de la prochaine âme aussi longtemps. Décidément, ce côté protecteur rendait les choses plus faciles. Je sentais Nathan plus détendu, plus confiant, comme la veille au soir déjà, lorsque nous nous étions retrouvés. Et moi j'avais compris que, quoiqu'il se passe ce week-end, François agirait d'une manière ou d'une autre pour délivrer sa sœur.

Il m'étonna plus d'une fois durant le trajet : une fois Nathan requinqué, il s'arrêta sur une aire pour lui proposer de tester sa voiture. Certes, c'était une belle voiture, bien éloignée de la petite citadine un peu usée de Nathan, et sans doute un geste très masculin. Mais c'était surtout le moyen d'occuper Nathan et de l'empêcher de trop ruminer. Il verrouillait soigneusement ses émotions, mais cela ne trompait personne ! Une fois au volant, il distilla soigneusement ses remarques le ramenant sans cesse à lui. J'en profitai pour somnoler un peu.

***

François s'était réservé une chambre d'hôtes dans le centre de Paimpol, dans une belle maison de caractère, à deux pas du port et pas très éloignée de la mer. Si Nathan avait réussi à payer le plein d'essence en route, il reçut un non catégorique pour participer davantage aux frais de notre escapade.

— Tu en as assez fait Nathan, je suis aussi en week-end, je te rappelle !

— Tu parles d'un week-end, je suis sûr que tu ne t'éloigneras pas de nous !

— Je ne suis pas venu en filature. Mais si tu vas faire un tour sur la côte de granit rose, fais-le-moi savoir. J'irais bien y jeter un œil maintenant que tu nous as vendu ton coin, tout à l'heure.

Il nous déposa devant la maison familiale de Nathan, une bâtisse ancienne de pierres grises aux nuances orangées, soigneusement entretenue à en voir les volets blancs fraîchement repeints. Elle était précédée d'un petit mur bas permettant la vue sur un joli jardin arboré. Avec la lumière rasante du soir, l'endroit semblait accueillant et paisible. Nathan ne put s'empêcher de laisser échapper un soupir lorsqu'il se gara. Je murmurai, alors qu'il m'ouvrait la porte pour m'inviter à sortir :

— Pense à ta maman.

— J'essaie, sourit-il piteusement avant de saisir nos affaires.

Il prit son sac en bandoulière pour pouvoir porter le mien, et ma main. François repartit très vite, nous étions censés avoir profité d'un covoiturage. Et il ne tenait pas à être aperçu par Lucie qui le connaissait déjà.

C'est sûr, nous étions attendus. La porte s'ouvrit avant que nous ayons pu faire deux pas dans la petite allée. Je ne vis que le sourire de la mère de Nathan, accompagné d'un élan de joie très communicatif. Ils avaient les mêmes yeux tous les deux, la même luminosité et la même intensité. Pour le reste, des mèches grises parsemaient ses cheveux et je soupçonnais qu'elle les doive aux soucis causés par sa fille, comme ces petits plis au coin des yeux qui lui donnaient un air doux. Elle me plut instantanément et quand Nathan le sentit, il serra ma main, de contentement. Elle lança en m'accueillant dans ses bras, avec une chaleur incroyable :

— Voilà donc Sarah. Je regrette que tu aies dû faire un si long voyage pour qu'on fasse connaissance ! Moi, c'est Annette.

— Moi pas, et puis la route était relativement tranquille.

— Je préfère quand même quand tu viens en train, marmonna-t-elle alors à son fils, les sourcils froncés. Ce truc de covoiturage, c'est sûr ?

— La preuve, Maman ! C'était un chauffeur prudent et digne de confiance, je t'assure.

— Eh bien, je suis contente que vous soyez enfin là ! Le soleil est de retour, ça va être un beau week-end !

Je lui souris, rassérénée par son accueil chaleureux quand soudain, derrière elle, apparut la silhouette de Lucie, plus grande que sa mère. Difficile de ne pas être frappée par les cernes noirs qui mangeaient ses yeux sombres et son regard méfiant. À mes côtés, Nathan se raidit et serra une nouvelle fois ma main. Un geste apaisant qui était aussi un rappel à l'ordre de ne pas laisser ce que je savais de sa sœur fausser mon approche. Je pris vite sur moi pour essayer de rester avenante et esquissai un sourire plus timide. Il fit le premier pas vers elle pour l'embrasser.

— Je te présente Lucie. Cette fois, c'est certain, je vais me sentir en minorité au milieu de vous trois.

Elle le laissa faire, mais ne lui rendit pas son geste affectueux. Quelle froideur… *My God*[34], le savoir est une chose, le vivre une autre. Je dissimulai comme je pus ma réaction, m'accrochant au sourire sincère de sa maman. Sa sœur ricana en s'écartant de lui, le regard dur.

— Comme si tu n'avais pas l'habitude de cohabiter avec la gent féminine ! Avec toutes ces infirmières qui doivent tourner autour de toi…

OK, elle n'avait aucune intention de faire bonne figure et essayait de me déstabiliser, sympa comme accueil !

— Lucie, protesta doucement leur mère.

— Ah mais, ce n'est pas pareil, intervins-je sans me démonter, avec elles, il sait qu'il aura le dernier mot de toute façon.

— Que tu crois ! sourit-il, amusé par cette conversation insolite.

— Non ?

— Pas toujours, non ! Tu sais bien que je ne suis qu'interne, elles essaient souvent de me prouver qu'elles en savent plus que moi, du haut de leur expérience…

— Et ?

— Elles ne signent ni les dossiers ni les prescriptions. C'est mon stylo qui a le dernier mot !

Well done[35] ! Je secouai la tête, et le petit rire cristallin de

---

34 Mon Dieu
35 Bien joué

sa mère, soulagée que je n'en aie pas pris ombrage, détendit l'atmosphère.

Elle nous invita à rentrer. Elle enjoignit Nathan à me faire visiter les lieux et aller déposer nos affaires dans sa chambre pendant qu'elle réchauffait le repas. Je sentis le regard acéré de Lucie dans mon dos, mais me concentrai sur l'intérieur de la bâtisse. La tomette lustrée puis le parquet dans toutes les pièces rendaient l'endroit chaleureux, et hormis des boiseries assez présentes, la maison était claire et lumineuse. Il m'entraîna à l'étage, par un vieil escalier de bois, jusqu'à sa chambre mansardée.

Entrer dans la chambre de son enfance me fit quelque chose, c'est peut-être enfin là, que je réalisai la portée de ce voyage, celle dont on avait peu parlé, tout obsédés qu'on avait été par la tâche périlleuse qui nous attendait. Pour moi, livrer sa part d'enfance, c'est comme livrer son intimité, ses souvenirs collectés précieusement même s'ils ne sont pas visibles. C'est mêler le passé au présent.

Pourtant, elle ne ressemblait en rien à son petit appartement : à part la grande bibliothèque couverte de livres, pour la plupart des bandes dessinées et des romans pour la jeunesse, rien ne trahissait l'enfant qu'il avait pu être. Il perçut mon étonnement et s'en expliqua aussitôt :

— Ma mère fait chambre d'hôtes, l'été, cela améliore considérablement sa retraite. Alors c'est assez impersonnel, comme tu vois.

— Mais accueillant. Comme elle...

— Elle t'aime déjà, sourit-il tendrement, je suis sûr que tu l'as senti.

Il effleura ma joue de ses doigts, éveillant de doux frémissements en moi.

— Normal, j'ai pris ta défense... Les infirmières te rendent vraiment la vie dure ?

— Depuis qu'elles t'ont aperçue à la cafèt de l'hôpital, tu as réduit tous leurs espoirs à néant.

— Ah, désolée, balbutiai-je, ravie intérieurement.

— Tu vois que tu peux mentir. Je ne sais pas comment ça va tourner, mais là je suis content que tu sois là.

Il me poussa doucement contre le mur. Je ne répondis rien. Je préférais m'appuyer contre lui, savourer l'instant, la sérénité de ce petit moment d'intimité et cette façon toute à lui de me donner de la tendresse, sans parler. Mais dans ses baisers voluptueux, il y avait ce je ne savais quoi de grave : comme s'il avait peur que ce soient les derniers. Il crocheta ma nuque avec une espèce d'urgence et me dévora littéralement de ses lèvres expertes. Dommage que le temps nous ait été compté…

Le repas qui suivit me parut assez surréaliste à vrai dire, la chaleur du regard et des paroles d'Annette contrastant avec la froideur muette de Lucie. Je savais qu'elle me jaugeait, qu'elle sondait et analysait chacune de mes émotions. Je trouvais terrible de cantonner ses relations familiales à ce comportement. Prévenue et préparée à ce type d'attitude, je ne manifestai, je crois, que de l'étonnement et de l'incompréhension.

Je me concentrai sur les questions bienveillantes d'Annette, dont il était clair qu'elle était soulagée de voir son fils penser à autre chose que ses études. Je ne savais rien du passé de Nathan. Pourtant plus je le connaissais, plus je le soupçonnais d'avoir verrouillé l'idée d'avoir une relation sérieuse avec quelqu'un qui ne serait pas comme nous. Certes, il mentait ou arrangeait les vérités avec un aplomb terrible, mais face à sa mère, il me sembla plus vulnérable. Je ne l'en aimai que davantage ! Je comprenais mieux cette pointe de regrets que j'avais perçue quand il m'avait parlé de l'échec de la relation entre Sophie et Clément. Et sa patience envers moi… Et puis, je me sentais encouragée par ce sentiment de fierté à mon égard qui émanait de lui. Il ne s'agissait pas seulement de ce que je racontais sur mes études, mon choix professionnel et les rencontres que je faisais parfois grâce aux éditeurs pour lesquels je travaillais.

Lucie ne commentait rien, ne manifestait aucun intérêt.

Je sentais chez elle une colère, et je ne me laissai pas affecter. Sans doute parce qu'elle était sourde et prévisible... Heureusement ! Elle sortit de sa réserve quand Annette, emportée par sa curiosité de mère, ne put s'empêcher de nous demander comment nous nous étions connus avec des parcours aussi différents.

— À l'hôpital, fîmes-nous en chœur, amusés par notre timing impeccable.

— Tu dragues les patientes ? s'exclama aussitôt Lucie, l'air vaguement choqué.

Nathan laissa échapper un soupir de lassitude, mais je me pris au jeu initié quelques heures plus tôt sur le seuil de la maison. Détendre Nathan à tout prix et ne pas braquer sa sœur, un défi certes, qu'avais-je à perdre ?

— Les patientes, je ne sais pas, je ne l'ai pas vu faire. Mais il aime s'approcher des visiteuses.

Il saisit l'allusion et sourit, me donnant le champ libre par la même occasion. Arranger la vérité, ce n'était peut-être pas si difficile à faire. Il commenta même, m'encourageant à poursuivre :

— Certaines, seulement.

Comme sa mère ouvrait de grands yeux curieux, je me lançai :

— Je ne suis pas sûre qu'il l'a appris à la fac de médecine, mais quand les patientes ne sont pas très causantes, il vient écouter les visiteurs et il leur soutire des informations.

— Tu fais ça souvent ? s'étonna-t-elle.

— Non, ricana-t-il, en entrelaçant ses doigts aux miens. Mais là, cela m'a drôlement servi.

Je jetai un coup d'œil vers Lucie. Il était impossible qu'elle ne perçoive pas les sentiments de Nathan à mon égard, parce qu'il ne filtrait vraiment rien. Je renchéris :

— Il est doué pour déceler les patients qui ne lui disent pas tout.

— Nathan est têtu dans son genre, siffla Lucie.

— Ben dans le cas présent, il a eu raison. Il y a des

patients qui confondent troubles neurologiques et psychiatriques et qui préfèrent ne rien dire de peur du diagnostic, poursuivis-je.

— Nathan a toujours aimé les énigmes, glissa tendrement sa mère, une lueur admirative dans les yeux. Je crois qu'il a choisi cette spécialité pour cette raison.

— Peut-être aussi, commenta-t-il, vrillant le regard de sa sœur.

Elle lui devait une sacrée chandelle, c'était certain ! Elle baissa la tête, et même si je la sentais fière et obstinée, elle éprouvait une sorte de reconnaissance. En tous les cas, la colère larvée qui l'accompagnait se mua en quelque chose d'autre.

Sa mère reprit, soucieuse sans doute de dissoudre la tension qui risquait de monter entre eux deux :

— Et comment s'en est sorti ce patient ?

— Cette patiente, corrigea Nathan. Bien ! Une fois qu'elle a craché le morceau, et Sarah m'a bien aidé, on a pu lui expliquer ce qui lui arrivait et l'aider à neutraliser les symptômes.

— Nathan le sauveur, ironisa froidement sa sœur !

— Ne confonds pas tout ! Diagnostiquer ne veut pas dire sauver. Je n'ai jamais eu cette prétention. S'il y a bien une spécialité où on patauge encore beaucoup, c'est la mienne !

Je serrai ses doigts en espérant le calmer. Les tentatives répétées de Lucie pour alourdir l'ambiance lui devenaient insupportables. Et je soupçonnai que cela ne cesserait pas de sitôt. Lucie avait la rancœur tenace et le jalousait de toute évidence… Sophie avait raison. Je demandai, taquine, sollicitant sa mère des yeux :

— Tu jouais déjà au docteur tout petit ?

Il me jeta un regard tendre et amusé, pas dupe du tout de ma manœuvre de diversion. Contre toute attente, sa sœur se détendit et esquissa un sourire. C'était l'occasion, certes de se moquer de lui, mais les anecdotes de l'enfance avaient toujours une saveur particulière, même lorsqu'elles étaient narrées avec sarcasme ou humour. Derrière les taquineries, il y avait souvent une part de vérité facile à deviner. Et celle-là était tendre à en voir le sourire de leur mère.

Tous les trois prirent plaisir à évoquer cette partie du passé où l'insouciance avait eu une vraie place et à me la faire partager. Même Lucie, même si je la sentais sur ses gardes, comme elle devait l'être chaque fois en la présence de son frère. Annette finit par sortir des albums photo et regarda les sourires, tantôt attendris, tantôt nostalgiques de ses deux enfants. Je comprenais d'autant mieux l'affection profonde qui poussait Nathan à ne pas baisser les bras, voire à encaisser parfois le mépris de sa sœur.

Chapitre XXX

« La méfiance est mère de la sûreté. »
La Fontaine

Je mesurai l'inquiétude de Nathan et de sa mère pour Lucie le lendemain matin, lorsque nous descendîmes prendre notre petit déjeuner. Annette nous avait dressé une jolie table, à l'image de sa joie de nous recevoir. À voir le sourire de son fils en la découvrant, ce n'était pas habituel. Au bout de la table demeurait la place vide de sa sœur.

— Ta sœur se lève toujours tard, commenta notre hôtesse, quand elle intercepta son regard chagriné.

— Elle déjeune au moins ?

— Plus ou moins. Elle n'avale pas grand-chose. Il faudrait qu'elle sorte un peu, ça lui ouvrirait l'appétit, mais elle refuse la plupart du temps. Tu ne peux pas lui donner quelque chose ?

Sa voix pleine d'espoir me peina et le dilemme auquel son fils était confronté encore plus.

— Elle ne veut rien de moi, Maman, tu le sais bien !

— Je ne comprends pas pourquoi elle est si fermée à ton sujet !

Le tourment de l'un, mêlé à la colère à peine étouffée de l'autre me nouèrent l'estomac. Nathan s'en rendit compte instantanément. Il serra ma main comme pour s'excuser et m'épargna aussitôt ses émotions.

— Le syndrome du cadet, ironisa-t-il pour nous détendre tous. Je suis condamné à rester le petit frère.

Annette sourit tendrement. Une chose était sûre, elle était soulagée qu'il soit là. Elle haussa des sourcils étonnés, quand elle entendit les pas de sa fille dans le vieil escalier de bois, quelques minutes plus tard. Nathan se raidit à mes côtés et moi je me composai le visage le plus détendu possible, m'accrochant à ses doigts chauds que je n'avais pas lâchés. Lucie força un sourire, évitant clairement le regard de son frère.

— Il fait drôlement beau, vous allez vous balader ?

— Avec toi, j'espère, commenta Annette avec une fermeté inattendue.

— Je voudrais montrer la côte de granit rose à Sarah, elle ne connaît pas, suggéra doucement mon voisin.

— Moi je connais, c'est bon, répondit-elle sèchement, sans même chercher à ménager sa mère.

— Une sortie tous ensemble, ce serait sympa, renchérit Nathan. Tu l'as dit toi-même, il fait beau.

— Je t'en prie, épargne-moi la litanie du soleil qui me fera du bien ! Je vais bien ! D'accord ?

— Ah oui, tu couves tout le monde comme ça, alors ? lâchai-je en me tournant vers lui, moqueuse.

Mon intervention le désarma, et ravie de l'effet escompté, je poursuivis :

— Avec moi, il insiste pour qu'on marche quand je voudrais prendre le métro. Il fait ça tout le temps ! Il nous fait faire des kilomètres ainsi, à en avoir des ampoules aux pieds.

— Et tu te laisses faire ? demanda Lucie, intriguée.

— Tu as déjà essayé de résister à ton frère ?

J'avais répliqué avec un sourire complice. À vrai dire, la réaction de Nathan m'encourageait à poursuivre, je le sentais douter de mes paroles. Il en lâcha mes doigts, et sa sœur le remarqua. Mais elle répondit :

— Oui, je fais ça tout le temps ! Il a un côté très autoritaire comme tu l'as vu.

À ma droite, mon voisin secoua la tête, désabusé, et Annette fronça les sourcils, perplexe. J'aurais préféré avoir ce type de conversation sans témoins, cela aurait été plus facile ! Mais j'étais lancée…

— Eh bien, tu m'apprendras ?

À côté de moi, Nathan s'étouffa et Lucie esquissa ce qui ressemblait à un sourire. Je ne savais pas si j'avais gagné sa confiance, mais j'avais marqué un point, ça, j'en étais certaine.

Quand on se retrouva seuls pour aller voir la mer, après le petit déjeuner, Nathan ne tarda pas à me réclamer des explications. Et à en juger par le pli soucieux sur son front, cela le tracassait vraiment.

— C'était quoi ce truc avec Lucie tout à l'heure ?

— Tu te rappelles ce que je t'ai demandé ? Pas de question ! Fais-moi confiance ! Et rassure-toi, mes pieds ne t'en veulent pas le moins du monde !

Son visage s'éclaira, et il me stoppa. Il me dévisagea, partagé entre amusement et tendresse :

— Tu crois que je n'ai pas compris que tu essayais d'amadouer Lucie ?

— Ben, j'espère que si. Mais ce serait mieux que tu le prennes mal à chaque fois !

Son rire me fit un bien fou. La tension, tout à l'heure dans la cuisine, son regard chiffonné en sortant, tout m'avait pesé. Surtout mentir à sa mère. Personne ne lui expliquerait mes réactions et je l'aimais déjà trop pour que cela ne me touche pas.

— Ta pauvre maman doit se poser des questions !

— Ma mère a certainement compris que tu essayais de détendre l'atmosphère. Elle t'en est très reconnaissante depuis hier. Je crois qu'elle se contentera de cette explication.

— J'espère que Lucie y voit autre chose.

— On n'entend souvent que ce qu'on veut entendre. Tu alimentes sa rancœur.

Je pinçai les lèvres. Dit de cette façon, mon entreprise me plaisait beaucoup moins ! Il caressa ma pommette de son pouce, avec tant d'amour qu'il fit s'envoler d'un coup ma culpabilité ! Je cherchai ses lèvres pour finir de balayer ce moment qui n'aurait pas dû exister.

Nous avions besoin de ce moment d'intimité qui nous était offert. Annette nous avait littéralement chassées de la maison. Nathan m'avait promis une vue imprenable. C'était peu dire : le long sentier côtier que nous avons pris nous conduisit à la pointe de Guilben, une longue langue de terres et de roches s'élançant vers le large. Nous marchâmes paisiblement, nous laissant porter par les lieux. La marée descendait et découvrait les nombreux îlots petit à petit. Nathan les connaissait et savait tous les nommer. Le contre-jour matinal rendait la lumière magique, le paysage semblait presque féérique. Au bout de la pointe, après avoir littéralement foulé un tapis de pâquerettes, nous trouvâmes une pinède charmante : nos pieds s'enfonçaient presque dans le matelas de mousse et d'aiguilles. Pour la Parisienne que j'étais devenue, c'était presque le paradis. Mon enthousiasme de petite fille fit rire Nathan plus d'une fois. Mais la vue sur la jolie baie de Paimpol et sur la mer turquoise, jonchée de petites îles sauvages, était si belle... Il dut m'en arracher quand nous nous approchâmes dangereusement de l'heure du déjeuner.

Retrouver Lucie taciturne rompit un peu la magie de la balade. Pourtant, le repas était délicieux et Annette nous l'avait présenté dans son jardin. Un petit air de vacances qui faisait un bien fou ! Nathan ne put s'empêcher de pousser un soupir lorsqu'il vit la portion ridicule que s'était servie sa sœur.

— Lâche-moi les baskets, veux-tu ! aboya-t-elle sèchement. Je n'ai pas fait trois kilomètres à pieds, moi, ce matin.

— Ce n'est pas une raison, renchérit-il avec sévérité.

— On a vraiment fait trois kilomètres ! m'exclamai-je espérant faire diversion !

— Oui, quand tu es motivée, tu ne t'en rends pas compte !

— Ça, non, mais c'est plus intéressant que les rues de Paris !

— Ça dépend lesquelles.

— Tu vois, toujours raison ! me lança Lucie.

Je lui adressai un petit sourire complice. Nathan, lui, un regard noir. Je ne suis pas certaine qu'il jouait la comédie, je le sentais bouillonner. Même s'il me dévisagea sévèrement, je ne m'inquiétai pas.

Une fois le dessert servi, une délicieuse tarte aux fraises qui aurait fait saliver n'importe quel gourmet, Nathan noua ses mains sur la table. Un geste qui trahissait souvent le conflit interne qui l'animait. Quant à Lucie, elle semblait bouder. C'était une boule de ressentiment. Et être à ses côtés pour moi était très inconfortable. Je bredouillai pour rompre le silence :

— Moi, je me damnerais pour un dessert pareil !

— C'est le dessert préféré de Nathan en cette saison, sourit Annette. Quand il était petit, il mangeait les fraises sur pieds, je peinais à en sauver assez pour la table.

— Ah oui ?

Il esquissa un rictus, amusé par ma moue faussement horrifiée. Mais une ombre de fatigue et de lassitude voila son regard.

Annette saisit ma perche et raconta encore quelques anecdotes. Mais si le filon de les replonger un temps dans une époque plus facile avait réussi la veille, il ne ramena cette fois qu'un semblant de paix, juste suffisant pour finir le repas. J'eus l'impression que Lucie faisait un effort pour moi. Une impression fugace basée sur une vague sensation de compassion saisie au vol. Mais comment savoir...

Elle ne changea pas d'avis lorsqu'on programma notre sortie de l'après-midi. Elle disparut d'ailleurs vite à l'étage, dissuadant quiconque de revenir à la charge. Mais son refus n'avait rien d'étonnant. Parmi tous les scénarios possibles imaginés avec François, celui d'une bousculade de sa part sur le sentier côtier, très fréquenté un dimanche d'été m'aurait bien convenu ! D'un simple contact, il l'aurait délestée. Mais Lucie était d'une méfiance maladive, voire paranoïaque, à en croire les soupçons, sans doute fondés de son frère. Elle ne sortait presque jamais de la maison. Se tenir sur ses gardes en permanence devait l'épuiser physiquement et nerveusement. Mais que faisait-elle seule depuis tout ce temps ?

Nathan dut insister pour qu'Annette accepte de nous accompagner. Il s'inquiétait pour elle aussi : se sentir impuissant avait de quoi ronger un cœur de mère. Il s'assura que j'avais bien avec moi mon téléphone et les médicaments qu'il avait apportés, en cas de problème. Il suspectait sa sœur de fouiller nos affaires pendant nos absences. Un tel climat de suspicion me rendait malade, néanmoins elle avait si farouchement refusé que c'était bien possible !

Sur la route de Ploumanac'h, où il m'avait promis les plus belles merveilles le paysage défilait, plein de promesses. Petits villages bretons typiques, calvaires en granit, végétation luxuriante, j'étais plongée dans le ravissement de ce petit coin quand Annette cessa de le commenter pour demander à son fils, au volant de sa voiture :

— Nathan, tu es certain que ta sœur ira mieux un jour ? Ça m'ennuie de te dire cela, mais je ne vois pas grande amélioration. Son congé va bientôt arriver à terme...

Assise à l'avant, à ses côtés, je vis ses longues mains se crisper sur le volant. Il hésitait, et son soupir était bien le signe du conflit intérieur qui le rongeait.

— Je sais que tu trouves que c'est long. Mais elle était faible et carencée, et pour que l'amélioration soit manifeste, il faut d'abord qu'elle récupère.

— Elle refuse toujours de prendre ce que tu lui as prescrit, alors comment ?

Impossible de ne pas être sensible à ce qui ressemblait fort à un cri de détresse.

— Maman, il faut que tu me fasses confiance. Je sais ce que je fais, je t'expliquerai une fois que tout sera fini.

Je ne pus m'empêcher de lui jeter une œillade perplexe, voire carrément inquiète. Expliquer quoi ? Qui nous étions en réalité ? Ce qui allait se passer le lendemain ? Conscient de me plonger dans le flou le plus artistique qui soit, il m'adressa un regard contrit. Et j'allais devoir évidemment m'en contenter ! Annette insista, d'une toute petite voix :

— Tu me caches quelque chose de grave ?

— Bien sûr que non, s'exclama-t-il, rongé par la culpabilité. Je ne suis juste pas certain que c'est le bon moment.

Ah décidément, Nathan avait une manière efficace d'arranger la situation, car, en jetant un regard vers moi, Annette crut que j'en étais la cause. Elle n'insista pas et sembla accueillir le petit sourire de son fils dans le rétroviseur avec soulagement. J'essayai de refouler toutes mes questions et ma perplexité très loin dans ma tête, en me concentrant sur le paysage pittoresque qui ne cessait de me surprendre.

Pas très difficile : je n'avais jamais rien vu de tel. Un chaos de rochers roses posés dans un désordre presque artistique avec, en arrière-plan, une eau bleutée comme sur les cartes postales. Le tout bordé d'une lande aux couleurs des bruyères et des genêts... Un petit bonheur visuel qui sut m'éloigner un temps de tout ce qui me tracassait.

Nathan avait visiblement choisi de m'épargner ses états d'âme, cela me chiffonna et toucha tout à la fois. Il voulait que je savoure le moment, mais je n'aimais pas qu'il s'isole comme ça. Ce n'était pas coutumier de sa part. C'était la première fois que nous passions tant de temps ensemble. Et sa vie familiale, empreinte de ses habitudes, le dévoilait plus encore. J'aimais le fils attentionné qu'il était avec sa mère, l'homme attaché à sa terre, et le frère patient qu'il était, envers et contre tout... Pourtant ce silence émotionnel ne me disait rien de bon.

Lorsque nous arrivâmes au phare de Min Ruz, fier sur

son gros rocher poli par le temps et les assauts de la mer, Annette souhaita s'asseoir un peu sur le petit pont élégant de pierres à ses pieds. Nathan m'entraîna alors avec lui, de rocher en rocher : nous étions comme deux enfants, à jouer les équilibristes, juste pour atteindre le plus gros possible et nous y percher. Le soleil dardait ses rayons, j'allais rentrer toute rouge. Mais le moment était trop bon, nous avions presque l'impression d'être seuls au monde, nichés sur notre énorme caillou. Nathan m'installa entre ses jambes et posa son menton sur mon épaule.

— Ta mère est adorable. Elle est pleine de délicatesse.

— Elle apprécie que tu sois là.

— Nathan ? Qu'as-tu réellement l'intention de lui dire ?

— Je ne sais pas, je voudrais en parler avec François. Mais je n'aurai peut-être pas le choix après ce qui va se passer demain... Je n'en peux plus de la voir se ronger les sangs pour Lucie, gémit-il. Sa vie n'est pas facile depuis quelques années. Mon père l'a quittée, elle a perdu son travail et s'est retrouvée en retraite anticipée et maintenant ma sœur...

— Elle n'est pas aigrie pour autant, elle est courageuse !

— Je sais, mais ce n'est pas une raison.

Il resserra son étreinte, tourmenté. Je ne savais trop rien des relations avec son père, mais je soupçonnais qu'elles n'étaient pas satisfaisantes. Sa mère était son seul point d'ancrage familial. Et il culpabilisait.

— On va trouver une solution. François aura certainement une idée à te souffler pour ne pas arriver à cet extrême.

— J'espère... Elle commence à douter.

— Pas de toi...

— C'est tout comme ! murmura-t-il.

Il m'embrassa tendrement sur la tempe pour mettre fin à cette discussion douloureuse. Il n'avait pas envie de s'épancher. Si seulement les choses pouvaient se passer en douceur le lendemain...

***

Ne pas laisser la tension monter au fil des heures, pour paraître le plus détendu possible après une si belle escapade, me demanda de gros efforts. La meilleure façon de combattre son ennemi, c'est de l'affronter. Lucie n'était pas à proprement parler mon ennemie, même si je la trouvais revêche, injuste et difficile à aborder. Je n'arrivais pas à cerner la personne qui se cachait derrière cette façade froide, qui ne ressemblait ni à Annette ni à son frère. Alors, lorsque Nathan alla préparer le barbecue, j'allai m'asseoir à côté d'elle, sur les quelques marches qui séparaient la terrasse du jardin. Elle fumait, les observant silencieusement, le visage dénué d'expression. Je lâchai après un soupir :

— Cela faisait longtemps que je n'avais pas passé une si belle journée. Elle avait un petit air de vacances !

— Tu te plais à Paris ?

— Euh, la plupart du temps, oui. Pour moi qui travaille comme un ermite, c'est une façon de ne pas quitter tout à fait le monde. Quand la solitude me pèse, je sors dans ma rue.

Elle laissa échapper un petit rire. Satisfaite d'avoir réussi à la toucher, je respirai plus franchement, avant de poursuivre :

— Mais j'avoue que vivre dans cet endroit a nettement plus de charme. C'est paisible !

— Nathan t'a dit pourquoi j'étais ici ?

Damnit[36], elle me testait ma parole ! Ou elle essayait de savoir ce que Nathan pensait d'elle.

— Il a dit que tu avais traversé des moments difficiles et que tu avais besoin de calme et de repos. C'est l'endroit idéal. Lui aussi a besoin de venir ici, il en bave en ce moment dans son nouveau service.

— J'espérais que maintenant qu'il t'a trouvée, il me lâcherait un peu. Je peux m'en sortir sans qu'il s'en mêle.

---

36 Mince

— Déformation professionnelle ?
— C'est insupportable ! Il n'a rien à me prouver. Je sais qu'il est un bon médecin !
— Il est têtu parfois...
— Tu l'as dit, oui ! Une vraie tête de mule !
— Je crois que tu vas souffler un peu. C'est mon anniversaire dans quinze jours, on le fêtera chez ma mère.

Elle répondit à mon petit sourire complice. Je sentis une vague de soulagement déferler sur moi, et je m'y accrochai pour chasser la culpabilité qui aurait pu m'étreindre à ce moment-là : me servir de ses sentiments pour mieux l'apprivoiser ne me semblait pas très glorieux. Mais mon approche porta ses fruits. Au repas du soir, elle n'eut pas ces propos parfois cinglants et déstabilisants à l'égard de son frère, comme elle en avait eu jusque-là.

***

— L'iode et le grand air ont eu raison de toi, on dirait ! fit Nathan en me découvrant endormie dans le salon alors qu'Annette finissait de ranger sa cuisine avec sa fille.
— Je suis désolée !
— Va te coucher, tu vas avoir besoin d'être reposée demain, souffla-t-il une lueur douloureuse dans le regard.

J'obtempérai, l'argument était sans appel. Mais je ne fis que somnoler en l'attendant, une angoisse sourde m'oppressant. Mon vieux démon personnel, le manque de confiance en moi ayant pris, à la place de Nathan dans le lit, une place envahissante !

Il tarda à me rejoindre, je savais qu'il voulait appeler François. Pas facile à faire discrètement. Mais quand il monta enfin, sa sœur l'interpella sur le palier. Comme si elle l'avait guetté. Leurs murmures ne m'empêchèrent pas d'entendre des bribes de paroles.

— Tu n'étais pas obligé de rester avec nous ce soir !
— Obligé n'est pas le mot. Et puis Sarah est allée dormir.

— Tu as l'intention de continuer à venir aussi souvent ?
— Je crois que maman apprécie, et Sarah aime le coin. Alors oui, tant que c'est possible.
— Mais toi et moi, on sait que ce n'est pas la vraie raison. Et elle, elle est au courant ?
— Bien sûr que non !
— Tu comptes lui taire ce que tu es ?

Cela avait beau être chuchoté entre deux portes, le mépris avait fusé dans ces derniers mots. Je me fis violence pour ne pas bondir de mon lit. Je ne savais pas comment il a fait pour répondre avec autant de calme. Mentir de surcroît…

— Essayer en tous les cas, tu sais que je n'ai pas le choix.
— On a tous le choix, Nathan. Elle est plutôt sympa, je ne sais pas comment tu peux envisager de lui mentir. Quel homme es-tu devenu ? Ou alors, ce n'est pas sérieux entre vous.
— Tu n'en sais rien et je ne te permets pas d'en juger.
— Tu es pitoyable !

Il ouvrit la porte aussitôt, sans doute pour ne pas avoir de parole malheureuse, et sembla surpris de me découvrir assise dans l'obscurité de la chambre. Sa fureur me coupa le souffle.

Je me faufilai à genoux jusqu'à lui alors qu'il tentait de se calmer en se déshabillant. Je murmurai, tentant de stopper ses gestes empreints de colère :

— Tu ne pouvais rien répondre d'autre !
— Je sais, répondit-il en jetant en vrac son jean dans un recoin de la chambre.
— Elle est aveuglée, Nathan ! Elle n'a aucune objectivité.

Il resta silencieux, sans bouger. Seules ses mains se tordaient nerveusement. Il verrouillait à nouveau ses émotions. Je le suppliai, en venant me lover contre lui :

— Parle-moi !

— J'ai peur de la violence de sa réaction à ton égard demain.
— Je m'y attends, ne t'inquiète pas pour ça !
— Dans quoi t'ai-je entraînée ?
— Tu ne m'as pas entraînée, j'ai proposé de t'aider et je ne le regrette pas. Encore moins depuis que je vois à quel point cela vous affecte tous les trois. Et puis tu sais, Sophie aurait aimé t'aider si elle avait pu le faire.
— Ça fait de moi ce qu'elle croit que je suis... fourbe, menteur...
— Arrête de dire n'importe quoi ! Tu n'as pas le choix, *elle* ne t'a pas laissé le choix... Parfois, on est obligés de faire du mal à ceux qu'on aime. C'est comme dans ton travail. Tu sais bien que souvent la guérison passe par la souffrance, non ?

Il se retourna enfin, et malgré l'obscurité, que le discret rayon de lune atténuait à peine, un petit sourire traversa son visage. Faible, vulnérable, un peu triste, mais bien présent :
— Elle est au courant que tu plaides ma cause ?
— Non. À vrai dire, j'ai admis que tu étais têtu tout à l'heure. C'est vrai que quand tu veux quelque chose...
— ...ou quelqu'un, souffla-t-il, amoureusement.

Eh bien, je préférais qu'il ait ce regard plein de désir et de tendresse. Qu'il accepte de mettre de côté les accusations pernicieuses de sa sœur pour m'offrir ses bras. J'avais besoin, moi aussi, d'oublier ce qui m'attendait le lendemain. Et Nathan était prêt à tout pour effacer ce qui venait de se passer : il fondit sur moi dès qu'il me devina dans la même disposition. Mais il ne me suffisait que de la caresse brûlante de ses yeux, de ses doigts ou de ses lèvres pour que je fonde de désir. Je tirai sur son tee-shirt et le fis basculer au-dessus de moi. Puis glissant mes mains dans ses cheveux soyeux, j'enroulai mes jambes autour de sa taille. Sentir son souffle sur ma peau, alors qu'il commençait à l'explorer, me permit de tout oublier en l'espace de quelques secondes. Au cœur de cette tourmente, il nous restait cet amour-là, plus fort chaque jour.

***

— Nathan, j'ai réfléchi au problème de ta mère que tu m'as soumis, hier soir, fit François le lendemain, lorsqu'il nous eut rejoints dans le ravissant port de Loguivy. Je comprends que tu culpabilises de devoir tant lui mentir, mais tu sais que ce genre de révélations nécessite d'être accompagné par la suite. Dans la durée…

— Et je ne suis jamais là…

— Tu es injuste avec toi même, là. Tu es présent, mais ce sera insuffisant dans ce cas. Il lui faudra du temps pour encaisser que ses deux enfants sont concernés. Et Lucie risque de rendre les choses difficiles à admettre pour elle. Je sais qu'il t'en coûte, mais on ne peut pas. Pas pour le moment, en tout cas.

— Si Lucie devient hystérique cet après-midi…

— Aux yeux de ta mère, cela signifiera juste qu'elle n'est pas guérie et qu'elle aurait dû suivre ta prescription. Ta mère est capable de l'entendre. À toi de faire pression pour que ta sœur t'écoute cette fois, si elle veut échapper à une nouvelle hospitalisation. Je pense que ta mère sera alors en droit de l'exiger d'elle.

— Et s'il fallait l'hospitaliser ? intervins-je, inquiète.

— Le diagnostic sera différent, soupira Nathan. Et les conséquences sans doute moins graves…

— Écoute Nathan, on ne va pas reculer maintenant, quoi que tu craignes ! Dans un cas comme dans l'autre, il faut agir ! J'ai ta trousse dans ma voiture. S'il le faut, je me fais passer pour un confrère et je viens en renfort. Je caresserai un vieux rêve de gosse.

L'image arracha un sourire à Nathan pourtant crispé. Avoir François à nos côtés était réconfortant. Il ne détenait, certes, pas toutes les réponses et les solutions, mais on ne se sentait pas seuls face aux émotions qui risquaient de fausser notre jugement.

Quand on le quitta, de retour sur la cale du petit port que la mer était en train de délaisser, une fois encore, le visage de Nathan était moins fermé qu'à notre arrivée. Je savais qu'il me faudrait agir vite après le repas, avant que la tension ne remonte trop et qu'il hésite de nouveau à me mêler à tout ça. Plusieurs fois, pendant le trajet de retour, je sentis sa culpabilité m'effleurer. Je la pris pour une jolie preuve d'amour. Et cela me donnait la force d'aller jusqu'au bout, ce serait la mienne…

Chapitre XXXI

*« Le propre du véritable danger est précisément
de ne jamais venir de là où on l'attend. »
Pascal David*

À notre retour, nous profitâmes des rayons de soleil un peu pâles mais encore présents, pour prendre le déjeuner dans le jardin.

— Annette, il faut que je vous dise, j'adore votre cuisine ! m'exclamai-je alors que nous terminions le dessert. Je comprends mieux pourquoi Nathan est exigeant en matière de repas, il a été à bonne école !

— Exigeant, moi ? releva-t-il en haussant un sourcil.

— Gourmet ? soufflai-je amoureusement.

Il eut un timide sourire et ne batailla pas davantage.

Si j'étais pressée d'en finir et de ne plus jouer ma petite comédie ambivalente entre Nathan et sa sœur, j'étais certaine que lui aussi. Il fuyait le regard de Lucie et laissait échapper des soupirs, chaque fois qu'il serrait mes doigts. Sa mère lui avait demandé, la veille au matin, d'examiner les devis qu'elle avait reçus pour changer sa chaudière avant l'automne prochain. Perdue dans le vocabulaire et les chiffres, elle voulait son avis. Je savais, sans qu'il ait besoin de me l'expliquer, pourquoi il avait sans cesse reporté le moment de le faire. Aussi, quand il se leva pour l'emmener jusqu'à son petit bureau, je sus qu'il me donnait le signal. Mon cœur faillit louper un battement et je dus vite réagir pour que sa sœur ne se pose pas de questions.

— On va débarrasser et ranger la cuisine toutes les deux, lui suggérai-je, en m'éloignant le temps de me calmer.

Lucie n'était pas du genre bavard. Je me demandais

même si elle l'avait été un jour. Elle s'acquitta de sa tâche tranquillement. Je restai de longues secondes dans le petit jardin, déposant avec une lenteur exagérée les couverts, les tasses et les verres sur le plateau de service. Le planifier, y penser c'était une chose, passer à l'acte, une autre. Je craignais autant sa réaction que l'âme que j'allais devoir accueillir. Mais consciente que repousser le moment ne m'aiderait pas, loin de là, je m'engouffrai dans la cuisine avec mon plateau surchargé.

— Ouh la, tu vis dangereusement, s'exclama-t-elle en me le saisissant des mains.

— Moi, non, mais la vaisselle oui ! Je crois ! Désolée.

Elle eut un petit rire complice. Une aubaine : le rire faisait lâcher prise plus facilement. J'inspirai plus bruyamment que je n'aurais voulu, me concentrai sur la démarche d'accueil que j'avais appris à faire avec Nathan, un jour, dans un petit café. Je posai mon bras sur le sien, en guise de remerciement. Elle sursauta violemment et me lança un regard complètement paniqué, comme si elle avait deviné mes intentions, mais je forçai un sourire. Le genre de sourire poli, un peu vide qu'on fait parfois, parce que toute mon attention se portait sur ce qui allait se passer dans mon esprit.

L'âme entra en moi avec une violence terrible, me donnant l'impression d'être affamée, et se jeta sur moi comme la misère sur le monde. J'eus un mal fou à lui montrer le chemin que je lui réservais. Comme si un violent courant d'eau entrait en moi et qu'il débordait de part en part. J'en grimaçai de douleur. Mon cœur se mit à battre la chamade, malgré mes efforts pour garder un calme apparent. Appliquer les préceptes de François me demandait toute ma concentration, et je ne savais pas ce que Lucie percevait de moi. Faire comme si je n'avais rien senti était clairement au-dessus de mes forces.

Elle était adossée au plan de travail où elle avait entrepris de débarrasser le plateau. Pour que je cesse de la toucher, elle dut me repousser violemment, car je ne réagissais pas. Je vacillai, déboussolée par son geste et paniquée à l'idée de perdre le contrôle difficile à garder. Consciente que j'allais tout faire échouer si je ne me ressaisissais pas, je bredouillai un *sorry*[37] et essayai d'adopter un sourire contrit. Mais incapable de conserver mon équilibre, j'allai cogner le bord de la table derrière moi. Le choc douloureux dans mes lombaires me fit lâcher ma garde et, soudain, un puissant vertige me poussa à fermer les yeux. Un malaise ô combien tristement familier contre lequel je ne pus rien faire. Je m'affaissai sous le coup de la douleur qui vrilla mes tempes, et les paroles de Lucie qui m'arrivaient assourdies et incompréhensibles se turent brusquement.

Je me laissai tomber, incapable de rester debout plus longtemps. Je sentis le froid du carrelage me saisir les jambes. La dureté du sol sous ma tête. Les cris de la jeune femme, devenue hystérique, me parvenaient assourdis et déformés. Je ne comprenais rien de ce qu'elle disait. Elle commença à me secouer, sans ménagement. La violence de ses gestes sans pitié conjuguée au déferlement d'images saccadées et intrusives me fit pousser des gémissements. Je n'étais de taille à lutter contre rien. L'agression qui m'était faite de toutes parts m'affolait davantage encore.

Mon corps s'était mis à trembler sous l'assaut du stress et de la panique qui enflaient dans mes veines sans que je parvienne à les contenir. Je ne savais plus qui criait : Lucie ou cette âme que je n'arrivais pas à canaliser et qui monopolisait toute mon énergie. Je n'arrivais pas à l'accueillir, elle me faisait trop peur. L'empêcher de trop m'atteindre était devenu mon objectif tant je craignais qu'elle ne prenne les commandes de mon esprit.

Je sentis que ma tête cognait à nouveau le carrelage, que Lucie perdait littéralement le contrôle. Elle semblait s'être mise à califourchon sur moi : en tous les cas, son corps pesait sur le mien. Je n'arrivais plus à ouvrir les yeux tant la douleur que l'âme répandait dans ma tête tout

---

[37] désolée

entière devenait lancinante et forte. Alors je poussai un cri, essayant d'appeler à l'aide Nathan sans être certaine d'y être parvenue. Puis je lâchai prise : incapable de contenir les assauts répétés de l'âme que je sentais de plus en plus agressive.

***

Quand je renouai avec les sensations extérieures, mes tempes cognaient sévèrement et on m'avait couchée sur le côté. Plus de sol dur, mais quelque chose de moelleux et chaud qui m'enveloppait. Quelque chose de rassurant qui me poussa à ouvrir les yeux. On avait pensé à tirer les rideaux ou à fermer les volets, car la lumière me sembla supportable. Beaucoup moins le regard tourmenté de Nathan posé sur moi. Ni sa voix rauque, transformée par l'inquiétude qu'il me dissimulait :

— Te revoilà parmi nous. Tu as mis le temps !
— *Sorry*[38], répondis-je la bouche pâteuse.
— *How are you*[39] ? sourit-il, sans doute amusé par mon réflexe linguistique.
— *Not really fine. My head hurts a lot*[40]...

Je voulus rouler sur le dos, il m'en empêcha, protestant doucement :

— Reste sur le côté, tu as une grosse bosse derrière la tête. J'ai craint un moment que tu n'aies une commotion, tu as mis le temps pour revenir ! Si en plus tu ne parles plus qu'en anglais, ça ne va pas m'aider à faire un diagnostic.
— *Well*[41], tu veux que je compte jusqu'à 10 ?
— Par exemple.
— Où est-on ?
— Je t'ai emmenée chez la logeuse de François.
— Ce n'était pas prévu comme ça...

---

38 Navrée
39 Comment tu te sens ?
40 Pas très bien. Ma tête me fait sacrément mal
41 Bon

— Ça ne s'est pas vraiment passé comme on l'avait prévu, dit doucement François derrière lui.
— Lucie ?
— Je lui ai injecté un calmant avant de partir, elle va dormir et j'ai dit à ma mère que je t'emmenais faire des examens à l'hôpital, expliqua Nathan.
— Pourquoi est-ce que je n'ai pas réussi ?
— Tu ne pouvais pas, reprit notre gardien.
— Je suis désolée…
— Tu n'y es pour rien ! Je suis certain que tu as fait de ton mieux, mais la situation était plus compliquée que ce que l'on avait imaginé.

François me tendit un verre de coca et Nathan m'aida à me redresser. Je grimaçai de douleur, mon dos me lançait autant que ma tête. Il blêmit. Inquiet, il me fit rouler de nouveau sur le côté, et soulevant mon chemisier, dut découvrir ce qui devait être un énorme bleu.

— Une poche de glace ? suggéra François.
— Tu peux bouger tes jambes ? demanda Nathan, sans dissimuler l'éclat de colère dans ses yeux.
— Oui, mais je n'irai plus sur ton rocher comme ce matin. Je crois que j'ai cogné le plan de travail avant de tomber.
— Cogné ? Heurté violemment, oui ! Oui, une poche de glace François, si tu peux nous trouver ça.

Ce dernier s'éclipsa aussitôt et Nathan me remit le verre dans les mains après m'avoir installée avec toute la délicatesse possible.

— Au moindre fourmillement, à la moindre sensation inhabituelle dans tes jambes, tu me le dis ! décréta-t-il avec son autorité toute médicale. Et si la douleur dans ton dos augmente…
— Tu te fais du souci pour rien, Lucie m'a juste repoussée un peu trop fort, plaidai-je pour voir cesser l'insupportable lueur d'inquiétude dans ses yeux.
— Tu sais ce qui m'attriste le plus, c'est d'avoir réalisé

que si tu étais restée consciente plus longtemps, elle aurait continué de te maltraiter pour les récupérer coûte que coûte, et je me demande jusqu'où elle serait allée. Elle ne nous a pas appelés quand tu es tombée, elle a d'abord tenté de te faire revenir à toi. Et pas dans la douceur...

C'était sa version des faits, pas mon souvenir pourtant. En tous les cas, cela devait expliquer pourquoi mes joues me chauffaient un peu et l'éclat de colère persistant dans son regard. Sa voix était d'une telle tristesse... Lorsque ses paroles firent enfin sens, je bredouillai, incertaine d'avoir bien compris :

— Attends, tu as dit *les* récupérer ?

— Il y en avait deux, c'est pour ça que tu n'as pas pu faire face.

— *Oh my God ! Is it possible*[42] ??

— François n'a jamais entendu parler d'un truc pareil. Mais cela explique pourquoi elle était dans cet état. C'est de la folie, ajouta-t-il en secouant la tête de dépit.

Je lui tendis mon verre vide et il fouilla dans sa trousse médicale déposée à ses pieds. J'eus droit à un examen neurologique en règle. Je comprenais mieux pourquoi : entre ma vilaine chute, mon hématome derrière la tête et le choc que mon esprit avait dû subir, il avait de quoi s'inquiéter. Je m'y prêtai sans rien dire, appréciant la douceur de chacun de ses gestes. Tout dut lui sembler rassurant, car il me parut alors plus triste que préoccupé.

François revint vite avec de quoi mettre sur ma bosse impressionnante et sur mon dos, et une petite collation que je dus avaler sans délai. Il enjoignit ensuite à Nathan d'en faire autant :

— Tu ne devrais pas trop tarder. Je vais veiller sur elle.

Je vis qu'il en coûtait à Nathan, car il se renfrogna aussitôt et l'esprit encore embrouillé, je balbutiai :

— Où vas-tu ?

— Me débarrasser d'une des âmes que j'ai pu récupérer. Je laisse François t'expliquer. Il a raison, il faut que j'y

---

42 Oh mon Dieu ! C'est possible ?

aille. Ne bouge pas trop. Et si tu ressens quoi que ce soit, nausées, douleurs, ou autre chose, tu le lui dis...

— Promis, ne t'inquiète pas.

Son baiser déposé tendrement sur mon front m'émut bien plus que de raison. Ce n'est pas que je n'étais pas en sécurité avec notre gardien, mais je voyais Nathan écrasé de responsabilité et de culpabilité et je me sentais bêtement fautive et impuissante. François reprit :

— Dis-moi où tu te trouves quand tu auras choisi ton endroit, on ne sait jamais.

— Ça ira ! Je ne m'éloignerai pas, répondit-il avec une fermeté inattendue, en sortant des analgésiques de son sac pour me les tendre. Ils peuvent être utiles si la douleur augmente. Pas plus de deux comprimés. Et François ? Si elle s'endort, réveille-la au bout d'une heure, pour vérifier que tout va bien !

Ce dernier hocha la tête et posa sur lui une main bienveillante ! Il l'accompagna jusqu'à la porte, comme pour lui donner la force nécessaire puis vint s'asseoir à mes côtés. Les plis soucieux de son front ne m'échappèrent pas, même s'il essayait de paraître serein.

— Pas trop mal ? s'enquit-il, en me voyant ajuster la poche de glace derrière ma tête.

— C'est supportable. Tu peux m'expliquer ce qui s'est passé pour que je sois là ?

— Tu ne préfères pas te reposer ?

— Je ne pourrai pas, sachant Nathan dehors, dans cet état.

— Il va bien mieux que lorsqu'il t'a amenée ici. Il a eu très peur, et j'avoue qu'il a eu de quoi. Tu as mis longtemps avant de reprendre connaissance. Les deux âmes que tu as récupérées t'ont malmenée. Tu as réagi violemment avec elles, c'est normal. Mais ton esprit n'a pas supporté.

— Si Nathan en a une, tu as l'autre ?

— Bien sûr, oui. Il t'a amenée ici, parce que, lorsqu'il a réussi à récupérer la première, il a senti que quelque chose ne tournait pas rond. Il n'a pas insisté. Mais il a dû gérer sa sœur avant de pouvoir venir jusqu'ici. Tu le connais assez pour comprendre à quel point il s'est senti écartelé entre elle et toi !

Oh oui ! Je l'avais lu dans ses yeux. Il y avait eu tant de culpabilité et d'inquiétude. Comment allait-il trouver la force de souffler une âme, qu'il allait devoir accueillir avec bienveillance malgré tout ce qui venait de se passer ?

— Tu crois qu'il va y arriver ?

— Nathan a beaucoup de ressources en lui. Il laisse rarement ses émotions prendre le dessus, alors je suis très confiant, oui ! Et puis, je suis certain qu'il a hâte de revenir ici très vite !

— Et Lucie ?

— Lucie a été difficile à calmer et à contrôler. Il a eu du mal à l'éloigner de toi. Sa mère pense qu'elle s'en voulait de t'avoir blessée. Ce qui est plutôt une bonne nouvelle pour nous, mais lui a dû user de force pour parvenir à ses fins. Il va se le reprocher, je le connais.

— Je crois que d'abord elle m'a juste repoussée, parce que je l'ai touchée. Je n'aurais peut-être pas dû, mais j'avais tellement peur de ne pas y arriver.

— Tu as fait ce qu'il fallait, Sarah. Les deux âmes se sont engouffrées dans ton esprit parce que tu as dû leur faire un sacré appel ! Pas mal pour une *novice*, rajouta-t-il espiègle.

— Et si lui aussi avait récupéré les deux ? Que se serait-il passé ?

— Je ne sais pas. Lucie vit avec depuis un moment, je ne pensais pas cela possible. Je ne sais pas si elle l'a fait volontairement. Mais cela l'a beaucoup affectée et a modifié son comportement et son caractère à ce que j'ai compris. Nathan a de l'expérience certes, mais je n'ai aucune idée de la façon dont on peut faire cohabiter deux âmes différentes. Vu ta réaction, ça doit être une situation difficile à surmonter. Il a eu la bonne intuition de ne pas insister. Et un sacré sang froid pour avoir réussi à tout gérer seul.

L'admiration de François pour son protégé me rasséréna. J'espérais juste que Nathan reviendrait vite. Sa mère, sa sœur, mes contusions, cette âme…, cela faisait beaucoup pour lui ! François posa sa main sur la mienne et murmura :

— Tu t'en fais trop, Sarah. Nathan gère toujours les choses les unes après les autres. Fais-lui confiance et repose-toi ! Il a besoin de te trouver en meilleure forme qu'à ton réveil.

Que dire devant de tels arguments ? J'acquiesçai et fermai les yeux.

***

Je me rappelai à peine que François m'ait réveillée pour voir si tout allait bien et me faire boire à nouveau. J'avais pris les analgésiques pour cette migraine tenace. À croire qu'on m'avait rouée de coups de l'intérieur ! Je me sentais plus contusionnée dans ma tête que dans mon corps, même si la bosse derrière mon crâne était effectivement impressionnante au toucher. Les poches de froid avaient disparu et mon infirmier improvisé m'avait installée au mieux.

Ce fut la sonnerie de la porte de la maison qui me tira de mon sommeil, puis les pas précipités de Nathan. Le voir me procura un soulagement immédiat : pourtant, impossible de ne pas remarquer les stigmates de la fatigue sur ses traits. Mais son premier réflexe fut de venir s'assurer que j'allais bien. Il ignora l'approche de François, pour s'asseoir à côté de moi.

— Rien de plus à signaler, bredouillai-je groggy. Prends soin de toi !

— La douleur ?

— Tes pilules miracles ont fait effet. Ça va… et je peux remuer le petit orteil gauche ou droit.

Ma blague timide détendit enfin ses traits et il se pencha pour m'embrasser. C'est là qu'il consentit à lâcher les émotions qu'il devait tenir en laisse depuis un moment. Et même si elles me donnèrent le tournis, je les accueillis avec joie, comme un retour à la normalité. Drôle de mot quand on savait que nous n'étions qu'une poignée à avoir ce privilège. Et sa tendresse et son soulagement étaient de puissants baumes !

François était resté dans l'ombre, discret et patient. Savoir qu'il abritait une âme potentiellement virulente et le voir si calme me rendait perplexe. Combien de temps devrait-il attendre lui pour accomplir sa tâche ? J'imaginais que le cas de Lucie le perturbait même s'il n'en laissait rien paraître. Autant de questions que je n'osais pas poser, de peur de voir Nathan se rembrunir. Si le soulagement, qu'il éprouvait, pouvait durer un peu encore... Il saisit une des nombreuses canettes de soda, achetées en prévision et rangées sur la table de nuit, et se tourna vers lui.

— Je suis repassé chez ma mère. J'ai prétexté que j'avais besoin des papiers de Sarah pour l'hôpital, précisa-t-il en remarquant François froncer les sourcils.

— Comment vont-elles ?

— Lucie dormait encore. Ma mère est effondrée. Je pense que si elle ne voit pas Sarah avant notre départ, elle ne s'en remettra pas ! Elle ne pourra plus garder Lucie, elle éprouve trop de colère... et de peur, aussi. Je crois qu'elle est vraiment à bout.

— Donc tu acceptes mon idée ?

— Quelle idée ? intervins-je, intriguée.

François lui décocha un regard d'encouragement. Mais je sentis que Nathan pesait ses mots, il lâcha, de toute évidence à contrecœur :

— Ramener Lucie à Paris.

— Chez moi, ajouta François, en le scrutant avec insistance. D'une part, pour évaluer les possibles séquelles, et ça c'est plus du domaine de Nathan que du mien, d'autre part pour la guider.

— Mais...

— Elle refusera de devenir l'une des nôtres, oui, je sais, rétorqua Nathan, les yeux lourds de regrets.

— Ma tâche ne se cantonne pas à aider les chasseurs quand ils ont besoin de moi, Sarah. Je suis là aussi pour ceux qui refusent ce rôle. Cela arrive régulièrement. Ils ne doivent pas se sentir rejetés, il en va de leur équilibre. Mais on doit éviter qu'ils ne prennent des directions hasardeuses. Il y a six ans, la situation nous a échappé, poursuivit François en insistant lourdement sur le mot «nous». Je n'avais pas le recul nécessaire, et en plus, je gérais déjà la formation de Nathan et d'un autre chasseur. Aujourd'hui, les choses sont différentes et c'est peut-être le bon moment.

— Sauf que l'on n'a aucune idée de la manière dont ma sœur va réagir quand elle comprendra...

Le visage de Nathan s'était fermé. Ses doigts s'étaient crispés sur les miens, sans qu'il s'en rende compte.

— C'est mon problème Nathan, ta sœur ne peut pas être insensible à la compassion. C'est ce qui l'a poussée à aller si loin. Tu n'en es pas capable aujourd'hui, et je le comprends, mais moi, oui ! Et c'est tout ce dont elle va avoir besoin là. Se sentir comprise.

Nathan ne chercha pas à dissimuler ses doutes, néanmoins il hocha la tête. J'avais peine à suivre le raisonnement de François. Il misait sans doute sur cette capacité qu'on avait à ressentir les émotions de l'autre. Un gage de sincérité certain. Il comptait aussi sur l'état dans lequel devait être Lucie, complètement désemparée d'avoir échoué, et peut-être de m'avoir blessée.

— J'ai dit à ma mère que j'avais appelé un ami pour qu'il vienne nous chercher, elle ne sera donc pas surprise de te voir. Je lui ai dit que tu arriverais de Saint-Malo, donc environ dans deux heures.

— Saint Malo ? répéta François, haussant un sourcil étonné.

— Si elle imagine que tu fais l'aller-retour de Paris, elle

va se faire un sang d'encre. C'est à deux heures, c'est un bon compromis.

— Alors, va pour Saint-Malo !

— On devrait peut-être rentrer, suggérai-je, elle serait rassurée sur mon état, tu ne crois pas ?

Nathan se rembrunit carrément, son soupir de frustration n'échappa à personne. Ni l'éclat de colère qui fit étinceler ses yeux. C'était tellement rare chez lui…

— Ce n'est pas une bonne idée, non ! J'ai dit à ma mère que tu allais bien et qu'il te gardait une heure ou deux en observation.

— Donc tu as deux heures pour calmer cette colère que tu as en toi et qui va effrayer ta sœur, annonça doucement François.

— Je ne suis pas certain d'y arriver.

— J'ai dit *calmer*, Nathan. La rendre tolérable pour ta sœur. Elle est à même de comprendre que tu lui en veuilles d'avoir fait du mal à Sarah.

— Je n'en suis même pas sûr…, se lamenta-t-il, la tête entre ses mains.

Il était épuisé. Il n'était plus en état de réfléchir, de raisonner et encore moins de prendre du recul. Je quittai ma place confortable et m'approchai de lui, contente qu'il ne me voie pas grimacer. Ma chute avait aussi visiblement lésé mon poignet, il était difficile de m'appuyer dessus. Elle ne m'avait pas ratée. Je glissai mon bras autour de lui :

— Elle doit bien se douter que tu ne m'as pas laissée porter ces deux âmes, je ne risque plus rien. C'est à toi qu'elle risque d'en vouloir.

— Ça m'est égal.

— C'était un accident, Nathan. Elle ne m'a pas repoussée méchamment, ça m'a plutôt semblé être un réflexe.

— Tu ne l'as pas vue ensuite s'acharner sur toi.

— Elle était certainement paniquée, le contra doucement François. Tu l'étais toi-même ! Laisse-lui le bénéfice du doute.

Il ne répondit plus rien et s'appuya légèrement contre moi. Un geste las, plein de tendresse. Je le sentis s'apaiser, alors je jetai un regard vers notre gardien qui saisit instantanément mon message silencieux.

— Nathan, essaie de dormir un peu, il faut que tu récupères un minimum avant d'y retourner. Je vais aller faire le plein de la voiture, on sera quitte de s'arrêter en route.

Il obtempéra sans dire un mot, ôta ses chaussures pour s'allonger et m'enlaça. Ce geste accéléra violemment les battements de mon cœur, je me sentais si précieuse à ses yeux, soudain. Il sombra très vite. Qu'il ait vu Lucie s'acharner sur moi m'ennuyait, il lui en voulait déjà tellement avant...

***

François nous laissa plus d'une heure. Si j'eus moins de mal à sortir de ma somnolence que la première fois, Nathan, lui, dormait profondément. Je me dégageai aussi doucement que possible pour me mettre debout sans qu'il me voie grimacer. La tête me tourna et François, vigilant, me stabilisa. Il comprit mes intentions et en silence me redonna à boire puis de quoi grignoter. Je me sentais faible, cela m'ennuyait de tourmenter encore Nathan. François, conscient de mes états d'âme, souffla :

— Ne t'inquiète pas trop. Au pire, il verrouillera ses émotions. Ce serait juste bien que tu ne ressentes pas de peur face à Lucie.

— Ce n'est pas elle qui m'a fait peur, c'est la violence avec laquelle les âmes sont entrées en moi.

— Alors tant mieux. La partie la plus serrée sera devant sa mère, le reste ne me tracasse pas trop.

Je dus réveiller Nathan, ses yeux brillaient de fatigue et à le voir se mouvoir, il aurait eu besoin de dormir bien plus. Mais l'avantage d'être interne, c'était qu'il était rôdé à ce type d'exercice et qu'on se remettait vite en selle. Une douche et deux cocas plus tard, il m'aidait à m'installer dans la voiture de sa mère, surveillant chacun de mes gestes et mimiques. Inquiète de le voir aussi fermé, je l'empêchai de démarrer.

— Tu voulais aider ta sœur. C'est toujours ce que tu es en train de faire, n'oublie pas, et on est tout près de réussir. Tu as confiance en François, n'est-ce pas ?

— Je n'ai pas le choix !

— Tu aurais aimé n'impliquer personne ? Mais ce n'est pas possible... tu as essayé, tu ne dois pas t'en vouloir !

— C'est à elle que j'en veux !

Moi aussi ! Clairement. L'entêtement dont elle avait fait preuve m'exaspérait. Son égoïsme aussi. Mais Nathan n'avait pas besoin de le savoir. Alors je pris sur moi et plaidai sa cause, espérant être convaincante :

— Elle n'a pas choisi ce don, Nathan, elle a le droit de ne pas l'assumer. Elle a fait ce qu'elle a cru bon pour vivre avec...

Je touchai juste avec ces derniers mots. Il lâcha le volant qu'il tenait de ses mains crispées, pour saisir les miennes.

— Tu penses que j'ai agi par orgueil ?

— Je ne dis rien de ce genre, loin de moi cette pensée, mais regarde-la autrement. J'ai eu le temps de l'observer ce week-end, ta sœur souffre. Elle a sans doute changé parce que ce don lui pèse. Peut-être même souffre-t-elle de ne pas savoir l'assumer comme toi ?

— On n'en a jamais parlé, regretta-t-il. La situation s'est envenimée dès qu'elle a su pour moi.

— Parce qu'elle a eu peur peut-être.

— Peut-être, oui. J'étais trop accaparé par ce qui m'arrivait pour voir les choses de cette façon.

— Alors, laisse-lui une chance cette fois.

Il ne répondit pas, mais son regard intensément posé sur moi me suffisait amplement. Il embrassa, une à une, mes mains avec une sorte de dévotion émouvante. Mais bon, je protestai tout de même :

— Je ne suis pas malade, si ?

Il ne mit pas longtemps à comprendre pourquoi je m'insurgeais, il s'esclaffa avant de se pencher davantage, m'offrant un vrai baiser.

Annette avait les larmes aux yeux lorsqu'elle me serra contre elle, sur le seuil de sa maison, prenant bien garde à ne pas toucher mon dos endolori. Sa peine m'ébranla au point de me faire vaciller et son fils dut glisser son bras autour de ses épaules pour l'éloigner de moi et la rassurer.

— Sarah va bien, Maman, elle est juste un peu commotionnée.

— C'était un accident, rajoutai-je. J'ai dû la bousculer et j'ai trébuché en reculant. Je n'avais pas vraiment pris mes repères dans votre cuisine.

Son pâle sourire me fit de la peine.

— Quel triste souvenir tu vas garder, murmura-t-elle.

— Garder ? Non, je ne crois pas. Et puis, on en aura d'autres, bien meilleurs, j'en suis sûre.

Reconnaissant de mes efforts pour la réconforter, Nathan s'éclipsa pour aller prévenir sa sœur. Et je laissai sa mère m'installer confortablement dans le salon.

— Je ne sais pas ce qui arrive à ma fille, je ne comprends pas. Je croyais qu'elle allait un peu mieux. Nathan avait parlé d'une sorte de dépression. Il pense trouver quelqu'un sur Paris pour l'aider…

— Il connaît beaucoup de médecins, avec tous les stages qu'il a faits. Si elle accepte de le suivre cette fois…

— Je ne lui ai pas laissé le choix, avoua-t-elle alors, avec une voix étonnamment ferme. Elle a fait du mal à tout le monde ! Et elle n'a pas su se contenir avec toi. Il faut que cela cesse et qu'elle se fasse aider. Si elle ne veut pas de l'aide de son frère, alors je lui refuse la mienne.

Moi qui avais cru qu'Annette était une femme plutôt effacée et conciliante, je la découvrais sous un autre jour. Elle me rappelait son fils, ce jour où je lui avais balancé à la figure tous mes reproches, parce que je n'avais pas digéré qu'il se plie à la requête de François. La même détermination, la même droiture, la même résignation face à l'évidence. Le bruit de la voiture de François se garant sur les gravillons de l'allée qui menait à la maison mit fin à notre conversation. Il n'avait pas tardé !

Chapitre XXXII

« La paix n'est pas l'absence de guerre, c'est une vertu, un état d'esprit, une volonté de bienveillance, de confiance, de justice. »
Spinoza

Depuis deux heures, François avalait les kilomètres sans faiblir. À son arrivée, très vite, il avait gagné la confiance d'Annette. Certes, son âge plus mûr que le nôtre et sa prestance naturelle y étaient pour beaucoup. Mais en quelques mots appuyés d'un de ses regards intenses, la mère de Nathan s'était détendue d'un coup. Lorsque Lucie et son frère nous avaient rejoints, chargés de leurs bagages, quelques minutes après, il avait enveloppé la jeune femme d'une telle bienveillance que sa raideur et son hostilité s'étaient amoindries au fil des minutes. C'est là que j'avais compris toute la différence avec ce qui s'était passé six ans plus tôt : l'empathie ne se développait que lorsque nous avions su accueillir une âme. Lucie n'en avait accueilli aucune, elle, alors elle n'avait jugé que sur les actes ou les paroles.

Elle s'était tenue à distance alors que nous prenions congé de sa mère, n'établissant avec notre gardien qu'un simple contact visuel. Nathan, lui, s'était résolument mis entre elle et moi, dans une attitude protectrice évidente. Si aucune fureur ni même aucune méfiance n'avaient paru émaner de lui, il ne lui faisait pas confiance. Elle avait bredouillé quelques mots d'excuse sincères, lorsque nous avions franchi la porte. Son visage était ravagé par le désarroi et une colère qui ne semblait tournée que contre elle-même à en croire son regard désincarné. Prétextant que Nathan devait vouloir me surveiller encore, François l'avait installée à ses côtés. Il m'isolait clairement d'elle puisqu'elle se retrouvait assise devant moi et il se positionnait déjà dans son rôle. Elle n'avait pas dit un mot. C'est à peine si elle avait regardé sa mère, quand elle était venue m'embrasser une dernière fois, rongée par la culpabilité.

À mes côtés, Nathan, écrasé de fatigue, s'était doucement affalé contre moi. Je ne savais pas ce qui s'était dit là-haut dans la chambre de Lucie, ni comment il avait réussi à la convaincre de nous accompagner. La voix de Lucie, devenue rauque, sans doute à force d'avoir crié, me tira de mes pensées somnolentes :

— Qu'est-ce que vous allez faire de moi ?

— Rien contre ton gré, répondit notre chauffeur à voix basse.

— Ah oui ? Comme maintenant ?

— Tu n'as pas laissé le choix à ton frère. Il s'en veut, tu sais.

Il jeta un regard furtif sur son protégé dans le rétroviseur. Je refermai les yeux, consciente de l'importance de l'échange qui allait suivre, et verrouillant la colère que suscitaient en moi ses réactions. Elle vérifia elle-même que nous dormions toujours.

— Si tu ne le comprends pas, reprit-il d'un ton égal, essaie de respecter son point de vue. Tu les as mis en danger tous les deux. Et tu aurais pu exposer ta mère aussi.

— J'ai fait attention !

— Pourtant tu as exposé Sarah !

— Mais là, je ne comprends pas ce qui a pu se passer, gémit-elle, laissant exploser une vague de regrets terrible.

François dut sentir que cela m'affectait, car il coula de nouveau un regard discret vers moi, avant de répondre :

— Je ne suis pas ton ennemi, Lucie. Nathan non plus. On respecte ton choix…

— Nathan ? persifla-t-elle, dubitative.

— Tu te trompes à son sujet. Il s'est inquiété de ta santé en priorité, depuis le début, c'est vrai. C'est un réflexe naturel, surtout vu sa profession. Ton choix actuel met ta santé en péril et potentiellement celle d'autrui. Tu aurais pu blesser Sarah plus sévèrement tout à l'heure.

— Il n'a retenu que ça !

— Non, tu te trompes ! Il m'a raconté ce qu'il a vu et compris. Il m'a appelé au secours parce qu'il est désemparé et affolé. Il a eu peur pour sa belle, tu peux l'accepter, non ?

— Oui, admit-elle à voix basse, bourrée de remords. Il me l'a dit. Jusque-là, j'avais l'impression que…

Elle se tut, comme si la honte l'empêchait d'en dire plus. Notre présence ne l'aidait sans doute pas à se confier non plus.

— Qu'il te jugeait mal ? suggéra François, perspicace.

Lucie n'était clairement pas habituée à côtoyer des gens doués d'une telle empathie, car l'étonnement succéda à la honte. J'aurais donné cher pour voir son visage à cet instant-là.

Je m'aperçus alors que depuis le début de leur conversation, il choisissait soigneusement ses mots pour me couvrir. Je n'étais pas censée comprendre de quoi ils parlaient et il était bien possible que mes émotions trahissent mon état de veille.

— Il était certainement très en colère de te voir prendre une direction dont il savait les dangers, et furieux que tu ne lui fasses pas confiance, ajouta-t-il. Pas en tant que médecin, Lucie, en tant que frère. C'est quelqu'un de bien, tu sais. Il a un sens aigu des responsabilités et la tête sur les épaules. Mais il fait ce qu'il sait faire. Et dans ton cas, il est perdu.

Ses derniers mots éloquents durent la rasséréner un peu : il plaidait la cause de Nathan, mais tout autant la sienne. Elle ne répondit plus rien, et elle se laissa aller au sommeil, bercée par le roulis de la voiture.

C'était Nathan qui conduisait quand nous rentrâmes dans Paris, je n'avais rien vu du changement de chauffeur.

Lucie ne dormait plus, elle était murée dans un silence que seules ses émotions éclairaient un peu : elle était angoissée et, à voir le regard de François posé sur elle, à mon réveil, je savais qu'il y était très attentif. Nathan lui muselait toujours les siennes, sans doute pour l'épargner. À voir ses mains crispées sur le volant et sa mâchoire contractée, la situation le tourmentait tout autant.

Tout ankylosée et endolorie, je m'agitai pour essayer de trouver une autre position plus supportable et il tourna la tête, inquiet.

—Tu as besoin d'antidouleurs ?

— Ça peut attendre.

Il me jeta un regard noir, ayant très bien compris que je cherchais à ménager sa sœur que je sentais toute tendue devant moi. Puis, profitant d'un ralentissement, il fouilla dans la poche de son pantalon et en sortit la plaquette de comprimés pour me la donner d'autorité.

— Mélanie est chez toi ?

— En général, elle dort chez Antoine le dimanche soir.

— Alors on va chez toi, je préférerais que tu ne bouges pas trop demain.

— Et moi ? fit Lucie d'une toute petite voix.

— Chez moi, intervint François. J'ai plus de place pour t'accueillir, tu y seras chez toi le temps nécessaire. Nathan passera t'y voir si tu en as envie.

Ce dernier encaissa cette phrase sans masquer sa surprise. Notre gardien ne se démonta pas et poursuivit tranquillement, défendant ostensiblement sa nouvelle protégée :

— Il t'en veut certainement encore et tu redoutes sa réaction, c'est mieux ainsi, tu ne crois pas ?

— Je ne voulais pas faire de mal à Sarah, se justifia-t-elle en regardant son frère. C'est vraiment un accident.

— Je sais. Sarah a plaidé ta cause.

— Mais tu ne veux plus de moi ?

Le ton de sa voix me fit tout de même un peu de peine.

Elle n'avait plus rien de la personne entraperçue à mon arrivée, sèche, un peu hautaine et froide. Elle était perdue et angoissée. J'entendis Nathan inspirer longuement. Elle l'avait touché, j'en étais certaine.

— J'habite un petit appart, Lucie. Il n'y a pas de place pour deux. Quand j'y rentre, c'est pour travailler et dormir. Tu peux demander à Sarah, le frigo est même vide. Je t'assure que tu seras bien chez François. Et je passerai chaque fois que tu le souhaiteras. Lui pourra t'aider, moi pas.

Elle n'insista pas et je vis Nathan l'observer furtivement plusieurs fois. Il lui en voulait certes, mais il n'avait aucune envie de la laisser tomber. Il confiait juste les rênes à François, et je perçus le soulagement dans sa voix quand il prononça ces paroles. Renoncer à l'aider était nécessaire pour permettre à Lucie d'accepter totalement l'aide de notre gardien.

***

J'avoue que retrouver la solitude de mon petit appartement fut une bénédiction. Le voyage avait été éprouvant : la tension dans l'habitacle m'avait presque plus pesé que mon dos douloureux. Nathan ne m'épargna pas un nouvel examen complet, avant de me permettre une douche et une collation. La voisine avait déposé Milady dans l'appartement comme convenu. Ma minette joua son rôle réconfortant habituel, s'incrustant jusque sous ma couette, au grand dam de Nathan qui n'avait pas demandé son reste pour venir me rejoindre.

Je tombais à nouveau de sommeil, mais après avoir trouvé un compromis pour accueillir les deux, je posai tout de même la question qui me taraudait :

— Comment va faire François pour gérer cette âme qu'il a récupérée, Lucie et son travail demain ?

— Il l'a soufflée quand on a dormi chez sa logeuse.

— Tu en es sûr ?

— Je crois qu'il ne voulait pas prendre le risque de

voyager avec Lucie et cette âme. Pour son travail, c'est lui le patron. Il va et vient à sa guise. Il va commencer par mettre ma sœur en confiance, et tu sais qu'il sait faire...

— Oui, même ta mère s'est laissée charmer tout à l'heure.

— Ah oui ? ricana-t-il.

On ne peut pas dire que j'avais une grande expérience en relations sentimentales, mais je pouvais dire qu'après ce week-end et la nuit qui suivit, je sentis que nous avions franchi un cap. Peut-être que l'adversité révélait les gens plus vite, les obligeant à montrer qui ils sont au-delà de leurs envies et de leur réserve... L'inquiétude latente de Nathan à mon égard, depuis l'incident de la cuisine, m'avait profondément touchée. Il y avait eu bien plus, dans ses yeux, qu'une préoccupation médicale dans les heures qui avaient suivi. Certes, quelques jours auparavant, il avait avoué sa peur de me perdre, mais je l'avais ressentie au-delà des mots.

***

J'avais oublié ce que le sommeil profond après une expérience inachevée comme la mienne pouvait provoquer. Pas Nathan. Je dus lui faire passer une nuit d'enfer : à trois reprises, je me retrouvai en nage dans ses bras, complètement déboussolée. Avec une patience sans faille, il prit le temps de me ramener à la réalité, me parlant doucement pour chasser les images et les cris qui m'avaient malmenée, sans que je parvienne à leur donner du sens. Chaque fois, je me rendormis sous l'effet apaisant de ses doigts caressant mon dos ou mes tempes douloureuses.

Je ne savais pas s'il avait compris que les larmes qui coulaient étaient des larmes d'émotion, mais elles n'avaient clairement rien à voir avec ces cauchemars... Il était là, malgré tout ce qu'il avait vécu, malgré l'épuisement visible sur ses traits, malgré ce qui l'attendait le lendemain... Il me donnait tout ce qui lui était humainement possible, et cela me bouleversait. J'avais besoin de lui autant que je l'aimais. Mes sentiments pour lui étaient à ce moment-là si forts, si puissants, que je me sentais fébrile et submergée. Mon cœur battait la chamade et je ne le devais pas qu'aux seuls cauchemars. Cela ne m'était jamais arrivé. Jamais un homme n'avait su m'aimer et prendre soin de moi de la sorte.

Il protesta vivement le lendemain matin, lorsque je voulus me lever pour lui préparer un petit déjeuner digne de ce nom. Mais à vrai dire, je n'avais aucune envie de me rendormir seule. L'épreuve de la nuit avait été douloureuse. Même si je me sentais épuisée, j'avais envie de penser à autre chose. Bien m'en prit, comme je privilégiais ma main gauche, ses yeux se posèrent sur mon poignet enflé :

— Pourquoi tu ne m'as rien dit ? me reprocha-t-il, en s'en emparant doucement pour l'examiner.

— Parce que ce n'est qu'une gêne passagère.

— Il faudrait quand même l'immobiliser quelques jours, c'est enflé...

— Je n'ai pas prévu de grands travaux aujourd'hui, tu sais !

— J'espère bien ! me gourmanda-t-il d'un regard autoritaire.

— J'aimerais autant que Mel ne me bombarde pas de questions...

— On verra ce soir, alors. Promets-moi de rester tranquille !

— Tout ce que tu voudras ! Tu vas rendre visite à ta sœur ce soir ?

— Seulement si elle me le demande. François va me tenir au courant de toute façon.

— Dis, si j'ai mal dormi... elle aussi, n'est-ce pas ?

Son visage s'assombrit. Il n'avait pas lâché mon poignet, le caressant avec délicatesse, comme pour en enlever la douleur.

— Sans doute. Je ne sais même pas comment elle a

pu dormir tout ce temps ni comment elle a pu garder le contrôle. François non plus n'en a aucune idée.

— Elle vous l'expliquera un jour, quand elle aura confiance en vous.

— J'espère que ce jour viendra, soupira-t-il avec un petit sourire triste.

— Hier soir, quand on s'est séparés, elle avait besoin de toi, Nathan, tu l'as senti toi aussi, n'est-ce pas ?

Ce n'était pas grand-chose, cela suffit à le rasséréner. Il hocha légèrement la tête, le regard peiné.

— Merci d'avoir été là cette nuit.

— Sarah ! commença-t-il à protester.

Je n'avais pas envie d'en dire plus, je quittai ma place pour finir sur ses genoux, nouant mes bras autour de son cou et le remerciant du mieux que je pouvais, avec toute ma tendresse et depuis cette nuit, Dieu savait que j'en avais à revendre !

***

Revenir à une réalité plus paisible me fut difficile : j'avais beau essayer de me raisonner, j'étais hantée par ce qui s'était passé à Paimpol. Je pensais souvent à Annette qui devait se faire beaucoup de soucis malgré les appels de son fils, à Nathan que le silence prolongé de sa sœur devait ronger. La fatigue et les douleurs sourdes, qui subsistaient dans mon dos et mon poignet, ne m'aidaient pas à passer à autre chose. Ma colère contre l'inconscience de Lucie sourdait dans mes veines. Avoir touché du doigt son inconséquence amenuisait ma compassion à son égard. J'attendais avec impatience un nouveau roman à traduire pour la fin de semaine.

Sophie, vite informée des derniers évènements, vint chaque jour déjeuner avec moi. J'aimais sa manière de raconter les anecdotes de sa vie, m'arrachant à mes pensées, sans me brusquer. Elle me faisait souvent l'effet d'être un papillon qui virevoltait, sauf que sous ses airs légers, elle cachait une attention sans faille. Et son analyse des gens et des évènements me surprenait chaque fois tant elle me semblait juste.

Lorsque je lui racontai ce que j'avais perçu chez Lucie et la réaction de son frère quand je lui en avais parlé, elle commenta :

— Nathan a pourtant eu du mal à l'accepter, ce don. Tu imagines un futur médecin qui doit accepter la mort comme la seule solution de repos pour une âme ?

À vrai dire non, je n'avais jamais vu les choses sous cet angle. Et il se gardait bien de m'en parler. Mais je comprenais encore mieux pourquoi il craignait que je ne sache pas aller jusqu'au bout de ma tâche.

— Tu crois que Lucie réveille en lui cette part de culpabilité ?

— Possible oui, elle a été terrible dans ses accusations ! Et il en a été vraiment très affecté. Moi, je pense que ce n'est pas pour rien qu'il a choisi la neurologie. Je ne dis pas qu'il cherche des réponses, mais le cerveau est le siège de notre âme. C'est troublant en tous les cas.

— Et il élude toujours le sujet, quand on lui en parle.

— C'est un peu son jardin secret. Il a eu moins de chance que nous, quand il a dû faire face à l'évidence. Nous ne nous connaissions pas encore, et je crois que François l'a senti fragile à ce sujet et l'a un peu bousculé pour qu'il ne lui échappe pas. Tout ça dans la solitude, dur !

— C'est pour cette raison que Lucie le touche autant... Pas seulement parce qu'elle est sa sœur. Parce qu'il a connu les mêmes hésitations.

— Bien possible ! Je crois qu'il n'a été convaincu qu'après sa première expérience réussie. Tu sais ce qu'on éprouve quand on a terminé, c'est un puissant sentiment de paix, de plénitude, qui prend le dessus sur tout ce qui a été difficile avant : les images, les cris parfois, la culpabilité qu'on peut ressentir.

— Encore aujourd'hui ?

— Chaque fois oui, bien sûr ! Mais chaque fois qu'on a terminé, ce souffle qu'on ressent balaie tout, et là tu sais que la cause est juste. Tu ne te poses plus la question quand c'est fini !

— François parle de nous emmener au bord de la mer pour recommencer.

— Ça, c'est une bonne idée ! Est-ce que ça t'inquiète de recommencer ?

Sa crainte était d'autant plus légitime que côtoyer Lucie et parler de ce qui l'arrêtait, elle, aurait pu semer de nouveaux doutes en moi. Cela inquiétait Nathan. Il m'avait obligée, la veille au soir, à lui raconter le contenu de ces cauchemars qui continuaient de me hanter la nuit. Il avait besoin de vérifier si ce que cette âme m'avait laissé en cadeau me tourmentait comme cela avait pu tourmenter sa sœur. Mais ce n'était qu'un cauchemar tenace, et je le considérais comme tel.

— Pas vraiment. Je suis certaine que François choisira le sujet idéal. Si tu me dis qu'ensuite ce sera plus évident...

— Le plus dur, c'est le premier pas, comme toute chose dans la vie, ajouta-t-elle avec un petit sourire espiègle.

J'avais apprécié qu'on puisse en parler aussi librement, sans que j'aie à me soucier de ce que Nathan allait penser, interpréter, redouter. Je n'aspirais avec lui qu'à oublier mes nuits difficiles et à l'éloigner de ses inquiétudes. Je ne savais pas comment il aborderait sa garde du lendemain en dormant aussi peu et aussi mal. J'avais essayé de le renvoyer se coucher chez lui pour qu'il récupère, mais il avait refusé tout net.

***

François m'appela le lendemain après-midi pour me demander si cela me dérangeait de rencontrer Lucie. Sans Nathan. Et il me laissa le choix de l'endroit. Accueillir Lucie chez moi n'était pas un problème en soi : je voulais venir en aide à Nathan, malgré la colère que j'éprouvais à son égard. Une colère ravivée chaque fois que mon poignet m'élançait ou quand je me rappelai les cauchemars de la nuit. Je n'éprouvais aucune méfiance à son égard. Mes seuls soucis étaient d'enfouir mes sentiments et de cacher ce que je connaissais d'elle et que j'étais des leurs. Pour Nathan ! Uniquement pour lui. J'acceptai donc sans connaître réellement l'objet de cette visite, mais j'étais persuadée qu'il savait ce qu'il faisait.

Cela me donna un excellent prétexte pour faire quelque chose de mes mains : une bonne fournée de cookies dont je porterai les restes à Nathan, le lendemain, pour le requinquer un peu... Coupée de tous ses repères, de tout ce qui avait motivé ses choix, ses réactions, Lucie me sembla très vulnérable dès que je lui ouvris la porte. Ses yeux profondément cernés ne cachaient rien des nuits mouvementées qu'elle devait vivre elle aussi. Mon ressentiment envers elle s'en trouva atténué. Elle balbutia, quand nous nous retrouvâmes face à face :

— Merci de me recevoir. Comment tu vas ?

— Bien mieux, tu ne devrais pas t'en faire pour ça.

— Si, un peu, quand même, avoua-t-elle, l'air navré et le regard fuyant. Je t'ai fait du mal.

Son malaise avait comme empli la pièce. Je n'allais pas le supporter bien longtemps sans qu'elle s'en rende compte. Je haussai les épaules :

— Je t'avouerai que je ne l'ai pas bien pris. C'était involontaire, n'est-ce pas ?

— Je ne sais pas, Sarah. Mais je ne peux pas t'expliquer ce qui m'est passé par la tête.

— Tu n'as pas besoin d'expliquer, l'important c'est que tu te sentes mieux. C'est le cas ?

— Ça non plus, je ne sais pas. Voilà pourquoi je n'appelle pas mon frère. Il m'en veut beaucoup, n'est-ce pas ?

— Je crois surtout qu'il se fait beaucoup de soucis pour toi, même s'il te sait entre de très bonnes mains.

— Je regrette ce qui s'est passé chez ma mère, vraiment. Toute cette colère que j'ai accumulée contre lui aussi.

— Eh bien, dis-le-lui ! Il a besoin de l'entendre !

— Il m'écouterait ?

— Je crois qu'il n'attend que ça. Même s'il ne le montre pas. Nathan est aussi patient que têtu, tu ne le sais donc pas ?

Son visage se rembrunit si brusquement que je crus, un instant, en avoir trop dit. Je la connaissais si peu…

— Je l'ai traité de la pire manière qu'il soit, il a dû te le dire.

— Non, il ne s'est jamais plaint de toi. Il a regretté que vos relations soient tendues, c'est tout.

— On n'a pas la même façon de voir les choses, lui et moi. Il ne l'a jamais accepté.

— Les choses peuvent changer, il ne faut jamais renoncer. Il n'a pas renoncé à t'aider, c'est un signe, non ?

— Je ne crois pas l'avoir vu renoncer à quelque chose dans la vie, gloussa-t-elle.

— Mais ça ne veut pas dire qu'il ne peut pas t'écouter à nouveau.

— Après t'avoir blessée comme je l'ai fait ?

Voilà ce qu'elle était venue chercher, une réponse, une main tendue. De toute évidence, elle vivait mal qu'il l'ait confiée à François sans se manifester. Elle craignait que son frère la laisse tomber. Et j'étais celle qui pouvait lui servir d'intermédiaire. François était rusé : il n'interférerait pas dans leur relation, il ne jouerait que son rôle de gardien. Et visiblement, il comptait sur moi. Le bougre, il espérait que je saurais mettre ma rancœur de côté pour les aider tous les trois.

— La seule chose importante à ses yeux, c'est que tu acceptes de l'aide, même si ce n'est pas la sienne, répondis-je alors. Et si tu veux mon avis, c'est bien mieux que ce soit une aide extérieure.

Elle haussa des sourcils étonnés et se détendit.

— François peut t'aider ? enchaînai-je, feignant l'innocence.

— Il me l'a proposé. Il est plutôt sympa, c'est vrai, mais je ne sais pas si je peux lui faire confiance.

— Nathan lui fait confiance.

— Je sais, soupira-t-elle.

Je comprenais bien ce qui l'arrêtait. Comment lui en vouloir ? *Once bitten, twice shy*[43]... Alors je tentai le tout pour le tout, parce que j'étais persuadée qu'elle était aussi venue chercher mon aide.

— Nathan souhaite juste que tu ailles mieux, que tu trouves un équilibre dans ta vie. Pas que tu te conformes à ses désirs !

— J'aimerais en être sûre...

— Eh bien, le mieux, c'est que tu le lui demandes toi-même.

Ce qu'il leur fallait désormais, c'était un espace de parole où je ne serai pas.

— Il est de garde cette nuit. Je pensais lui porter le reste des cookies demain, dans l'après-midi, à l'heure de sa pause, tu veux y aller à ma place ?

Je la sentis clairement hésiter. Aller voir Nathan c'était aussi s'engager à accepter l'aide de François. Était-elle prête ? Soudain, un éclair de suspicion flamba dans ses yeux. J'aurais dû m'en douter...

— Comment se fait-il que tu sois si compréhensive à mon sujet ? Je te fais du mal, je fiche votre week-end par terre et...

— Parce que j'aime ton frère. Qu'il a sacrifié un temps notre relation pour s'occuper de toi, et que j'ai envie justement que tout ce qui vient de se produire soit vite oublié pour qu'on passe de bons moments ensemble. Pas toi ?

Elle encaissa ma réponse. Ses épaules s'affaissèrent et son regard se posa sur les fameux cookies. Elle n'en avait mangé qu'un. Je la devinais tiraillée, écartelée et je n'aurais pas aimé être à sa place. Milady sauta sur mes genoux,

---
[43] Chat échaudé craint l'eau froide

j'étais sûre qu'elle avait senti que j'étouffais un peu. La flatter me soulagea. Lucie lâcha avec amertume :

— Je ne crois pas aux miracles. Mais je ne veux pas être la cause de mésentente entre vous.

— Mais ce n'est pas le cas !

— Il s'est assez occupé de moi.

— Lucie, ne le sors pas de ta vie. Il a besoin de te retrouver, c'est important pour lui ! la suppliai-je. Essaye, s'il te plaît…

Mes derniers mots se perdirent dans le silence de l'appartement. Mais je la sentis soudain touchée et moins tourmentée. Elle leva les yeux, et me dévisagea tranquillement, ce qui eut le don de me mettre mal à l'aise.

— Mon frère a de la chance, finit-elle par lâcher avec un petit sourire en coin qui m'a allégée d'un coup. J'espère qu'il le sait.

— Mais toi aussi tu as de la chance de l'avoir !

— Peut-être oui…

Elle posa de nouveau son regard sur l'assiette de biscuits, presque intacte.

— Garde tes cookies pour quand il rentrera, c'est à toi de les lui donner.

Ma déception enfla d'un coup, sans que je parvienne à la contrôler et elle ajouta :

— Il aime aussi beaucoup les chouquettes. Je vais bien en trouver dans Paris, tu ne crois pas ?

— J'en suis sûre, oui ! Tu veux ses coordonnées ?

— Oh, j'imagine que François les a. Je ne suis pas dupe, je sais bien que Nathan me surveille à distance.

— Non, il *veille* sur toi à distance. C'est différent.

On échangea, pour la première fois, ce qui ressemblait fort à un sourire complice. Il me coûtait un peu néanmoins. Elle manifesta très rapidement son envie de prendre congé. Elle envoya un message à notre gardien. Je la sentais mal à l'aise d'avoir entrepris cette démarche, et sans doute d'être passée par le doute et la suspicion. François monta la chercher, me salua sans s'attarder, mais je notai son regard inquiet posé sur moi.

Peu de temps après, alors que je somnolais dans mon canapé, épuisée par cette conversation pour le moins périlleuse, il m'appela évidemment au téléphone :

— Je voulais d'abord te dire que tu as fait du bien à Lucie.

— Ce n'était pas facile !

— Non, j'imagine bien, elle est dans la suspicion permanente, le doute, et la peur. Et je sais que ce n'est pas facile pour toi. Mais tu as su changer son regard sur son frère et ça, je pense qu'elle en avait besoin.

— Je crois que Nathan ne peut pas s'empêcher de se faire du souci.

— Elle va aussi bien que possible. Lucie a tout un tas de convictions à notre sujet dont elle doit se défaire et il va falloir du temps. La confiance en nous viendra après. C'est à elle de faire un pas vers lui, pas le contraire, et je crois que tu as su la convaincre.

— Tant mieux !

— Par contre, je viens de passer un savon à Nathan, annonça-t-il la voix empreinte de sévérité.

— À cause de sa sœur ?

— Non, à cause de toi ! Il ne m'a pas dit que tu dormais toujours très mal, et je sais très bien pourquoi.

— Pourquoi ?

— Parce que le seul moyen de te soulager définitivement de tes cauchemars est de souffler une âme. Et Nathan pense que c'est trop tôt parce que tu as déjà été pas mal malmenée et que tu es fatiguée. Il n'a pas tort, mais je pense qu'on n'a vraiment pas le choix ! Tu en as hébergé deux, tu risques d'en souffrir longtemps encore. On ne peut pas te laisser dans cet état.

— Ah… et qu'est-ce qu'il en a dit ?

— Je crois qu'il est en colère après moi, ricana-t-il avec

légèreté. D'abord, je t'ai amené sa sœur, sans le prévenir et là, je parle de te maltraiter encore un peu.

— Nathan en colère, je voudrais voir ça…

— Crois-moi, tu n'aimerais pas ! Mais il sait que j'ai raison, il va vite décolérer. Je préférais tout de même t'en informer !

— Tu veux qu'on fasse ça ce week-end ?

— J'y réfléchis, oui. Je te tiendrai au courant.

— Et Lucie ? Elle aussi doit mal dormir…

— Nathan lui avait prescrit des somnifères qu'elle a accepté de prendre. À l'origine, c'était plutôt pour l'obliger à dormir, parce qu'elle est carrément devenue insomniaque. Je pense qu'ils atténuent les effets. Elle dort mal en effet, mais mieux que toi, à en croire ce que m'a raconté Nathan. Tu aurais dû me le dire Sarah !

— Je me disais que ça allait passer… comme les fois précédentes.

— Je ne vous en veux ni à l'un ni à l'autre, mais cette situation est franchement inhabituelle, et je ne veux pas qu'on prenne davantage de risque avec toi ! Alors, tente de le convaincre de ton côté.

— Je vais essayer, promis-je, touchée par l'inquiétude qui filtrait de sa voix.

Chapitre XXXIII

« Le bien que l'on fait parfume l'âme. »
Victor Hugo

Souffler une âme pour chasser ces cauchemars qui me laissaient pantelante au petit matin. L'idée m'attirait presque, tant je me sentais dépossédée de ma personne la nuit et vidée de toute énergie le matin. J'essayais de donner le change à Nathan et Mel. Mais au fil des jours, cela devenait difficile. Je n'aspirais qu'à une chose : somnoler dans mon canapé toute la journée. Avoir une conversation attentive, comme avec Lucie, m'avait littéralement épuisée. Je récupérerai un manuscrit dans deux jours, j'allais devoir faire quelque chose.

Je n'eus pas franchement le temps d'en parler avec Nathan. Il n'était jamais vraiment disponible en fin d'après-midi, à l'heure des admissions tardives et des transmissions. Et son silence après l'appel de François m'interpellait un peu. Le savoir en colère aussi. Je ne l'avais vu qu'une fois dans cet état, et encore, je pensais qu'il s'était contenu. C'était le jour où je lui avais jeté ses quatre vérités à la figure. Sa froideur soudaine et tellement inhabituelle m'avait désarmée. M'en voulait-il de ne pas l'avoir appelé quand Lucie était partie ? Je n'avais pourtant fait qu'accéder à la requête de François.

Les circonstances se liguèrent contre moi : Mel rentra tôt, ravie que Nathan soit de garde et que je sois toute à elle. Elle plaida habilement pour une soirée entre filles : un peu de shopping, un petit resto et un ciné. Difficile de le lui refuser, surtout que je sentais, derrière sa proposition, une attention particulière due, très certainement, à mon état

second des jours derniers. J'avertis donc par un message Nathan, auquel il ne répondit que tardivement :
Ça te fera le plus grand bien, profites-en bien.
Well[44], tout de même, pas de petit mot tendre... cela ne lui ressemblait pas. Il devait être drôlement contrarié. Mais, à moins de l'appeler à mon retour tard dans la soirée, je n'en saurais pas plus. Je m'écroulai à notre retour du cinéma où j'avais somnolé la moitié du film, au grand dam de Mel. Je sentis son inquiétude grandir encore, même si elle s'abstint de tout commentaire.

***

Il fallut qu'un nouveau cauchemar, de l'ampleur de ceux des nuits précédentes, me secoue en plein sommeil. Sauf que je n'avais pas les bras de Nathan pour me calmer très vite, et pour étouffer mes cris... Mélanie surgit dans ma chambre complètement alarmée et elle eut toutes les peines du monde à me ramener à la réalité. Il fallait dire que je devais être très agitée et m'approcher, sans prendre de coups, ne lui fut pas facile. *Blimey*[45]! Je n'avais pas besoin de ça ! Quand on retrouva notre souffle, elle demanda, d'une voix blanche :

— Tu peux m'expliquer ce qui t'est arrivé pour être dans un état pareil ?

— Mais rien ! Je ne sais pas pourquoi je fais ces cauchemars...

— *Ces* cauchemars ? Ça dure depuis quand ?

— Je ne sais pas, quelques nuits, bredouillai-je, en me mortifiant de ma réponse trop rapide.

— Et Nathan en dit quoi ?

Hum, le ton de sa voix résonna comme un signal d'alarme dans ma tête. J'avais beau ne pas être bien réveillée, il n'avait rien d'amical. Carrément suspicieux même.

— Nathan n'a pas toutes les réponses, tout médecin qu'il soit ! marmonnai-je, en essayant de décrypter les

---

44 Bon
45 Mince alors

informations qui me parvenaient de toutes parts, regard, voix, et afflux d'émotions contradictoires.

— Il y a forcément une origine à ces cauchemars. Tu ne m'as pas tout dit sur ce qui s'est passé ce week-end ? Je te trouve bizarre depuis que tu es rentrée !

Je soupirai, désarmée, et trop fatiguée pour formuler une réponse satisfaisante et plausible qui la fasse renoncer. Je jetai un coup d'œil rapide à mon radio réveil : trois heures du matin !

— On peut en parler demain ?
— Il s'est passé quelque chose ?
— Mais non, arrête de te faire des films...
— Demain, insista-t-elle le regard déterminé, avant de quitter la chambre.

Je n'en fus pas particulièrement fière, mais je fis l'autruche le lendemain matin : je ne me levai pas pour accompagner Mel au petit déjeuner comme j'en avais l'habitude. Je n'avais pas de bon mensonge ni de vérité arrangée à lui servir. Je demandai donc son aide à Nathan, même si je savais que ce nouvel épisode n'allait pas le rassurer. Comme le soir précédent, il ne répondit pas aussitôt. Mais à la lecture de son message, je compris cette fois pourquoi : il avait dû faire des recherches.

Dis-lui que je t'ai donné un traitement pour la migraine qui ne te convient pas. Je ferai mon mea culpa ce soir.

Mais aucune allusion à la proposition de François... ni de mot tendre, une fois encore.

Je dissimulai les affres de ma nuit avec force maquillage et une petite coupe, vite faite chez le coiffeur, pour être présentable à mon rendez-vous en fin de matinée. Je ne brillai pas par ma présence ni ma conversation, mais j'avais du travail pour un bon mois. C'était tout ce qui comptait.

À vrai dire, voir Nathan m'importait presque autant. Je n'aimais pas ses messages factuels. Je n'aimais pas le savoir en colère et inquiet et encore moins ne rien savoir de ses états d'âme. Alors, je l'attendis à la cafétéria de l'hôpital à l'heure du repas, en espérant qu'une urgence ne l'empêcherait pas de me rejoindre.

Concentrée dans la lecture de la version manuscrite que l'on m'avait confiée, je ne l'entendis pas arriver. Il plongea dans mon cou, me couvrant de petits baisers légers comme des papillons, ce qui ôta d'un coup le nœud que j'avais à l'estomac depuis quelques heures. Il me susurra à l'oreille :

— Tu viens me distraire dans mon boulot ?

— Je passais dans le quartier, je me suis dit que tu avais peut-être besoin qu'on te change les idées ?

Il cessa de m'embrasser pour s'asseoir à mes côtés, le regard narquois. Il n'était pas dupe, évidemment. Tromper Nathan relevait de l'exploit. Je n'étais pas sûre d'y arriver un jour.

— C'est Mélanie qui t'inquiète ? Je vais m'en arranger, tu sais.

— Non, toi. François m'a dit que tu étais en colère et…

— Contre moi, pas contre toi ! s'exclama-t-il plein de remords.

— Contre toi ? Mais pourquoi ?

Il prit ma paume dans la sienne, la serra un moment, le regard vague, perdu dans ses pensées.

— Nathan ?

— Parce que j'aurais dû tendre la main à ma sœur bien avant. Elle a dû passer par toi pour s'assurer que je ne la rejetterai pas, je m'en veux terriblement… et parce que j'aurais souhaité éviter de t'imposer tout ça. Toutes ces nuits horribles que tu passes…

— Ah mais, tu ne vas pas recommencer avec cette culpabilité inutile ! La seule chose qui compte, c'est que tu lui tendes la main maintenant. Que tu saches l'écouter. On fait tous des erreurs. Tu as accepté les miennes, accepte donc les tiennes et tourne cette page ! Elle t'a dit qu'elle viendrait te voir cet après-midi ?

— François en a vaguement parlé, oui.

— J'aurais aimé te dire hier… Elle a besoin de toi,

vraiment. Je l'ai senti, même si elle reste sur la défensive. Tu es son seul point de repère, ici.

— Besoin de moi ?

— Besoin que tu la comprennes, que tu consentes à ce qu'elle ne suive pas tes traces. Nathan ? Si ça avait été moi ? Si j'avais décidé de ne jamais souffler une âme, tu l'aurais accepté ?

— Bien sûr que oui, s'exclama-t-il, peiné.

— Et pourquoi ?

— Parce que je refuse l'idée de te perdre.

Il l'avait dit comme une évidence. Chaque fois qu'il l'avouait, un flot de tendresse me submergeait, et pour un peu, il m'aurait fait perdre le fil de la conversation. De toute façon, nous étions cernés par le personnel et des familles, je ne pouvais même pas lui répondre comme j'en avais envie. Et Dieu sait que j'avais envie de le réconforter de tout mon amour.

— Tu ne veux pas perdre l'affection de Lucie non plus, n'est-ce pas ?

— Je l'ai perdue il y a longtemps !

— C'est là que tu te trompes ! Tu verras. Je pense que c'est elle qui a peur d'avoir perdu la tienne. *Crap*[46] ! Il va bien falloir que l'un ouvre les yeux de l'autre…

— Elle t'a envoyée en éclaireur ? demanda-t-il, masquant son émotion par sa voix taquine.

— Je ne crois pas qu'elle en ait besoin, si tu quittes ce regard d'ours mal léché que tu as chaque fois que tu la vois.

— Ours mal léché ?

— Oui, c'est ça !

Il dodelina de la tête, encaissant mon reproche sans ciller. Mais je n'étais pas loin de la vérité : combien de fois, durant notre séjour à Paimpol, l'avais-je surpris le regard dur et fermé quand il était avec elle ? J'imaginai qu'il avait dû prendre nombre de coups pour en arriver là, car en société je ne l'avais jamais vu ainsi !

---

46 Crotte !

— Tu n'es plus fâché ? marmonnai-je d'une toute petite voix, consciente que le temps lui était compté.
— Non. Parce que tu m'as donné envie d'y croire.
— Eh bien, j'ai bien fait de me perdre dans le quartier !
— Sarah, reprit-il avec un sérieux déconcertant, serrant plus fort mes doigts comme pour exiger la vérité, est-ce que tu te sens vraiment prête pour recommencer ?
— Sophie m'a dit quelque chose qui m'a aidée à y réfléchir. Je crois que je ne le saurai que lorsque j'aurai essayé. Si je trouve la paix comme vous tous, après l'avoir fait, alors je le serai.

Ma réponse le soulagea. Je n'avais pas eu besoin de plaider pour François, son idée avait naturellement fait son chemin. Sans doute mon appel au secours matinal aussi. Il caressa du bout des doigts mes mèches de cheveux raccourcies, le regard appréciateur, et murmura, la voix empreinte d'une gravité surprenante :

— Tu trouveras la paix, je peux te le promettre. C'est un sentiment exaltant, vertigineux, qu'on accueille avec gratitude. C'est un peu comme lorsque je suis avec toi…

Je ne sus rien répondre à une telle déclaration. Je maudis une fois de plus l'endroit terriblement inconfortable et indiscret ainsi que ce temps que nous n'avions plus. Mais la boule d'émotion qui mouilla mes yeux parla pour moi. Son sourire tendre acheva de me réchauffer le cœur. J'avais détesté, au début de notre relation, qu'il lise en moi aussi facilement. Désormais, j'adorais cela. C'était d'une telle intimité !

C'est alors que, revenant à une réalité terriblement matérialiste, je m'exclamai, effarée :
— *Oh my god*[47] ! Mais tu n'as rien mangé !
— Ne t'inquiète pas pour moi, je vais prendre un sandwich en remontant.
— Alors, ce soir je te fais un vrai repas. Tu n'y couperas pas, fatigué ou pas !
— Je te rappelle que je dois aussi affronter Mélanie !

---
47 Oh mon Dieu

gloussa-t-il. Elle va me traiter d'interne incompétent et irresponsable.

— Qu'elle essaie pour voir !

***

Je n'avais pas soupçonné à quel point parfois Mel pouvait avoir une imagination tordue. Ou alors je l'avais vraiment traumatisée avec mon cauchemar de la nuit. Heureuse de ce petit moment passé avec Nathan, soulagée aussi de le voir envisager les jours prochains plus confiant, j'avais fait quelques courses. Puis j'avais somnolé quelques minutes et je m'étais mise à cuisiner le repas promis quand elle arriva. Elle s'installa silencieusement après nous avoir servi, à chacune de nous, notre péché mignon depuis toujours : un diabolo menthe. Puis elle attaqua, le regard sévère :

— Alors ? Qu'est-ce que tu as oublié de me dire ?

— Je ne parlerai qu'en présence de mon avocat, gloussai-je, espérant changer la tournure qu'elle semblait donner à cette conversation.

— Moi je préférerais qu'on parle justement sans Nathan.

— Et pourquoi s'il te plaît ?

— Parce que tu me caches des choses à son sujet depuis le début ? Et que je suis certaine qu'il y a un rapport avec l'horrible cauchemar de cette nuit !

Bon, je ne m'en tirerai pas sans un nouveau mensonge et je n'aimais pas cela. J'avais l'impression qu'elle voyait mon nez s'allonger chaque fois que j'en proférais un, tout arrangé qu'il soit... Je soupirai :

— J'ai eu des vertiges ce week-end, à Paimpol. Nathan a voulu tenter un nouveau traitement pour la migraine et, apparemment, les cauchemars font partie des effets secondaires.

— Mais tu es son cobaye ou quoi ?

— Ne dis pas n'importe quoi !

— Eh bien, moi je me pose la question ! Parce qu'à

bien y réfléchir je trouve qu'il a de drôles de façons de faire avec toi. Depuis que tu le fréquentes, tu as de plus en plus souvent mauvaise mine ! Ça n'a même pas l'air de l'inquiéter. Pourquoi insiste-t-il pour que tu prennes ces médocs s'ils provoquent ces cauchemars ? Tu ne rentres pas dans ses statistiques ?

— Arrête ça tout de suite, Mel ! Je ne te permets pas de le juger de la sorte !

— Je sais ce que je vois : ma meilleure amie va de moins en moins bien et il y est pour quelque chose, j'en suis certaine ! Il y a un truc qui ne trompe pas : tu ne me faisais aucune cachotterie avant de le rencontrer !

— Je lui fais confiance, Mel ! Si ce n'est pas ton cas, eh bien, évite de le côtoyer et de te mêler de mes affaires. Je ne me mêle pas des tiennes ! Même si je ne comprends pas pourquoi tu t'obstines à faire souffrir Antoine de la sorte !

J'avais perdu patience : j'étais fatiguée, ennuyée de m'enfoncer dans le mensonge, irritée qu'elle le juge mal. En plus, je percevais une hostilité à son égard qui m'était douloureuse. Je lui avais jeté un regard noir avant que mes mots ne claquent. Surprise par le ton virulent de ma voix, elle me dévisagea, ahurie. J'avais touché juste. Je l'avais sans doute même blessée. Mais Mel avait ce côté obstiné qui m'avait toujours agacée quand elle persistait par principe, pour ne pas perdre la face. Et j'avais bien peur que, concernant Nathan, son jugement ne soit déjà fait et qu'elle continue à le soupçonner de tous les maux. Elle lâcha froidement :

— Merci de ta compréhension !

Je haussai juste les épaules. Je me sentais démunie : j'aimais Mel, mais j'aspirais chez moi au calme et à la sérénité. Et j'imaginais mal comment ce serait possible si elle s'entêtait de la sorte. Je terminai ma tarte, disposant avec un zèle ridicule mes tranches d'abricots pendant qu'elle pianotait sur son portable. Puis, quand j'enfournai mon dessert, elle annonça :

— Je vais finir la semaine chez Antoine ! Je crois que c'est mieux ainsi.

Je ne répondis rien, partagée entre culpabilité, soulagement et tristesse.

La porte de l'appartement claqua quelques minutes après et je pris Milady, venue se frotter contre mes jambes. Elle épongea mon chagrin stoïquement pendant que je me perdais dans la contemplation du mur lézardé de la cour intérieure. Jamais ma vie n'avait été aussi mouvementée, jamais elle ne m'avait autant obligée à faire des choix difficiles. Et pourtant jamais je ne m'étais sentie autant en accord avec moi-même... Pour la première fois, je savais ce que je voulais défendre : mon libre arbitre et mon amour pour Nathan.

***

À peine avait-il franchi le seuil de la porte, qu'il avait déjà deviné qu'il s'était passé quelque chose. Pourtant, j'avais essayé de refouler tous ces sentiments contradictoires pour me concentrer sur cette soirée. Depuis notre retour de Paimpol, nous n'en avions partagé aucune, seuls tous les deux. Nous étions épuisés l'un et l'autre et nous avions besoin d'une petite parenthèse, avant ce week-end que je pensais d'avance compliqué. À condition que Lucie n'ait pas tout gâché, elle m'avait semblé si ambivalente.

Il ne lâcha rien tant que je n'eus pas craché le morceau, le couvert mis pour deux ne lui ayant pas échappé. Alors, je racontai tout d'un bloc, sans cacher à quel point Mélanie m'avait déçue de le soupçonner de se servir de moi.

— Je suis navré. Je sais que c'est difficile pour toi, murmura Nathan en me serrant contre lui quand j'eus fini mon récit. Mais éloigner un peu Mélanie était nécessaire. Elle était trop proche de toi, ces temps-ci. Et vu tout ce que tu as traversé, il était prévisible qu'elle se pose toutes ces questions !

— Je sais, mais je ne m'attendais pas à ce qu'elle te soupçonne de la sorte !

— Le syndrome de l'interne incompétent, je connais et je gère. Si elle avait vu l'énorme bleu dans ton dos, ça aurait pu être pire. Ne t'inquiète pas pour moi. Ce n'est pas facile de cacher notre secret quand on côtoie les gens de trop près. Tu l'as appris à tes dépens, je suis désolé que ça arrive maintenant, tu n'en avais pas besoin.

— Toi aussi, tu as perdu des amis ?

— Perdu n'est pas le mot. Trié plutôt, en ne gardant que les plus discrets et les moins curieux. Tu n'as pas perdu Mélanie, Sarah. Tu lui as fixé des limites, votre amitié y survivra. Il va juste falloir un peu de temps pour digérer ce qui vient de se passer. Et puis tu as fait une B.A., tu l'as enfin renvoyée chez Antoine !

Son sourire espiègle me fit un bien fou. J'adorais ce sourire ! J'adorais la complicité qui rayonnait de son regard. J'adorais les petits baisers qu'il semait alors dans mon cou. Rien de tel pour alléger ma peine et revenir à ce qui me tracassait aussi :

— Lucie est venue ?

— Elle est passée, oui. Tu sais, tu as marqué des points. Je crois que tu as gagné sa confiance ! ajouta-t-il amoureusement, en effleurant une de mes pommettes de son pouce.

— Parce que je lui ai pardonné.

— Pas uniquement non ! Elle t'a sentie sincère.

— Et pas toi ?

— Elle m'a reproché d'avoir dissimulé mes émotions à Paimpol puis sur la route. Elle se méfie encore de moi. Elle se méfie de François aussi. Mais on a réussi à se parler un peu cette fois.

— Et tu n'as pas fait ton ours mal léché ?

— Non, s'esclaffa-t-il. J'ai fait attention. Je l'ai surtout écoutée.

— Tu peux très bien le faire ça, quand tu veux ! Elle

n'attend qu'une chose, c'est que tu lui pardonnes tout ce qui s'est passé, tu sais.

— Je ne suis plus en colère.

— Mais tu ne lui as pas pardonné ?

— Pas encore non ! J'ai besoin que tu ailles bien pour ça ! J'ai besoin d'être certain qu'elle ne se mettra plus en danger.

— Tu le lui as dit ?

— Oui, je lui ai dit que je jouerai la carte de la sincérité à condition qu'elle en fasse autant.

— Elle a accepté ?

— Elle a répondu qu'elle essaierait. Elle est complètement perdue.

— Tu lui demandes d'abandonner ce à quoi elle croyait juste ou supportable, c'est un peu normal, tu ne trouves pas ?

— Bien sûr que si, c'est ce que me dit François aussi ! Il va tenter une autre approche ce week-end.

— On ne part plus ?

— Oh si, il n'a pas renoncé à son idée, ricana-t-il en levant les yeux au ciel.

— Et Lucie ?

— J'y viens… Il a contacté Étienne. Il a fait partie de notre groupe, il y a quelques années, quand François l'a formé, mais ensuite il a refusé d'être actif.

— Pourquoi ?

— Seul François le sait, Étienne a disparu d'un coup. J'imagine que s'il l'a contacté, c'est que ses raisons doivent être proches de celles de Lucie. Il lui a demandé de passer un peu de temps avec elle et apparemment, elle aurait accepté. Je n'ai eu l'info que ce soir, en rentrant. Je n'en sais pas beaucoup plus. On part samedi dès que j'ai terminé de bosser. Il a déjà réservé deux chambres, il est terriblement déterminé.

***

Quand François passa me chercher, en cette fin d'après-midi, une pluie orageuse lavait les toits parisiens et parfumait l'atmosphère. Ce n'était pas la meilleure météo pour prendre la route, mais respirer enfin un air soudain plus frais m'aida à me sentir moins oppressée. Mon unique priorité avait été de tout faire pour que je sois assez en forme pour souffler cette âme. Nathan y avait veillé rigoureusement. Il m'avait prescrit des anxiolytiques pour que je puisse mieux dormir, avait vérifié que je mangeais correctement et usé de tous les stratagèmes possibles pour me détendre : cinéma, partie d'échecs acharnée, massages... cela m'attristait de le reconnaître, mais l'absence de Mélanie nous avait beaucoup aidés.

Je lui avais envoyé un message le lendemain, elle n'y avait pas répondu. Je savais que Nathan avait raison. J'avais été trop mal à l'aise ces derniers temps avec elle. Quand je voyais la fraîcheur et la spontanéité des rapports que j'entretenais par ailleurs avec Sophie, je réalisais que je devais effectivement m'adapter et essayer de ne pas la perdre en route. La connaissant, il faudrait un peu de temps, Mel aimait avoir l'impression de tenir les rênes de sa vie. Elle s'était sentie évincée, comme pour Antoine, elle risquait de m'en vouloir un petit moment.

Je m'en voulais un peu d'exposer mon chauffeur à mes angoisses. Il souffla alors qu'il se garait non loin de l'hôpital :

— Ça se passera bien, Sarah, c'est une âme facile à gérer.
— Tu l'as trouvée où ?
— C'est Clément qui l'a trouvée, je crois qu'il y tenait ! Je le soupçonne même d'avoir pas mal déambulé pour la dénicher. Le tourisme estival aide bien !

Je ne saurai pas dire à quel point son geste me toucha. Toute cette amitié et cette sollicitude pour m'accompagner... Les chasseurs, enfin les souffleurs, parce que c'est ce terme que je préférais, menaient une vie plus solitaire que d'autres, mais l'amitié qu'ils offraient était un vrai cadeau. Je lui envoyai un message de remerciement en attendant Nathan, auquel il répondit par ces quelques mots, qui m'émurent sans doute plus que de raison :

Elle a de la chance de passer entre tes mains. Tu es douée, tu vas t'en sortir haut la main. Et n'oublie pas, la mer est là pour l'accueillir.

J'essuyais une larme au coin des yeux quand Nathan monta dans la voiture. Son inquiétude flamba d'un coup et je dus lui montrer le message pour l'apaiser.

— Il a raison, commenta-t-il tendrement. J'ai pensé à ce qu'il a dit dimanche dernier quand je suis… sorti. Et tu es douée, c'est une certitude !

François acquiesça d'un sourire avant d'entamer la conversation, à la faveur des inévitables bouchons sur le périphérique :

— J'ai laissé ta sœur entre les mains d'Étienne, je crois que le courant passe bien entre eux.

— À vrai dire, ça ne m'étonne pas. Il n'a jamais eu l'air de prendre les choses au sérieux…

— L'air seulement ! Mais ça fait effectivement du bien à ta sœur qu'il l'aborde avec sa désinvolture apparente.

— Elle sait qui il est ?

— Je joue franc jeu avec Lucie. Elle a été soulagée que je lui présente quelqu'un qui est passé, peu ou prou, par les mêmes doutes et qui a décidé de laisser dormir son don. Et soulagée que je prenne le large aussi ! Ta sœur est cash dans son genre !

— Je sais, oui, s'esclaffa Nathan. Tu as fait comment pour convaincre Étienne ?

— Étienne n'a jamais été bien loin. Il ne veut pas souffler d'âme, mais il répond toujours présent quand j'ai besoin de lui. Comme pour Lucie.

Il y avait une part de mystère dans ses paroles, mais je n'osai pas me glisser dans leur conversation. En fait, la fatigue me cueillit au vol. Leurs voix graves et calmes achevèrent de me bercer.

Quand je rouvris les yeux, François garait la voiture sur le parking d'un petit hôtel, à quelques kilomètres d'Étretat. Il avait grandi dans le coin apparemment, et brûlait d'envie d'y remettre les pieds. C'est du moins ce qu'il nous avait raconté. Sans doute pour me déculpabiliser de lui avoir imposé un voyage de presque trois heures. Le ciel était encore chargé de nuages, mais ils n'avaient plus rien de menaçant. Il annonça :
— On mange d'abord. Le coucher du soleil sur les falaises, c'est sublime, surtout avec ce ciel. Il va s'enflammer, tu verras, c'est superbe !

***

Le dîner était délicieux, mais j'avais dû laisser Nathan choisir pour moi, l'estomac trop noué pour envisager de faire des agapes. Les deux hommes avaient été indulgents, s'efforçant d'entretenir une conversation légère. Moi, je jetais des coups d'œil parfois inquiets par la fenêtre, regardant le ciel se teinter peu à peu de rose et de violet, tout en me forçant à avaler mon plat. Nathan finit par saisir fermement ma main, au dessert, quand l'angoisse m'envahit plus fortement et de manière tranchée. Il déclara avec une certaine autorité :
— On y va maintenant, tant pis pour le café !
François ne cilla pas, fit mettre le repas sur sa note et nous primes le chemin des illustres falaises. Le spectacle m'attira un moment. Le vent marin, léger, me fit frissonner. Nathan, attentif au moindre de mes faits et gestes, jeta sa veste sur mes épaules. Ses pas assurés et rapides m'empêchèrent de traîner. Sa main chaude me tirait doucement et je me concentrai sur cette sensation pour ne pas flancher. Bientôt, le souffle nous manqua : la pente était raide. Mais arrivés au sommet, la vue sur le soleil qui plongeait doucement dans l'eau fut la plus belle des récompenses. L'horizon s'était teinté d'un camaïeu de couleurs allant des orangés les plus vifs aux mauves presque délavés. À nos

pieds, en contrebas, la marée haute venait claquer sur les galets et les faisait chanter.

Mes deux compagnons ne me laissèrent pas le temps de m'inquiéter à nouveau. Je sentis la main de François se poser sur mon épaule. Je le vis vaguement échanger un regard convenu avec Nathan et, aux portes de mon esprit, des sensations presque familières m'assaillirent. J'entamai la même démarche, répétée à vide la veille avec lui. Quand il me sentit plus sûre de moi, plus calme aussi, il me guida pour m'asseoir à même le sol entre ses jambes.

Dans la chaleur de ses bras, refermés sur moi, je laissai cette âme déverser ses tourments. Peu à peu, l'angoisse me déserta, j'étais accaparée par ma tâche. Donner de l'apaisement sans avoir à chercher de mots, ce n'était pas si difficile. La compassion vint toute seule, je la laissai engourdir mon hôte.

Je ne savais pas comment Nathan le percevait de l'extérieur, mais il me sentit me raidir au moment d'agir. Il raffermit son étreinte, comme pour m'insuffler du courage, et chuchota :

— Offre-lui la paix dont elle a besoin.

Je n'hésitai plus, sa voix grave et chaleureuse me donna la force de souffler sur cette âme confiante, avec cette fois le sentiment de lui accorder le repos mérité. Alors je la confiai aux flots qui battaient paisiblement la grève.

Elle se détacha doucement de moi et un tourbillon intense fit vibrer toutes mes cellules. Tout mon corps se relâcha. Des larmes de sérénité jaillirent de mes yeux et une chaleur incroyable m'étreignit. C'était puissant et doux à la fois, indescriptible... Jamais de ma vie, je n'avais ressenti quelque chose d'aussi troublant, d'aussi magique. Un tourbillon de béatitude qui vous caressait l'âme.

Je sentis Nathan se nicher dans mon cou et me murmurer, lentement, comme s'il voulait me laisser savourer encore :

— Maintenant, tu sais, et quoi que tu choisisses de faire, je t'aimerai Sarah.

11 mai 2016

Remerciements

Parce que sans eux ce livre ne serait pas entre vos mains…

Écrire n'est pas le plus difficile quand les mots coulent à flots… Ce qui est difficile, c'est d'y croire, d'oser sortir son texte du tiroir, de le retravailler, essuyer des refus, des critiques, d'attendre, de douter encore et encore. Et sans EUX, je n'aurais sans doute jamais emprunté ce chemin tortueux et ardu qu'est l'édition !

À Sylvie du Sud, Maddy et ma marraine : merci d'avoir été mes premières lectrices et relectrices ! Sylvie, merci particulièrement pour ces heures fastidieuses à corriger mes bêtises et à me former sur Word, mon ennemi de toujours !

À Adeline pour son aide précieuse et ses nombreux conseils toujours judicieux ; son amitié et sa foi incroyable en moi.

À mes bêta lecteurs qui m'ont tous encouragée à persévérer (si j'en oublie un, je m'en excuse par avance, l'émotion parasite souvent ma mémoire. Je l'embrasse doublement pour la peine) : Rosy, Lucille, Sylvie G, Hafida, Chris, Delphine, Mod, Petite Sam, JAM, Brigitte, Françoise, Salim, Pascale et Isabelle.

À mon mari qui a supporté des mois durant que je rallume la nuit quand une idée me hantait trop pour fermer l'œil et que je passais toutes ces heures à ses côtés sans être vraiment là. Je n'oublie pas mes enfants que j'ai dû saouler un peu.

À Philippe pour ses apports documentaires et ses encouragements.

À Sylvie pour sa présence et son soutien indéfectibles des dernières semaines, son œil de lynx et sa patience !

Et bien sûr, à ma directrice de collection, Cécile pour cette chance incroyable qu'elle m'offre et à Laure-Anne, attentive relectrice au regard avisé, sans qui ce texte ne serait pas ce qu'il est aujourd'hui. (On a enfin vaincu ma virgulite aigüe !)

Un petit mot encore pour Nathan et Sarah... Oui, ils existent quelque part, dans ma tête, la vôtre peut-être aussi. Merci de vous être imposés un jour à moi et de m'offrir ce merveilleux cadeau qu'est le plaisir d'écrire.

Et maintenant à toi, lecteur, d'avoir choisi leur histoire et de leur avoir donné vie quelques heures.

Pour suivre notre actualité...

Retrouvez nous sur nos réseaux sociaux

FACEBOOK :
/Mxmbookmark/
/CollectionInfinityRomance/

INSTAGRAM :
@mxmbookmark
@collection.infinity_mxm

TWITTER :
@MxMBookmark

La Constance de L'étoile Polaire

Diana Peterfreund

collection Onirique

Découvrez...
La Constance de l'Étoile Polaire
Diana Peterfreund

Il y a de cela quelques générations, une expérience génétique ayant mal tourné a provoqué la Réduction, qui a décimé l'humanité ; une noblesse Luddite a émergé des cendres et a interdit presque toute forme de technologie.

Dans ce monde, Elliot North a toujours su où se trouvait sa place. Quatre ans auparavant, elle a refusé de s'enfuir avec son amour d'enfance, le domestique Kai, préférant choisir les obligations qui la liaient au domaine de ses parents plutôt que l'amour. Depuis, le monde a changé. Les post-réductionnistes s'efforcent de remettre en marche le progrès ; quant au domaine d'Elliot, il meurt petit à petit, l'obligeant à louer ses terres à Cloud Fleet, un mystérieux groupe de constructeurs de navires dont fait partie un explorateur renommé, le Capitaine Malakai Wentforth - Kai, son amour de jeunesse, devenu presque méconnaissable. Et tandis qu'Elliot se demande si c'est une deuxième chance qui se présente, Kai, lui, semble déterminé à montrer à Elliot tout ce qu'elle a perdu lorsqu'elle a choisi de le laisser partir.

Mais bientôt, Elliot découvre que son vieil ami cache un secret si important qu'il pourrait changer leur société... ou la mettre à genoux. Et une nouvelle fois, elle doit faire face à un choix : s'accrocher aux croyances qui ont forgé son éducation, ou unir sa destinée à celle du seul garçon qu'elle a jamais aimé, même si elle l'a perdu pour toujours.

Inspiré du roman de Jane Austen, Persuasion, For Darkness Shows The Stars est une romance à couper le souffle où l'enjeu est d'ouvrir son esprit au futur, et son cœur à la seule personne qui est capable de le briser.

Découvrez Infinity, votre nouvelle collection 100% féminine !
www.collection-infinity.fr/

Imprimé en France
FROC02n1200041018
19653FR00003B/14/P